Tadeusz Nowakowski

Ich fürchte mich nicht

Tadeusz Nowakowski

Ich fürchte mich nicht

Die Reisen des Papstes

Langen Müller

Aus dem Polnischen übertragen von Janusz von Pilecki
Titel der polnischen Originalausgabe:
Reporter Papieża

Umschlaggestaltung: Wolf Bachmann, München,
unter Verwendung eines Bildes der KNA-Bild, Frankfurt
Satz: VerlagsSatz Kort, München
Druck: Ebner Ulm
ISBN: 3-7844-1911-9

Inhalt

Tatort: Petersplatz 7

Es gibt Zeichen auf der Welt... (Oktober 1978) 22

Bienvenido a Mexico (März 1979) 38

Redemptor Poloniae (Juni 1979) 53

Week-end in den Dolomiten (August 1979) 89

Wir fliegen nach Irland (Oktober 1979) 103

Die Eroberung Amerikas (Oktober 1979) 120

»Der Gesandte aus Lechistan« (November 1979) 160

Mit dem Hubschrauber nach Nursia (März 1980) 181

Weiße Soutane auf schwarzem Kontinent (Mai 1980) 194

Bonjour, Marianne! (Juni 1980) 232

Joao de Deus (Juni 1980) 262

Streik in Polen. Vor der Reise nach Deutschland (Oktober 1980) 303

Im Lande Luthers (November 1980) 318

Der Weg nach Avellino (Ende November 1980) 339

»Der weiße Blitz« Drei Kontinente in zwei Wochen (Februar 1982) 345

Vorahnung in Bergamo (April 1981) 415

Tatort: Petersplatz

13. Mai 1981. Eine Stunde vor der angekündigten Generalaudienz auf dem St. Petersplatz begannen vom Meer, von Ostia her, dunkle Wolken aufzuziehen. Aber kurz vor fünf hatte der Himmel sein Blau wiedergewonnen, sehr zur Zufriedenheit der Fotografen. Es hatten sich über 15000 Touristen und Pilger versammelt. Oder waren es mehr? Die genaue Zahl läßt sich nicht feststellen. Man weiß nur, daß der Platz – restlos gefüllt – rund hundertundfünfzigtausend faßt. Die vielsprachige Menge verkürzt sich die Wartezeit mit gemeinsamem Gebet und religiösen Liedern. Die Stimmung hier zu Füßen der Basilika läßt an die Worte des Evangelisten denken: »Glücklich die Augen, die sehen, glücklich die Ohren, die hören.«

»Ich bin Pater Flavian sehr dankbar, daß er mich auf diesen Platz gestellt hat, von wo aus ich den Papst von nahem betrachten kann«, sagt die amerikanische Bildhauerin Margaret Cassidy, der Robert Frost einmal Modell gestanden hat. »Ich möchte Johannes Paul II. nicht gern nur nach dem Foto modellieren.«

»Unser Papst wirkt schon seit dem frühen Morgen traurig und nachdenklich«, heißt es hinter dem Bronzenen Tor. Ob er sich in Gedanken seine pfingstliche Festansprache zum Jahrestag des Konzils von Konstantinopel zurechtlegt? (Auf dem sich übrigens ein Teil der Bischöfe demonstrativ von den Beratungen entfernte, weil er nicht willens war, den göttlichen Status des Heiligen Geistes anzuerkennen.) Vielleicht grübelt er auch über dem Text einer Würdigung des Konzils von Ephesos, wo die Parteigänger des heiligen Ky-

rill den Sieg über die Schule Nestorius' davongetragen und die »theotokos«-Doktrin aufgestellt haben, wonach Maria die Gottesgebärerin ist. Beide Jubiläen, wiewohl zeitlich so weit entfernt, sind ihm seltsam nahe, scheinen ihm geradezu am Herzen zu liegen.
Vielleicht weilt der unermüdliche Pilger in Gedanken auch schon in der Schweiz, wohin er gehen will, um einen schwierigen Dialog mit den Protestanten zu führen. Oder gar schon in Lourdes, beim eucharistischen Kongreß!
»Gewiß bedrückt ihn die Nachricht aus dem Libanon, wonach das Christenviertel von Beirut seit einer Woche dem Feuer der syrischen Artillerie ausgesetzt ist«, meint Kardinal Rubin. »Die katholische Jugend Irlands sendet pausenlos SOS-Telegramme. Es gibt immer mehr schlechte Nachrichten auf der Welt. Als stünde eine Sonnenfinsternis unmittelbar bevor.«
»Ich bemerke in den Augen des Neo-Thomisten aus Wadowice eine Art metaphysischer Beunruhigung«, fügt ein anderer päpstlicher Freund hinzu. Die Worte des heiligen Thomas kommen mir in den Sinn: »Quia in occultis non est homo iudex« (»Denn der Mensch ist nicht Richter über Verborgenes«).

Schon fünf Uhr vorbei. Gleich muß er kommen, ansteigender Applaus wird ihn ankündigen. Wie im Theater, bevor sich der Vorhang hebt, steigt die Erwartung von Minute zu Minute. Die Zeit flieht, die Unsterblichkeit wartet.
Wieviele Male war ich schon hier auf diesem Platz? Ich kann's nicht zählen. Wieviele Päpste habe ich gesehen? Fünf. Verzeihung, sechs, denn als Kind habe ich einst unter den Kolonnaden Pius XI. erblickt, den mein Vater noch von Warschau her kannte, aus jener Zeit, da die Rote Armee das unabhängige Polen bedrohte. Hier kenne ich jeden Meter, jeden architektonischen Schnörkel. Nicht nur die Kuppel,

die himmelstürmende, in Stein gebanntes Gebet, sondern die Gräber und Grotten, die Fundstellen aus längstvergangenen Zeiten, die Kapellen, Sarkophage, Wappen: die drei Bienen der Berberinis, die Eiche der Päpste della Rovere, die Statue des heiligen Petrus; die Überreste der Sakristei, worin der vom Meßwein trunkene Landsknecht zur Zeit des Sacco di Roma sein Pferd mit päpstlichen Bullen fütterte; goldene Säulen, spiralförmig gedrechselt, eine Beleidigung fürs Auge, den Altar, auf welchem Montini seine kostbare Tiara, eine Gabe der Mailänder Gläubigen, den Armen opferte, den Baldachin von Bernini, worunter Kolbe, der Märtyrer von Auschwitz, im Triumph in den Kreis der Seligen aufgenommen wurde. Epochen wirbeln durcheinander wie auf dem Karussell. Hier entlang wurde, bevor es nach Osten verschickt wurde, das Haupt des heiligen Andreas in der Prozession getragen, die Reliquie der Einigung – das war erst unlängst. Und dort hat vor vielen, vielen Jahrhunderten das Völkchen von Rom – ich traue seinen Freuden und Leiden nicht recht – die Löwen mit Zurufen angestachelt, sich auf die Christen zu stürzen, beklatschte es im Zirkus die Elefantenparade des Heliogabal, schleifte es fluchend gesalbte Häupter als Gefangene durch die engen Gassen, um sie im lehmfarbenen Tiber zu ertränken, amüsierte es sich bei der Krönung Pauls III. – sechs Lilien über dem Palast! –, warf mit Rosen nach seinen Gauklern, Zwergen, Sängern – und gestern, schon zu meiner Zeit, schluchzte es herzzerreißend, als der Ring des »guten Hirten« unter den Hammerschlägen zerbarst. Über diese breite Treppe, erinnere ich mich, kam weinend die asketische Eccellenza herabgelaufen und rief, während die Pius-Kappe davonrollte: »Der Teufel greift nach der Weltherrschaft! Er hat dem rasenden Herostrat den Hammer in die Hand gedrückt, auf daß er die Pietà von Michelangelo beschädige. O mein Gott, daß ich diese Stunde erleben mußte! Ich schäme mich, ein Mensch zu sein!«

Jeder Meter birgt neue Erinnerungen. Unweit des Meisterwerkes Canovas (Clemens XIII., bequem auf dem Kissen kniend) verkündete das freudige tam-tam aus dem afrikanischen Busch die Heiligsprechung der zweiundzwanzig Märtyrer aus Uganda; neben diesen Barockengelchen mit der Marmorschüssel in den Händen – links vom Eingang – hatte ich mein Debut als Taufpate; nur einige Dutzend Schritte in die Kühle, und man tritt hinaus auf den Innenhof, wo vor wenigen Tagen der Papst die neun Rekruten der Schweizergarde mit den Worten vereidigte: »Ich glaube daran, daß die Woge des Terrors vor den Mauern des Vatikan haltmacht!« In unmittelbarer Nähe der vatikanischen Post (wer kam nur auf die Idee, diese gräßlichen Zigeunerkarren aufzustellen?) unterhielt ich mich während des Zweiten Vatikanum mit einem Freund des gegenwärtigen Papstes, einem Krakauer Schriftsteller, über die Ansichten des damaligen Erzbischofs Wojtyla im Hinblick auf Konzil und Kirche. »Karol ist der Meinung«, sagte er voller Emphase, »man müsse die Kirche erneuern, im Geiste einer höheren Achtung vor der Person. Seit dem Erlöschen des frühchristlichen Respektes vor der Person – vom Ersten Lateranischen Konzil bis Trient, und darüber hinaus bis zur schrittweisen, dabei höchst gerechtfertigten Liquidation des Kirchenstaates – war die Rücksicht auf die Institution »als solche« ein stetes Hindernis für die Rücksicht dem Individuum gegenüber. Der Grundsatz, die Kirche bestünde nicht nur aus Papst, Bischöfen und Priestern, sondern aus einer von mystischer Sehnsucht beflügelten Gemeinschaft freier Menschen, ist leider in Vergessenheit geraten.«

»Aber hat sich denn wirklich etwas geändert auf diesem Gebiet im Verlauf der letzten zwei Jahre? Bis zu welchem Grade – wenn überhaupt – ist die Kirche reformierbar?« fragen die Skeptiker, indem sie den Sand betrachten, der immer schneller durchs Uhrglas rinnt.

Werfen wir noch einen letzten Blick in die Runde, auf diesen »Salon Gottes« – beim Obelisk, vom Blut der ersten Christen getauft, dem Stein, der nicht nur die Zeiten der Cäsaren erlebt hat, sondern sogar die der Pharaonen, wurde vor dreißig Jahren im Festzug der Patriarchen in goldener Mitra und der Hofleute in Gala (guardia nobile, mazzieri, camerieri di cappa e spada, sediari, bussolanti) der blasse Pontifex Maximus mit seinen blitzenden Brillengläsern vorbeigetragen – steif und erhaben (angeblich so seine Scheu bemäntelnd) und pharaonengleich. Damals bewunderte ich das kunstvolle Ballett, das seine langgliedrigen, gleichsam durchsichtigen Finger in der weihrauchgeschwängerten Luft vollführten. Pius XII. erteilte den Segen, zeichnete die Kreise lustlos in die Luft, als streue er Almosen in die Menge.
Aber aus dem gobelinverkleideten Fenster ertönten vor kurzem die Worte: »Fürchtet euch nicht!«
Wo bleibt Karol Wojtyla, der »Papst für jeden«? Gleich wird er in diesen Platz einfahren, in einem weißen Jeep japanischer Bauart. Mir fallen die Worte ein, die er unlängst sagte:
»Dem päpstlichen Weltenbummler ist jedes Fortbewegungsmittel recht: Von der Pferdedroschke über Rikscha, Lokomotive, Motorboot bis zum Hubschrauber. Nur bitte keine Sänfte!«
»Gottes irdischer Kundendienst-Chef« – wie ihn ein satirisches Blättchen Roms warmherzig-ironisch nennt – wird hier in der für ihn typischen Art die Arme heben und mit der vom Fernsehen und Foto wohlbekannten Geste Tausende beglücken.
»Sogar Mauerblümchen werden schön bei seinem Anblick«, lacht der junge Franzose, der mich begleitet. »In der Kathedrale von Notre Dame stand neben mir eine Maid von geradezu stupender Häßlichkeit, ein lebender Beweis für die These der Manichäer, der Leib sei Fluch des Teufels. Kaum

war der Papst an ihr vorbeigegangen, verwandelte sie sich zu meinem größten Erstaunen wie durch ein Wunder in eine zweite ›Miß France‹. Ihre Begeisterung hatte sie irgendwie verschönt.«
Aber genug gescherzt – denn: er naht! Ich sehe ihn aufs neue. In einer schneeweißen »campagnola«. Rufe, Gesang, Applaus, Vivat-Geschrei – alles auf einmal. Wohlbekannter Anblick der sich aufbäumenden Menschenwoge. Es fehlt nicht viel, und die Massen reißen die niedrigen Holzbarrieren nieder, die den riesigen Platz in Sektoren und Alleen einteilen. Pilger aus Tschenstochau, mit ihrem Bischof an der Spitze, stimmen das Marienlied an. Mädels aus dem Posener Gebiet, in »Bamberka«-Tracht (eine Erinnerung an deutsche Siedler aus Bamberg), entfalten ein Transparent mit der Inschrift: »Du bist die Hoffnung der Welt!« Eine Gruppe von Stewardessen in Alitalia-Kostümen hat sich unter die Gemeindemitglieder von Buffalo gemischt. Eine Schulklasse aus Kalabrien nimmt Japanerinnen in Kimonos die Sicht. Ein Blasorchester aus Bayern setzt die Messingposaunen an. Aber sie spielen nicht: zu groß ist die Erregung über all das, was sich ringsum abspielt. Hunderte von Fotoapparaten werden hochgehalten. Eine Frau im blauen Kleid hat sich zur Barriere durchgedrängelt und reicht dem Papst ein krausköpfiges, puppenähnliches kleines Mädchen, an dessen molliges Händchen ein Luftballon gebunden ist. Der Papst hebt das Kind in die Luft, küßt es, gibt es vorsichtig in die sicheren Arme der beglückten Mutter zurück.

Nicht einmal die in unmittelbarer Nähe des Attentäters Stehenden haben die Schüsse gehört – so lautstark war die Freude der wogenden Menge. Man glaubte zuerst, jemand hätte im Innern der Kolonnade eine Petarde gezündet, wie es Halbwüchsige im Fußballstadion zu tun pflegen. Es dauert ziemlich lange, bis sich die Menschen darüber klar sind, was

geschehen ist. Nur wenige bemerken, daß der Papst plötzlich schwankt, zurückfällt, als ob er niederknien wollte, um schließlich langsam in die Arme seines Sekretärs Dziwisz zu sinken. Eine Frau schreit in hellem Entsetzen: »Sie haben ihn getötet! Getötet!« Das weiße Fahrzeug, das bisher sehr langsam gerollt und oft stehengeblieben war, nimmt Fahrt auf. Schon laufen Männer in Zivil und Uniformierte vorweg und hinterher. Einige halten Revolver in Händen.
»Presto!« kommandiert ein hochgewachsener Mann mit Sonnenbrille, »zum Arco della Campane! Presto!«
Schon hat man den Attentäter gestellt. Er leistet keinen Widerstand. Carabinieri schützen ihn vor dem Zorn der Menge. Sanitäter in weißen Kitteln tragen zwei verletzte Frauen. Die ältere legen sie auf die Tragbahre, die jüngere schleppen sie unbeholfen mit sich. Ein gewaltiges Durcheinander, vermehrt durch das Sirenengeheul der Polizeiwagen und das laute Weinen von Frauen und Kindern. Doch es kommt nicht zur Panik, niemand wird in der Menge niedergetrampelt – dank der Geistesgegenwart des polnischen Jesuitenpaters Kazimierz Przydatek. Er läuft zum Mikrophon und beginnt, das »Vater unser« in lateinischer Sprache zu beten. Tausende von Gläubigen sinken auf die Knie. Wer kniet, läuft nicht davon. Es gibt einige, die vor dem leeren Thron (polnische Pilger haben auf ihm ein Bild der Schwarzen Madonna aufgestellt) bis in die tiefe Nacht hinein beten werden.
»Es stimmt, der Papst ist verletzt worden«, strömen die Worte aus den Lautsprechern, »doch seinem Leben droht keine Gefahr. Der Ambulanzwagen hat die Porta di Sant' Anna verlassen, er ist bereits unterwegs zur Klinik.«
Die Fernsehteams sind in voller Aktion. Noch ist das Blut nicht vom Pflaster abgewaschen (in einer Stunde wird sich dort ein Blumenhügel erheben), schon sind Reporter dabei, jede Minute des Ereignisses in Gesprächen mit Augenzeugen

zu rekonstruieren. Schwester Laetitia, eine Franziskanernonne aus Bergamo, die in letzter Sekunde auf eine Kiste gestiegen war und dadurch dem Attentäter für einen kurzen Augenblick die Sicht auf den Papst genommen hatte, wird heftig umlagert. Sie hatte dicht neben ihm gestanden, als er die Waffe zog...

»Warum haben Sie ihm nicht die Hand hochgeschlagen, Schwester?«

»Ich war wie versteinert vor Entsetzen!« schluchzt die Nonne. »Ich werde mir deswegen bis an mein Lebensende die bittersten Vorwüfe machen!«

Jemand versucht, ihr Beistand zu leisten:

»Vielleicht war es der Wille der Vorsehung?« Doch die Menge protestiert:

»Unsinn! Die Vorsehung ist auf seiten des Papstes!«

Ein amerikanischer Pfarrer ruft:

»Anna, eine Polin aus Buffalo, ist von einer Kugel in die Brust getroffen worden. Ist das nicht seltsam? Ausgerechnet sie, ein ehemaliges Mitglied aus Karol Wojtylas Kirchengemeinde in Niegowić!«

Blut auf der weißen Soutane. Diesen Anblick haben wir seit langem gefürchtet, als ahnten wir, daß Karol Wojtyla, der Herold des Optimismus, eines Tages für seinen Glauben an den Menschen würde bezahlen müssen. Das Böse ist vielgestaltiger als das Gute. Und schon leben in der Erinnerung all die unsinnigen Prophezeiungen wieder auf. Im Mittelalter soll der folgende Unkenruf erklungen sein: »Wenn an der Seine die rote Rose erblüht, wird am Tiber blutiger Tau die weiße Soutane nässen.« Sollte etwa der Wahlsieg des Sozialisten Mitterrand in Paris jene blühende Rose aus der Wahrsagung sein? Geschwätz! Der oft zitierte Sterndeuter Nostradamus prophezeite dem »vorletzten Papst der Menschheit« – nach ihm folgt noch einer, der allerletzte, und dann das Jüngste Gericht – den Tod im Monat »der blühenden Rosen« (im Mai). In einem alten astrologischen Kalender, vor einer Woche beim Pariser Bouquinisten erstanden, fand ich eine ungereimte anonyme Vorhersage (alle Voraussagen sind ungereimt, solange wir ihr Eintreffen nicht am eigenen Leib erfahren): »Wenn der Halbmond den Papst verwundet, wachsen Schwert und Pastorale zusammen(?), und der HERR sprengt die Erde in die Luft!« Padre Pio soll zum jungen Wojtyla, als dieser ihn einst in Süditalien besuchte, gesagt haben: »Ich sehe an dir das Ornat Petri, mit Blut geweiht.« Erst unlängst entführte ein australischer Ex-Mönch eine Maschine der »Air-Lingus«, um die Aufmerksamkeit der Welt auf »das dritte Geheimnis« der Offenbarung in Fatima (am 13. Mai 1917) zu lenken, worin dem Papst Unheilvolles vorausgesagt wird. Der Psychiater auf dem Flugplatz von Le Touquet hatte ihn als manisch bezeichnet. Und schließlich erklingt in meinem Ohr der Vers des romantischen Dichters vom Slawenpapst. Es war Juliusz Słowacki, der während des Völker-Frühlings geschrieben hat: »Kühn wie ein Gott wird er sich in die Schwerter stürzen.« Aber halten wir ein: Man muß wahrlich kein Urenkel der Aufklärung sein, um dieses Bouquet aus Trauerfarn absurd zu finden.

Eine Viertelstunde später, während der Sanka mit dem Schwerverletzten in rasender Fahrt zur Gemelli-Poliklinik jagt, ist der Name des Attentäters in aller Munde. Er kommt mir seltsam bekannt vor. Und plötzlich wird mir klar, daß er auch dem Papst nicht fremd sein kann. Als wir im November 1979 von Rom nach Ankara flogen, erzählte Monsignore Panciroli dem »Pilger der Versöhnung«, ein junger Türke, mit Namen Mehmed Ali Agca, der wegen Ermordung eines politischen Gegners eine Gefängnisstrafe absäße, sei aus der Militär-Haftanstalt bei Istanbul ausgebrochen (wobei ihm Wärter geholfen haben müssen) und appelliere gegenwärtig in Briefen an Zeitungen, man solle eine Spendenaktion veranstalten, um ihm den Kauf eines Gewehrs mit Zielfernrohr zu ermöglichen – er habe vor, den Papst zu erschießen. Der Papst hörte die Nachricht ruhig an. Dann wiederholte er leise, gleichsam versunken, den Namen des türkischen Terroristen. Und meinte schließlich: »Liebe ist stärker als Angst und Haß.«

Man hatte ihm schon in Irland, in Pakistan, auf den Philippinen den Tod angedroht. Damals hatte er scherzhaft erwidert, es gehöre sich nicht, das Berufsrisiko (»Pardon, das Berufungsrisiko!«) zu scheuen, man dürfe den heiligen Schutzengel nicht arbeitslos machen, dürfe den naiven Glauben an den guten Willen im Menschen nicht verlieren. Es wäre ungut, wenn wir aus lauter Furcht vor dem Beinbruch aufhören würden zu laufen.

In Karatschi sagte er zu uns – als er mit Verspätung erfuhr, daß ein Terrorist während des Gottesdienstes einen Bombenanschlag gegen ihn ausführen wollte und dabei selbst ums Leben gekommen ist: »Es ist traurig, aber wir dürfen *trotzdem* unser Vertrauen in den Menschen nicht verlieren, denn es gibt für den Christen keine andere Alternative, als optimistisch zu bleiben. Mehr noch: wir müssen uns immer wieder die Frage stellen: *warum* hassen die Menschen, warum handeln sie so und nicht anders. Jeder von uns muß mit dem Leben eines anderen leben, sonst können wir überhaupt nicht leben.«

Diese wunderschönen, wohlgestalteten Sätze! Lektionen in Edelmut, das Wort zum Sonntag – dachte ich damals bei mir. Päpste *müssen* so reden, schon von Amts wegen, weil sie wissen, daß die Stärke des Christentums, dieser erhabensten Utopie der menschlichen Gattung, in seiner Wehrlosigkeit liegt, die in der Bergpredigt in so poetischer Weise formuliert ist. Aber das Leben folgt leider anderen Strömungen, es wälzt sich brutal, aufgewühlt, in seinem Flußbett dahin.

Es ist dunkel geworden. An der Stelle des unseligen Vorfalls hat man inzwischen Kerzen entzündet. »Die Kerzen der Hoffnung«, ertönt die Stimme des Jesuitenpaters, »sollen die ganze Nacht hindurch brennen!«
»No al terrorismo!« – skandiert die Jugend auf der Straße. Abends erfahren wir von Professor Francesco Crucitti, dem Chef des Chirurgenteams: »Der Papst befindet sich in akuter Lebensgefahr, sein Zustand ist besorgniserregend. Er hat fast drei Liter Blut verloren. Die Unterleibsoperation wird voraussichtlich fünf Stunden dauern.«
»Ich bin Atheist«, sagt mir ein Freund von der Harvard-Universität, »aber ich finde, man braucht kein gläubiger Mensch zu sein, um zu sagen, die Welt wäre ärmer und kälter, wenn es diesen Papst nicht mehr geben sollte.«

Ich irre durch Rom, nicht nur bedrückt von schlechten Nachrichten, sondern gleichsam beschämt, als Zeitungsleser und Rundfunkhörer. Schrecklich ist diese sensationslüsterne Umwelt. Wir leben in immer größerem Lärm, die Welt hat das Flüstern verlernt. In der Via Cicerone, vor dem Schild der »Pensione Isa«, gruppieren sich sensationshungrige Touristen zu einem Gruppenbild. (Hier hat der türkische Attentäter die Nacht vom 12. zum 13. Mai verbracht.) Die Untersuchungsbeamten haben den Raum freigegeben, man kann ihn also betreten und fotografieren, damit die in Texas Daheimgebliebenen etwas zum Staunen haben. In den Zeitungskiosken türmen sich Pyramiden bedruckten Papiers, worauf über die allerwinzigsten Details in möglichst »farbiger« Aufmachung berichtet wird, ohne auf allzugroße Genauigkeit Wert zu legen. Die vielen nie gesagten Worte, die man dem verletzten Papst in den Mund legt, obwohl er doch zwei Tage lang überhaupt nicht sprechen konnte, der Sauerstoffmaske wegen! Eine Schlagzeile verkündet: »Drei Professoren in Mexiko haben Selbstmord verübt – sie wollen nicht länger in einer Welt leben, die vom Satan regiert wird!« Allerhand, was sich da an näherer Kenntnis der Geschichte der Päpste offenbart: 31 von ihnen fielen von Mörderhand. Der letzte, Leo X., wurde vergiftet, wie man vermutet. Handleser und Wahrsager erinnern sich auf einmal, daß sie Datum und Stunde des Attentats vorausgesagt haben. Interviews mit Spezialisten für Handfeuerwaffen, Königsmordforschern, Amateur-Chirurgen, diplomierten Kennern der Terroristenpsyche jagen einander. Alle 15 Minuten produziert sich jemand im Fernsehen, dieser gigantischen Maschinerie, die die Hirne vernebelt und den Geschmack verdirbt. »Wird sich der Anschlag auf das Leben des Papstes auf die Ergebnisse des Referendums in Sachen Schwangerschaftsunterbrechung auswirken? Mit Sicherheit nicht!« ruft eine Frauenstimme aus dem Straßenlautsprecher. »Unser Volk ist erwachsen, es ekelt sich vor Psychosen und Demagogie!«

Seit den Schüssen auf dem St. Petersplatz sind vierzig Tage vergangen. Die Kugel des Attentäters hat den Papst glücklicherweise nicht getötet. Man weiß nicht, wer dem Verbrecher den Browning in die Hand gedrückt hat. Aber wir wissen, wem dieser Papst im Wege stand. (»Agca soll angeblich in Libyen ausgebildet worden sein, aber wen interessiert das schon«, meint ironisch ein italienischer Journalist, »wer braucht heutzutage kein Erdöl?«) Die Anklagebehörde ist geneigt, an den »Alleingang des Psychopathen« zu glauben, obwohl die Römer-Presse schreibt: »*Il lupo, certamente, non era solitario.*« Dieser Wolf war bestimmt kein Einzelgänger. Die Anklagebehörde möchte »keine Doktorarbeit über internationalen Terrorismus vorbereiten«. Nur ungern erlaubt man den deutschen Beamten, Agca, den vermeintlichen Mörder eines Türkens in der Bundesrepublik, zu vernehmen. Die Strafverhandlung soll nicht länger als drei

Tage dauern. Der kugelfeste Glaskäfig für den Angeklagten steht bereits in Corte d'Assise – dreimal größer als jener in Jerusalem für Eichmann – bereit. Der Papst hat es abgelehnt, sich die Urteilsverkündung am Bildschirm anzuschauen. Daß die Geschworenen den Attentäter zu lebenslänglicher Haft verurteilen werden, ist sicher. Läßt sich aber das, was am 13. Mai geschah, »bestrafen«? Geht es dabei um Vergeltung, um Warnung, um Wiederherstellung der stark beschädigten Werte? Wird der Gerechtigkeit Genüge getan? (Mir graut schon heute vor der rhetorischen Perfektion des Anklägers und Verteidigers.) Wir fahren zur Gemelli-Klinik. Der Papst hatte leider bereits Gelegenheit, sie von innen kennenzulernen. Schon vor seiner schweren Operation, in den ersten Tagen seines Pontifikats, hatte er dort seinen Freund, Bischof Andrzej Deskur, besucht und nachher den Kardinal Jean Villot. Im Taxi plaudere ich mit einem italienischen Jesuiten, der »alles weiß«:

»Manche Kurienkardinäle zeigen einfach zu wenig Herz für den Rekonvaleszenten«, meint er und senkt die Stimme. »Einer behauptet sogar, seit der Wahl Johannes Pauls II. gäbe es im Vatikan im Grunde ein Interregnum, so etwas wie eine ›Sedisvakanz‹ – und natürlich ›polnische Wirtschaft‹, sprich: Chaos. Pontifikat à la polonaise – wer hält das aus? Der Papst trifft seine eigenen Entscheidungen innerhalb des inneren Kreises, der teilweise aus Polen besteht, und ignoriert viele Bereiche der Kurie vollständig – das sei einfach unverzeihlich. Zum Kardinalstaatssekretär hat er beispielsweise nicht einen Akten-Jongleur bestimmt, wie es Giovanni Benelli gewesen ist, sondern Benellis Rivalen aus der Zeit Pauls VI., den ›weichen‹ Casaroli, der nicht allzuviel von einer straffen Verwaltung hält. Wojtyla plaudert über Poesie, Casaroli plaudert über Musik, und die wichtigsten Geschäfte der Kurie bleiben liegen. Dennoch hoffe ich, daß sich der neuerliche Krankenhausaufenthalt des Papstes

nicht auf den bisherigen Stil des Pontifikats auswirken wird.« Soweit mein Taxibegleiter.
Gestern, auf der Scala Regia (ein Meisterwerk Berninis, fast zu schade, darauf herumzusteigen), hörte ich, daß sich der Papst, ein Meister der Selbstbeherrschung und von geradezu sprichwörtlicher Ruhe und Heiterkeit des Geistes, physisch wie psychisch in einer ausgesprochen schlechten Verfassung befindet. Der Tod Kardinal Wyszynskis, den er wie einen älteren Bruder liebte, hat ihn zutiefst getroffen. Das Abschiedstelefonat mit dem in Warschau dahinsterbenden Primas hat sein Selbstgefühl schwer belastet. Auch das Schicksal des kleinen Alfredo aus Frascati, der nach langem Todeskampf in der Tiefe des Brunnens sterben mußte, bedrückt sein Gemüt. »Wieder hat der liebe Gott mein Gebet nicht erhört«, soll er mit Tränen in den Augen gesagt haben.

Am 20. Juni 1981 wurde Johannes Paul II. zum zweiten Mal aus dem Vatikan in die Poliklinik überführt. Diesmal – so lautete die erste Anamnese – wegen einer »leichten Lungenentzündung«. Dann wird im ärztlichen Bulletin als Ursache der plötzlichen Schwächung und steigender Fieberkurve des Patienten Virusinfektion genannt. Zu früh ist er in den Vatikan zurückgekehrt, zu früh hat er seine Arbeit wieder aufgenommen. Besucher empfangen, lange Reden gehalten. »Der Papst hat sich praktisch den Entlassungsschein selber ausgestellt«, flüstern die Ärzte. Der Papst hatte es erneut verabsäumt, sich zu schonen, und dabei seine Kräfte überschätzt. Wieder einmal wollte er seinen Leitspruch unter Beweis stellen: »Totus tuus.«
Während ich von meinem Besuch in der Klinik zurückkehre, kann ich mich des Gedankens nicht erwehren, daß nunmehr jener erste Abschnitt eines Pontifikats zu Ende geht, der in seiner Dynamik die Phantasie von Millionen in aller Welt beflügelte. Wie wird der zweite sein? Die für das Jahr 1981

vorgesehenen Reisen des unermüdlichen Pilgers in die Schweiz, nach Lourdes, Spanien und Mexiko (zum zweiten Mal) müssen verschoben werden. Der weiße Adler ist zur Zeit zur Notlandung gezwungen. Aber seine Flügel sind nicht gelähmt. Er braucht jetzt Ruhe und Erholung. Er wird diese Krise überwinden, hoffe ich, denn er weiß, daß die Welt ihn braucht.

Vor meinem geistigen Auge steht – wie traurig ist dieser Anblick! – das blasse, von Erkrankung gezeichnete Gesicht. Ein schwer angeschlagener, plötzlich gealterter Mann, der sich zu einem Lächeln zwingt, das ihm traurig mißlingt. Noch höre ich die Worte, die er vier Tage nach dem Anschlag mühevoll auf dem Krankenlager sprach: »Aus tiefstem Herzen vergebe ich dem Bruder, der mich töten wollte.« Während ich in das »Buch der guten Wünsche«, zwei Worte auf polnisch »Szcześć Boże!« (»Gott befohlen!«) schreibe, fällt mir die Bußprozession des Papstes zum Karfreitag ein. Er trug das Kreuz bei strömendem Regen. Blieb auf der Schwelle zum Colosseum stehen und wiederholte tiefbewegt die Worte Christi: »Padre, perdona loro perché non sanno quello che fanno.« Herr, vergib ihnen, denn sie wissen nicht, was sie tun. Und auch jener andere Satz von vor zweitausend Jahren hat nichts von seiner Aktualität verloren:

– Ecce Homo! Seht, welch ein Mensch!

Der Cyrenäer aus Wadovice hilft uns allen – ob gläubig oder nicht –, das Kreuz zu tragen.

Beugen wir uns also über ihn und betrachten sein Leben. Blättern wir im Logbuch seiner Reisen. Bestaunen wir das große Abenteuer seines Pontifikats, das es fertiggebracht hat, das Boot Petri in ein geflügeltes Gefährt zu verwandeln.

Es gibt Zeichen auf der Welt...
(Oktober 1978)

Was ist Wahrheit, was Dichtung? Am üppigsten blühen Legenden, wenn sie sich um ungewöhnliche Menschen ranken können. Geschieht etwas Unvorhergesehenes, tritt post festum eine gewisse, Psychologen wohlvertraute, Gesetzmäßigkeit zutage: es mehren sich Augenzeugen, denen auf einmal wieder Details einfallen, die sie »zunächst nicht beachtet hatten«, die »ihnen jedoch jetzt sonnenklar werden«. Ebenso wächst die Zahl jener, die den Berühmten, noch ehe er zu Ruhm gekommen, gut gekannt haben, mit ihm von Kindesbeinen an befreundet waren, Schule und Universität mit ihm besucht und ihm schon damals eine leuchtende Zukunft prophezeit haben.
Kein Wunder also, daß sich ein Einwohner des Städtchens Wadowice, der Heimat des Polen, der Papst wurde, beim Anblick der römischen Schlagzeile »Il Papa Polacco« an folgende, Jahre zurückliegende Begebenheit erinnert:
Es war 1927, als Lindbergh den Atlantik überflogen hatte. Karol war damals sieben. Als er gefragt wurde, was er später einmal werden wollte, antwortete er spontan:
»Flieger!«
»Warum nicht Pfarrer?« – meinte eine Nachbarin verwundert.
»Ein Pole kann wohl ein zweiter Lindbergh werden, aber niemals Papst«, soll der spätere Johannes Paul II. geantwortet haben.
Se non e vero... Da gibt es jenen Schulbankgenossen, ebenfalls Zögling des Staatlichen Neuklassischen Martin Wado-

wita-Gymnasiums im Provinzstädtchen Wadowice (das der einheimische Pauker Emil Zegadlowicz in seinem Roman »Alpträume« so fürchterlich gegeißelt hat), der sich heute, nach jenem Datum, das nicht nur für Polen historische Bedeutung hat, seines Gesprächs mit dem heiteren, dabei immer etwas versonnenen Genossen knabenseliger Wanderungen erinnert: »In einer Augustnacht, wenn es Sternschnuppen regnet, wünscht sich wohl jeder insgeheim irgend etwas. Der Wunsch muß blitzartig ausgesprochen werden, noch ehe die Sternschnuppe das Firmament durchmessen hat, nur dann kann er Wirklichkeit werden. Als ich Karol auf der Veranda der Berghütte nach seinem Wunsch fragte, erwiderte er lächelnd: ›Das kann ich dir nicht verraten. Mein Wunsch ist zu phantastisch, als daß er in Erfüllung gehen könnte. Aber es liegt alles in Gottes Hand. Sollte ich in vierzig Jahren noch leben, will ich dir gern verraten, was mir vorhin durch den Kopf ging.‹«

Falls es stimmt, daß die Namenspatrone der Lehranstalten einen Einfluß auf junge Herzen und Gemüter ausüben, so sei daran erinnert, daß der Patron des Gymnasiums von Wadowice, an welchem Karol Wojtyla im Mai 1938 das Reifezeugnis erhielt – der Asket und Theologe des 16. Jahrhunderts, Marcin Campius Wadowita, nicht nur sehr geistvoll gewesen sein soll, sondern auch tolerant und barmherzig. Als Fausto Sozzini todkrank im Hause eines befreundeten Kalvinisten in Krakau darniederlag, schleppten ihn Studiosi, aufgestachelt von fanatischen Rädelsführern, im Nachthemd auf die Straße, verbrannten seine Handschriften vor dem Rathaus und wollten ihn in der Weichsel ertränken. Damals geschah es, daß der mutige Rektor Wadowita, jeglichem Verbrennen und Ertränken von »Ketzer-Geschmeiß« abhold, den Gelehrten Arianer zum Ärger anderer Baccalaurei aus den Klauen des Mobs befreite und ihm damit das Leben rettete.

Seelenhirten und Erzieher wissen sehr wohl, warum sie die Jugend ermuntern, sich besonders für die Lebensläufe jener Heiligen zu interessieren, deren Namen ihre Schulen tragen. Ein bekannter Tiefenpsychologe, natürlich Amerikaner, schreibt: akzeptiert der junge Mensch beizeiten innerlich den Namen, den man ihm in frühester Kindheit weniger gab als vielmehr aufzwang, so kann es geschehen, daß gewisse Wesensmerkmale des Namenspatrons in sein Unterbewußtsein einsickern und seine geistige Persönlichkeit prägen. Der nämliche Erforscher des *»mare tenebrarum«* ist der Ansicht, daß, wer den Namen eines heiligen Märtyrers trage, eher als andere geneigt sei, einer Idee Opfer zu bringen.
Der Papst Wojtyla heißt Karol, wie sein Vater. Schon seine erste Italienreise, als Student des Angelicum, unternahm er nach Mailand, um in dem dortigen Dom über den Reliquien des heiligen Karl Borromäus zu beten, des konsequenten Verwirklichers der Beschlüsse des Tridentiner Konzils. Carlo Borromeo, Kardinal, Erzbischof von Mailand, Vetter des Papstes Pius IV., pflegte seine Härte, die er als Reformator der Reformen an den Tag legte, durch Barmherzigkeit zu mildern: er beschützte die Schwachen und schonte sich selbst nicht, als der Pesthauch Norditalien berührte. Er war kein eiskalter Theologe oder selbstherrlicher Repräsentant der Interessen der Kirche als irdischer Institution: über organisatorische Erfolge stellte er moralische Führungsqualitäten und die Erweckung ethischer Empfindsamkeit im Menschen.
Zurück zur Gegenwart! Nunmehr, nach Jahren, da ihr Landsmann Papst wurde, fällt den polnischen Bauern so manches wieder ein.
»Die ›juhasy‹, junge Goralen, veranstalten bekanntlich Wettkämpfe, indem sie auf Bergterrassen Feuer abbrennen. Wer das Feuer mit Hilfe nur eines einzigen Streichholzes ent-

zündet, beweist nicht nur seine Geschicklichkeit, sondern darf sicher sein, daß ihm im Leben das Glück hold sein wird. Karol war damals Vikar einer Dorfkirche bei Bochnia. Er machte mit uns einen Ausflug in die Tatra. Dort, im Gebirge, wo er sich ohnehin immer am wohlsten fühlte, brachte er das Feuer innerhalb weniger Sekunden zum Lodern, kundiger als ein echter Gorale. ›Oho, Glück ins Haus, Hochwürden, großes Glück ins Haus!‹ – soll ein alter Gorale gerufen haben – ›Papst wird er werden!‹« In Deutschland hingegen, einem nüchternen Lande, das Zeichen und Wundern nur widerwillig Beachtung schenkt, geht folgende Erzählung um:

»Als die Delegation des polnischen Episkopats im September 1978 im Gegenbesuch nach der Bundesrepublik kam und ihre Pilgerreise am Grabe des heiligen Bonifazius in Fulda begann (der heilige Bonifazius ist für die Deutschen, was der heilige Wojciech für uns Polen ist), versuchte ein junger Handwerker aus Regensburg, den niemand kannte, sich zu den polnischen Bischöfen durchzudrängeln, und zwar so hartnäckig und fieberhaft, daß er sofort die Aufmerksamkeit der Ordnungshüter in der Kathedrale auf sich zog. ›Ich muß zum Kardinal Wojtyla aus Krakau‹, erklärte er atemlos, ›meine Mutter besteht darauf. Als heute früh der Rundfunk bekanntgab, die Polen kämen nach Fulda, gab mir meine Mutter – sie kann weissagen! – 60 Mark und befahl mir: Fahre sofort nach Fulda und mach' deinen Diener vor Kardinal Wojtyla. Das ist der kommende Papst.‹«

Im Jahre 1962 verfaßte Karol Wojtyla sein Gedicht über die römische St. Peters-Kirche. Er veröffentlichte seine Lyrik gewöhnlich unter dem Pseudonym Andrzej Jawien, dem Namen eines der Helden aus Jan Parandowskis Roman »Rückkehr ins Leben«. Liest man den Text heute, entsteht der Eindruck, als schreibe hier der künftige Hausherr der Basilika. Die Vorahnung künftiger päpstlicher Mission zeigt sich ebenfalls in der Wahl der dichterischen Metaphern und Accessoirs, die sämtlich mit dem Erbe Petri verknüpft sind. Jene Schafe, jene Hufspuren auf der Grasnarbe lassen uns an die Worte denken: »Hüte meine Lämmer! *Du bist es, Petrus. Du willst hier Boden sein, den die anderen begehen, ohne zu wissen wohin... Du willst der Boden sein, der den Füßen dient – wie der Fels den Hufen der Schafe.«*

Der Geschichtsphilosoph Stefan Swieżawski, langjähriger Professor an der Katholischen Universität von Lublin, nahm teil am internationalen Kongreß zu Ehren des heiligen Thomas von Aquin, den die italienischen Dominikaner im Jahre 1974 veranstalteten. Unter dem frischen Eindruck der Predigt, die Kardinal Wojtyla in italienischer Sprache in Fossa Nuova gehalten hatte, eröffnete er ihm:

»Ich muß dir etwas Wichtiges offenbaren, was ich nicht länger für mich behalten kann: Du wirst Papst sein!«

Der Erzbischof von Krakau soll ihm lange in die Augen gesehen haben, tiefernst und prüfend – ohne ein einziges Wort. Drei Tage nach dem Konklave aber, aus dem er als Nachfolger des allzufrüh verstorbenen »lächelnden Papstes« Johannes Paul I. hervorging, schrieb Wojtyla seinem älteren Krakauer Kollegen einen Brief, worin folgender Satz stand: »Jawohl, lieber Stefan! Ich denke an Deine Worte. Deus mirabilis!«

Als die Wahl vorbei war, behauptete so manche italienische Persönlichkeit, der Erkorene sei »ihr Kandidat« gewesen! Rektor Giuseppe Lazzati aus Mailand äußerte gegenüber Journalisten:

»Ich war schon nach dem Tode Pauls VI. der Meinung, Kardinal Wojtyla, den ich 1976 in Lublin kennengelernt hatte, wäre der ideale Steuermann für das Ruder Petri.«

Schon bald, nachdem dem Krakauer Metropoliten die höchste Würde der römisch-katholischen Kirche verliehen worden war, erinnerten sich polnische Literaturwissenschaftler

an die prophetischen Verse eines romantischen Dichters aus dem vergangenen Jahrhundert. Der Emigrant Juliusz Słowacki, den die eisige Gleichgültigkeit des damaligen Statthalters Christi hinsichtlich der Tragödie des polnischen Volkes zutiefst getroffen hatte, schrieb im »Völkerfrühling« folgende Zeilen:
»Inmitten der Fehden schlägt der Herrgott die riesige Glokke, seht, er hat den Thron geöffnet dem slawischen Papst... Liebe wird er austeilen, wie heute die Herrscher austeilen die Waffen, sakrale Kraft offenbart er, wenn er die Welt in die Hand nimmt...
In die Hand? Wohl eher auf die Schultern. Wie jener Atlas aus der Mythologie, Bruder des Prometheus, von Zeus dazu verurteilt, Himmelsgewölbe und Erdkugel zugleich zu tragen.« Aus Zartgefühl und Rücksichtnahme – wem gegenüber? – haben die Zeitungen Polens, als sie diese eigentümlichen Verse zitierten, jene Strophe unterschlagen, in welcher der zutiefst verbitterte Dichter den künftigen? »Slawenpapst« ermuntert, er möge alsbald das »Gewürm aus den Wunden der Welt entfernen« und »das Kircheninnere auskehren, die Flure säubern«.
Es gab auch Professoren, die sich an eine andere literarische Vision des vergangenen Jahrhunderts erinnerten – sie betrifft den »Polenpapst« und ist in einer der Novellen von Boleslaw Prus enthalten (»Im Jahr 2000 wurde ein Pole zum Papst gewählt; er führte durchgreifende Reformen des Katholizismus durch.«).
Es heißt, der Soldat trüge den Marschallstab im Tornister. Aber führt wirklich ein »gemeiner« Kardinal die päpstliche Tiara in seinem Gepäck? Man sagt, wer die Sixtinische Kapelle als künftiger Papst betritt, verläßt sie als Kardinal. Welcher Purpurträger schätzt es schon, allzulaut als »papabilis« bezeichnet zu werden?
Schenkt man den Radziwill-Biographen Glauben, sollte nach dem Tode Gregors XIV. Fürst Jerzy Radziwill zum

Papst gewählt werden, »was einzig am jugendlichen Alter scheiterte«. In der Tat: der verhinderte Kandidat, Bischof von Wilna bereits im vierundzwanzigsten Lenz seines Lebens, war damals erst vierunddreißig. Also wählte man Innozenz IX., dessen Pontifikat übrigens kaum zwei Monate währte. Dem nächstfolgenden Konklave freilich entstieg Clemens VIII., und der Wilnaer Jesuitenzögling war vergessen.

Mehr Chancen auf dem polnischen Wege zum päpstlichen Thron hatte im 16. Jahrhundert möglicherweise der Ermländer Bischof Kardinal Hosjusz: er wurde »von etwelchen Kardinälen *privatim* als Papstkandidat vorgeschoben«. Dies geschah nach dem Tode Pius IV. Gewählt wurde indessen Pius V., den man später heiliggesprochen hat.

Schon hundert Jahre früher, im fünfzehnten Jahrhundert, gab es heimliche Gerüchte von weltoffenen polnischen »papabili« unter anderem Zbigniew Oleśnicki aus Krakau, geschickter Politiker im Purpur, sowie Erzbischof Nikolaj Trąba, der die polnische Delegation auf dem Konzil zu Konstanz anführte. Eine überlieferte Redensart lautet: »Wenn Trąba Papst wird, wird Krakau zu Rom.«

Wie auch immer – in zehn Jahrhunderten des Christentums am Weichselufer ist es keinem Polen gelungen, den Papststuhl zu erobern. Gewiß wäre es poetische Übertreibung zu behaupten, ganze Generationen von Polen hätten ihren Papst erwartet, wie die Juden ihren Messias. Aber der fromme Wunsch, Rom möge endlich seine Schulden gegenüber dem Bollwerk der Christenheit begleichen – nicht selten war es unerwiderte Liebe! –, glimmt schon seit langem auf dem Grunde polnischer Seelen.

»Ein Wunder ist geschehen!« – rief in Rom ein Kommunist aus Polen, der sich als überzeugter Atheist standhaft geweigert hatte, an Wunder zu glauben, und der in die italienische Hauptstadt nur als »Tourist« gekommen war, und nicht, um Zeuge der Papstwerdung des Krakauer Erzbischofs zu werden.

»Ein Konklave ist keine Wahl fürs Weiße Haus«, sprach einst Kardinal Spellman mit erhobenem Zeigefinger – man hat Vorahnungen, man nährt Hoffnungen, Gewißheit hat man nie.

Als vor ungefähr zwanzig Jahren Kardinal Roncalli, der nachmalige Johannes XXIII. von Venedig aus zum Konklave nach Rom reiste, wurde ihm zugetragen, Daniel Rops, Mitglied der Académie Française, riete ihm freundschaftlich, das Bahnbillett in nur einer Richtung zu kaufen, es wäre schade um die Lire für die Rückfahrkarte... »Monsieur Rops möge das Annuario Pontificio aufmerksam durchlesen«, soll der Patriarch von Venedig beim Besteigen des Zuges gesagt haben, »er findet darin gewiß Namen, die würdiger sind als der meine.«

Auch der so sympathische Albino Luciani aus Canale d'Agordo, »der Fächer, der sich nicht mehr entfalten durfte«, soll ein Rückfahrbillett gekauft haben, als er die Stadt der Lagunen verließ: er rechnete wohl nicht allzusehr mit den Sympathien der Mitwähler und des Heiligen Geistes. Für ihn galt gewiß nicht, was in den Vorzimmern der römischen Kurie behauptet wird: »Der Papst gibt den Hut – den Kopf kann er nicht geben.« Obwohl das Pontifikat des literarisch nicht unbegabten Patriarchen, des stets lächelnden und umsichtigen Hirten, dessen Brillengläser nicht selten ironische Funken schlugen, von bestürzender Kürze war (man nahm ihm später im Vatikan übel, daß er das lange Register seiner physischen Unzulänglichkeiten verschwiegen oder zumindest bagatellisiert hatte), eroberte er sich vom Fleck weg die Sympathien der Römer. Man schwärmte für seine anmutigen, manchmal geradezu conférencierhaften Aussprüche, eine Wohltat nach all der zierlichen und hochgelehrten, jedoch mitunter wehleidigen Rhetorik Pauls VI.

»Der Papst allein, und sei er auch noch so populär, ist nicht die Kirche – es gibt die Gläubigen, es gibt die Laienbewegung!« Mit diesen Worten rügte die deutsche Katholikenzeitung die römischen Autoren der euphorischen Trauerrede, in der es hieß: »Die katholische Kirche hat einen Papst wie Albino Luciani überhaupt nicht verdient.«

Es ist bezeichnend, daß man noch hundert Tage nach der Wahl seines Nachfolgers, während bereits Portraits des »Papstes Wojtyla« im Handel waren, in den Vororten Roms, in den Vitrinen der kleinen Läden Venedigs blumenumkränzte oder trauerumflorte Bildnisse jenes Mannes ausgestellt sehen konnte, der gepredigt hatte, daß die »sapientia christiana einen gesunden Humor nicht zu fürchten brauche«.

Darf ein Papst Liebling der Massen sein? Dies ist die Frage. Im klaren Licht der heutigen Zeit darf er weder Eremit sein noch unsichtbar – soviel steht fest. Er muß durch Anwesenheit glänzen.

Es fehlt nicht an Gerüchten, Kardinal Wojtyla habe vor seiner Abreise zum Konklave seinen Schreibtisch im Palast an der Franziskanerstraße in Krakau so sorgfältig geordnet und sich so innig von seinen Mitarbeitern verabschiedet, als hätte er geahnt, daß er nicht mehr heimkehren würde.

In der Woche vor dem Konklave geriet Kardinal Wojtyla, wie allgemein registriert wurde, in einen Zustand »religiöser Verzückung«.

Er suchte die Einsamkeit, meditierte, verschwand in kleinen römischen Kirchen, drückte Menschen lang und herzlich die Hände, hatte »den Himmel im Blick«.

»Karol wird durchsichtig«, meinte sein Freund.

Personen, die ihn am 7. Oktober auf seiner Pilgerfahrt zum Mariensanktuarium in Montorella begleiteten, jenem zauberhaften Gebirgsort, der dank den Patern des Resurrektionisten-Ordens noch heute die Erinnerung an die große pol-

nische Emigration (1831) bewahrt – die letzten Kilometer legte der Pilger zu Fuß zurück –, erinnern sich:
»Er betete damals besonders inbrünstig wie ein Mensch am Vorabend des wichtigsten Ereignisses in seinem Leben.«
Falls es stimmt, daß schon nach dem Tode Pauls VI. von einer polnischen Kandidatur gemunkelt wurde – es gehört die Phantasie eines Malachias Martin dazu, des Autors jenes denkwürdigen Buches »The final conclave«, oder der Übermut Peyrefittes, um *alles* zu wissen, auch das, was man nicht weiß! –, so entbehrten diese Vorahnungen keinesfalls rationaler Grundlagen.
Seit die Seuche der Indiskretion und die gemeine »interviewitis« nicht einmal mehr vor dem Vatikanhügel haltmacht – schließlich leben wir im Zeitalter des Pan-Voyeurismus, des Fetisches der Masseninformation, des Argusauges alias Fernsehen, der großen Täuschung als Folge eines zusätzlichen Schluckaufs nach der restlos ins Vulgäre abgerutschten Aufklärung (als ergäbe die Überfütterung mit Information einen besser informierten oder gar klügeren Menschen!) –, wird dem Kardinal Rocca folgende »inoffizielle Aussage«, sprich: gezielte Indiskretion, zugeschrieben:
»Wir wußten es schon damals: wird Luciani nicht gewählt, bleibt uns nur noch Kardinal Wojtyla.«
Selbst Camus, der Dichter der nüchternen Verzweiflung, warnte davor, »die Sphäre geistigen Erlebens ihres mystischen Schleiers zu berauben«. Der Mensch braucht das Licht, daran ist nicht zu zweifeln. Aber ebenso dürstet er nach Geheimnis. »Dabeisein« – heißt das Hauptmerkmal menschlicher Emanzipation. Wir verfolgen die Parlamentsdebatten in Radio und TV, und doch ist das Kardinalskollegium etwas anderes, als ein Parlament oder die UNO. Vielleicht verfällt irgendein Fortschrittler irgendwann auf die Idee, die Beratungen des Konklave auszustrahlen? Lasset uns hoffen, daß es der Erzengel Gabriel als Schirmherr der

Telekommunikation nie dazu kommen läßt. Der bekannte Katholik im badischen Freiburg meint, die Papstwahl sei das Ergebnis einer Stimmenmehrheit. Sein Glaubensbruder in Polen hingegen glaubt, der Ausgang der Wahl in der Sixtinischen Kapelle hänge einzig vom Heiligen Geist ab.

Die Auguren hinter dem bronzenen Tor setzten den Erzbischof von Krakau wohl schon sehr frühzeitig auf die Liste der Favoriten – wie anders wäre es zu erklären, daß die Sonderausgabe des »Osservatore Romano« in einer ungewöhnlich sorgfältigen, von jeglicher Improvisation freien Edition auf dem St.-Peters-Platz verkauft wurde, kaum zehn Minuten, nachdem der Familienname des Polen publik war? Dennoch rief die Berufung des ersten Nicht-Italieners nach vierhundertfünfundfünfzig Jahren zum Oberhirten der katholischen Kirche (der letzte war Hadrian von Utrecht, der über ein Jahr lang regierte und als einer der wenigen Päpste seinen Namen als Hadrian VI. auf dem Thron beibehielt) und vor allem des ersten *Polen* in der zweitausendjährigen Geschichte der Kirche allgemeine Bestürzung hervor.

Vor allem bei den italienischen Massen, die sich auf dem Platz zusammengedrängt hatten, in Erwartung der weißen Rauchfahne, jener wohlvertrauten Taube, die urbi et orbi *das* signalisieren sollte, was wesentlich ist: Kontinuität.

Als darum aus dem Munde des Kardinals Pericle Felici am Montag, 16. Oktober 1978, um 18.45 Uhr von der Loggia der Basilika, im Glanz der Scheinwerfer, die traditionelle Formel ertönte: »Ich verkündige euch große Freude: Habemus papam!« – wonach er den Namen des Gewählten »Carolum« bekanntgab (er sagte es auf italienisch: »Carlum«), und wunderschön, mit deutlichem polnischem »ł«: »Wojtyla« ergänzte – da breitete sich weniger ein »gaudium magnum« aus als vielmehr allgemeine, wiewohl nur kurz währende Konsternation, und einer der Radioreporter – ich stand dicht neben ihm – ächzte:

»Un Africano!«
Aber schon eine halbe Stunde später schlagen Staunen und anfängliche Unruhe in der wogenden Menge in Enthusiasmus um.
In seiner ersten Ansprache offenbart der frischgewählte Papst sein Talent, nicht nur Individuen überzeugen zu können, sondern auch Volksmengen. Mit starker, metallischer Stimme spricht er einfache und zielsichere Sätze: er ehrt den Namen seines Vorgängers, bekundet, daß er aus »fernen Landen« aufgerufen sei, daß er sich »vor der Annahme der Wahl gefürchtet habe« und nicht wisse, ob er sich »in eurer...«, er verbessert sich rasch und geschickt: »in unserer italienischen Sprache«, verständlich machen könne. »Sollte ich Fehler machen«, fügte er hinzu, »verbessert mich.«
Um jedoch die Italiener, und nicht nur sie allein, an den »pastore venuto da lontano« zu gewöhnen, erinnerte der Jesuitenpater Bartolomeo Sorge, Redakteur der sehr einflußreichen »La Civiltà Cattolica«, daran, daß »die universelle Kirche den Begriff Ausländer nicht kennt«. Und der dynamische Kardinal Giovanni Benelli, dem Vernehmen nach einer der eifrigsten Verfechter der polnischen Kandidatur (gegen wen wohl?) rief der Florentiner Menge entgegen: »Auch der heilige Petrus war kein Römer! Diesmal kommt der Vertreter Christi auf Erden nicht aus Palästina, sondern aus Polen.« Die geschickteste Äußerung jedoch fiel aus dem Munde jenes nicht-italienischen Purpurträgers, der öffentlich bekannte: »Ich hätte meine Stimme Kardinal Wojtyla selbst dann gegeben, wenn er... Italiener gewesen wäre.«
Es gibt Geschehnisse, die »in der Luft hängen«, ehe sie Wirklichkeit werden. Über der Kuppel des Patrimonium Petri schien schon seit einiger Zeit Ungewöhnliches zu schweben. Die heißersehnte, große Veränderung war weit mehr als nur eine flüchtige Krankheit. »Im übrigen läßt sich die Kirche recht selten von einer Veränderung ergreifen, sie

ist ein immunisierter Organismus« – meinte in Rom ein weißhaariger, leicht buckliger »monsignore«, Kirchenkunst-Historiker seines Zeichens – »daß aber die Wahl-Kardinäle über ihren eigenen Schatten springen und eine so mutige Entscheidung treffen würden, das hatte ich nicht erwartet. Ein gutes Omen. Dem Mutigen hilft der Himmel. Ex oriente lux«.

Waren die Worte, die der »Pontifex Polonus« vom Balkon der St. Petrus-Basilika sprach, als er sich zum ersten Male an die Gläubigen wandte: »Ich fürchtete mich davor, diese Wahl anzunehmen, doch dann fügte ich mich dem Gebot des Gehorsams« – waren sie wirklich nichts als geschickte Rhetorik?

Man erzählte sich von Karol Wojtyla, er wäre gerade über einen der masurischen Seen gepaddelt, als er erfuhr, man hätte ihn zum Bischof ernannt; und er wäre soeben dabei gewesen, in der Hohen Tatra aus den Bindungen seiner Skier zu schlüpfen, als ihn die Mitteilung erreichte, in Rom erwarte ihn der Kardinalshut. Diese allerhöchste Beförderung jedoch machte die persönliche Anwesenheit des Kandidaten vor dem Jüngsten Gericht des Michelangelo notwendig.

Es ist in der Tat eine tragische Bürde, die schier unerfüllbaren Hoffnungen von Millionen von Menschen auf sich nehmen zu müssen. »Dreifache Dornenkrone« – so pflegten in früheren Jahrhunderten Päpste ihre Tiara zu nennen, und dabei fielen ihre Pontifikate in Zeiten, die bei weitem nicht so komplex wie die heutigen waren.

Im Gegensatz zu früheren Königen und Heerführern (Wallenstein) glaubte der Erzbischof von Krakau ganz sicher weder an Horoskope noch an Prophezeiungen – obwohl die heutige Kirche »Zauberei« und Aberglauben nicht mehr allzu eifrig verfolgt.

Sollte man an dieser Stelle jenes interessante Detail verschweigen, das der Hofastrologe einer bekannten Illustrierten publizierte? »Was sprachen die Sterne«, als Wojtyla von Krakau nach Rom reiste? Aus dem *Liber Natorum* (dem Tauf- und Geburtsregister) von Wadowice geht hervor, daß der Sohn der Emilie, geb. Kaczorowski, und des Militärbeamten Karol Wojtyla das Licht der Welt am 18. Mai 1920 erblickte. Er war also ein Stier (astrologisch starker Wille und Ausdauer).

»Vor allem für die zwischen dem 11. und 20. Mai Geborenen« – weissagte der Sternenexperte – »präsentiert sich die zweite Oktoberdekade ungewöhnlich günstig: es erwartet sie grundlegender Wechsel und Beförderung im Beruf; die Vorgesetzten erkennen endlich Ihre Vorzüge.«

Gewählt wurde er am zweiten Tag des Konklave, im achten Wahlgang, mit sicher nur knapper Stimmenmehrheit (die italienischen Kardinäle hatten nicht nur ihre zahlenmäßige Überlegenheit verloren, sondern – wie man hört – auch noch vergessen, daß Einigkeit stark macht). Was Wunder, wenn Wojtyla, der frühere Vikar der St. Florianskirche im Krakauer Stadtteil Kleparz, der Beichtvater der Marienkirche, der Leiter des Ethischen Instituts am KUL und Krakauer Metropolit zögerte, mit einem »Ja!« auf die Frage des vorsitzenden Kardinals Jean Villot zu antworten. Was Wunder, wenn er die weiße Papstkappe nur zögernd aufsetzte. Seine Bitte um Hilfe, sein Gebet waren wie die Rufe eines Ertrinkenden. Hinter der liturgischen Formel lauerte existenzielle Tragik.

Spätere Äußerungen des Frischgewählten lassen vermuten, daß sein anfängliches »non sum dignus« auf freundlichen, doch entschlossenen Widerspruch seitens eines Mannes stieß, der für ihn mehr war als moralische Autorität. Kardinal Wojtylas Verhältnis zu Primas Wyszynski, ergeben und voller Loyalität, erinnert an die Hingabe des jüngeren Bruders an den älteren, wie es bei glücklichen Geschwistern vorkommt. Man darf nicht vergessen, daß für den allzufrüh

verwaisten Krakauer Priester die Kirche alles sein mußte: ein warmes Nest, die Mutter, der Vater.
»Ich habe immer auf den Primas gehört«, sagte der Papst bei der »polnischen Audienz«, »und ich bin gut damit gefahren.« Bei der *inauguratio* des Pontifikats (die *coronatio* hatte schon sein Vorgänger abgeschafft), während des *homagium* der Kardinäle (das sich in mehr als hundert Miniaudienzen verwandelt hatte, da er für jeden einzelnen ein gutes Wort fand), verwehrte Johannes Paul II. (es heißt, er hätte lieber nach dem Krakauer Bischof, dem heiligen Stanislaw, geheißen) dem polnischen Primas den Kniefall: er hob ihn auf, drückte seinen Kopf ans Herz und küßte ihm vor hunderten von Millionen Fernsehzuschauern die Hand. Schon bei der ersten Pressekonferenz, als zum Entsetzen der heimlich auf ihre Uhren schielenden Prälaten der Zugereiste aus dem Osten Protokoll und Zeitplan durchbrach (an der Lubliner Universität hieß es von ihm scherzhaft, er habe seine eigene »mittelkrakauer Zeit« eingeführt), fiel auf, daß dieser Papst nicht Hof hielt und somit »thronte«, wie dies einst der steife Pius XII. pharaonengleich getan hatte, sondern ganz schlicht auf dem Thron saß, ihn damit zum Möbel stempelnd, zu einem reichlich unbequemen obendrein, das man so rasch als möglich verlassen mußte, um sich vom Podium herab zu den Menschen zu begeben. Die weitgeöffneten Fenster der Privatappartements und das eifrig und gern praktizierte Hinabschreiten, besser: Hinabeilen über die Treppe, der Menge entgegen, ist sichtbares Symbol des neuen Stils. Ein Papst zum Anfassen.
Es geschehen Zeichen und Wunder... Der Mainzer Dom. Glockengetöse. Katarakt von Orgelklängen. Chöre. Nicht endenwollender Beifall – ein novum in der Kirche, ein Import aus italienischen Gefilden. Einige weißhaarige deutsche Damen mit Blumen in den Händen laufen über den Platz vor der Kathedrale.

»Der polnische Papst kommt!« durchbrechen sie schreiend die polizeiliche Absperrung – Polen! Polen! Polen!
Sie eilen Kardinal Wyszynski entgegen.
Einige Wochen später Wechsel der Dekoration. Der St.-Peters-Platz. Auf der Loggia der Basilika erscheint der Primas aus Warschau. Erschöpft, aber glücklich, steht er zur Rechten des polnischen Papstes. Blickt voller Stolz auf den weißgekleideten Landsmann. Der heilige Wojciech trägt die Züge Wyszynskis, als holzgeschnitzte Statue in der Kapelle der Mutter Gottes von Tschenstochau, im Gewölbe der Basilika. Wyszynskis Senatorgesicht zeigt Rührung. Dies ist auch sein Tag. Königsmacher ist nicht das entsprechende Wort. Treffender wäre: der Bauer, der mit Schweiß und Mühe sein Korn unters schützende Dach eingefahren hat.
...i w Ostrej swiecisz Bramie – fließen die polnischen Worte aus päpstlichem Mund, Worte aus dem polnischen Nationalepos: »...die Du in der Ostra Brama (von Wilna »Pan Tadeusz) uns leuchtest...« – vervielfacht durch Lautsprecher, hinausgeschleudert in den Äther, schweben sie über Stadt und Welt. Und schon verschwimmt er in unseren Augen, dieser herrliche Platz, einst »Vorhof des Himmels« und »Salon Gottes« genannt, über den im November 1829 der Dichter Adam Mickiewicz (»größter Pole aller Zeiten«), in Begleitung seines Freundes langsam dahinschritt, den Kopf entblößt, und sich die Tränen aus dem blassen Gesicht wischte.

Bienvenido a Mexico
(März 1979)

Schon der spanische Jesuit Gracián im siebzehnten Jahrhundert pflegte den guten Rat zu geben, man solle stets zum richtigen Zeitpunkt Zeuge der richtigen Ereignisse sein. Mir war vergönnt, den Papst auf seiner Mexiko-Reise zu begleiten.

Ich setze mich hinter meinen Schreibtisch, halbtot vom Übermaß der Eindrücke. Wie beschreibt man dieses für Geist und Herz außergewöhnliche Abenteuer? »Wes das Herz voll ist, des geht der Mund über«, warnt uns der Apostel (Matthäus 12, 34). Ich schütte eine Handvoll Papier vor mir aus, Blätter aus einem Notizblock. Ich war Zeuge von Szenen, die sich tatsächlich und vor aller Augen abgespielt haben, die auf Tonband und Film verewigt wurden und die sich ebensogut im Traum hätten ereignet haben können.

Was war das? Wie nennt man sowas? »Via triumphalis« – auch dieses verbrauchte Wort spiegelt das Ereignis nur unvollständig wider. Man könnte (ebenfalls) mit dem romantischen Dichter sagen, da ist »ein Angelus – als Bote guter Nachricht – über die Erde geschwebt«. Oder, um die Erinnerung an den alten polnischen Schlachtruf vor Wiens Toren zu erwecken: er kam, er sah – und Gott siegte.

Ich habe in meinem Leben schon so manche Gefühlsexplosion erlebt. Freudetrunkene Menschenmassen ebenso wie verzweifelte. Ich weiß noch, wie KZ-Häftlinge ihre amerikanischen Befreier begrüßten. Ich erinnere mich an enthusiastische Kettenreaktionen bei Olympischen Spielen. Aus

meiner Jugend klingt noch das Schluchzen der polnischen Menge auf dem Mokotowski-Platz in Warschau herüber (Pilsudski's Begräbnis), und der gewaltige Gesang aus zwei Millionen von Kehlen, in der Nacht des 4. Juli 1976, zur Zweihundertjahrfeier vor der Freiheitsstatue: God Bless America! Aber ein solches Delirium an Enthusiasmus, wie das zu Ehren des Papstes in Mexico, ist unüberbietbar.
Als der Hubschrauber mit der Gestalt in strahlendem Weiß – die Sonne durchdrang sie wie einen riesigen Adler – auf dem Platz vor der Kathedrale gelandet war, brandete die unübersehbare, unzählbare, gewaltige und wie der Ozean wogende Menge heran und fiel mit einem einzigen Schrei auf die Knie. Rufe, Gesänge, das Dröhnen der Glocken, die Donnerschläge der Mörser. Habt ihr schon einmal gehört, wie hunderttausende von Menschen auf einmal aufschluchzen? Wäre der Erlöser selbst in diesem Augenblick zur Erde niedergestiegen – die Erschütterung hätte nicht größer sein können. Den Reportern blieb vor Aufregung das Wort im Halse stecken, Mikrophone entfielen ihren Händen. Den Fotografen und Fernsehkameraleuten versagten die Finger den Dienst. Auch ich war gerührt, als ich in der Menge einen weißhaarigen Indianer mit runzeligen Zügen erblickte. In der einen Hand hielt er ein Papstbild, in der anderen eine Tafel mit der polnischen Inschrift: »Jesu, ratuj« (»Jesus, hilf!«).
Pole zu sein in jenen sonnenheißen Januartagen, war angenehm und ehrenvoll. Jeder von uns wuchs gleichsam um einige Zentimeter. Unbekannte Passanten fielen mir beim Anblick der Ansteckplakette mit der Aufschrift »Polonia« um den Hals. Fiel das Wörtchen »Pole«, fanden sich in den seit Monaten bis aufs letzte Bett ausgebuchten Hotels plötzlich freie Zimmer. Die Amerikaner bekamen sie nicht... Es schien, als hätte die Zahl der Landsleute in aller Welt eine wundersame Vermehrung erfahren. »Ich wußte gar nicht,

daß soviele Polen in Santo Domingo leben«, erklärte der Polizeichef gegenüber Journalisten. »In meiner Kartei werden nur 30 Polen geführt, aber zur Begrüßung des Papstes haben sich 300 angemeldet. Eine wundersame Vermehrung!«
Auf der Schaufensterscheibe eines Juweliergeschäfts in Ciudad de México entdeckte ich die Inschrift: »Willkommen Papst – es grüßt Dich ein Jude aus Polen!«
Manchmal hab' ich gedacht, ich träume: Palmen, Kakteen, im Sonnenglast schlummernde Eidechsen, exotische Landschaft ringsherum – und aus dem Grün klingt von Kirchenkuppeln und Türmchen »ein Glockenspiel«. »Noch ist Polen nicht verloren.«
»In einigen Ländern Lateinamerikas«, erklärt uns die Ordensschwester – »lernen die Kinder nicht während des Geschichts- oder Erdkundeunterrichts, sondern in der Religionsstunde über Polen.«
Entlang der Reiseroute des römischen Gastes wurden bei Oaxaca hunderte von Tauben freigelassen. An ihren Füßen baumelten rotweiße Fähnchen. Die Balkone über dem Meer von Köpfen trugen die Inschriften »Karol« und »Cracovia«.
An der großen Kreuzung in Guadalajara, inmitten der vielen Amateur-Bildnisse Johannes Pauls II. (er sah auf nahezu jedem anders aus, auf einigen schmückte ihn der Heiligenschein), hatte ein hausbackener Künstler gleich zwei Mütter Gottes portraitiert: die wundertätige aus Tschenstochau und die gütige indianische Wunderfee aus Guadalupe – beide hielten einander umschlungen wie Zwillingsschwestern.
Und hattet ihr jemals Gelegenheit zu hören, wie die »marriachi«, mexikanische Straßenmusiker in schwarzen Sombreros mit silbernen Bändern, in schönstem Goralen-Slang »w murowanej piwnicy...« (= »Im gemauerten Keller...« = polnischer Goralentanz) sangen und spielten? Unser junges Bergvolk hätte vor Entzücken getobt.
Als die päpstliche Kavalkade – der weiße Prunkwagen, die

Limousine und Presse-Busse – in die Vororte von Puebla einfuhr, kamen die Volkswagenwerke in Sicht, Quelle des mäßigen Wohlstandes in dieser Gegend. Vor dem Werkstor hatten sich in einer Reihe aufgebaut: die Herren Direktoren in Schwarz, im Frack unter gleißender Sonne, ihre Gattinnen in langen Kleidern und Mantillas, alle in großer Gala, daneben hunderte von Ingenieuren und Meistern – sie bekreuzigten sich auf hiesige Art: mit Küßchen auf den Daumen – und dahinter die nicht enden wollende, tausende von Einheimischen zählende Schlange der Arbeiter mit Transparenten in... Polnisch: »Robotnika Karola Wojtyla witają i kochają robotnicy Volkswagen!« (= »Die Arbeiter der Volkswagenwerke grüßen in Liebe den Arbeiter Karol Wojtyla.«)

Bevor ich das Flugzeug bestieg, hatte mir mein englischer Verleger nahegelegt: »Lassen Sie ›Ihren‹ Papst nicht aus den Augen!«

Und tatsächlich: seit langem registriere ich jede seiner Gesten und jedes Wort. Es faszinieren mich sein Charisma, die Anatomie seines Erfolges, der Baustoff, aus dem das Außergewöhnliche an ihm besteht. »Beschwörer der Massen«, »Tribun«, »geistiger Anführer« – man hat schon so vieles über ihn geschrieben. Ein französischer Journalist, eingefleischter Marxist, kann seine Exaltation nicht verbergen: »Vom ersten Blick an hat er mich verzaubert. Er stützt sich auf sein Pastorale wie ein rastender Bauer: beide Hände auf dem Spatengriff. Ich bin sicher, daß er der Welt so manche Überraschung bereiten wird, und ich würde mich nicht wundern, wenn er eines Tages auf dem roten Platz in Moskau spricht oder vor dem Himmelstempel in Peking.«

Als wir nach San Domingo flogen, sagte der Papst, daß diese Insel schon dem jungen Wojtyla als fleißigem Schüler des Gymnasiums in Wadowice bekannt war. Ihr Name ist jedem geschichtsbewußten Polen geläufig, denn sie ist ein

Stück des »Ewig Polnischen«. Der polnische Don Quichotte mußte dort unter der französischen Flagge sterben. Der erträumte Weg der heimatlosen freien Polen führte über die Karibik. Das Schicksal von 7500 polnischen Soldaten und ihr sinnloser Untergang in Haiti und Santo Domingo wird in Polen seit Generationen besungen.

Was für ein Tempo! Welch zermürbende Reiseroute bei diesem kaum einwöchigen Scharmützel, in dem es um die Seele Lateinamerikas geht: Santo Domingo, Mexico-City (die Präsidenten Antonio Guzman und Lopez Portillo sonnten sich prätentiös und steif im Glanz fremden Ruhms, aber ihren Gattinnen tropften Tränen von den künstlichen Wimpern), Puebla, Oaxaca, Guadalajara, Monterrey, Nassau.

In Gudalajara fragte der Anwalt der Verfolgten vor dem Gefängnisgebäude: »Wie viele sitzen drin? Zweihundert?« »Zweitausendvierhundert«, antwortete der Offizier. »Viel zu viel!« seufzte der Papst. »Beten wir für sie!«

Wenn sich auch Beobachter über die physische Widerstandsfähigkeit des Polen gegenüber dem Wechsel von Klima, Zeit, Höhe über dem Meeresspiegel nicht genug wundern konnten (oft mußte er weit dünnere Luft atmen als auf dem Tatragipfel Giewont; hatte nicht der jüngste von drei Generationen Lebensrettern aus der hohen Tatra, Wawrytkow, gesagt: »Woast woran man an Menschen kennt? Daran, wie er die Berg' o'schaut!«) –, so war unser Pilger doch mehr als einmal zu Tode erschöpft. Er schonte sich nicht. Schlief nur wenige Stunden, verzichtete auf die Siesta, bereitete sich auf Predigten und Ansprachen in Spanisch vor, wobei er danach trachtete, das Krakauer staccato zu vermeiden. Das Programm war randvoll. Dabei verlangte er angeblich selbst nach der Last auf seinen Schultern. Woher nahm er die Kraft? Junge Journalisten kippten um vor Erschöpfung. Und er, im weißen Piuskäppchen, das den Kopf vor der stechenden Sonne kaum schützte, stand stundenlang im offenen Auto. Nur selten legte er diskret die Hände an die Schläfen oder warf einen verstohlenen Blick auf Freund Dziwisz, den Prälaten – ein Zeichen, daß ihn Kopfschmerzen plagten. Trotzdem verschmähte er es angesichts der argusäugigen Fernsehkameras (Bancomer-Nest strahlte den Papst-Besuch zwanzig Stunden täglich aus), den Blick durch dunkle Gläser vor der gleißenden Helle zu schützen oder schmerzlindernde Mittel einzunehmen. Er »badete in der Menge«, ohne die entsetzten Mienen seiner persönlichen Eskorte zu beachten. Die großen Künstler blühen in den vollen Sälen auf. Man möchte meinen: Antäus, der Kraft saugt aus der Berührung mit dem, was elementar ist. Irgend jemand hat es »ein Element päpstlicher Machtstrategie« genannt: durch Fundamentierung der Volkstümlichkeit in den »Tiefen«, inmitten christlichen Fußvolks, zur Erneuerung überalterter Strukturen. Und wirklich: dieser »papa per tutti« hatte für jeden ein gutes Wort. Vor allem für die wehrlose »miseria«, die Unterprivilegierten.

Wir kennen sehr hübsche Bezeichnungen für den Menschen: er sei »eine einsame Insel«, er sei ein »denkendes Schilfrohr«. Und erschaffen sei er nach dem Ebenbild Gottes. Ich sah jene Elendsgestalten aus der Nähe, zusammengekrümmt unter der Last ihres Seins und ihrer doppelten Finsternis. Ich starrte bangen Herzens in die Gesichter – Landkarten endloser Niederlagen: nicht zornige, wie auf den revolutionären Bildern Diego Rivera's, sondern apathische, gleichsam nicht existente Gesichter. Jenes Kind zum Beispiel, grauenhaft abgemagert, an den Stall gelehnt. Daß seine Augenhöhlen schwarz waren von Fliegen, entsetzte mich weniger als der Umstand, daß es die Insekten nicht einmal mehr fortscheuchte – die Hände hingen kraftlos herab. Das Becken, die Hüftknochen bohrten sich durch die Haut – wie auf Bildern aus Auschwitz.

Ich sah die Qual auf dem Antlitz des Mannes in Weiß. Tränen standen ihm in den Augen. Man zeigte ihm verkrüppelte, skelettähnliche Kinder. Er segnete sie, breitete die Arme aus, sichtbar bedrückt ob seiner Ohnmacht – als wollte er all den Müttern unheilbar kranker und mißgestalteter Säuglinge klarmachen, auch er sei nur ein Hilfloser. Ich spürte, daß ihm der Anblick von Elend und Unglück physische Qualen bereitete. Sein Gesicht wurde abwechselnd blaß und purpurrot. Er fühlte sich persönlich verantwortlich für alles, was dem Menschen auf seiner Wanderung durchs irdische Jammertal mißlingen mochte. Als ihn die schluchzenden Mütter um Hilfe baten, flüsterte er verzweifelt: »O Gott, wie erkläre ich ihnen, daß ich kein Wundertäter bin, daß ich nur ein Mensch bin, einsam und verlassen wie alle, die sich nach Gott und Menschen sehnen!«

Wie er da stand, von der Sonne geblendet, blaß und unter der existentiellen Last gebeugt, fiel mir nur ein Satz ein: Ecce Homo, seht, welch ein Mensch!

Diese Familien, in dichtem Spalier entlang der mexikanischen Landstraßen aufgereiht! Sie machten tiefen Eindruck auf Johannes Paul II. Soweit das Auge reichte, Kilometer um Kilometer, Landkreis um Landkreis, Stunde um Stunde – überall das gleiche Bild: eine Sippe steht neben der nächsten, getrennt durch einen halben Meter oder mehr, damit sie der Papst bei der Defilade nur ja nicht verwechselt. Vornean der Ehemann im weißen Hemd oder Poncho, mit dem Bild Jesu oder einem Papstportrait in Händen, daneben die Frau mit dem Kleinkind auf dem Arm, meist im Zustand fortgeschrittener Schwangerschaft, dahinter – Kinder wie Orgelpfeifen, der Größe nach aufgebaut, vom Erstgeborenen, Sohn oder Tochter, bis zum Nesthäkchen ganz am Ende. Manchmal sechs Personen, manchmal acht, zehn oder mehr. Abseits, für sich, die Großeltern, einander an den Händen haltend. Je ärmer das Dorf, desto mehr Hunde umwimmeln die nackten Beine.

Und dort, in der Ferne, Patienten aus der Klinik von Oaxaca: während die Ärzte und Pflegerinnen zur Begrüßung des Papstes herbeieilen, kommen sie aus ihren Betten gekrochen, rutschen schreiend und weinend aus Fenstern und von Balkonen herab auf den rissigen Lehmboden, rollen vom Hügel zur Straße herunter, um Zeuge des wichtigsten Ereignisses in ihrem Leben und der jüngeren Geschichte Mexicos zu werden. Ich sah, wie groß der Hunger nach dem Himmel ist, wie tief die Sehnsucht der menschlichen Kreatur nach dem besonderen Augenblick, wie stark das Bedürfnis nach Trost und einer Berührung der Hand.

Der Mensch wächst mit seinen Aufgaben. Ich habe dieses breite, offene Gesicht mit dem lichtvollen Blick noch vor dem denkwürdigen »Jahr der drei Päpste« (1978) beobachtet. Zum Beispiel in Rom beim Konzil. In Frankfurt beim Jubiläum von Weihbischof Lubowiecki. In Philadelphia vor der Freiheitsglocke. In Dachau vor der KZ-Kapelle mit der Dornenkrone. In Mainz, als man ihm die Ehrendoktorwürde verlieh. Und jedesmal fiel mir das Dichterwort ein: »Stärker bin ich: schwerere Rüstung laßt mich tragen.«

Als Skeptiker habe ich etwas gegen Charisma, Personenkult und jede Art von Größenwahn. Bei Oaxaca indessen konnte ich nicht anders: ich kapitulierte. Wo immer Karol Wojtyla erschien, schlug ein gewaltiger Schrei zum Himmel. Der Sturm – was sage ich – der Orkan der Begeisterung war so stark, daß kleine Buben, die wie Spatzen die Äste belagerten, der Menge auf die Köpfe fielen. Als der Wahnsinn sämtliche Skalen von Beaufort und Richter sprengte und jeder, ohne Ausnahme, versuchte, die Aufmerksamkeit des ehrwürdigen Pilgers auf sich zu lenken, da rief auch ich, hüpfender Korken auf der Woge der menschlichen Sintflut, betäubt von den Vivatrufen der Mixteken und Zapoteken – ich weiß selbst nicht mehr, wie es geschah – instinktiv, aus tiefster Brust, was die Lunge hergab: »Wadowice!«

Und da geschah es: aus den Tausenden von Zurufen, aus dem Strudel unmenschlichen Geschreis, aus Donnergetöse und Eruption, aus diesem Erd- und Himmelsbeben fischte das päpstliche Ohr meinen polnischen Aufschrei ohne jegliche Mühe auf. Er blieb stehen. Drehte sich um. Trat an die Absperrung. Erkannte mich. Schüttelte mir mit strahlendem Lachen die Hand.
»Der Mann hat seine Augen überall«, bestätigte mir später ein Freund aus Krakau. Manchmal glaubten wir, er habe – tief im Gebet oder in Gedanken – keinen Blick für die Kirche und kein Ohr für das, was um ihn vorgeht. Dabei sieht und hört er alles. Zuhause hieß es, auch wenn er die Gemeinde kaum anschaut, sieht er dennoch, daß Kowalski im Seitenschiff unrasiert ist.
Noch eine Stunde nach der Durchfahrt der päpstlichen Kavalkade sah ich in den Straßengräben Menschen, die weinten, einander umarmten, sich nicht von den Knien erheben wollten. Man zeigte mir einen Indio, der fünf Tage und Nächte lang zu dieser Landstraße gepilgert und – nachdem ihm sein Muli vor Entkräftung krepiert war – die restlichen Dutzende von Kilometern zu Fuß gewandert war. Am Vortage des Papstbesuches hatte die Erde gebebt. Also zweifelte er nicht daran, daß der Himmel das Herannahen seines Sendboten ankündigte. Irgendwann schluchzte der eher kleine, dunkelhäutige Mensch mit den geschwollenen Füßen laut auf. Der Dolmetscher, der einige Indio-Dialekte beherrschte, legte den Arm um ihn und meinte erklärend:
»Er sagt, er sei glücklich, und er möchte nun sterben. Er sagt, der Papst habe ihn sofort erkannt, habe in seine Richtung gesehen und ihm mit der Hand ein Zeichen gegeben. Er weiß, was dies Zeichen bedeutet: du kommst in den Himmel...«
»Auch ich bin glücklich«, mischte sich einer der Passanten ein, »obwohl ich nicht katholisch bin.«

Bei dieser Gelegenheit erfuhr ich, daß es unweit Pachuca, in der Provinz Hidalgo, ein Dorf mit jüdischen Indios mit Namen »Venta Prieta« gibt. Und der glückliche Passant von soeben war Vorsitzender eines von B'nai B'rith in Miami gegründeten Clubs und Wiedererbauer der Synagoge. Für einen längeren Plausch war jedoch keine Zeit, denn ein aus Indio-Waisen bestehender Kinderchor begann »Sto lat!« zu singen (= »Hoch soll er leben...«). Jemand klärte mich auf, dies sei die polnische Nationalhymne.
»Stimmt es«, rief mich gegen Mitternacht eine angeheiterte amerikanische Journalistin an, »daß sich der Papst seinen Lieblingskater aus Krakau in den Vatikan kommen ließ? Kater oder Katze? Stößt denn die Ausfuhr polnischer Katzen nicht auf den Widerspruch der Regierung?«
Wie soll man der Versuchung widerstehen, ein derartiges Gerücht ein wenig aufzuwerten:
»Es wurde eine Ausnahmeregelung erteilt«, phantasierte ich munter drauflos, »dem Kater aus der Franziskanergasse wurde an der Grenze kein Haar gekrümmt. Es heißt sogar, der Grenzoffizier habe salutiert, als er erfuhr, mit wem er das Vergnügen hatte.«
Mexikanische Gastfreundschaft in allen Ehren, aber die hiesigen Bedingungen journalistischer Arbeit wären geeignet, den göttlichen Dante zu beflügeln, sein berühmtes Werk um einige Dutzend eindrucksvoller Terzinen zu erweitern. Ehe ich mich durch die Menge zur Pressetribüne hindurchkämpfen konnte, wurde ich auf einer Strecke von hundert Metern zwölf gründlichen Kontrollen unterzogen, darunter zwei Leibesvisitationen. In der metropolitanischen Kathedrale der Landeshauptstadt, wo während des Pontifikal-Hochamts aus den Reihen der Gläubigen Hochrufe auf »das ewig gläubige und getreue Polen« ausgebracht wurden, kamen auf sechshundert Auserwählte, die Eintrittskarten ergattert hatten, eintausendfünfhundert Ordnungshüter unterschied-

lichster Couleur, von pensionierten Boxkämpfern in weißen Westen, schwarzen Baretts und Tennisschuhen – hochspezialisiert in der Kunst diskreter Fausthiebe in Zuschauerbäuche – bis zu operettenhaft herausgeputzten Polizisten. Trotzdem fehlte nicht viel, und ein philippinischer Reporter hätte sich den Hals gebrochen. Nachdem er mit der Geschicklichkeit eines Alpinisten die Predigtkanzel erklettert hatte, verwickelte er sich in Kabelstränge und hätte ohne die Wachsamkeit eines Riesen in Meßhemd und Polizeistiefeln gewiß am Flügel des Barockengels gebaumelt.

– Pa-pa, Pa-pa, Papacito, benedice nuestros hogares – skandierte die Menge in der Kirche.

Unter den wenigen Polen herrschte freudige Hochstimmung. Auch die aus Texas, Florida und Kalifornien herbeigeeilte polnische Kolonie befand sich im Glückstaumel.

»Dies ist auch unser Fest!« hörte ich von vielen Seiten – our man in Rome!

Wie ich dem Tagesblatt »Excelsior« entnehmen konnte, hatte der Besitzer des Restaurants »Mazurka« gemeinsam mit seiner Frau für den Heiligen Vater polnische Gerichte »con fervor Polaco« zubereitet.

Sogar die Nachtklubs bekundeten ihre pro-päpstliche Gesinnung auf ihre Art. Nach Sonnenuntergang ermunterte »La bella Polacca« die Touristen, mit Tanz und Gesang, ihre slawischen Talente zu bewundern. Am Flügel: Gomez Lipczic. Lauter Landsleute.

Wir lernen einen netten Gastwirt kennen. Die »Visita de Su Santidad Juan Pablo II« beflügelt ihn zu geradezu edler Tat: er lädt uns zur Welt-Uraufführung des Gerichtes mit dem Namen »Spaghetti alla S.S. Wojtyla«.

»Jeder rühmt menschliche Größe auf seine Weise. Ich schreibe weder Verse noch Opern, dafür komponiere ich Gerichte. Bei mir essen nicht nur Kardinäle und Claudia Cardinale, sondern auch Prinz Philip. Il Papa Polacco, der zur Menge auf dem Petersplatz immerhin die markigen Worte ›Und nun ist es Zeit zum Mittagessen‹ gesagt hat, wird meine Intentionen verstehen. Die meisten Speisekarten tragen Namen wie Chateaubriand, Nelson und Stroganoff – ein Pole fehlt. Was sagt ihr zu meiner Kreation? Monsignore Tricarico höchstpersönlich hat mir zu dem Privileg verholfen. Und ein Bekannter von mir, Polizei-Kommissar seines Zeichens, hat per Funkwagen zwei Teller voll in die Nuntiatur gefahren. Sie haben geschworen, sie umgehend dem Papst zu servieren...«

Hoffentlich haben sie es in der Pförtnerloge nicht gleich selbst verdrückt – mußte ich bei mir denken. Aber ich brachte es nicht übers Herz, das edle Feuer der Begeisterung in den Augen des sympathischen Italieners zu ersticken.

Der Standesamtsbeamte erzählte uns beim Buffet, es wären bei ihm in den letzten Tagen Eltern mit Namensvorschlägen für ihre Kinder erschienen, die ihn hellauf entzückt hätten. Die Knaben sollten »Karol«, »Carlo« und »Juan Pablo« heißen, die Mädchen – »Polonia« und »Cracovia«.

Im Hotelaufzug lernte ich einen jungen Deutschen kennen: »Stellen Sie sich vor«, sagte er, »mein Bruder ist nach Danzig gefahren, wo in einer der Kirchen ein gemeinsames Konzert zu Ehren des Papstes stattfindet: es spielt das Orchester der Universität Bremen, begleitet vom Studentenchor aus Danzig. Wer hätte gedacht, daß endlich wieder eine Zeit ohne Haß kommen würde!«

»Alle laden ihn zu sich ein«, sagte ein buckliger Dominikaner aus Wien mit gehobenem Zeigefinger, »die Polen nach Krakau, die Österreicher nach Mariazell, die Iren nach Knock, die Franzosen nach Lourdes, die Holländer nach Breda, die Ägypter auf den Sinai. Ich bete darum, daß er auf sich aufpaßt. Es gibt soviele Wahnsinnige und Fanatiker auf der Welt! Ein Hubschrauber läßt sich leicht abschießen, sagen Sie das Ihren Freunden im Vatikan! Nicht einmal

Kurzsichtige würden danebenschießen. Und er fliegt mir ein wenig zu oft hin und her zwischen Rom und Castel Gandolfo.«

Ich mag keine Berufskatholiken. Und schon gar nicht Journalisten, die sich als halbausgegorene Theologen gebärden. Es war in Oaxaca viel hübscher, den Blütenregen zu betrachten, den zwei Flugzeuge über die Stadt niederrieseln ließen, auf Pfadfinder mit allerlei Fahnen: der mexikanischen, der päpstlichen und der polnischen, auf das Transparent: »Mexico und Polen – zwei Länder der Jugend: die Hälfte der Bevölkerung ist unter dreißig!« Währenddessen wurde ich von den aus aller Welt herbeigeeilten »Experten«, Stammkunden von Kongressen, Meetings und Konferenzen mit Fragen bestürmt, ob denn der Mann aus Wadowice ein Papst des Fortschritts oder vielmehr ein »Papst der Restauration« sei: Schon die Konferenz lateinamerikanischer Episkopate in Puebla, »Feuertaufe des neuen Papstes« genannt (»Er wird Farbe bekennen müssen!« – zischte mir irgendein bärtiger Jeans-Träger ins Ohr), hatte die Gemüter der Zaungäste nicht wenig erregt.

»Es sieht nach einer Abkehr von den Beschlüssen der Konferenz von Medellin aus!« orakelte eine kurvige Dame aus Boston, »der Rote Dom Halder Camara ist in Ungnade gefallen! Anibal Munos Duome, General a.D. der Armee, should go! Bevor Mac Grath aus Panama Lopez Tojillo aus Bogotá nicht ersetzt, wird das Neue das Alte nicht besiegen! Wer gewinnt? Die Vertikalisten, Sakramentalisten oder Horizontalisten? Der Euro-Katholizismus ist ärger als der Euro-Kommunismus!«

»Der Slogan Ernesto Cadenals, des Dichters und Theologen, des Robin Hood der lateinamerikanischen Kirche, seit der Konferenz von Medellin seien bei uns die Nabobs reicher, die Armen ärmer geworden, findet keine Entsprechung in den Tatsachen!« – ruft ein Schweizer. Läse der Je-

suitengeneral Arrupe die letzte Ausgabe der Monatshefte »Christus«, die Jesuiten in Mexico herausgeben, er würde sich an den Kopf fassen. Die Heiligsprechung der Rosa Luxemburg liegt in der Luft. Bellum iustum gegen soziales Unrecht? Einige Hirne auf diesem Kontinent wurden zu Truppenübungsplätzen der deutschen, übertriebenen anthropozentrischen, theologischen Denkrichtung. Einer von jenen Chronisten, die auf Einladung des Vatikan per Papst-Flugzeug nach Mexico gekommen war, machte sich die ganze Zeit über Sorgen darüber, im malerischen Ciudad de Pueblo de los Angeles könnte die »polnische These der Konterrevolution, gerichtet gegen die Theologie der Befreiung, den Sieg davontragen.«
Die Beschlüsse von Puebla haben mit kräftiger intellektueller Schützenhilfe des Papstes, eines ehemaligen Professors in Lublin, in Fragen der ethischen und gesellschaftlichen Emanzipation des Menschen klar Stellung bezogen. Jener Mann, der die Nöte und Bestrebungen der Arbeiterstadt Nowa Huta genau kennt, geißelte in seiner Ansprache in Mexico vor Landarbeitern, speziell aber vor Belegschaftsmitgliedern von Monterrey, die permanenten Verletzungen der Menschenwürde, das gesellschaftliche Unrecht, den Leistungsdruck und die Ausbeutung der arbeitenden Klasse. Und nur wenige der purpurgekleideten Würdenträger klatschten, als er die Praktiken von Diktaturen und Privilegierten verdammte. Der in Osteuropa geborene Papst betete mutig vor dem Gefängnis, in welchem – wie die offizielle Presse eilfertig behauptete – keine politischen Häftlinge mehr säßen, sondern »lediglich Umstürzler«. Man hatte viele von ihnen wenige Tage vor der Ankunft des Papstes freigelassen. Hoffen wir, daß sie nach seiner Abreise nicht wieder eingelocht wurden.
In Puebla erzählte mir der Papst von einem traumatischen Erlebnis: Während des polnischen Abwehrkampfes im Sep-

tember 1939 rannte ein mutiger Fähnrich auf dem Schlachtfeld mit dem Schlachtruf »Alles oder Nichts! Vorwärts, Freunde! Mir nach!« aus dem Schützengraben zum Angriff los, aber als er sich nach einigen Minuten umsah, machte er eine grausame Entdeckung: Er lief allein, seine Soldaten hingegen rührten sich nicht vom Fleck. Ob das gläubige Fußvolk dem Fähnrich mit der Tiara nachhinkt?

Als der Papst Mexiko besuchte, hätte er eigentlich nicht im Ornat auftreten, keinen Gottesdienst halten und keinen Segen erteilen dürfen. Der Papst war kein Staatsgast, weil das mexikanische Grundgesetz den Kirchen alle Aktivitäten verbietet. Die bedingungslose Säkularisierung ist Antwort auf bittere Erfahrung, die das Volk mit der Kirche während der spanischen Kolonialzeit gemacht hat. Aber das Volk ist tief gläubig und fürchtet die »Guerilleros in der Soutane« (so werden die Anwälte der Notleidenden von den Gralshütern der »institutionalisierten Gewalt« genannt) nicht. Heute wird die Stimme der Geknebelten in Hirtenbriefen und Predigten laut. Die Kirche der Armen erhält den Segen des Papstes. – »Die braune Madonna von Guadelupe hat Narben im Gesicht. Die schwarze Madonna von Tschenstochau hat auch Narben im Gesicht. Viele Völker dieser Erde tragen Narben im Gesicht«, sagt Karol Wojtyla, »Spuren von Schwerthieben vereinen uns. Wir werden unseren Kampf um Menschenwürde und Menschenrechte fortsetzen.«

War der päpstliche Aufenthalt in Lateinamerika ein Erfolg? Ich beobachtete unseren Pilger, der tief ins Gebet versunken, den Spuren Kolumbus' und der Konquistadoren durch eine ebenso ruhm- wie schmachvolle Vergangenheit folgt. Und ich bin sicher: das sind erst die ersten Schritte eines langen Marsches. Vielleicht schreiben einst künftige Generationen aufs Denkmal Johannes Pauls II. die Worte: »Er säte Unruhe, er weckte die Selbstzufriedenen aus dem Winterschlaf des Gewissens.«

Redemptor Poloniae (*Juni* 1979)

Neun Tage, in denen Polen endlich wieder Polen war. Jenes Polen aus den Träumen und Prophezeiungen. Nicht Beute, nicht gefangen und an den Triumphkarren gekettet. Über dreißig Millionen Einwohner des seltsamen Landes wurden zu Messias-Jüngern. Und tatsächlich: er wurde erwartet wie der Messias selbst. Ein alter Gefängnisaberglaube besagt, daß wenn sich in einem Zellenfenster ein Vogel niederläßt, der Häftling die Freiheit zurückerhält. Und die alte römische Weisheit hat getrogen: Karol Wojtyla *ist* Prophet im eignen Lande. Der künftige Historiker wird, sobald die Emotionen abgeklungen sind, jeden Fetzen Papier aufstöbern, um die Reise des Polen-Papstes ins Heimatland nachzuvollziehen. Der ungeduldige Sammler der Augenblicke indessen sucht in Eile nach den Steinchen für das Mosaik.

Gleich nach dem Start vom römischen Flughafen Fiumicino – gegen acht Uhr früh, am 2. Juni, einem Samstag – bemerkt an Bord der Alitalia-Maschine »Citta di Bergamo« der Papst scherzhaft: »Findet ihr nicht auch, daß es sich nach Polen schneller fliegt, als in irgendein anderes Land?« – *Home, sweet home!*

Zwei Drittel des Flugzeuginneren sind so etwas wie ein einziges großes Redaktionszimmer. Allgemeine Betriebsamkeit, Getümmel, Stapel von Papier. Vielsprachiger Lärm, handliche Reiseschreibmaschinen. Ein echter Reporter ist ein ungeduldiges Nervenbündel, er schreibt seine Berichte buchstäblich auf den Knien. Pater Romeo Panciroli, Pressechef, ständig besorgt um die Einhaltung des »embargo«, hat bereits an alle Journalisten den in fünf Sprachen übersetzten Text der Ansprache verteilt, die der Papst kurz vor dem Abflug vor den zum Abschied erschienen Regierungsvertretern gehalten hat. Die Italiener sind, wie alle Südländer, wahre Fanatiker des Protokolls. Sie schlüpfen mit Vorliebe in ihre Sonntagskleider, um auf Flugplätzen, Bahnhöfen und in Schiffshäfen mit routinierter, geradezu tänzerischer Herzlichkeit die diversen VIPs zu begrüßen oder zu verabschieden. Und Johannes Paul II. ist schließlich weit mehr als eine »very important person«.

»Ich verlasse das geliebte Italien«, sagte der Papst zum Abschied, »um mich in mein heißgeliebtes Polen zu begeben. Ich beginne eine Reise, die mich von einer Heimat in die andere führt.«

Chefpilot Giuglio Dicelare, in seiner prächtigen Galauniform, sagt in regelmäßigen Abständen die Route an – wie ein geübter Regisseur, der die Spannung zu steigern versteht. Die Passagiere hingegen überfällt trotz bester Stimmung ein Lampenfieber, das geradezu theatralisch anmutet.

»Links, Insel Elba!«

»Wir fliegen Bologna und Triest an!«

»Jetzt sind wir über Jugoslawien!«

»Unter uns Ljubljana!«

»Wir befinden uns in österreichischem Luftraum!«

»Unten liegt Graz!«

»Jetzt Wien!«

»Gleich kommt die Tschechoslowakei!«

»Slovakei – Bratislava!«

Die Erregung nimmt zu. Noch dreißig Minuten. Eine Viertelstunde.

»Achtung! In wenigen Augenblicken – Polen!«

»Die Weichsel!« – Der Papst lehnt sich im Sessel vornüber, preßt die Stirn an die Scheibe. »Krakau!«

Neun Uhr achtundzwanzig. Die Maschine sinkt. Die Trieb-

werke verändern den Ton. Der geflügelte Riese beschreibt eine weite Schleife über der Stadt.
Hinten summt ein aus Polen stammender Pariser Fotoreporter ein Krakauer Volkslied.
»Bon jour, Pologne!« spricht die silberhaarige Belgierin in ihr japanisches Diktaphon. Über Chopins Heimat strahlt die Sonne.
»Diesmal wird's anders als in Mexiko«, dröhnt ein bärtiger Amerikaner. »Dort bestand der päpstliche Konvoi aus Amazonen im Karnevalskostüm. Und die Polen sind ein ernstes, schwermütiges Volk. Trotzdem wird auch hier wieder Ungewöhnliches geschehen.«
»Wer wird sein Gastgeber in Polen sein? Episkopat oder Regierung?« zerbricht sich ein dunkelhäutiger Pressemensch den krausen Kopf.
»Jeder einzelne Pole.«
»Wir haben geringfügige Verspätung, aber es ist nicht unsere Schuld«, erläutert die Stewardeß mit dem goldenen Kreuz am Revers. Sie ist schöner als »Miß Italia«. – Zehn Uhr neun landen wir in Okęcie.
Die Polen haben so viele Jahrhunderte auf dieses Wunder gewartet. Da machen die wenigen Minuten nichts mehr aus. Die Gespräche versickern, der Papst schweigt. Wer noch vor einer Stunde künstliche Natürlichkeit ausstrahlte, drückt sich jetzt mit geschlossenen Augen in seinen Sessel.
Zehn Uhr! Noch ein paar tiefe Atemzüge, und das Fahrwerk berührt polnischen Boden. Und dann werden in der päpstlichen Heimat alle Kirchenglocken erklingen. Der königliche Zygmunt wird getreu der Legende die Wolken über Krakau zerstreuen. Kinder auf der Dorfstraße werden die Köpfe ins Genick werfen, zum Himmel hinaufstarren und sich bekreuzigen. Die polnischen Pilger an Bord wollen nicht länger stumm sein, laute Rufe ertönen. »Gast im Haus, Gott im Haus!« – Das Herz in des Historikers Brust

schlägt heftiger: es sind Jahrhunderte, die nun ans Tor pochen. Als sollten dort unten, unter den Wolken, alle die polnischen Märtyrer aus dem Dickicht der Zeiten treten, das Marienlied auf den Lippen, als wäre ihnen plötzlich das Leben wiedergeschenkt worden.

Adler, Kreuze, Blumen, nationale Symbole. Schau nur, wie sie die Trommeln rühren. Gleich werden Reminiszenzen wach, patriotische und religiöse.

Die Landung auf dem Flugplatz Okęcie verfolgen Millionen auf dem Bildschirm. Der Papst ist aufs Rollfeld hinuntergetreten, kniet nieder, küßt den Boden, als wären es die Hände seiner Mutter.

In diesem Augenblick verwandelt sich das Vaterhaus in den Abendmahlssaal in Jerusalem. Als hätten unsichtbare Hände über dem geplagten Volk einen Baldachin der Menschlichkeit aufgespannt. Słowacki schreibt in »König Geist«: »Wenn er glücklich ist, kennt der Pole nur Brüder.« Der Abgesandte der Ewigen Stadt, in dessen fiktivem Königreich die Sonne tatsächlich nie untergeht, bringt dieselben Worte mit sich nach Polen, mit denen er sein Pontifikat eröffnete: »Fürchtet euch nicht! Fürchtet euch weder als Volk, das seit Jahrhunderten bedroht ist, noch als Menschenwesen.« Seine existenzielle Botschaft ermutigt den Menschen, »das denkende Schilf«. »Durch Furcht und Beben«, schreibt Kierkegaard, »offenbart sich Gott dem menschlichen Sein.« Das päpstliche »Remedium« für das menschliche Schicksal gilt auch für Nichtgläubige: Das Meer der Finsternis erhellen, den Schmerz des Seins lindern, dem Kleinmut und der Verzweiflung widerstehen. »Eben weil wir keine Chance haben, müssen wir sie nützen!«

»Ich erkenne dieses Volk nicht wieder. So sollte es immer sein, vor allem im Alltag«, sagte an diesem Tage ein Ausländer nach einem mehrstündigen Spaziergang durch Warschau.

»Über der polnischen Kirche schwebt der Geist der ersten Christen«, fügt eine weißhaarige Berlinerin hinzu. »Der deutsche Jesuit Siegmund Kripp hat recht, wenn er, sehr zum Leidwesen der Bischöfe, von der Kirche des Westens verlangt, sie solle auf ihr Hab und Gut verzichten. Die Kirche im Westen ist viel zu reich. Gottlob kann man das von der polnischen nicht behaupten.«
»Dieses Land ist wie in Trance«, rufen andere.
Die Hochstimmung ist buchstäblich »nicht von dieser Welt«. Ein Festival des Optimismus. Als sich in Boleslawice die Glocke löst, während sie die frohe Botschaft einläutet, betrachten es die Gläubigen als... gutes Omen. Der Leiter des Altenheims in Gnesen behauptet vor Presseleuten:
»Seit einigen Monaten stirbt hier kein Mensch mehr. Selbst die Todkranken verschieben ihre Sterbestunde auf später – erst wollen sie den Papst sehen.«
Man hat dieses Phänomen der Massenbegeisterung, diesen Gesundbrunnen für Herz und Geist, später verschiedentlich zu interpretieren versucht. »Katharsis«, »religiöse Exerzitien«, »das neue Wunder an der Weichsel«. Etwas hat sich auf einmal gewandelt, in diesem Gemeinwesen, das wie ein Gefangener lebte und sich, wie Pessimisten behaupten, mürbe und uneins in den Fesseln des Alltags verstrickt hatte. Eine neue Knospe ist diesem störrischen Stamm entsprossen, von dem behauptet wird, daß er – zum Ausnahmezustand verurteilt – zwar prächtig zu sterben, nicht aber würdig zu leben verstünde. Die schönsten Blumen blühen am Rande des Vulkans. Der deutsche Philosoph, den Karol Wojtyla zum Thema seiner Habilitationsschrift wählte, behauptet, nur glückliche Menschen wüßten, wie man gut lebt.
»Ich sollte meinem Buch ›Vom Glück‹ ein neues Kapitel hinzufügen«, flüstert der 92-jährige Prof. Tartakiewicz, Erzieher mehrer Generationen. In Wahrheit ereignen sich Dinge,

von denen die Philosophen nicht zu träumen wagten. Die Jahre fliegen vorbei, wie Telegraphenstangen vorm Abteilfenster, da plötzlich, kurz vor der Endhaltestelle, geschieht im neuen Leben etwas Wunderbares und Überraschendes: Der jüngere Universitätskollege, ebenfalls Philosoph, besucht Warschau. Als Statthalter Christi!

»Wollte ich mit einem einzigen Wort meine Empfindung beim Anblick dessen schildern, was ich gesehen habe«, notiert mit fliegender Feder ein nichtgläubiger Warschauer Erzähler von Rang. »So würde ich sagen: Erstaunen. Nicht allein darüber, daß auf dem Siegesplatz das Kreuz herrscht, auch nicht, weil die Staatsmacht schweigt, als hätte man sie vor dem Volk versteckt. Am erstaunlichsten ist für mich der Gedanke, daß es die Nation offenbar verstanden hat, ihre Wahrheit geschickt zu verbergen und zu bewahren, noch dazu über eine so lange Zeit. Ein Verdacht drängt sich auf: war es nicht voreilig, diesem Volk Schwäche und Willenlosigkeit zu unterstellen, weil man in seiner durch alltägliches Dahinvegetieren erzwungenen Sklaverei Mangel an geistiger Substanz vermutete?«

»Das ist nicht (nur) der Ausbruch religiöser Gefühle. Das ist eine patriotische Manifestation, ein Volksaufstand ohne einen einzigen Schuß. Dieser Mann ist gekommen, um uns aus dem Morast zu ziehen.«

Freund des Papstes, ein Philosoph im Priesterrock, Professor Józef Tischner, nennt Karol Wojtyla »Verkörperung des freien und unabhängigen Polen«. Diese Äußerungen, von der Zensur beschlagnahmt, sind in einem illegalen Verlag erschienen. Eine typisch polnische Schizophrenie: die Gattin des Zensors erfleht vom Papst unter Tränen einen Rosenkranz, während ihr Mann Lobgesänge auf den »Papst der Menschenrechte« aus den Berichten tilgt. Pathetische Anfälle pflegt der Papst jedoch bewußt zu unterlaufen, etwa mit folgender, scherzhafter Bemerkung:

»Was ist los mit diesem Volk?« ruft er vor der St. Anna Kirche. »Mir scheint, es ist ein Volk von Theologen geworden!«
Keine Rose ohne Dornen. Wo Perlen sind, gibt's auch Säue. Der Parteibonze in Rzeszow zuckt die wattegepolsterten Achseln, als er von einem österreichischen Journalisten über die Auswirkungen des Papstbesuches in Polen befragt wird. »Ich würde diese Episode nicht überbewerten. Sie wird vergehen wie Weihrauch im Wind. Allenfalls wird der Klerus bei uns noch fanatischer. Schade, daß der Papst weder Stettin noch Breslau besucht hat. Die westdeutsche Presse hat es mit Genugtuung zur Kenntnis genommen.«
Der Aufklärer vom Dienst fährt fort: »An alledem klebt für meinen Geschmack zuviel Patina. Die gesellschaftlichen, wirtschaftlichen und kulturellen Verhältnisse in unserem Lande haben sich so rasch und so grundlegend verändert, daß das kirchliche Lehramt mit seiner Beurteilung nicht nachkommt. Die Vergangenheit hat bei uns keine Zukunft.«
Auch ein »Kulturschaffender« hat sich – nach dem Eindruck befragt, den die päpstliche Pilgerfahrt nach Polen auf ihn gemacht habe, gegenüber der Redaktion von »Leben und Gedanke« geäußert:
»Mit den Emotionen der Massen zu spielen ist eine schwierige und kostbare Kunst. Wer aber diese Fähigkeit besitzt, muß sich darüber klar sein, daß das, was er tut, zwar faszinierend, aber auch gefährlich ist. Ich habe Johannes Paul II. zugehört, und es kam mir vor, als spielte er zuweilen auf allzu dünner Saite – es waren zum Glück nur kurze Momente, aber sie reichten aus, um in gewissen Leuten längst vergessene Ressentiments zu wecken, die sich dann übrigens ebenso rasch wieder verflüchtigten, wie die echten emotionalen Erschütterungen. So hatte das, was ich ein Schauspiel nenne, einen doppelten Boden: einen ideologischen und einen politischen. Ich darf sagen, daß wir als Staat ein schwie-

riges Examen in politischer Klugheit erfolgreich bestanden haben. Dasselbe gilt für Johannes Paul II.«
Ein Papst, der »auf allzu dünner Saite spielt?« Hätte sich etwa der Pilger aus Italien, um die empfindsamen Beamten-Seelen nicht zu verletzen, einer Art Selbstzensur unterwerfen sollen? Hätte er Worte wie »Freiheit« und »Unabhängigkeit« meiden sollen, hätte er sich im Palais Belvedere die machtvollen Sätze verkneifen sollen: »Was wir Polen so besonders tief empfinden, ist die Tatsache, daß sich die Existenzberechtigung eines Staates in der Souveränität der Volksgemeinschaft, in der Freiheit der Nation ausdrückt!«? Hätte er auf dem Siegesplatz in Warschau jenen seit Generationen gültigen Gedanken nicht aussprechen dürfen: »Es kann kein gerechtes Europa geben ohne ein unabhängiges Polen auf der Landkarte!«? Oder hätte er am Ende aus seiner Enzyclica »Redemptur hominis« jene von lebensspendendem Glanz durchtränkten Sätze tilgen sollen: »Die Kirche hat ihre Stellung gegenüber jenen Systemen ganz deutlich formuliert, die die Freiheit ihrer Bürger begrenzen und sie ihrer unantastbaren Menschenrechte berauben, angeblich zum höheren Wohle des Staates – obwohl uns die Geschichte gezeigt hat, daß es vielmehr das höhere Wohl der Partei ist, die sich mit dem Staat identifiziert?«
Der Vertreter der Presseagentur »Interpress« versucht die Anwesenheit des Papstes in Polen herunterzuspielen: »Es handelt sich hierbei um ein Ereignis rein kirchlicher Natur. Der Papst kam kurz vor Pfingsten, zu einem Fest also, das nach Weihnachten und Ostern im Zyklus des liturgischen Jahres das dritte wichtige Kettenglied in dem Geheimnis des göttlichen Plans der Errettung der Menschheit darstellt. Er möchte die heiligen Stätten besuchen, die sich in der mustergültigen Obhut der Regierung befinden. Das ist alles.«
Und das ist noch nicht einmal die schlechteste Auslegung der Papstvisite, vergleicht man sie mit den Informations-

splittern des tschechoslowakischen oder bulgarischen Fernsehens; dort bekommt man zu hören, der Hauptgrund für die Pilgerfahrt Johannes Pauls II. nach dem sozialistischen Polen sei der Antrittsbesuch im Belvedere gewesen, dem polnischen Regierungssitz.

Der amerikanische Beobachter von »Catholic Press« befleißigt sich eines effektvollen Stils:

»Virchow, der Meister des Skalpells, fand keine Spur von Seele im Organismus des operierten Patienten. Die sowjetischen Kosmonauten erklärten nach ihrer Rückkehr zur Erde, sie hätten vergeblich zwischen den Sternen nach Gott Ausschau gehalten. Und trotz alledem feiert derjenige, den Marx aus dem Himmel vertrieben, Freud ins Unterbewußtsein verdrängt, Darwin aus der empirischen Welt entfernt und Nietzsche gemeinsam mit Sartre für tot erklärt hat, sein ›come-back‹ in der Heimat des polnischen Papstes.« Wessen Sieg wird auf dem Siegesplatz gefeiert? Der Papst und der Primas legten Blumen auf der Grabplatte nieder. Johannes Paul II. hat sich ins Erinnerungsbuch mit den Worten eingetragen: »Dem unbekannten Soldaten Polens – ein Sohn dieser Erde.«

Die päpstliche Predigt zu Füßen des hohen Kreuzes – auf einem solchen Wegweiser hat man an diesem Ort lange Jahre warten müssen – wird immer wieder vom Applaus der Warschauer Bevölkerung unterbrochen, und von dem Lied, in dem die Forderung aufglüht: »Wir wollen Gott!« (Dieses Klatschen ist ein Novum. Hätte jemand vor dem Kriege in der Warschauer Kathedrale während der Predigt zu klatschen begonnen, man hätte ihn mit Gewalt aus der Kirche entfernt.)

In den einfachen, gezielten Sätzen der Papstrede (»...er hält keine Ansprache, sondern spricht zu jedem von uns...«) erstrahlt nicht nur der Glanz der »Warszawianka«, der böhmischen Marseillaise, sondern auch eine große, lindernde

Genugtuung, die sich über das ganze Land ausbreitet: »Da ist sie, die Instanz, die Gerechtigkeit vollbringt. Ein »Redemptor Polonorum«, »der auf seinen Handflächen unsere Tränen zum Himmel emporhebt«. Man denke: in diesen Straßen, unter deren Pflaster die sterblichen Überreste der aufständischen Jugend liegen, wo ihre Joppen, Mützen, Armbinden mit dem Ankerzeichen des Kämpfenden Polen vermodern, in dieser Stadt, die zu Tode gemartert und zu Grabe getragen wurde, und dennoch wiederauferstanden ist, – hier, wo man in den noch rauchenden Trümmern jene Menschen unbarmherzig jagte und verunglimpfte, die am meisten geopfert hatten, sie in Gefängnisse warf und mit Mördern in eine Zelle sperrte – hier erklingt nun der Ruf nach Achtung vor dem nationalen Schicksal. Die Toten beweine ich, die Lebenden rufe ich auf, und ich segne all jene, die der Gedanke an die Vergeblichkeit des Opfers nicht entsetzt – dies ist der Sinn des beseelten Manifestes, gekrönt von dem Appell: »Möge dein Geist herniedersteigen und die Erde erneuern. Diese deine Erde.«
Obwohl sich sicher nur wenige mit ihm in der Kunst des Vortrages messen könnten, verabscheut der Papst leere Deklamation. Man sagt, er habe, als er noch in Lublin war, einen allzu blumigen Redner, der sich von seinem belcanto über die angeborene, menschliche Güte in den Himmel hatte entführen lassen, mit der Feststellung unterbrochen:
»Jawohl, der Mensch ist gut, nur die Leute sind manchmal unerträglich!«
Ungeachtet dessen schwebt ständig Pathos in der Luft, spürbar selbst für Menschen ohne jegliche historische Phantasie. In Gnesen beispielsweise, jener Stadt, wo vor eintausend Jahren... Man schließt die Augen und könnte meinen, gleich taucht der heilige Wojciech aus dem Dickicht, oder Boleslaw der Tapfere tritt an der Seite Kaiser Ottos III. in den holzgefügten Wehrbau.

Die einzigen Herrscher, die in ihren Ländern das Christentum eingeführt haben und nicht heilig gesprochen wurden – bemerkt verbittert der Geschichtswissenschaftler Karol Bunsch –, sind Polen gewesen: Mieszko der Große und Władysław Jagiełło.

In Gnesen – nirgendwo waren die Fenster, die Balkone, die Straßen prächtiger dekoriert, als in dieser altehrwürdigen Stadt. Während der Messe auf dem Lech-Berg, wo laut Legende Lech den Horst des weißen Adlers in einer Eiche fand, da schien es, als beuge sich die vieltausendköpfige Menge über die eigene Wiege und studiere noch einmal die nationale Geburtsurkunde. Es ist sicher der falsche Moment für üble Erinnerungen – aber wir haben nicht vergessen, wie im nämlichen Gnesen, während der Jahrtausendfeier, höchst zweifelhafte Erzieher ihren Landsleuten in höchst zweifelhaftem Polnisch versicherten: »Wir lassen uns nicht umorientieren!« Die Jugend indessen schrieb nächtlings auf die Plakate: »Alle Wege führen nach Rom.« Man hat versucht, all jene Worte und Lieder, die aus dem tiefsten Herzen des Volkes kamen, durch das Geratter niedrigfliegender Miliz-Hubschrauber zu übertönen. Heute ist die sechzigtausend Einwohner zählende Kreisstadt Hauptstadt der ersten Piastenfürsten, Schauplatz des Treffens sämtlicher Polen, die seit Urzeiten gelebt und gewirkt haben auf dem Boden der Republik und außerhalb ihrer Grenzen, vom Jahre 966 bis zum heutigen Tage – wieviele Generationen mögen das sein? Vierzig?

Der Papst grüßt unter dem stürmischen Beifall der Menge alle Völker, die in diesem Teil Europas leben und hoffen: Tschechen, Slowaken, Litauer, Slowenen, Kroaten, Ungarn, Ukrainer. »Ich hoffe, daß sie mich hören.« (Die Rundfunksendungen waren stark gestört, der Grenzverkehr zwischen Polen und Litauen eingestellt.) Die Begegnung des Papstes mit der Jugend – tausendfach ist sie verewigt worden, auf Fotos, in Fernsehfilmen, auf Tonbändern und Grammophonplatten: vor der St. Anna Kirche in Warschau, in Gnesen, auf der Skałka in Krakau. So hat man sie vor dem Vergessenwerden bewahrt und für künftige Generationen festgehalten. Die Kassetten mit den historischen Aufnahmen werden in tausenden polnischer Häuser gehütet. Ebenso die Kreuze, mit denen die jungen Leute auf die Straßen gingen, um den Nachfolger Petri auf polnischem Boden zu begrüßen. Tausende junge Gesichter. Tausende blitzende Augen. Burschen und Mädchen. Kein Erlaß hat sie zu diesem Massentreffen beordert. Sie sind von selbst gekommen. Freiwillig. Manche haben hunderte von Kilometern zu Fuß zurückgelegt. Seit Stunden warten sie geduldig.

Und als der Apostel in Weiß, vom wachsenden Stimmengewirr der Menge angekündigt, endlich erscheint, da wächst vor dem Hintergrund der alten Gotteshäuser ein dichter Wald von Armen. In jeder Hand: das Kreuz, Symbol der Qual, die mit dem Sieg endete. Manche haben es erst hier gebastelt, während sie warten mußten: sie haben einfach zwei Hölzer mit zitternden Fingern aneinander gebunden. Einen Augenblick wie diesen hätte keiner der »Kämpfer wider den Aberglauben« jemals erwartet.

»Sto Lat« (»Hundert Jahre soll er leben!«), singen sie vor dem Palast.

»Es ist nicht wichtig, wie lange der Mensch lebt«, versucht sich der Papst des Enthusiasmus zu erwehren, »sondern *wie* er lebt! Ein herzliches Vergelt's Gott für die guten Wünsche, aber wollt ihr tatsächlich einen hundertjährigen Greis auf dem päpstlichen Thron?«

Ad fontes! Zurück zu den Quellen. Zu den berühmten Zeugen mittelalterlicher polnischer Kunst. Die Türen des Domes von Gnesen, in Bronze gegossen in der ersten Hälfte des 12. Jahrhunderts. Darauf Szenen aus dem Leben des heiligen

Wojciech. Vor diesem Hintergrund strömen die Worte päpstlicher Sätze von der lebensspendenden Rolle der Kultur in der Geschichte der Nation. Es ist neben der Predigt, die er in Auschwitz hielt, einer der schönsten Texte aus der Feder Johannes Pauls II. Der Pontifex erinnert an die Brüder im Glauben, an die Evangelisation, die Kyrill und Method durchführten, an die Taufe der Ukrainer in Kiew. Die Jungen Polen vergessen großzügig den Überfall des Tschechen Bratislav auf Gnesen im Jahre 1038 und begrüßen herzlich die Handvoll Brüder aus der Tschechoslowakei: *»Pomatu Otce na sve ceske deti!«*
Sofort entdeckt sie der päpstliche Adlerblick. Vom Altar aus liest er lauthals den Text des Transparentes, was die Fernseh-Kameraleute zwingt, die Inschrift für eine Sekunde ins Bild zu rücken. Hier drängt sich folgende Beobachtung auf: Auf Anweisung irgendeines Natschelniks vermeiden es die Kameraleute konsequent, die Volksmassen zu filmen. Am liebsten zeigen sie alte Nonnen. Der Zweck der Übung liegt auf der Hand: die Papstvisite als rein innerkirchliche Angelegenheit zu kennzeichnen, der Arbeitgeber inspiziert seine Angestellten.
»Was wäre passiert, hätte man dem Papst die Einreise verweigert?« fragt ein Schwede.
»Sie konnten ihn nicht mehr ausladen. Immerhin rechnen sie mit der öffentlichen Meinung. Die Auflehnung der breiten Masse hat die Aufseher zu Konzessionen gezwungen. Niemals würden die Leute dem Volk irgendeinen Gefallen tun. Sie weichen nur der Gegengewalt.« Zufrieden mit seiner Diagnose pafft der Brite seine Nußholz-Pfeife.
Im November 1966 hatte Paul VI. den Wunsch geäußert, am Vorabend des Weihnachtsfestes nach Tschenstochau zu kommen, dort die Christmette zu halten und dann am ersten Feiertag nach Rom zurückzukehren. Gomulka stellte die Bedingung, »der Papst dürfe seinen Blitzbesuch machen, wenn

er auch nach Breslau käme«. Der Vatikan lehnte dieses Angebot ab, sagt ein Journalist aus Wien.

»Wieso regt dich der Papst so auf? Take it easy«, wundern sich Bekannte. »Dein Lebensstil ist auch nicht dazu angetan, dir den St.-Georgs-Orden einzubringen. Die Medaille ›Pro Ecclesia et Pontifice‹ droht dir weder in Lebzeiten noch nach dem Tode. Dein Geschreibsel bringt dir nicht einmal den Stempel ›Cum permissu Superiorum‹ ein, nicht einmal Maltheserritter kannst du werden, du armer Plebejer.«

»Es gibt verschiedene Gründe, warum mich der Papst so beschäftigt. Ich gebe zu – sein Polentum spielt die Hauptrolle. Wäre im Oktober 1979 Kardinal König aus Österreich oder Kardinal Hume aus England Papst geworden, ich würde nicht über sie schreiben. Was mich interessiert, ist das Charisma des Landsmannes in der Tiara und das Geheimnis seiner Ungewöhnlichkeit. Der große Mensch tritt dann zutage, wenn sich ein großer Charakter mit einer ebenbürtigen Aufgabe konfrontiert sieht. Es ist die Hoffnung, die mich bei dieser Gestalt anzieht – die Hoffnung, daß er kraft seiner Persönlichkeit und mit Hilfe seiner strahlenden Autorität unser Streben nach Freiheit und unabhängiger Existenz unterstützt.«

»In Polen weiß man nie, wo die Vergangenheit aufhört und die Gegenwart beginnt! Die Zukunft kommt niemals zu spät. Sie fängt schon jetzt an«, ermuntert der Papst die Jugend. Schrecklich ist die Verführung zur Güte, höhnte Brecht. Aber ist die Alternative besser? Der Papst sollte für die Bekümmerten und Enttäuschten Klagemauer und Gesundbrunnen zugleich sein. »Kann Geschichte gegen den Strom des Gewissens anschwimmen? Für die Freiheit zahlst du mit dir als Ganzem!« – schrieb sein *alter ego,* Dichter Andrzej Jawień. – »Vergeßt nicht: Polen als Land ist ein ganz besonderer Zeuge!« – Auch im Tschenstochauer Hirtenbrief klingt das messianische Echo durch. »Hier, auf der Schanze von Jasna Góra, sind wir seit jeher frei gewesen!« – »Schaut, eine neue Belagerung von Tschenstochau«, frohlockt der Papst angesichts der unübersehbaren Menschenmenge – Eine neue Sintflut!

Die Filmleute haben die Spitze des klösterlichen Turmes erklettert: sie bestätigen, daß sie zeit ihres Lebens kein derartiges Gewimmel gesehen haben. »Zuerst dachte ich, ich sehe eine Trickaufnahme vor mir, ein neuer Dino de Laurentis hätte mit gewaltigem Aufwand an technischen Mitteln einen Bibel-Breitwandschinken zusammengeklebt, aber sofort stellte ich fest, daß es keine Fotomontage ist! Es war ein Naturereignis!« – höre ich einen erstaunten Italiener rufen.

»Ein merkwürdiges Land«, sagt ein Kanadier und schüttelt seine Mähne. – »Die Leute stehen Schlange, nicht nur nach Brot und Fleisch, sondern auch vor dem Beichtstuhl. Ist es wahr, daß die Kirche in Polen Jahrhunderte lang kein Interesse für die werktätige Bevölkerung zeigte und erst nach dem Einmarsch der Russen in Polen ihr soziales Gewissen entdeckte?«

»Nonsens«, protestiert eine Nonne. »Schon im 12. Jahrhundert forderten unsere Bischöfe die Besserstellung der Landbevölkerung...«

Nicht allen gefällt der polnische Marienkult.

»Ein Hindernis auf dem Wege zur Verständigung mit den Protestanten«, seufzt ein Mann aus Luxemburg.

»Kennen Sie das Bauern-Lied: Glücklich, wer zur Mutter fliehen kann, wenn der Vater zornig ist und prügelt? Eine theologisch unannehmbare Formel. Man kann die Mittlerschaft Marias nicht derjenigen Christi gegenüberstellen«, sagt ein Pariser. »Jesus ist Mittler – ad Patrem. Maria – ad Christum. Und die Heiligen – ad Mariam.«

Man hat darauf hingewiesen, in der Ansprache des Papstes schwinge zuweilen so etwas wie Sympathie für katholische Modernisten mit. Wenn man bedenkt, daß Pius X. (der durch Pius XII. möglicherweise etwas zu voreilig kanonisiert wurde) den Modernismus als ein »Rendez-vous der Gotteslästerungen« verurteilte und den guten Rat gab, »das Gestern von derlei Unkraut zu befreien«, dann gibt es doch Veränderungen in der Kirche. Die Männer Gottes sind zwar nicht nachtragend, aber beim Tschenstochauer Treffen mit Pilgern aus Schlesien macht der Papst keinen Hehl daraus, daß er Piekary und Trzebnica besuchen wollte, es aber hierzu leider nicht gekommen ist.

Ein guter Hirte kennt die Sorgen seiner Herde. Den Ordensschwestern erklärt er: »Eure Schulen, Krankenhäuser und Internate hat man euch weggenommen. In Mexiko, einem Land mit antikirchlicher Verfassung, durften die Nonnen ihre Schulen und Krankenhäuser behalten.« Der Jugend aus Lublin, die trotz mancherlei Hindernissen zum Marien-Sanktuarium auf die Jasna Góra gekommen ist – viele Schüler und Studenten kamen zu Fuß –, dankt er mit den herzlichen Worten: »Ihr hattet viel Schwierigkeiten mit der staatlichen Eisenbahn. Ich bin euch dankbar, auch für eure geschwollenen Füße, vor allem aber dafür, daß ihr euch zu mir bekannt habt.« Und an den Schluß des Treffens stellt er die Mahnung: »Polens Zukunft hängt davon ab, wieviele mutige Menschen es haben wird.«

Einer von diesen Mutigen beklagt sich in der Menge:

»Die Kirche sagt immer: Liebt eure Feinde. Bei mir ist's umgekehrt: ich tu mich schwer, meine Freunde zu lieben.«

»Ich verstehe nicht ganz.«

»Ich weiß, was ich sage«, antwortet ein tiefbekümmertes Männlein aus Lublin. »Ich bin Mitglied der Gesellschaft für polnisch-sowjetische Freundschaft.«

»Ob wohl der goldene Apfelbaum Früchte trägt?« – fragt ein Heimatdichter aus den Beskiden am Tage der Ankunft des Papstes.

Der weiße LOT-Hubschrauber fliegt über Bochnia. Der

Heimkehrer preßt seine Stirn gegen die Fensterscheibe. Vielleicht könnte man durch den Spalt zwischen Wolken den Feldweg von Gdów nach Niegowić wiedererkennen? Die Pfarre Niegowić. Ein kleines Dorf. Eintausend Seelen. »Gebt mir Macht über die Seelen«, hat der junge Karol einmal auf der Wadowicer Schul-Theaterbühne deklamiert, ohne zu ahnen, was das heißt. An einem Julimorgen ging er dort unten, in abgetragenen Schuhen, abgewetzter Soutane, an deren Saum Lehm klebte, eine Wachstuchmappe unterm Arm, vor sich hin, ins Gebet versunken. Ein Bauer, der mit seinem Fuhrwerk unterwegs war, um Milch zu holen, wollte ihn mitnehmen, aber er winkte ab: zu Menschen fährt man nicht, man geht zu ihnen auf unwegsamen Pfaden. Und plötzlich verspürte er einen Höhenflug wie damals bei der Priesterweihe in der Katakombe; denn zwischen zwei Weißdornbäumen erblickte er das alte hölzerne Kirchlein. Sein Herz schlug rascher, als er an dem bekümmerten Christus vorüberkam, dem die verrosteten Dornen seiner Krone Schmerzen bereiteten. Der Gott der Verfolgten fror offensichtlich, hockte zusammengekrümmt, hatte beide Hände vors Gesicht geschlagen, fürchtete sich vor menschlicher Bosheit. Jenes graubraune Flüßchen, fast zugewachsen mit schwärzlichem Schilf, war der Rubikon. »Du hast befohlen, Herr – also gehe ich.« Er kniete nieder bei der Pforte, berührte mit zitternder Hand die abgetretene Schwelle. Dort also begann, was nicht erlernbar ist: die Mittlerschaft zwischen Mensch und Gott... Für die Menschen leben. Nichts für sich selbst, alles für die anderen. Wer konnte damals ahnen, daß dieses dörfliche Kirchlein, dieses kleine magere Ackerstück, Sprosse jener Leiter werden würde, die bis zum römischen Himmel reicht? Die päpstliche Reise nach Polen wirkt, wie sein ganzer Lebenslauf, wie eine wunderbar komponierte Legende. Ein Vogel, der zu seinem Nest zurückkehrt.

»Ich wußte, ich würde noch einmal heimkommen...«
Der Papst ist Lokalpatriot: er mag nicht, daß man sein Wadowice ein »Provinznest« nennt. Mit welch stolzer Herzlichkeit spricht er auf dem Marktplatz die Worte:
»Königliche Freistadt Wadowice!«
Universalismus – so steht es bei Bernanos – beginnt in der Sakristei. Der Papst küßt das Taufbecken, an welchem sein Bündnis mit der Unsterblichkeit begonnen hat. Betet vor dem Altar, auf dessen Stufen er Trost suchte in den traurigen Tagen der Kindheit. Umarmt den altehrwürdigen Prälaten Eward Zacher, der ihn – mit heute sichtbarem Ergebnis – im Gymnasium von Wadowice in Religion unterrichtet hat. Betrachtet die Tafel zu Ehren des Schriftstellers Henryk Sienkiewicz, die im Jahre 1916 in die Kirchenwand eingemauert wurde. Als Kind hat er schon einmal davor gestanden. Sie wurde ihm zum offenen Fenster, durch das er in das Zauberland der Literatur schauen durfte.
Er gedenkt der früheren Erzieher, der Schulkameraden. Sohn eines Offiziers, vergißt er auch den alten Vorkriegsstolz der Stadt nicht: das zwölfte Infanterieregiment von Wadowice und sein ausgezeichnetes Blasorchester. Sein Herz schlägt schneller, als er die altbekannten Ecken und Winkel wiedersieht, die er seit Jahrzehnten unter den Lidern verbirgt. Der kleine Innenhof. Die gewundene Eisentreppe. Der erste Stock. Der Balkon, von mehreren Eingängen her begehbar, durch die man in die einzelnen Wohnungen gelangt. Das eine Zimmer zweifenstrig, das zweite kleiner, dann die nicht allzu große Küche, worin die Mutter einst Eierkuchen mit Marmelade für die Buben zubereitete...
In der kleinen Wohnung in der Kirchengasse wohnt heute ein Lehrer mit Frau und Kindern. Die Ärmsten! Pilger und Touristen belästigen sie zu jeder Tages- und Nachtzeit. Schon um fünf Uhr früh hat ein weißbärtiger japanischer Mönch an die Tür geklopft: er wollte den Fußboden in dem

kleinen Zimmer küssen, wo Karol Wojtyla zur Welt gekommen ist.

In diesem Städtchen an der Skawa, am Fuße der Beskiden, – »nicht Wadowice, sondern Wojtylowice müßte es heißen!« sagen die Schmeichler – läßt es sich kein Schutzwall gegen die Erinnerungen errichten. Wo man nur hinschaut, gewinnt das Verblichene seine alten Farben wieder.

»Gewiß war ich hier glücklich«, sagt der Papst zu seinem Freund, »aber... es gab auch düstere Tage.« Und er sieht den Neunjährigen, der sich gleich nach Mutters Beerdigung im Keller versteckte und sich vor einer Welt fürchtete, in der man das liebste Wesen in der Erde vergräbt und mit Sand zuschüttet. Damals kam ihm der hochgewachsene Mann mit dem hellen Blick und der warmen Stimme zu Hilfe: der Vater, zugleich der Freund. Er nahm ihn mit auf lange Spaziergänge und Wanderungen. Blendete seine Augen mit der Kristallgrotte im unterirdischen Salzwerk. Lehrte ihn die Namen von Bäumen, Blumen und Vögeln. Sang ihm beim Lagerfeuer Pfadfinderlieder. Spielte auf der Gitarre. Und dann begannen die langen abendlichen Plaudereien unter der Gaslampe. Manchmal betrachteten sie gemeinsam die alten Bilder im Fotoalbum. Vater öffnete die Fenster in die Vergangenheit, deren Spuren man im schwarzen, bleischweren Schrank bewundern konnte: Uniform und »Rogatywka«, die Vierkantmütze mit dem Adler vorn drauf. Eines Tages zeigte er ihm ein Foto, von dem lediglich die buschigen Augenbrauen in Erinnerung geblieben sind. »Dein erster Vorname ist Karol. Das kommt von mir. Und der zweite ist Josef. – Wie Josef Pilsudski. Wie jener Freiheitsheld, der sagte, die Polen seien ein Volk ohne eine dritte Möglichkeit: entweder Dynamitladung – oder ein moosüberwucherter Grabstein.«

Bis dann jener unvergeßliche Tag kam, ein Tag wie aus einem patriotischen Lesebuch. Herbst 1933. Festlich gekleidet, obwohl es doch Freitag war und nicht Sonntag, waren Vater und Sohn schon morgens früh um sechs Uhr von Wadowice nach Krakau gekommen, um den Beginn der Feierlichkeiten nicht zu verpassen. König Jan III. Sobieski – es war sein Jahrestag – liebte keine Langschläfer und Zuspätkommer. »Du kommst zwei Vaterunser zu spät – und die Schlacht ist verloren...« Schon im Bus hatten die aufgeregten Fahrgäste neueste Meldungen ausgetauscht – zwölf Kavallerie-Regimenter sind im konzentrierten Anmarsch auf Krakau. Pferde, wohin man sieht. Die Spatzen haben Fettlebe. Man weiß noch nicht, ob die türkischen Offiziere zur Parade erscheinen. Immerhin haben sie damals bei Wien Dresche bezogen. Eintritt in die Kathedrale nur mit Platzkarten. Hoffentlich regnet es nicht – sonst ist die ganze Defilade im Eimer.

Doch kaum hatten sie laut hupend die Stadt erreicht, hatte der Wind die Wolken vertrieben, und die Sonne kam heraus. Sie hielten einander fest bei der Hand, damit sie von der Menge, die in raschem Tempo zu den Błonie-Feldern strömte, nicht in die hintersten Reihen gedrückt wurden. Es gab keine numerierten Plätze. Wer zuerst kam...

»Jesus Maria! Jetzt haben wir uns doch abdrängen lassen! Von hier aus sieht man ja nichts!«

Der Vater nahm den Kleinen Huckepack.

»Kriech auf meine Schultern«, sagte er mit fester Stimme, »und präge dir dieses Schauspiel gut ein. Eine Defilade wie diese siehst du dein Leben lang nicht mehr.«

»Heh, Sie da, nehmen Sie den Kopf weg!« hagelte es Proteste aus der Menge. »Wir wollen auch was sehen!«

»Die Kinder nach vorn!« kommandierte ein Riese mit weißroter Armbinde.

»Das ist ihr Fest. Her mit dem Schlingel, reicht ihn mir über die Barriere!«

»Sieh nur, sieh! Es geht los! Siehst du ihn?« fragt der Vater fieberhaft. »Dort auf der Tribüne. Das ist er. Du bist drei

Monate vor dem Wunder an der Weichsel zur Welt gekommen. Mama hat damals die ganze Nacht über in der Kirche gebetet, der Herrgott möge ihm den Sieg schenken. Und jetzt – kannst du ihn gut sehen? – jetzt salutiert er vor den Regiments-Fahnen... Sag mir, ob du ihn siehst?«
»Ich kann ihn sehen, Vati.«
Der gebeugte Mann in Uniform, mit der für ihn typischen »Maciejowka«, der Soldatenmütze, sah – mit einer Schärpe umgürtet und auf seinen Säbel gestützt – etwas anders aus, als auf der Briefmarke. Er wirkte zufrieden, nickte mit dem Kopf. Sagte etwas zum Adjutanten in der Pelerine, dem mit dem Goralenhut mit Rabenfeder und weißem Flaum. Und vor der Tribüne wogte der vielfarbige, lautstarke Wahnsinn. Das Getrappel von tausenden von Pferdehufen. Heisere Kommandos. Blitzende Säbel. Das Flattern der Wimpel an den Lanzenspitzen. Musikkaskaden von Regimentskapellen. Ein Blumenregen. Zurufen, Beifallklatschen, Gesang.
Der Riese mit der Armbinde erläuterte nicht mehr, er fiel von einem Entzücken ins andere:
»Welch Anblick, welch Schauspiel!«
Das erste Cheveauleger-Regiment eröffnet die Defilade. Himmel, sind die vorbeigebraust! Wie die Teufel! Was sage ich: wie die Engel! Unser Krakauer Regiment, die Achter Ulanen, kennen ihre Pflichten als Gastgeber: sie reiten im Trab, als Letzte. Trab, mein Lieber, Trab! Seht nur, wie der Oberst im Sattel sitzt. Das ist kein Pferd, das ist'ne Ballerina. Ulanen, Ulanen, buntbemalte Kinder. Nur noch die geflügelten Husaren fehlen uns hier...
In die Kathedrale kamen sie auch glücklich hinein. Wojtyla senior wies irgendeinen Ausweis vor, und sofort erhielten sie Platz im Seitenschiff. Eben hatte »Zygmunt« seine königliche Stimme erhoben – der erzene Klang ging hin über die ganze Stadt.

»Siehst du den mittelalterlichen Ornat dort?« flüsterte der Vater dem Sohn ins Ohr. »Königin Jadwiga hat ihn mit Perlen bestickt. Denke immer daran: hier, auf dem Wawel, schlägt das Herz Polens! Wir müssen nach der Messe zur Krypta gehen, um König Sobieski zu huldigen.«

Und dann gab es einen Knall, so laut, daß das Steinerne Roß unter dem Freiheitshelden Kosciuszko auf der Wawelmauer erbebte. Eine Batterie Haubitzen gab einundzwanzig Schüsse ab, während Piłsudski dem Helden von vor dreihundert Jahren Meldung erstattete: »Ich bin gekommen, um im Namen der Armee dem König zu huldigen. Er war ein großer Heerführer, denn er verstand zu siegen.« Wann ist das alles gewesen? War es Traum – oder war es Wirklichkeit? Der Mann, der diese Worte gesprochen hat, fand später selbst auf dem Wawel die ewige Ruhe. Und der dich auf den Blonie-Feldern emporgehoben hatte, um dir die Legende vom silbergefiederten Vogel zu übermitteln, lebt nun auch nicht mehr: er erlosch im dämmrigen Stübchen in der Krakauer Vorstadt, im zweiten Kriegsjahr. Jahre später kam der Tag, da man ihm, dem Bürschlein aus Wadowice, das von klein auf die Schläge der königlichen Glocke in seiner Brust gezählt hatte, denselben mittelalterlichen Ornat umhängte, den Königin Jadwiga mit Perlen bestickt hatte – der Tag, an dem er Hausherr der Kathedrale von Wawel wurde.

Auch am Kalvarienberg von Zebrzychow kommen Erinnerungen an die Kindheit und früheste Jugend auf. Der Papst betrachtet die malerischen Hügel, den gewundenen Kreuzigungsweg, die barocke Klosterkirche, das Bernhardinerkloster aus dem 16. Jahrhundert, die gebetstrunkenen Gesichter der Pilger – und er spürt, daß dieses die schönsten Seiten im Buch seines Lebens sind. Hier kreuzen sich die Wege von Skawina nach Sucha und von Wadowice nach Myślenice. Hier erzählte ihm der Vater vor vielen Jahren, schon der Groß- und Urgroßvater wären Anführer des Kalvarienzuges gewesen und hätten die liedertrunkenen Kompanien der Pilger, darunter auch »Grenzgänger« aus der Slowakei, zum »Städtchen Marias und des Tischlers« geleitet. Also mußte man gar nicht so tief graben, um den Keim späteren Papsttums im Wurzelgeflecht der Familienabstammung freizulegen.

»Ich freue mich, daß ihr euch an all das erinnert«, sagt er und streckt den alten Bekannten die Hände entgegen. »Ich sehe zwölf Apostel auf der Tribüne, Petrus ist der erste von ihnen. Im übrigen habe auch ich ein kleines Gastgeschenk für euch: Hiermit verleihe ich diesem Sanktuarium den Titel einer kleineren Basilika...«

»Schade«, meinte nachdenklich Erzbischof Sapieha vor vielen, vielen Jahren, während er den frischgebackenen Abiturienten in Wadowice betrachtete. »Alle wollen heute Literatur studieren. Würdest du Priester, lieber Karol, bekämen wir eine Tanne, die bis zum Himmel emporreicht!«

– In wenigen Minuten erreichen wir Krakau!

Gestern fragte in Warschau eine Engländerin mit gezücktem Notizbuch: »Welcher Funke hat die Flammen der Berufung im Krakauer Studenten entzündet?« Eine sonderbare Frage. Läßt sich der Blumenduft beschreiben? Kann man die Rose der Mystik inhaltlich wiedergeben? Was ist nicht alles geschrieben worden von priesterlicher Berufung in den Jahren der Sonnenfinsternis! »Mein Vater«, erinnert sich der Papst, »sagte kurz vor seinem Tode, ein anständiger Mensch dürfe diesen Krieg nicht überleben. Und falls er überlebte, sollte er sein Leben von Grund auf verändern. Es gibt nur eine Antwort auf die Verletzung der Menschenwürde: mehr Menschlichkeit.« Die Engländerin nickte mit dem Kopf: *»There may be Heaven – there must be Hell. Meantime, there is our life here, we-ell?«*

In der wogenden Menge der Gläubigen an der Nowa Huta-Gedenkstätte (die kleinen Buben bevölkern die Bäume wie eine Vogelschar) gibt es eine Menge Leute mit gutem Gedächtnis. In Nowa Huta dauerte der Kampf um den Bau der Kirche eine Generation lang. Im Jahr 1949 hatte man im Bebauungsplan der neuen Siedlung, die für zweihunderttausend Anwohner gedacht war, das Gotteshaus schlicht »vergessen«. Erst im »Polnischen Oktober«, brachte die nach Warschau entsandte Delegation von Arbeitern aus Nowa Huta die Zusicherung des Premierministers mit heim, die Regierung würde sich nicht länger gegen den Bau der Kirche sträuben: Erzbischof Baziak weihte das Kreuz, das auf dem vorgesehenen Bauplatz errichtet wurde. Es vergingen vier Jahre – alles blieb stumm und still. Bis schließlich die Behörden administrativ die Beseitigung des Kreuzes anordneten. In der Parteizeitung erschien eine Reportage, gestützt auf Berichte der Miliz: man verstünde die Erbitterung nicht, mit der sich die Arbeiter der fünfhundert Mann starken Kampftruppe der Miliz widersetze. »Der Mob, aufgehetzt vom reaktionären Teil des Klerus«, geht auf den Bulldozer los. Am Fuße des Kreuzes steht ein Mann und schreit: »Schlagt mich! Erschießt mich! Ich habe keine Angst. Wenn ich umkomme, dann für Jesus Christus!« Am Abend lodert Feuer über der Siedlung. Man hat den Zeitungskiosk angezündet, ein Wald von brennenden Kerzen ist rund um das Kreuz aus der Erde geschossen. Es kommt zum Zusammenstoß. 15 Milizsoldaten erleiden schwere Verletzungen. 160 »Fanatiker« werden inhaftiert. Das Gericht verurteilt 87 davon. Das Strafmaß reicht von sechs Monaten bis zu fünf Jahren. Das Kreuz bleibt stehen. Es wird Tag und Nacht von Frauen und Kindern bewacht. Wieder vergehen Jahre. September 1965. Der damalige Bischof Wojtyla erwirkt die Genehmigung zum Kirchenbau. Er erreicht die Rückgabe der beschlagnahmten Spendengelder, die zu diesem Zweck gesammelt worden waren. Zwei Jahre später vollzieht Kardinal Wojtyla den ersten Spatenstich für die Grundsteinle-

gung. Und schließlich, nach achtundzwanzig Jahren Nervenkrieg, kommt es zu der ersehnten Einweihung des Gotteshauses, das in Gestalt einer Arche errichtet wurde. Bei seiner Ansprache in Nowa-Huta-Mogila, vor der uralten Zisterzienserabtei aus der Piasten-Zeit, übergeht der Papst großherzig die Fehler und Versäumnisse der Sünder von gestern. Er spricht davon, daß Christus am Kreuz gehangen hat, »um sich jeder wie immer gearteten Erniedrigung des Menschen zu widersetzen«, und ein Bürger »sei nun einmal mehr als nur Produktionswerkzeug«. Diese Worte ernten frenetischen Beifall. In der Tat: ein Volk, das sich sehr wohl der Parole »Arbeit macht frei« erinnert, reagiert mit Skepsis auf Phrasen vom sozialistischen Ethos der Arbeit. Es ist eher geneigt, Arbeit für eine Frucht der Erbsünde zu halten.
Welcher Zuwachs an Selbstdisziplin im ganzen Lande! Das ist mehr als nur Strohfeuer. In Krakau werden kilometerlange Straßenzüge, besonders die Allee des Dritten Mai, noch voller Müll nach den letzten städtischen Feierlichkeiten, von der Menge blitzartig gereinigt. Ein einziger kirchlicher Aufruf genügt:
»Der Weg des Heiligen Vaters führt hier vorbei!«
»Seit ein paar Tagen ist das Personal wie ausgewechselt«, freuen sich die Kranken im Hospital. »Die Schwestern lächeln uns zu, die Ärzte streicheln uns die Hände.«
»Nun wird sich alles zum Guten wenden«, prophezeit ein Historiker, »der Fluch, den der Krakauer Bischof Stanislaus einst gegen Bolesław den Kühnen schleuderte, wird erst jetzt von uns genommen. Die Ankunft des Papstes ist ein gutes Omen!«
Jemand anderer bemerkt:
»Ich hätte gehofft, man hätte mehr vom heiligen Stanislaus als dem Patron des Kampfes um die Menschenrechte geredet. Die Toten leben, manche ›Hochverräter‹ werden zum Glück heiliggesprochen. Wie ›aktuell‹ ist dieser Krakauer

Heilige, den man den ›Dissidentenbischof des 11. Jahrhunderts‹ nennt? Wieviele Engländer mögen sich heutzutage an das Schicksal des auf ähnliche Weise vor dem Altar hingemordeten Erzbischofs von Canterbury, Thomas Becket, erinnern?«

»Meine Freunde! Laßt mich zu euch sprechen, ohne ständig ins Manuskript zu schauen!« ruft der Papst der auf Skałka versammelten Jugend zu. »Ich bin zwar heiser, kann aber immerhin noch einigermaßen Polnisch... Also laßt mich reden, wie mir der Schnabel gewachsen ist...«

In Krakau, wo er – wie er stolz vermerkt – jeden Stein kennt und den Großteil seines Lebens verbrachte, gleicht die Begrüßung einer Ovation. Diese Menge schreit, ruft ihm zu, singt die Paraphrase eines religiösen Liedes, etwa des Inhalts: »Höre, Vater, tu' ein Wunder, tritt vor's Haus!« Das Treffen dauert schon eine Stunde. Die Jungen lassen ihn nicht fort. Sie sind unersättlich, reißen sich um seinen Anblick, seine Stimme.

»Wir kennen und mögen einander... Heute ist seinetwegen überall große Freude, aber als er vor acht Monaten spurlos verschwand, krähte kein Hahn nach ihm.«

Ein neuer Blumenregen rauscht auf ihn nieder. Einige Minuten lang erhebt sich über den Köpfen der Gläubigen ein in allen Farben des Regenbogens schillernder Blütenteppich – dann breitet er sich allmählich zu Füßen des Papstes aus. Blumensträuße werden weitergereicht. Hunderte fliegen durch die Luft. So ist in dieser Stadt noch keiner begrüßt worden.

»Er versteht es, mit der Jugend zu sprechen«, entzückt sich ein alter Pädagoge. »Er sagt nicht: ›Tu' das nicht‹, er verbietet nicht, legt keine Betonung auf Negation. Was bei ihm zählt, ist das Positive. Er berät, stellt einem Aufgaben, ermutigt die Seilschaft zur gemeinsamen Kletterpartie. Wir können von ihm lernen.«

Über seine Kunst, Hörer für sich zu gewinnen, könnte man dicke Abhandlungen schreiben. Manchmal packt er die Hand des Gesprächspartners, umschließt dessen Handgelenk wie mit Stahlzangen und sagt mit freundlichem Glanz in den Augen:

»Laß dich nicht unterkriegen!« Er liebt Scherze, vor allem im Dialog mit der Menge. »Papst zu sein ist schon in Rom schwierig, in Polen ist es gänzlich unmöglich.«

Er gibt zu, daß ihn die Nachricht von der Verleihung der Bischofswürde erreichte, während er in Mazuren gerade dem Wassersport huldigte, und fügte hinzu:

»So kam es, daß ich vom Kajak auf das Boot Petri umstieg.«

Eine ebenso diplomatische wie herzliche Ansprache voller Selbstironie hält er vor dem Lehrerkollegium der höheren Schulen Krakaus. Er wendet sich an einen alten Professor, der ihn einst in die Geheimnisse der Phonetik einweihte, und stellt fest, daß viele von seinen Schulkameraden mit der Zeit zu bekannten Wissenschaftlern avancierten:

»Was mich selbst betrifft, so hätte ich mich besser betragen sollen, vielleicht wäre dann auch etwas aus mir geworden...«

Echte Autorität fürchtet sich nicht vor dem Scherz. Vom Gehen auf Stelzen schmerzen die Füße. Doch wird so mancher finster dreinblickende Kirchenmann mit kalkbleicher Gesichtsfarbe, den nicht einmal Lachgas aufheitern könnte, angesichts der unbekümmerten Plaudereien inmitten der Menge und des gemeinschaftlichen Singens von Liedern von der Befürchtung befallen, ob sich denn »Seine Heiligkeit« am Ende nicht verzettelte, ob sie ihre Aufmerksamkeit nicht an die Falschen verschwende, weil sich jede Sensation früher oder später abnütze und zum Alltäglichen wandle. Auf die Nachricht, der Papst rüste zu einem Ausflug in die Dolomiten, zum Gipfel des Marmolata, schrieb jemand ironisch, eines Tages würde es der Papst fertigbringen, ohne Sauerstoff-

maske den Mount Everest zu besteigen; jede Epoche habe ihren Stil: so wäre beispielsweise der Anblick des Papstes, wenn er als *»deus ex machina«* per Hubschrauber aus den Wolken zur Erde niedersinke, gewiß eine Wonne fürs Auge. Doch was, wenn ihn das Fernsehen eines Tages darauf aufmerksam macht, wie fotogen im Grunde ein Fallschirmabsprung sei? »Der Hirt muß der Herde nicht unbedingt gefallen, überlassen wir dies doch dem Präsidenten der Vereinigten Staaten«, auch solche Zeichen des Unbehagens gibt es bereits. »Die Zeiten, da die Päpste die Massen zum Bankett luden, um so Parteigänger zu werben, gehören der Vergangenheit an. Distanz ist das Attribut jeglicher Macht, auch der geistlichen. Gott selbst ist unsichtbar: wünschte er es anders, würde ihn nichts daran hindern, sich uns täglich zu zeigen. Es gibt Religionen, die den Gläubigen verbieten, den Blick zum Erzpriester zu erheben. Es hat Gesalbte gegeben, die wohnten im Schloß auf dem Gipfel des himmelhohen Felsens. Es gab Seelenherrscher, die Gutes taten und die sich ihr halbes Leben lang der Menge vorenthielten. Man sieht das Licht des Leuchtturms nicht, wenn man zu seinen Füßen steht. Also entfernt man sich besser von ihm. Der Mensch liebt es, zum Unzugänglichen emporzustreben.« Übertriebene Sorge: »Der Schöpfer unserer Religion war kein Eremit. Er ging den Menschen entgegen. Er lebte und litt für sie.«
Der Papst gedenkt alter Bekannter. Als wäre er stolz darauf, früher einmal mit dem Theater zu tun gehabt zu haben.
»Ich möchte so gern Danuta rezitieren hören, und sei's auf dem Tonband.«
Ein Papst, der Schauspieler beklatscht! Noch im 4. Jahrhundert verdammten die Synodalen diesen teuflischen Beruf. Auch noch im 18. Jahrhundert durfte die Nachkommenschaft Melpomenes nicht damit rechnen, in geweihter Erde begraben zu werden. Und selbst in unserer Zeit hat der Purpurat in Neapel seinen Priestern verboten, ins Theater zu gehen.

Über sein eigenes, literarisches Werk pflegt »Andrzej Jawien« augenzwinkernd zu sagen:
»Manche behaupten, es wäre was wert. Ich habe den Verdacht, sie tun's nur, weil ich Papst bin.«
Der Redner von Gottes Gnaden weiß sehr wohl: »variatio delectat.« Darum schlägt er verschiedene Töne an:
»Ich glaube nicht«, sagt er in Krakau, »daß ich nach meinem Tode ein Ehrengrab auf der Skałka verdient haben werde...«
Unmittelbar nach dieser frappierenden Bemerkung ein plötzlicher Wechsel der Tonart: als Papst »wolle er Polen dienen«. »Das ist mein innigster Wunsch!« Und nach kurzer Überlegung: »Jedenfalls möchte ich meinem Volke nicht schaden.« »Die Früchte des päpstlichen Aufenthalts in Krakau beginnen zu reifen«, sagt der alte Domprälat auf dem Wawel. »Unsere Kathedrale enthält nach Jahren ihr Eigentum zurück. Die staatliche Kunstverwaltung gibt uns die historischen Arras-Teppiche wieder, die hier vor dem Kriege gehangen haben.«
Der greise Seelenhirte, dessen Ministrant der zehnjährige Wojtyla in der Kirche von Wadowice war, gibt zu, daß ihm neben dem Konfessional, dem Grab und der Reliquie des heiligen Stanislaus das Kruzifix der Königin Jadwiga besonders am Herzen lag. Es war zum Zeichen der Trauer um den gescheiterten Januar-Aufstand (1863) mit schwarzem Tüll verhüllt. Im letzten Krieg ermahnten Generalgouverneur Franks Beamte die Kirchenmänner, den Tüllvorhang wie ihren Augapfel zu hüten: es ginge zu Füßen des Wawelberges eine Legende um, wonach Polen unweigerlich seine Unabhängigkeit wiedererlangen würde, falls dieser Vorhang verlorenginge.
Krönung des Papstaufenthaltes in Polen sind für die Kirche die Jubiläumsfeierlichkeiten zu Ehren des heiligen Stanislaus in der Wawel-Kathedrale. Für die übrige Welt ist es die Messe in Auschwitz.

Eine Schar von Fotografen vor dem Tor mit der bekannten Inschrift. Pietät hin, Pietät her – Millionen warten auf dieses Foto. Sie werden es morgen früh in Paris in der Zeitung betrachten, beim Frühstück. Die Wachtürme voller Blumen. Heute gibt es hier keine blitzenden Totenköpfe über Mützenschildern und keine tobenden Schäferhunde an kurzer Leine. Keine blutunterlaufenen Augen mehr bei Mensch und Tier. Geknatter der Fotoapparate. Das Surren der Filmkameras. Das ewige Licht auf der Rampe. Unweit der Stelle einstiger Erniedrigung, »Kanada« genannt, leuchtet heute, im Juni, eine wahre Frühlings- und Märchenpracht: Mädchen in Krakauer Volkstracht, mit Blütenkränzen im Haar. Ein gelber Luftballon schwebt über dem Aussichtsturm. Jemand hat seine Jacke über den Stacheldraht gehängt. Das alte Lied: das Leben geht weiter, es verfliegt im Wind der Zeit. Genau wie der gestrige Krematoriumsrauch am Himmel. Hier wurden hunderttausende von Sklaven in gestreiften Kitteln in die mit Tränen, Blut und Schweiß getränkte Erde getrampelt. Der Schöpfer unserer Religion, der erste politische Häftling dieser Welt, er ist es, der an diesem Draht mitgestorben ist.
Wer hätte damals, in der Stunde der Verzweiflung, daran geglaubt, daß irgendwann der Papst aus Rom herkommen würde, hierher in dieses Schlachthaus, um eine Rede auf Polnisch zu halten und ihre Opfer zu ehren? Der Nachfolger der Apostel neigt sich vor der Majestät ihres Todes. Das Gebet vor dem Märtyrerdenkmal der Völker. Die Schweigeminute, so tief, daß man glaubt, nur noch den Herzschlag zu hören. Der stumme Appell gilt nicht nur jenen, die hier starben. Er gilt auch all den anderen. Die Stärke der Religion beruht auf ihrem Mangel an Diplomatie. Was man vergißt, erkennt man an. Es gibt kein selektives Gedächtnis der Völker, das imstande wäre, edelmütig zwischen Opfern und Schuldigen zu unterscheiden.

Pilger aus Ostpolen haben eine eigene Litanei mit nach Tschenstochau gebracht. Nach der Anrufung der Wilnauer Mutter Gottes von der Ostra Brama ertönen die Worte: »O Madonna von Katyn, die du am waldigen Grabhügel klagst, erbarme dich ihrer. Jungfrau aus der weißen Hölle Kolyma, die du gefrorene Tränen weinst über jene, die für ewig spurlos verschwunden sind, bete mit uns!«

»Hitler ist in Polen immer noch lebendig.« Mit diesem Titel hat einmal ein deutscher Journalist seine Briefe aus Polen versehen, als er sich vor zehn Jahren mit Einwohnern Warschaus unterhielt. Offensichtlich meinte er damit die im Gedächtnis der Polen noch immer frische Erinnerung an die deutsche Besatzung. Nach seiner Rückkehr vom eindrucksvollen Pontifikalamt auf dem Gelände des früheren Vernichtungslagers in Auschwitz-Birkenau schrieb der nämliche Berichterstatter: »Man hat den Eindruck, daß nach der Rede des Papstes vor dem Hintergrund der Ruinen von Gaskammern und Krematorien Hitler ein für allemal gestorben ist.«

»Als der Papst durch ein Seitentor zwischen Wachtürmen und Stacheldraht ins Lager Birkenau eintrat, packte mich das alte eisige Entsetzen vor allen Mächten, welche den Menschen seiner Würde und Freiheit berauben. Ich dachte dabei nicht nur an die Vergangenheit, sondern an die brennende Gegenwart«, schreibt Luise Rinser. – »Wir alle tragen die Häftlingskleidung an diesem Tage«, seufzt ein russischer Dichter.

»Ich bin hergekommen«, sagt der Papst mit fester Stimme, »um gemeinsam mit euch, ohne Rücksicht auf Konfessionen, der Sache des Menschen noch einmal ins Auge zu schauen.«

Von den achtunddreißig Reden, die Johannes Paul II. während seines Polen-Besuches gehalten hat, erstrahlt die von Auschwitz in ganz besonderem Glanz. Ihr Text wird mit Sicherheit in die Geschichte eingehen. Manche Sätze verdienen, in Gold gerahmt und in den Kanzleien der Diplomatie, über Schreibtischen von Staatsmännern und in den Schulen aufgehängt zu werden, in denen die Mächtigen dieser Erde zur Herrschaft rüsten:

»Niemals kann sich ein Volk auf Kosten eines zweiten entwickeln, indem es jenes zweite überfällt, unterwirft, versklavt, ausbeutet und umbringt.«

Das Golgatha unserer Tage lag auf dem Gebiet seiner Erzdiözese: der Hungerbunker von Pater Kolbe, die Todeswand, der Strafpfahl, Zyklon B, die zu Asche zerfallene Würde des Menschen. Bereits vor sieben Jahren, nachdem er am Sterbeplatz des seligen Maximilian Blumen niedergelegt hatte, ließ er den Blick über den siebenten Kreis menschlicher Entwürdigung schweifen und zitierte den antiken Satz: *»Si monumentum requiris, circumspice«* – suchst du sein Denkmal, so schau um dich.«

»Hier«, ruft heute der Polenpapst, »erklang der laute Schrei meines Volkes nach dem Recht auf einen eigenen Platz auf der Landkarte Europas.«

Er betet für alle, ohne Ausnahme. Die zu Tode Gefolterten haben keine Staatsangehörigkeit mehr. Hier ist der Friedhof aller Menschen. Wie ist es dazu gekommen? »Es genügt, dem Menschen eine andere Uniform anzuziehen, ihn mit Vernichtungsmitteln zu versehen, ihm eine Ideologie aufzuzwingen, in der die Rechte der Menschen den Erfordernissen des Systems untergeordnet sind.« Und doch haben die Unterdrückten den Sieg davongetragen. Das ist die Wahrheit, die sich über der Nekropolis von fünf Millionen erhebt.

Was hätten wohl die Chronisten der Auschwitzer Hölle zu der Rede gesagt, wenn sie diesen wahrhaft christlichen Augenblick erlebt hätten? Oder jener todgeweihte Franzose, Kläger wider jegliche Hoffnung, der über den Alptraum des »anus mundi« auf seiner Lagerpritsche mit in Blut und Trä-

nen getauchter Feder geschrieben hat: »Und Nietzsche hatte doch Recht – alles ist Lüge in mir. Nur daß ich sterbe, ist Wahrheit!« Der Pilger vom Tiberufer hat in jenen neun Tagen viele Landschaften gesehen. Doch nirgendwo klangen die poetisch-visionären Worte des Dichters Jan Słowacki vom Erscheinen des Slawen-Papstes so stark, wie hinter dem Stacheldraht von Auschwitz. »Er verteilt Liebe, wie heutzutage Machthaber Waffen verteilen.«
»Im Gebirge ruhe ich mich aus«, sagt er tags darauf.
Die Schnee-Madonna. Schon wird sie gebracht.
»Unter Goralen komme ich mir vor wie ein Bergbauer auf seinem Hof«, sagt der Papst und drückt schwielige Hände.
In Nowy Targ herrscht Stimmung wie auf einer Familienfeier. Schade, daß das Wetter nicht mitspielt.
»Und dabei hatte ich so sehr gehofft, unseren Gästen aus Rom die Schönheit unserer Berge zeigen zu können.«
Jenes unsterbliche Lied hingegen, schon so etwas wie ein zweites polnisches Nationallied »Gòralu, czy ci nie žal« (Gorale, tut's dir nicht leid?...«), ist nicht unbedingt nach dem Geschmack unseres Pilgers:
»Gewiß, gewiß, es tut mir leid«, sagte er kopfschüttelnd. »Aber bedauert mir den Papst nicht allzusehr. Es gibt auf der Welt anstrengendere Berufe als den meinen. ›Full-time job‹, wie die Amerikaner sagen. Es gibt auf der Welt schlimmere Verbannungsorte, als das schöne Italien. Ich freue mich, daß ihr so schön singt. Da heißt es, ein Bergbauer krächzt wie ein Rabe – und dabei komme ich mir vor wie in einem Konzert der Sixtinischen Kapelle.«
Der Weg vom Eingang der Peterskirche zum Hauptaltar – fällt mir plötzlich ein –, den früher Päpste in wenigen Minuten zurücklegten, kostet Johannes Paul II., den Liebling der Massen, zumindest eine halbe Stunde: dieser Papst hat zuviele Bekannte. Und dabei sagt er noch: *»Destiny can't wait!«*

Er freut sich beim Anblick der »sacrosong«-Enthusiasten aus der »Oase« Jugendbewegung. Die Soutane als Uniform. Das Kreuz als Waffe. Und die elektrische Gitarre – eine Rassel für Groß und Klein, Sirup für jugendliche Ohren. Gerührt betrachtet er die herrliche Statue der Schnee-Madonna von Ludzmierz. Mit einer Prozession ist sie hergekommen, auf Goralenschultern, und thront nun, obgleich scheu und mädchenhaft, auf dem formschönen, für die Kirchen der Hohen Tatra so typischen Altar.
Sie drängen sich um ihn. Mit Dudelsack, Fiedel und der »ciupaga«, dem Bergstock mit dem Spitzhackengriff. Grundsteine für künftige Kirchenbauten werden gereicht, auf daß er sie segne. Dazu die vielen freiwilligen Schwüre: fünftausend Alkoholiker geloben, keinen Tropfen mehr zu sich zu nehmen. Na, na, nicht so stürmisch! Ob sie's durchhalten?
Nein, diesem Goralen tut es nicht leid, die Heimat zu verlassen. Doch bevor er den Hubschrauber besteigt, dreht er sich um, schaut zu den Bergen, die in Wolken liegen und seufzt schweren Herzens.
»Nicht einmal die Weichsel habe ich mir anschauen können«, sagt er bekümmert. »Und ans Dunajec-Ufer habe ich mich auch nicht gesetzt.«
Die Straßen sind voller Blumen. Wiederum Rufe und Gesänge, Beifall und Glocken. Und unübersehbare Menschenmengen. – Geschieht dies alles zu Ehren des Himmels – oder etwa meinetwegen? – Bei dem Gedanken empfindet er plötzlich Unbehagen. Daß ich nur nicht Geschmack finde am Erfolg! Aus diesem Fenster über dem Torweg, Franziskanerstraße Nr. 3, habe ich so manches Mal auf Passanten hinabgeschaut. Als Bischof und als Kardinal. Man hat das Tor mit vier Bildern versehen: der Petrusbarke, dem Porträt des heiligen Stanislaus, dem Papstwappen und dem Schlüssel Petri. Werde ich je im Leben wieder in jenem Fenster ste-

hen? Bruder Albert, Widerstandskämpfer, Maler, Almosenbettler. Wird es schwer sein, ihn heiligsprechen zu lassen? Ich denke oft an seine Einsiedelei in Kalatowka. Arcanum Dei misterium. Wäre nicht diese weiße Soutane, die ich nach Gottes Willen trage, es würde sich lohnen, den Herbst des Lebens in Bergeinsamkeit zu verbringen. Aber wer spricht von Rückzug?
»Heiliger Vater, Du *bist.* Und schon damit hilfst du mir zu leben« – sagt der Blinde auf seinem Wägelchen vor der Franziskanerkirche. Also bin ich den Menschen nützlich...
10. Juni: Der letzte Tag der Pilgerreise. Oder doch nicht der letzte? Der Primas bittet, man möge wiederkommen, in drei Jahren, zu den Jubiläumsfeierlichkeiten auf der Jasna Gôra. Auf diesen Feldern – erinnert sich noch einmal der Papst – stand ich vor vielen, vielen Jahren mit meinem uniformierten Vater in der Menge und sah dem Vorbeimarsch der Kavallerie zu. Der Militärkaplan, der mich als Pfarrer getauft hatte, stieß ein ums andere mal Hochrufe aus. Wie anders ist diese heutige Defilade zu Ehren Gottes! Damals waren es nicht soviele Menschen wie heute. Wer zählt dieses wogende Meer von Köpfen bis hin zum Horizont? Dort in der Ferne: die wohlbekannten Türme. Die Silhouette meines Krakau. Seit dem frühen Morgen klingt mir das »Veni Creator« in den Ohren.
»Vor eintausend Jahren«, ruft er mit beseelter Stimme, »hat unser Volk das Sakrament der Taufe empfangen. Heute, auf der Schwelle zum neuen Jahrtausend, erteile ich ihm das Sakrament der Heiligen Firmung, auf daß es stark werde. Seid kraftvoll! Fürchtet euch nicht! Das ist unser großes, geistiges Erbe, es heißt ›Polen‹. Empfangt es gläubig, hoffend und liebevoll! Nehmt hin den Heiligen Geist: Gott mit Euch!«
Nur noch wenige Stunden, und der majestätische »Zygmunt« verabschiedet ihn vom Wawel-Hügel herab. Auf dem

Flugplatz von Balice – wo er die beziehungsvollen Worte spricht: »Zuweilen braucht man den Mut, Wege zu gehen, die noch keiner zuvor gegangen ist«, dreht er sich vor dem Betreten des Flugzeuges um und lächelt unter Tränen. Dann setzt er die letzten Schritte auf den Heimatboden, und man sieht es ganz deutlich: es fällt ihm unendlich schwer, sich von ihm zu lösen.

Week-end in den Dolomiten (August 1979)

»In die Berge, lieber Bruder, Freiheit wartet dort auf dich!« sangen wir einst in der Hohen Tatra. Und dazu die Aussicht, von der Menge erdrückt zu werden und sich die Rippen von Eisenbarrieren und anderen Polizeihindernissen zerquetschen zu lassen.

Seit ich den Papst auf seinen Reisen begleite, habe ich mich zu einem Meister in der Kunst entwickelt, stundenlang mitten in der Menge zu warten. Akkreditierung und Presseausweis nützen nicht viel, wenn selbst das Wohlwollen der vatikanischen Würdenträger in dem Augenblick zunichte wird, da es mit der menschlichen Naturgewalt zusammenprallt. Die Lawine durchbricht alle Absperrungen und Schleusen. Selbst die Armbinde mit der Aufschrift »Polonia« bietet keinen Schutz vor dem Ertrinken im wildwogenden Köpfemeer. Die carabinieri kennen auf alle Herausforderungen des Schicksals nur eine Antwort: Straßen zu! Die Maßnahme wäre eines Sisyphus würdig: ein vollzähliges Gebirgsdorf marschiert nicht acht Stunden durch strömenden Regen, um dann brav vor dem Canale d'Agordo haltzumachen. »Da schleppt man den ganzen Tag lang die Tafel mit der Inschrift ›Die Kommunisten von Belluno grüßen den Papst!‹ mit sich herum, und zum Schluß bekommt man den Heiligen Vater nicht mal zu Gesicht!« Das alte Männlein hat keinen trocken Faden mehr am Leibe. »Ihr könnt mich erschießen, ich marschiere weiter!«

Ich muß an Don Camillo und Peppone denken, wenn ich den kommunistischen Bürgermeister Toni Cagnati sehe, wie er vor Freude zu schluchzen beginnt, als der Hubschrauber mit dem Papstwappen am Bug aus dem dichten Gewölk taucht. Der weiße Adler! – Un evento che entra nella nostra storia! Ein Ereignis, das in unsere Geschichte eingehen wird – hört man sowohl in der Heimatstadt des päpstlichen Vorgängers Albino Luciani als auch auf der verschneiten Bergstation der Drahtseilbahn an der Malga Ciàpela, in Belluno ebenso wie in Treviso.

Der ehemalige Erzbischof von Krakau hat sehr umsichtig gehandelt, indem er am ersten Jahrestag der Wahl Johannes Pauls I. hier heraufgekommen ist. »Papa Luciani« war der über alles geliebte Seelenhirte dieser Gegend – als bescheidener »Don Albino« und auch als Patriarch von Venedig. Sein jäher Tod nach 33 Tagen des Pontifikats hat unter seinen Getreuen Niedergeschlagenheit ausgelöst. Die Trauerzeit dauerte sehr lange. Noch heute sieht man hier die Portraits beider Männer mit den gemeinsamen Vornamen Johannes Paulus nebeneinander. Die Verwandten ersten und zweiten Grades haben es dem Polen verziehen, daß er den Thron »ihres« Albino eingenommen hat, des großen Sohnes eines kleinen Dorfes. (Italienische Familien wuchern schlimmer als Gestrüpp, halten jedoch solidarisch zusammen.) Sie bewirten ihn mit trockenem Käse... auf Krakauer Art (!) und »Oma's Brotsuppe«. Papa Wojtyla, wie ihn hier alle nennen, hat die Leckerbissen vertilgt, ohne mit der Wimper zu zucken.

Ein Gerüchtemacher flüstert mir zu, in Italien seien die nahen und entfernteren Verwandten der Päpste ein Kapitel für sich. Es gab Päpste, die ihren Vettern untersagten, sich in Rom sehen zu lassen (Pius VII.), andere weigerten sich sogar, das übliche vergoldete Medaillon zum Geburtstag zu schicken (Pius X.). Aber es gab auch andere, die entgegenkommender waren. Pius XII. zum Beispiel kümmerte sich sehr intensiv um die Seinen und handelte sich damit den

Vorwurf des Nepotismus ein. Er verlieh ihnen Titel und Privilegien. Die zahlreichen Verwandten des »lächelnden Papstes« beispielsweise durften zumindest auf eine Lizenz für den Handel mit Devotionalien rechnen – doch dann starb Johannes Paul I., nach einmonatigem Pontifikat. Nun bemühen sie sich, dem neuen Papst zu zeigen, wie bescheiden sie leben. So ist auch der spartanische Imbiß zu verstehen. Wenn er allerdings eine Art Demonstration sein soll, so verfehlt er seine Wirkung total. Es scheint, als könne der Papst in den Köpfen der alten Bergbauern lesen. Eine gewisse Bauernschläue ist ihm selbst nicht ganz fremd. Er wischt sich den Mund ab nach der ungenießbaren Pampe und sagt lächelnd:

»Welch großartige Speise! Schon lange habe ich nichts ähnlich Schmackhaftes gegessen. Das und nichts anderes gibt es von nun an im Vatikan. Staszek, laß dir bitte das Rezept geben!«

Es gießt in Strömen. In den Dolomiten besteht der Mensch wahrhaftig aus Körper, Geist und – Regenschirm. Als sich auf dem winzigen, engen Marktplatz zehnmal mehr Menschen zusammengedrängt haben, als Physik und Polizeivorschrift erlauben, sind einzig die Nonnen und die Sanitäter Herren der Lage: sie laben zusammengebrochene Journalisten mit einem geheimnisvollen Trank – wie der berühmte Bernhardinerhund mit dem Kognak-Fäßchen um den Hals. Als ich feststelle, daß es sich bei der Medizin aus der Hand gottesfürchtiger Samariterinnen um einen grappa handelt, der Rippen bersten und das Haar bleich werden läßt, verzichte ich heldenhaft auf die Stärkung: ich bekomme plötzlich Angst, die alte Kirche könnte zum schiefen Turm von Pisa werden und ich könnte auf dem Podium unter dem Baldachin Päpste und Antipäpste zugleich sehen.

Auf der Brücke begegne ich Dutzenden von Priestern in Soutanen. Es hat sich herumgesprochen, was der Papst zum

Prälaten sagte, als ihn dieser in Hemd und Weste begrüßte:
– Wie ich sehe, haben Sie Ihre Soutane in die Reinigung gegeben, Herr Pfarrer!
Ein Diener Gottes in Zivil, das ist für das Auge des Papstes kein erfreulicher Anblick. Liegt es an den Erlebnissen, die er im Polen der fünfziger Jahre hatte? Wer damals, zur Zeit der Schauprozesse, die Soutane trug, bewies Mut: er trat sozusagen mit geöffnetem Visier in die Schranken. Der junge Wojtyla war Zeuge, wie zur Zeit der Okkupation der Dorfpriester in der Soutane von betrunkenen Soldaten mit Steinen beworfen wurde. Diesen Anblick vergißt er nie.
Der weiße Hubschrauber macht gewaltigen Eindruck auf die Menge, er beflügelt die Phantasie der Gläubigen. Das habe ich schon in Mexiko und auf dem Monte Cassino feststellen können. Ein Bekannter flüstert mir ins Ohr, nach seiner Meinung sollten im Wappen des Papstes die beiden Symbole moderner Glaubensstärkung zu sehen sein: ein Helikopter und ein Fernsehapparat.
»Mein heiliger Ernst!« beteuert er. »Sie wären um nichts schlechter als unsere früheren Sterne, Löwen, Tauben und Anker.«
Der arbeitsame Tag des Papstes hat um halb sechs in der Frühe begonnen. Zur Nachtruhe wird er sich gegen elf Uhr abends begeben. Siebzehn Stunden lang auf den Beinen – eine Lappalie. »Ich wußte, die Polen sind Helden«, ächzt der römische Kurienkardinal, »aber ich konnte nicht ahnen, wie fleißig sie sind. Wir können kaum mehr japsen!«
Den Berghirten treibt seine Natur hinauf auf die höchsten Gipfel!
Ich höre die Mahnung nicht zum ersten Mal: der Papst solle sich schonen und sein atemberaubendes Tempo drosseln. Was er in knapp zehn Monaten seiner päpstlichen Mission erreicht hat, würde mühelos für zwei Pontifikate reichen.

Das Megaphon röchelt wie ein Lungenkranker in den letzten Zügen:

»Es ist streng verboten, die Dächer der historischen Häuser am Marktplatz zu betreten, sie könnten einbrechen. Die Schindeln halten das Gewicht nicht aus!«

»Wenn der Papst auf dem Gipfel des Marmolata-Massivs betet, erbarmt sich der Hlg. Petrus seines Nachfolgers und läßt die Sonne scheinen«, wagt Don Lorenzo, die rechte Hand des Bischofs, eine tröstliche Prophezeiung.

Leider trügt diese Hoffnung. Der Himmel ist zornig, wer weiß aus welchem Grunde, und läßt Eiskörner auf uns niederprasseln. Der Nordpol schickt Frost und Schnee über die Dolomiten. Und doch gibt es Schlimmeres als das schlechte Wetter. Entfielen am Monte Cassino auf einen Pilger laut Statistik zweieinhalb carabinieri (woran nur die Premiers schuld waren, die sich so gern im Glanz päpstlichen Ruhmes sonnen), so hat sich auf der Malga Ciapela und der Punta Rocca das Verhältnis noch mehr zuungunsten der Zivilisten verschoben. Ein höherer Offizier mit Koteletten, der aussieht wie Vittorio de Sica, sagt erklärend:

»Was ich brauche, sind fünfhundert Mann, mehr nicht. Leider haben sich aus der Umgebung freiwillig mehr als tausend carabinieri gemeldet, die natürlich alle den Papst sehen und fotografieren wollen. Später beschweren sich dann die Leute, Uniformierte würden ihnen die Sicht versperren.«

Und doch bringen es unsere Polen immer wieder fertig, nach vorn zu kommen. Es ist sehenswert zu beobachten, wie sehr sich Karol Wojtyla freut, als aus dem Schneegestöber, hinter einem Spalier aus hochgereckten Skiern hervor, zwei Landsleute auf ihn zugestoben kommen. Ein Gipfeltreffen! Seid gegrüßt, meine Bergführer! Der eine aus Podhale, der andere von den Beskiden. Auf Fragen der Reporter, wie sie hießen, antworten sie hochmütig, nach Goralenart: »Ist denn das so wichtig? Schreiben Sie: zwei Goralen. Das genügt.«

Diese beiden jungen Leute sind, wie ich höre, von Krakau zu Fuß hergekommen, sie brauchten dazu 46 Tage. Der Papst drückt sie beglückt an seine Brust. Und als ihm der kommandierende Offizier der Gebirgsjäger ein Kletterseil als Geschenk überreicht, hängt er es dem Mann aus Zakopane um den Hals. Beifall, Rufe, allgemeiner Jubel. Das hiesige Ski-As hingegen schenkt dem hohen Gast ein Paar Skier.
»Und führe uns nicht in Versuchung«, greift sich der Papst an den Kopf. »Am Ende verschwinde ich irgendwo im Abgrund, und was dann? Ein neues Konklave!«
Der winzige Giuseppino, dessen Vater bei Reparaturarbeiten an den Masten der Schwebebahn von einer Lawine verschüttet wurde, bleibt beim Aufsagen des Begrüßungsgedichts stecken, und das kleine Mädchen, das dem Papst ein Sträußchen Alpenblumen überreichen soll (kein Edelweiß – das steht unter Naturschutz), fällt vor Aufregung in Ohnmacht. Der Papst läßt alle stehen und rennt auf vereisten, verschneiten, teilweise in Eis gehauenen Pfaden zur Rettungsstation, um sich um das Kind zu kümmern. Später unterhält er sich mit dem slowakischen Pfarrer, einem berühmten Bergrettungsmann. Hätte sich Prälat Dziwisz nicht um Pelzmütze und Anorak gekümmert, der Papst wäre in Schnee und Eis barhäuptig und ohne Handschuhe umhergerannt. Noé, der Zeremonienmeister, jammert lauthals:
»Wenn er sich nur nicht erkältet! Ich selbst habe mir schon den Schnupfen geholt. Und dabei stehen uns noch eine Menge Reisen kreuz und quer durch die Welt bevor.«
Woran erkennt man einen Chronisten, in diesem heroischen Zeitalter der Schlappen und Niederlagen? Daran, daß er jeden zweiten Satz mit den Worten beginnt: »Ich erinnere mich, wie...« Während ich also den unter dem undichten Baldachin zusehends nässer werdenden Patriarchen von Venedig betrachte, fällt mir der ewig lächelnde Angelo Giuseppe Roncalli wieder ein, wie er in seiner Gondel über die auf-

gewühlten Wellen des Canale Grande fuhr, neben sich den Gast aus Warschau, Kardinal Wyszynski. Oder war es ein Motorboot? Die Kinder begrüßten sie vom Ufer aus mit Geschrei.

Und auch die folgende Szene fällt mir ein: La Serenissima, die Stadt der theatralischen Dekoration, die ihre Trauer um sich schlägt wie einen Karnevalsmantel, war verzweifelt über den Tod ihres Patriarchen. Ich nahm an der Trauermesse in der Basilika San Marco teil. Die Gondolieri verabschiedeten den verstorbenen Papst mit dem barocken Pathos mittelalterlicher Ritter. Nur mit dem Unterschied, daß sie nicht ihre Schwerter über dem Katafalk zerbrachen, sondern die trauerumflorten Ruder. Und der Redner bedauerte, daß Joahnnes XXIII. nicht in einer schwarzen Gondel auf die Friedhofsinsel San Michele überführt wurde, um dort im Schatten der immergrünen Zypressen Ruhe zu finden.

Dabei wiederum fällt mir ein, daß ich vor soundsovielen Jahren in derselben Stadt Venedig einen Sarg gesehen habe, inmitten einer Gondel, vom Silberglanz des Mondlichts umflutet. Auf dem schwarzen Sargdeckel lag ein Kreuz aus vergoldeten Palmenwedeln. Zwei edle Jünglinge in Pelerinen knieten davor mit brennenden Fackeln. Die Totenglocke wimmerte vom Inselchen herüber. Man hörte rhythmische Rudergeräusche: Charon, der einen Toten über den Fluß Styx hinüberbringt... Dabei handelte es sich nicht etwa um das Begräbnis eines Würdenträgers, sondern um das des einbeinigen Bettlers vom Portal der Kirche Santa Maria Gloriosa dei Frari, – er hatte seit zwanzig Jahren jeden Groschen zurückgelegt, um sich diese hochherrschaftliche Beerdigung leisten zu können.

»Wußten Sie, daß Johannes Paul I. in seiner früheren Jugend Tiere hütete, bevor er dann später Oberhirte wurde?« fragt mich der Madonnenschnitzer Franco Fiabane.

Ich könnte ihm darauf antworten, daß auch den Leuten von

Czaniec, bei Andrychowo, wo die Wojtylas herstammen, die harte Arbeit auf dem Felde wohlvertraut war – doch wozu?
»Sehen Sie den Gletscher dort oben? Nur ein paar Schritte im ewigen Schnee, sul ghiaccio!...« Im Jargon der Hochalpinisten, den der Papst recht gut beherrscht, heißt sowas: »Die Sohlen jucken!« Wenn er nur nicht der Lockung seiner jugendlichen Tage erliegt!
Die Organisatoren der Feier auf der Marmolata haben nur 125 Eintrittskarten vergeben. Wie es geschehen konnte, daß der Papst oben auf dem Gipfel von 580 Personen begrüßt wurde und bei der Bergstation der Drahtseilbahn gar von 1620, wird ewiges Geheimnis bleiben.
»Die Schneemenschen haben sich auf wundersame Weise vermehrt«, lacht der alte Bergbauer. – Il miracolo!
»Von Fedaia aus, auf der anderen Seite des Gipfels, haben sich Seilschaften geübter Bergsteiger in sechs Stunden mörderischer Strapazen durch ewigen Schnee und durch Firneis hochgearbeitet. Fünfzehn Patrouillen waren in den Bergen unterwegs, um zu verhindern, daß ihnen Touristen in Halbschuhen folgten«, ergänzt der Kreisrat, selbst ein Hotelbesitzer, der seinen Kreis statt im Pferdefuhrwerk oder Leiterwagen im Mercedes besucht. »Jemand im Büro in Belluno muß übersehen haben, daß unsere jungen Leute keine Seilbahn brauchen, um zum Gipfel zu gelangen. Es genügen Steighaken und Kletterleinen. In den ganzen Dolomiten gibt es keine Steilwand, die unsere Jungs nicht zu Ehren des Papstes bezwingen würden!«
Der italienische Rundfunkreporter schilpt ins Mikrophon wie ein ganzes Volk Spatzen: »Jawohl, ein Mann der Berge! Kaum ist er dem Hubschrauber entstiegen, saugt er die dünne Höhenluft tief in seine Lungen und schnappt nach den Schneeflocken. Ein vorzüglicher Alpinist – einmal soll er sogar den höchsten Gipfel der Hohen Tatra bestiegen ha-

ben, den – Nowy Targ!« (Er hat eine Stadt mit dem Berggipfel verwechselt, aber es ist kaum der rechte Augenblick für eine Berichtigung.)
Das italienische Fernsehen filmt den Papst, wie er die Statue der »Dolomiten-Königin« segnet und das Angelus betet. Und obwohl die Bilder, durch den grauen Vorhang aus Schnee und Nebel aufgenommen, eher an Armstrongs Mondlandung erinnern oder an Ausschnitte aus einem Film über Amundsen am Nordpol, rufen sie allerorts Enthusiasmus hervor. Man beklatscht den Wagemutigen, der weder vor dem Dreitausender, noch vor dem schlechten Wetter Furcht zeigt. Es gab Augenblicke, da man dem Papst dringend riet, den Ausflug zum Gipfel abzusagen. Doch der hochwürdige »Krakowiak« ist nun einmal kein Hamlet-Typ, den man so leicht beeinflussen kann. Setzt er sich etwas in den Kopf, dann gibt es dagegen kein Mittel. Man weiß schließlich, unter welchem Zeichen des Zodiac er geboren ist. Ein Stier!
»Die Dichter aus Feltre begrüßen den Poeten aus Krakau!« – auch dieses Transparent weicht zu Füßen der zwei Meter hohen Bronzestatue leise vor sich hin. Die Dolomiten-Königin in der Nonnenkapuze, die Hand auf dem Herzen, mit ihrem züchtig gesenkten Blick mehr Fürstin als Bergbauernkind, ist ein besonders gelungenes Werk zeitgenössischer Kirchenkunst. (Was man beispielsweise vom Denkmal Johannes des XXIII. in Breslau nicht sagen kann.) Gestern besuchte ich auf dem venetianischen Inselchen San Giorgio Maggiore jenen Klosterhof, dessen berückende Anmut einst Goethe Tränen des Entzückens entlockte (es war der Ort, an dem Pius VII., der spätere Gefangene Napoleons, im Konklave gewählt wurde). Dort lief ich einem italienischen Literaten in die Arme, der mich mit der Frage überraschte, ob wohl Karol Wojtyla ein größerer Dichter sei als Leo XIII., der angeblich die ganze Dantesche Göttliche Komödie

auswendig wußte und noch als neunzigjähriger Greis auf dem Sterbebett an ihren Strophen herumfeilte.
»Ein besserer? Auf jeden Fall ein originellerer«, erwiderte ich. Ja, »papa Wojtyla«, dessen zwei Fotos – eins mit Goralenhut, das andere mit »Alpini-Mütze« – die Wände der Häuser von Belluno zieren, hat auch hier die Herzen vieler Tausender erobert. Er sprach mit den Waisen und Witwen von Geiseln, die vor 35 Jahren in der Gegend von Canale d'Aggordo ermordert wurden. Er legte Blumen nieder auf den Gräbern der zweitausend Opfer der Katastrophe von Vajont, gedachte der Toten des Erdbebens von Friaul, drückte die schwieligen Hände von Holzfällern, Maurern und Hirten, von verarmten Landleuten (von denen aus diesen Dörfern Tausende hinausgezogen waren, um in der Welt ihr kläglich Brot zu finden). Der Freund des Volkes und Liebling der Jugend macht keinen Unterschied zwischen den Notabeln, den Reichen dieser Welt, und der grauen Infanterie Christi. In Treviso erschien er mit zweistündiger Verspätung: die Volksmenge im Stadion von Belluno hatte ihn schlicht gefangengesetzt.
»Dieser polnische Adler reißt die Menschen zum Himmel empor«, sagte mir ein deutscher Journalist.
Wie kommt es, daß gerade dieser Papst so gewaltige Emotionen freisetzt? Keiner seiner Vorgänger in der langen Geschichte des Papsttums hat ähnliche Ausbrüche des Enthusiasmus hervorgerufen. Wie farblos und unbeholfen wirken neben ihm Politiker und Staatsmänner!
Auf der Piazza dei Martini in Belluno erhascht der Papst, der nicht nur weit hören, sondern auch weit sehen kann, in der Menge Ausrufe in polnischer Sprache – er läßt seinen weißen offenen Wagen halten und zeichnet die zwanzigjährige Polin aus Vinzenza, die mit Ehemann und zweijährigem Sohn, in Krakauer Volkstracht gekleidet, auf dem Platz erschienen ist, durch ein längeres persönliches Gespräch aus.

»Ich hatte schon Angst, der Papst würde mich in dem Trubel und Lärm gar nicht bemerken«, sagt sie und wischt sich die Tränen von den Wangen. »Aber er sieht und hört wahrhaftig alles!«
»Was meinen Sie, wie uns die Italiener in Vinzenza ab morgen bewundern werden – vor allem mein Chef! Nun sind wir keine Fremden mehr, die man herumschubsen kann, sondern die ›Landsleute des Papstes‹.«
Der Spaziergang durch das schöne Belluno und das Studium der Schilder von Straßen und Plätzen machen mir bewußt, daß dies der Geburtsort Gregors des XVI. ist, der als Papst Gegner jeglicher Bürgerrechte und Freiheitsbewegungen war. Obwohl ihn sein Favorit, der Hoffriseur Moroni, in seiner geschwätzigen Chronik des Papsttums mit Lorbeer geradezu überhäuft, fällt es schwer, diesen pontifex als »großen Sohn des kleinen Belluno« anzuerkennen.
War Josua Italiener? Daß die Bewohner dieses Landes Lärm lieben, davon konnte ich mich vor einem Jahr in Bologna überzeugen, als mich früh um sechs Uhr Marschmusik vor dem Fenster aus meinem Hotelbett fegte. Das carabinieri-Orchester eröffnete mit infernalischem Krach die »Anti-Lärm-Woche«. Und auch hier in diesem Loch denkt niemand daran, fremde Ohren zu schonen. Von überallher hört man das ohrenbetäubende Kreischen der Riesenlautsprecher. Die Worte des Psalmisten fallen mir ein: »Die Stimme Jahwes zerbricht die Zedern und beugt die Eichen.« Um einen Augenblick lindernder Stille flehen wir, oh Herr!
Irgendein Priester, der wie ich höre mit dem Bischof von Belluno und Feltre, Maffeo Ducoli, auf Kriegsfuß steht, flüstert mir verschwörerhaft zu, der Autor der imaginären Brief-Sammlung »Illustrissimi«, Giovanni Paolo I., sei nach Ansicht seiner Excellenz ein weit besserer Literat gewesen als sein Nachfolger.
Ich halte mir beide Ohren zu.

– Elicoterro! – wird gerufen. Aber: blinder Alarm.
Die Inschrift an der Bordseite, »Brigata Alpini«, macht klar, daß hier nicht der Papst vom Himmel herabschwebt, sondern der General höchstpersönlich, in großer Gala-Uniform.
Auf nach Belluno! Die zauberhaft gelegene Stadt, einst zur Republik Venedig gehörig, anschließend zu Österreich (»Momentan ächzen wir unter der Knechtschaft des Finanzamtes«, beklagt sich Don Lorenzo) hat normalerweise nicht mehr als 300 000 Einwohner. Heute beherbergt, besser: erduldet sie in ihren Mauern anderthalb Millionen Fremde. Bruderschaft der Büßer, civita humana, welch schöne Worte! Dabei vertilgt diese Heuschreckenplage den letzten Tropfen Campari in den Bars und zertrampelt die Rasenflächen an den Ufern der schönen, wildschäumenden Piave.
»Und zu allem Überfluß«, ergänzt der Kirchenmann voller Empörung, »kneifen die Rabauken aus den Bergen unsere Mädels heimlich in den Po, woraus sich...«
»...Kinder ergeben?«
»Nein, aber Streit und Schlägereien! Keiner nimmt Rücksicht auf die Bedeutung des Tages. Eine Schande für die ganze Diözese!«
Wenn die italienische Menge tobt, dann tut sie's gründlich. Das Glücksdelirium zeitigt verschiedene Erscheinungsformen: die temperamentvollen Einwohner Bellunos begnügen sich nicht damit, ihre bambini dem Papst hinzureichen – sie bombardieren ihn förmlich damit. Und die fröhlichen Wichte, die mit katzenhafter Geschicklichkeit auf der Motorhaube des päpstlichen Wagens landen, versuchen spornstreichs, dem Papst ihre Ärmchen um den Hals zu schlingen und ihre Schnäbel in seine Wangen zu bohren. Ob sie es zuhause geübt haben?
»Die Kerle in Belluno haben den Papstbesuch in den Dolomiten so perfekt durchorganisiert, als gäbe es in Südtirol

überhaupt keine Katholiken. Das ist Absicht!« beklagt sich ein Bäuerlein in Meraner Volkstracht. »Wer einen Blick in die Kathedralen von Bozen wirft, kann sich davon überzeugen, daß die katholische Kirche in unserer Gegend bisher jeglicher Italienisierung widerstanden hat. Auf den Grabsteinen unserer Friedhöfe aus dem 14. Jahrhundert gibt es kein einziges italienisches Wort. Wir lassen uns nicht zu Italienern machen!«

Der Papst, dem die Sorgen dieser Region nicht fremd sind, hielt seine Ansprachen in den Dolomiten außer in italienischer auch in ladinischer Sprache sowie im Südtiroler Idiom. In Belluno und Treviso sauste ich wie ein Hase durch die Sperren zu Tal. Das Wetter war prächtig. Und es geschahen unglaubliche Dinge. Absperrungen zerbrachen, Dutzende von Kapellen spielten wild durcheinander, fünfhundert Chöre brüllten, Glocken dröhnten, Tauben und Luftballons entschwebten zum Himmel, Twens unter kanadischer Flagge lieferten sich Ringkämpfe mit den carabinieri, Italienerinnen fielen reihenweise in Ohnmacht, bis die Tragbahren ausgingen; nur die alten Bäuerinnen, die schon seit zehn Stunden in der Menge ausharrten, zeigten keine Spur von Erschöpfung – die Leiber irdisch verhaftet, die Seelen hoch oben im Himmel. Bildnisse der Regina Poloniae und der Dolomiten-Madonna, von Zeit zu Zeit aus Tausenden von Kehlen die Hymne, die inzwischen in ganz Italien heimisch geworden ist: »Gaude Mater Polonia«

Ein Finsterling mit ungesunder Gesichtsfarbe (Prinzipienreiter neigen zur Magenübersäuerung) knurrt verdrossen:

»Ich habe Angst vor diesem Lärm. Man darf sich nicht mit Emotionen begnügen, die nicht oder kaum in die Tiefe dringen und am wahren Leben vorbeizielen. Ginge Hand in Hand mit dieser Begeisterung der Entschluß zu geistiger Erneuerung...«

»Ich habe ihn gesehen, habe sein Gewand berührt, er hat

mir zugelächelt!« ruft entzückt eine Nonne. – Christus vincit!
»Ich bin nichtgläubig«, sagt ein Kollege aus New York, »aber ich freue mich über alles, was dem Menschen hilft, die verdammt schwere Last des Daseins zu tragen!«
Halbtot vor Müdigkeit und vom Übermaß der Eindrücke, bin ich eben dabei, in Belluno den Zug zu besteigen, der mit der Rasanz einer kranken Schnecke nach Venedig eilt und auf jeder Station zehn Minuten Halt macht, als mir Don Lorenzo zum Abschied sagt: »Ich sage Ihnen etwas im Vertrauen, aber es bleibt unter uns: Johannes Paul I. war ein Sohn dieses Landes, er war wirklich beliebt in dieser Gegend. Aber der ›weiße Riese‹ aus Krakau gefällt mir noch besser.«
»Sie können sich auf meine Diskretion verlassen, Herr Pfarrer«, sage ich und drücke ihm die Hand. »Niemand wird es jemals erfahren«, außer natürlich die Leser.

Wir fliegen nach Irland
(Oktober 1979)

Noch schweigen die Triebwerke, und schon zittere ich wie Espenlaub. Vielleicht liegt es an der schlaflosen Nacht in dem kleinen Hotel unweit der Piazza Navona, der Jagd nach dem Taxi im Morgengrauen, der irrsinnigen Raserei über die Autobahn, die einem Sensationsfilm Ehre gemacht hätte, dem Heulen der Polizeisirenen in Fiumicino, dem Scheinwerferkreisel am noch nachtblauen Himmel und all den ungezählten Hindernissen, die sich bis zum Schluß auftürmten auf dem Wege zu jenem gewaltigen, weißen Vogel mit dem grünen Kleeblatt am Schwanz, besser: jenem phantastisch bauchigen Fisch, in Erwartung des Jonas? Oder versagte etwa die Phantasie, die einem wie ein wildgewordenes Epidiaskop – ständig neue Dias vorgaukelt? Wie auch immer – folgendes ist geschehen: Als der lang erwartete Augenblick kam und die in Weiß gekleidete, breitschultrige Gestalt – von Beifall begrüßt – in der Flugzeugtür erschien, als den Stewardessen in ihren Galauniformen und den Schneeglöckchen am Käppi vor lauter Lampenfieber die Hände zu zittern begannen und sie nicht mehr wußten, ob sie vor Glück weinen oder lachen sollten, als einige von ihnen niederknieten, andere wahllos Getränke über Passagierkleidung verschütteten, und als mir schließlich der Bordfunk die hinreißende, königliche Chopin-Polonaise mitten ins Herz trommelte, da bohrte ich mich tief in den Sitz und zog die Decke über mich.

Reminiszenzen an gelesene Bücher und alte Radierungen, Traumsplitter aus dem Dschungel kindlicher Erinnerungen

– all das überfiel mich kurz nach dem Start. Wo bin ich? Woher diese Poesie der Unwirklichkeit? Ist es der fliegende Teppich des orientalischen Märchens? Das kosmische Gefährt aus der Prophezeiung des Ezechiel? Apollos feuriger Wagen aus der griechischen Mythologie? Der Torbogen aus Jaspis, aus der Offenbarung des heiligen Johannes, davonjagend in die Unendlichkeit? »Und zur selben Zeit war ich entzückt in meiner Seele, und siehe, ein Thron war gestellt in den Himmel, und auf dem Thron saß ER, in weißem Gewande!«
Dabei nimmt die surrealistische Seance erst jetzt ihren Anfang. Über Kopfhörer eine Ankündigung in drei Sprachen:
– Wir ehren den ersten Bürger dieser Welt!
Nun kann es nicht mehr lange dauern, und die beflaggte Boeing 747 »St. Patrick« verwandelt sich in den Weißen Adler. Es fehlt nicht viel, und ich fange an zu glauben, dies hier sei keine Arche Noah voller Journalisten, sondern ein Geisterboot, über der Historie schwebend.
Mazurka! Als im Takt der Melodie, die in jedem von uns Polen von der Wiege bis zum Grabe pulsiert, das Flugzeug im Strahlenglanz – mehr noch! in einer Apotheose der Sonne – zum Himmel emporsteigt, als vor den Flugzeugfenstern die Tragflächen der Ehreneskorte erglänzen und sich Johannes Paul II. ungezwungen lächelnd zwischen Stuhlreihen ergeht, beim Gespräch verhält, zwinkernd alte Bekannte begrüßt, als sei dies ein Ausflug in die Hohe Tatra, wenn er für jeden das entsprechende Wort findet, mal scherzt, mal freundschaftlich die Hand drückt, wenn er in mehreren Sprachen plaudert, gelegentlich und unerwartet den Daumen hochhält, kumpelhaft und gar nicht päpstlich »Kopf hoch!« murmelt, wenn er für die nicht immer angebrachten Fragen spitzfindiger Presseleute väterlich nachsichtige Antworten parat hält oder urplötzlich ernst wird und in Nachdenklichkeit verfällt, wenn sich seine Blicke im Gebet ver-

schleiern und er dann aufmerksam das Gesicht des Gesprächspartners studiert, ihn tröstet, stärkt und segnet – dann packt mich die Angst, ich könnte dies alles mit Worten nicht nachbilden, und auch die Fotos und Tonbänder könnten den flüchtigen Augenblick nicht festhalten, vom Gedächtnis ganz zu schweigen. Darf ich denn überhaupt zitieren, was mir der weißhaarige amerikanische Journalist ins Ohr flüstert? Es klingt ja so pathetisch.
»Sollte jemals der Messias erscheinen – er wird nicht heller strahlen können als dieser Mann Gottes. Ich bin kein Theologe, bin nicht einmal gläubiger Christ, aber ich fühle, ich weiß ganz sicher, daß dieser Papst mehr ist als nur ein Papst, daß er jener Freund ist, nach dem sich jeder von uns ein Leben lang gesehnt hat. Wir kennen einander persönlich gar nicht – und doch täte ich für ihn alles, was er verlangt. Ich würde sogar...«
»Fürchtet der Papst ein Attentat?« möchte ein Franzose wissen.
»Les obstacles me stimulent«, lautet die Antwort.
Was hält er vom Euro-Kommunismus?
»Ich bin kein Politiker, ›nur‹ Papst.«
»Ich bin mit Johannes XXIII. nach Loreto gefahren. Ich reiste mit Paul VI. nach Manila«, erzählt mir ein alter Haudegen von CBS. »Keiner konnte so gut mit den Leuten reden wie Papa Wojtyla.«
Während des dreistündigen Flugs, zu dessen Auflockerung ein wahres Festival irischer und polnischer Küche beiträgt (»Noch ein Krautsüpplein«, noch ein »barszcz«), sind unsere Bordfunker nicht müßig. Triumphdepeschen zeichnen den Luftweg des großen Sohnes des kleinen Ortes Wadowice in den Äther. Telegramme an die Ministerpräsidenten Italiens, der Schweiz, Frankreichs, an die Königin von England.
»Laßt uns noch ein Telegramm an den Lieben Gott schik-

ken«, sagt lächelnd der Papst. »Das heißt: Laßt uns beten für den Zweck dieser Reise.« Er ist gutgelaunt. Freut sich über die Nachrichten aus der Heimat, daß man in Lublin, Krakau und Wadowice für den Erfolg seiner Reise betet. Es sind Briefe gekommen, aus Städten und Dörfern, mit dem herzlich gemeinten Rat, »er möge auf sich achtgeben«.

»Wir haben Angst, daß Ihnen was passiert«, sagen die krakeligen Schriftzüge auf dem Briefpapier.

Die italienische Post weiß genau: steht auf dem Umschlag das polnische Wort »Rzym« (»Rom«), dann ist er für den Papst bestimmt. Eine Nachricht jagt die andere:

– Zum Gedenken an das Jahr des historischen Besuches hat die irische Jugend in der heutigen Nacht 1979 Feuer auf der Insel entzündet. Die Jungen und Mädels bewachen sie mit Kreuzen und Nationalfahnen.

– Sobald die Räder unserer Maschine den Boden des Dubliner Flughafens berühren, erklingen in allen Kirchen der »Insel der Heiligen und Märtyrer« die Glocken. Und wenn Primas O'Fiaich über Rundfunk und Fernsehen »Alleluja!« ruft, wird jeder Einwohner Irlands niederknien und sich bekreuzigen.

– Der ehrwürdige Pilgrim kommt zum erstenmal in das Land des St. Patrick. Er wird die Gläubigen jenseits der Grenze, in Nordirland also, nicht besuchen können. Dennoch wird er seinen Fuß auf den schwergeprüften nordirischen Boden setzen: Unter dem Teppich, den eine Frau aus Belfast knüpfte und den man zu Füßen des nahe Dublin im Grünen aufgebauten Feldaltars ausgebreitet hat, befindet sich Erde, die Gläubige in ihren Reisetaschen aus Ulster mitgebracht haben.

– Da der Flugverkehr über Irland vorübergehend stillgelegt wurde, gestattet die Flugleitung in Dublin der päpstlichen Maschine eine Begrüßungsrunde in 600 Metern Höhe, über den Köpfen der eineinhalb Millionen Menschen, die seit

Stunden in Phoenix-Park auf den Statthalter Christi warten.
– In dieser Nacht haben zehntausende Pilger mit Fackeln in den Händen und Gesang auf den Lippen die Grenze zwischen dem Gebiet Armagh, dem Sitz des Primas von Irland, und der Ortschaft Drogheda überschritten, die nicht weit von der Ulster-Grenze entfernt liegt. (Dort ließ einst Cromwell die Katholiken niederschlachten.) Die Jugend mit ihren Kreuzen und Gitarren ist nach Galway weitermarschiert, wo morgen das junge Irland mit dem Papst zusammentrifft. Weder die Grenzwachen noch das Militär haben die endlosen Marschkolonnen belästigt. In den ersten Reihen schritten Mütter mit Kindern auf dem Arm.

»Die hätten nur versuchen sollen, diese Lawine aufzuhalten!« sagt mir ein Redakteur der Dubliner »Sunday Press«. »In der Geschichte Ihrer Heimat hat es doch auch Teilungen gegeben. Sie als Pole wissen also, was das heißt.«

Noch einmal überfliegt der Papst den Text, den er am Nachmittag vom Altar in Drogheda aus sprechen wird. Er seufzt, beginnt zu grübeln. Ist es ein steiniger Boden, auf den das Samenkorn fällt? Er fügt einen Satz hinzu, den er aus der Tiefe seines bedrückten Herzens geholt hat:

»Und sollte ich nicht erhört werden, so ist die Geschichte mein Zeuge, daß in einer für das irische Volk schwierigen Stunde der Bischof von Rom bei euch war, daß er für Frieden und Einigung betete, für den Sieg von Gerechtigkeit und Liebe über Haß und Übermacht...«

Und wenn sie mich nicht anhören? – Er wirft einen Blick durchs Fenster, auf den blitzblauen, wolkenlosen Himmel.

»Ich bitte euch um das eine: keiner soll Mord anders nennen als Mord«, wiederholt er den englischen Text in Gegenwart von John Magee.

Es gibt so viele Verbrechen, die nicht beim Namen genannt worden sind! – fällt dem Papst plötzlich ein, Jahre danach durfte man darüber weder sprechen noch schreiben.

»Möge keiner unter den irischen Protestanten denken, der Papst sei sein Feind. Ich wünschte, sie sähen in mir einen Freund und Bruder in Christo...

Nein, nicht nur die Protestanten. Alle Menschen dieser Erde – und wieder versinkt sein Blick im sonnenstrahlenden Blau.

Noch einmal wie ein Schauspieler auf der Generalprobe, diesmal ohne Blatt in der Hand, wiederholt er den dramatischen Satz aus seinem Appell an alle Iren, an alle Menschen guten Willens:

»On my knees I beg you to turn away from the path of violence...« Auf den Knien flehe ich euch an: laßt ab vom Wege der Gewalt!

Er weiß schon jetzt, was ihn auf der »Insel der Heiligen und Weisen« erwartet: Die Bauern werden Brot und Getreide, die Fischer ihre Netze, die Mönche ihre Kreuze bringen, um sie vom Papst segnen zu lassen; tausende, vor allem Kinder, werden an den Straßen stehen und beten; der stürmische Beifall wird die dunklen Wolken am Herbsthimmel verjagen, aber wird dieses tapfere, mutige Volk die päpstliche Bitte: »Respektiert das Leben! Um der Kinder willen – macht Frieden!« erhören wollen?

»Wir fliegen jetzt über Irland!« gibt der Flugkapitän bekannt, *»God save my country!«*

Manche der Ankündigungen aus dem Cockpit erklingen auf polnisch. Oder jedenfalls in der Sprache, die Iren für polnisch halten. Was mir um so stärker ans Herz greift, als mein eigenes Keltisch immer mehr zu wünschen übrigläßt.

Bevor wir landen, rasch ein wenig Vorgeschichte. Glücksvogel, der ich bin, begleitete ich den ehrwürdigen Pilger bereits nach San Domingo und Mexiko. Ich berichtete über seine italienischen Pilgerreisen: nach Montorella, auf den Monte Cassino, nach Canale d'Agordo, auf den Gipfel des Marmolata, nach Belluno, Loreto, Ancona. Und als mir die unver-

diente Auszeichnung zuteil wurde, an Bord der päpstlichen Maschine nach Irland und in die USA fliegen zu dürfen – da hätte es mich um ein Haar wenige Meter vor dem Ziel erwischt: der römische Paßbeamte hatte entdeckt, daß ich Wochen zuvor auf Ibiza gewesen war, und wollte mich in Quarantäne stecken. Warum? Weil die Zeitungen gemeldet hatten, in Barcelona wären zwei Personen an Cholera gestorben, und so ein Bazillus ließe sich auch durch Impfungen nicht zähmen. Zum Glück dauerte die Isolation nicht sehr lange: der Bruder des Beamten im Gesundheitsministerium war mit einer Polin verheiratet, sogar recht glücklich. Kaum hatte ich diese Gefahr abgewendet, tauchten unerwartet zusätzliche Formalitäten auf, und zwar bei der irischen Vertretung. Im Verlauf der Unterredung mit einem äußerst netten Herrn, der für die Sicherheit des Papstes und seiner Begleitung verantwortlich war, wurde ich überraschend mit der Frage nach meinem Militärdienst konfrontiert.
Ein Pole? Und ohne Wehrpaß? Just incredible!
Wie sich später herausstellte, war das Gespräch nur ein Vorwand für die gründliche Beschau meiner äußeren Erscheinung. Athletisch gebaute Jünglinge mit roten Haarschöpfen, die sich im Raum herumtrieben, lernten meine Gesichtszüge auswendig. Ich sah sie später in Dublin wieder.
Ich nahm es niemandem übel, weil mir bekannt war, daß gleich zwei Terroristengruppen den Papst bedrohten: eine protestantische, die andere vom »marxistischen« Flügel der IRA. Indiskretionen aus dem Vatikan zufolge soll Johannes Paul II. unter Hinweis auf sein »Berufsrisiko« abgelehnt haben, sich Maß für eine kugelsichere Weste nehmen zu lassen. Und als er erfuhr, daß die ihn zur Grünen Insel begleitende Journalistenkarawane Mühe hatte, sich durchs Nadelöhr beschwerlichster Formalitäten zu zwängen, griff er sich an den Kopf: »Vielleicht läßt man mich gar nicht hinein. Ich habe keine Formulare ausgefüllt.«

Seien wir ehrlich: nicht alle sind von meiner Anwesenheit in diesem fliegenden Zipfel des Vatikans begeistert.

»Mit welchem Recht sind Sie hier?« runzelt ein Monsignore seine rabenschwarzen Brauen. Sicher glaubt er, es gäbe da etwas oder jemanden auf dieser Welt, der dem Papst in den Augen Zar Leonids »unnötig schaden« oder, was viel schlimmer wäre, »die Erfüllung des ewigen Traums der apostolischen Hauptstadt von der Bekehrung Rußlands« hinauszögern könnte. Na klar: eine einzige winzige Ungeschicklichkeit, und der ganze Brückenbau bricht zusammen...

»De iure caduco! Mit dem Recht des Teufels«, lautet meine christliche Antwort, denn nach korrekter Auslegung der Texte der Offenbarung hat auch der Teufel das eine oder andere mitzureden in diesem Jammertal.

Zwar empfiehlt das Evangelium dem Beleidigten, auch die andere Wange hinzuhalten, doch läßt sich der Papst, wie es bei uns im Volksmund heißt, die Butter vom Brot nicht nehmen. Es soll ihm außerordentlich mißfallen haben, daß Pater Adam aus Krakau seinen Paß so spät von der polnischen Regierung zurückbekam, daß er über die päpstliche peregrinatio nach Übersee für den »Osservatore Romano« nicht mehr berichten konnte. Doch daß gerade dieser Umstand, wie »Newsweek« schreibt, die Ursache dafür sein soll, daß nunmehr ein Exil-Pole nicht etwa als blinder Passagier, sondern ganz im Gegenteil: versehen mit einem in Plastik gehüllten Akkreditierungsausweis, der fast so viel wert ist wie ein Adelsprädikat, ad astra fliegt – dies ist ohne ein Gläschen Lacrimae Christi nicht so ohne weiteres zu ergründen.

»Kaiser Karl V. pflegte zu sagen, Monarchen und Päpste hätten keine Freunde. Ihre Türschwellen seien zu hoch«, meint ironisierend ein österreichischer Publizist. Dabei habe ich bereits ein halbes Dutzend Bücher gelesen, die alle von »engen Freunden« des Papstes geschrieben wurden.

»Allein in Polen, lieber Herr Doktor, hat Karol Wojtyla vierunddreißig Millionen Freunde.»

Der Papst – ich zögere keinen Augenblick, dieses Eigenschaftswort zu gebrauchen – ist allgegenwärtig. Er sieht und hört alles. Nur ein Beispiel:

Die Scheriffs und ihre Schäferhunde halten von der schreibenden und filmenden Zunft nicht viel. Der Polizeihund »Toni« kann meinen deutschen Kollegen nicht ausstehen. Als dieser vierbeinige Deutschenfresser aufdringlich wird und mit lautem Bellen die Herausgabe von Sprengstoff und Hasch verlangt, beginnt mein Freund zu toben: »Ich interessiere mich für Religion, nicht für das Opium!« »Dann ist dieser Hund gar nicht fehl am Platz«, versuche ich den zu Unrecht Verdächtigten zu beruhigen, »schon Lenin hielt Religion für Opium des Volkes!« Sofort melden sich Besserwisser zu Wort: »Sie irren gewaltig, Nowakowski, es war Feuerbach!« »Nein, das hat Marx geschrieben!« »Niemals! Niemals, das ist von Engels!« Auf einmal ertönt hinter dem Vorhang die bekannte sonore Stimme: »Lenin! Lenin!« *Roma locuta, causa finita,* auch wenn es Marx war.

Padre Romeo Pancirolli verrät mir folgendes: morgen, am Sonntag, bei Sonnenaufgang, werde der Papst im Garten der apostolischen Nuntiatur in Dublin eine Audienz für die Polen aus Irland und Großbritannien abhalten – denn wo immer er sich hinbegäbe, überall gedächte er seiner Landsleute.

Das Treffen mit den Freunden in Irland! Sofort fällt mir Stefan Badeni ein, der nach dem Krieg in Dublin lebte, über das Papsttum schrieb und ein profunder Kenner der tragischen irischen Kirchengeschichte war, die bis ins 5. Jahrhundert zurückreicht. Ein Leidensweg. Ein Volk mit dem Kreuz auf der Schulter. Ich fand in den Briefen, die Badeni mir schrieb, Worte der Bewunderung für die mystische Aura, die seit der Errichtung des steinernen Kreuzes in Muireadach bis hin zum Bau der Basilika Our Lady, Queen of Ireland, in Knock, über der Insel schwebt. Irland wird gelegentlich »das Polen Westeuropas« genannt. Etwa im Hinblick auf die verwandte Art, in der hier wie dort Patriotismus, Volkstümlichkeit und das Gefühl für tief in die Scholle reichende Wurzeln miteinander verflochten sind? Vielleicht, weil auch über dieser Insel die gleichsam komprimierte Unbarmherzigkeit der Geschichte schwebt? Nur liegen wir näher bei Italien! Der polnische Katholizismus ist weniger verwinkelt und streng. Seine angebliche »Oberflächlichkeit« schützt ihn glücklicherweise vor antihumanitären Versuchungen. Es mangelt ihm weder an Toleranz noch an Verständnis gegenüber den Launen, Empfindsamkeit gegenüber Neuigkeiten, lächelnder Bereitschaft, phantastischem Höhenflug und Sinn für Idylle. Man muß nicht unbedingt ein Verfechter des »Gaelic Revival« sein, um zu wissen, daß sich dort, wo auf den alten Brückensteinen die St. Patricks-Kreuze errichtet wurden, schon lange vor Cromwells und Wilhelms III. rachgierigen Feldzügen aus dem Abgrund der Jahrhunderte nordisches Grauen erhob, und daß sich der Mond, von Blut und Tränen verhangen und späterhin so herrlich durch Ossian besungen, erstmals in Dublin, Limerick und Waterford in den Hörnern der Wikinger widerspiegelte.

»Ihr liebt Polen, das stimmt«, flüsterte ich bei einem Fingerhut voll Irish Whiskey einem Zeitgenossen mit »Eire«-Armbinde seufzend ins Ohr, »aber hat nicht im letzten Krieg das neutrale Irland mit Hitler sympathisiert?«

»Vielleicht hat dies der Vater des späteren Präsidenten Kennedy getan, ein Mann of Irish origin, der zusammen mit Lindbergh und Brundage in Amerika eine Aktion gegen den Eintritt der Staaten in den Krieg gegen das Dritte Reich organisierte«, beteuert der ältere Herr. »Doch niemals unser De Valera!«

Genug von Politik und Kriegserinnerungen. Schließlich fliegen wir mit dem Boten der Guten Nachricht und glauben fest daran, daß seine Reisen nicht nur für die Kirche notwendig sind.

Zwar hatte man uns geröntgt und jede Mappe gewissenhaft durchstöbert, trotzdem ließen zwei Gentlemen und eine muskulöse Maid, die als Reporterin auftrat, kein Auge von uns, eingedenk der Weisung des Großen Iljitsch: »Vertrauen ist gut, Kontrolle ist besser!« Es ist gefährlich, sich allzulange die Hände auf dem Klo zu waschen. Was, wenn sie auf einmal gegen die Tür trommeln? Dessenungeachtet pflegen, wie sich später herausstellte, selbst die raffiniertesten Vorsichtsmaßnahmen in der Stunde der Bewährung gelegentlich zu versagen. So gelang es in Galway einem jungen Mann im Kittel mit der Aufschrift »TV« auf dem Rücken, sich als Kabelträger auszugeben: er überwand geschmeidig die Absperrungen, erkletterte blitzschnell das Podium, stürzte zum Papst, der am Altar sein Gebet abhielt und küßte ihm den Ring. Der Papst lächelte und drückte den Lockenkopf des jungen Iren an seine Brust, während der Zeremonienmeister Noe gleichsam zur Salzsäule erstarrte. Hätte der Frechling nicht seine zwei gespreizten Finger hochgehalten – V like victory! zum Zeichen der gewonnenen Wette, und hätte er nicht mit freudigem Zuruf sein in der Menge anwesendes Mädchen gegrüßt – die versteinerten Polizeibeamten würden bis zum heutigen Tag glauben, der Sturmlauf des jugendlichen Barbaren auf den Papst wäre Teil einer neuartigen Liturgie gewesen.

Ich schaue mich um unter meinen Reisegenossen. Alles, was prominent ist, sitzt vorn, das journalistische »House of Lords« hält zusammen; das »Unterhaus« wurde hinten placiert. Es wäre optimistischer Irrglaube anzunehmen, das Fußvolk betete während des Flugs ihr Vaterunser oder Rosenkränze. Im Heck des Jonas-Wals, gleichsam unter den

Kiemendeckeln, findet sich ein wahres Bestiarium: Pöbel in Anoraks, Touristenjacken, durchgeschwitzten Hemden, lärmend und angriffslustig. Südländer überwiegen. Die Akkreditierungskärtchen, die ihnen von den Hälsen baumeln, verraten ihren Beruf: Fotoreporter! Als einer von ihnen, nach dem Verzehr einer Flasche Gratis-Champagner, im Vorhangspalt den Papst entdeckt, summt er ungeniert: »Oh, mein Papa...« Ein anderer lobt die Junireise nach Polen über den grünen Klee. Als käme er von einer Safari: *»Pologne very good.* Wodka, he-he. Und Mädchen *skolko ugodno* (soviele das Herz begehrt).«

Auf höherer Zivilisationsstufe stehen die Fernsehberichterstatter: sie sind sich der Tatsache bewußt, daß wir im Zeitalter der Tele-Kratie leben. Auch sie zerfallen in zwei Kategorien. Kecke Typen einerseits, die blindlings drauflosfilmen, ewig auf der Suche nach schmackhaften »Extras«: die Fliege, die sich auf päpstlicher Stirn niederläßt, die Wespe, die er vertreibt, sein Gähnen von einem Ohr zum anderen – eben der platte Naturalismus an sich – und andererseits die von ihrer Berufung durchtränkten Ästheten mit ureigener, visueller Konzeption, verkappte Kunstmaler, wie z.B. der fabelhafte Kameramann F., der in jenem berühmten Juni die Rinnsale von Menschen filmte, wie sie im Morgengrauen aus Wäldern und von Hügeln ins Tal strömten: Goralen mit ihren Frauen und Kindern, das Kreuz in Händen, pilgern nach Nowy Targ.

Geradezu erstklassige Manieren legt der Hoffotograf des Vatikan an den Tag, ein Jüngling so schön, als wäre er vom Film. Zierlich schlüpft er in seinem schicken Maßanzug durch die Stuhlreihen: Der Schlips von Dior. *Er* darf überall hin: er trägt ein kleines gelbes Abzeichen am Revers.

Da unser Papst, ein Meister ungekünstelter Natürlichkeit, gern, ungezwungen und geschickt mit der Presse plaudert, und da das gute Beispiel, wie wir wissen, stets von oben kommt, versuchen Kardinal Casaroli und Bischof Marcinkus, es ihm im Flugzeug gleichzutun. Dem Erstgenannten, einem introvertierten Mann von schmächtigem Aussehen, der stets flüstert und sich in den vier Wänden seines Studierzimmers am wohlsten fühlt, gelingt es nicht besonders, obwohl er recht choreographisch gestikuliert und ab und an die unsichtbare Ziehharmonika in die Luft streckt und zusammenpreßt. Der Kraftprotz Marcinkus, ein dynmaisch wirkender Bankmensch aus Illinois, der die Schlüssel zur – wie verlautet – leeren Vatikan-Kasse in den Hosentaschen herumträgt, strahlt nichts aus, was auf einen Mann Gottes schließen ließe. Aber die Kirche braucht begabte Organisatoren und Pragmatiker, die fest auf dem Boden der Tatsachen stehen. Die Gemeinschaft der Gläubigen lebt nicht nur von himmelstürmendem Höhenflug. Er war es, der auf dem Flugplatz von Manila den tobenden Bolivianer unschädlich machte, der sich mit dem Dolch in der Hand auf Paul VI. stürzen wollte. Er trinkt Bier aus der Dose und liebt es, uns mit der breiten Pranke auf die Schultern zu klopfen. Die Zeit der Rokoko-*Abbés* ist vorbei. Er überreicht mir eine Pressemappe, die ein aus amerikanischen Bischöfen gebildetes Komitee vorbereitet hat. Ein *»Who is who«*, Informationsmaterial über kirchliche Würdenträger und ihre Verdienste, redigiert im Stil der Warenhausprospekte. Lauter gute Sachen. Eine Anthologie des Erfolges. Vielleicht ist es der Konkurrenzzwang gegenüber anderen Religionen und den zahlreichen Sekten, der dieses publicity-Bedürfnis hervorbringt.

»Ich bin nicht Litauer, sondern Amerikaner. Ich bin geboren im Staate Illinois«, antwortet er leicht verdrossen.

Als hätte ich etwas Anrüchiges über ihn gesagt.

Eigentlich wollte ich über die Reise chronologisch berichten, ohne den Ereignissen vorzugreifen. Doch schon jetzt juckt es mich kundzutun, daß mir der Satz »I'm Polish« sämtliche Türen und Herzen Irlands geöffnet hat. Auf dem

Flugplatz von Shannon, als der Journalistenschwarm ein Wettrennen zu den Telefonhäuschen des ad hoc zusammengebastelten Postamtes veranstaltete – jede Minute war Gold wert! – und manche Presseleute sich den Weg mit 50 Dollar-Scheinen zu ebnen suchten, fegte das sommersprossige Mädchen an der Zentrale, taub gegenüber Bestechung und Schmeicheleien, mit einer einzigen Bewegung sämtliche Stöpsel aus der Schalttafel:

»Die übrigen können warten. *Polish people first!*«

Als ich Hals über Kopf zum Telefon raste, das in einem Militärzelt im Phoenix-Park untergebracht war und mich via Satellit unmittelbar mit den Hörern in Polen verbinden sollte, rutschte ich mit meiner Gummisohle im Lehm aus und bremste den Sturz – um nicht mit dem Gesicht in den Apparat zu fallen – in letzter Sekunde durch einen Kniefall. Im selben Augenblick fotografierte mich jemand. Am nächsten Tag, im Warteraum der St. Patricks-Universität in Maynooth, erblickte ich auf dem Bildschirm plötzlich meine vor dem Telefon zusammengesunkene Gestalt und vernahm folgenden erläuternden Kommentar:

»Dieser Mensch ist auf die Knie gesunken! Gerade die frommen Polen empfinden den Besuch des Heiligen Vaters in unserem Land als besonderes Erlebnis. Der polnische Korrespondent übermittelt kniend seine Eindrücke vom Pontifikal-Hochamt im Phoenix-Park.«

Der Direktor des Hotels in Dublin begrüßte mich feierlich auf der Schwelle seines Hauses, und beim Abendessen verkündete der Kapellmeister den Saalgästen:

»Zu Ehren des polnischen Journalisten, der seinen großen Landsmann auf seiner Pilgerfahrt nach Irland begleitet, bringen wir jetzt ein Potpourri polnischer Melodien.«

Wenig später erklingt über den Tischen das süffige russische Lied: »Oczy czornyje.«

Macht nichts, der gute Wille zählt. Father Kelly verfügt be-

reits über eine irische Zeitung. Späher aus Dublin haben sie in der Nacht herübergebracht. Er liest lauthals, damit wir es alle hören, die kleingedruckte Anzeige auf der letzten Seite: »Ich, Joe Kilgar, 63 Jahre alt, wohnhaft in Rosommon, Malone Street Nr. 6, verpflichte mich öffentlich, aus Anlaß des Irland-Besuches des Heiligen Vaters, bis zum Ende des laufenden Jahres keinen Tropfen Alkohol anzurühren.«
»Für drei Monate also«, seufzt ein Pressemann in der Soutane. »Man muß für alles dankbar sein.«
Eine Reporterin von »Irisch Independence« (die Korrespondenten-Equipe dieser Tageszeitung besteht aus 108 Personen, von denen 90 im Sonderflugzeug nach Boston fliegen, denn schließlich gilt Boston als Vorort von Dublin) wird mir am folgenden Tage eröffnen:
»Ich war Zeugin, wie Präsident Kennedy den Geburtsort seiner Vorfahren besuchte. Der damalige Beifall läßt sich mit dem heutigen Orkan überhaupt nicht vergleichen. Aber warum diese unsinnige Eile? The Pope of Promise, wie wir ihn nennen, hat sich weder die Zeit genommen, die Kunstschätze auf der Burg King Johns in Limerick zu besichtigen, noch konnte er einen Blick auf die 1600 Jahre alten Denkmäler von Tiperary werfen. Habt doch Erbarmen mit dem Pilger!«
»Wer nicht rechtzeitig in dem Bus Platz nimmt, der von Motorradfahrern eskortiert wird, geht für immer in der Menge verloren«, versucht uns einer unserer Beschützer Angst einzujagen. »Ihr müßt wie die Astronauten ständig mit der Raumkapsel verbunden sein, sonst verschwindet ihr spurlos. Niemand wird euch helfen, obwohl zwanzigtausend scouts in himmelblauen Uniformen dem Militär und der Polizei behilflich sind. Wer sich in Drogheda, Knock, Galway oder Limerick verspätet, muß in Irland überwintern. Hier passiert noch Ungeheuerliches...«
Tatsächlich haben sich Dinge ereignet, die man als außerir-

disch bezeichnen muß. Als der Papst nach der Messe in Knock das Marien-Sanktuarium verließ, um sich zum Hubschrauber zu begeben, knieten alte Frauen schluchzend auf dem Pfad nieder, über den er gegangen war, und küßten seine Fußspuren.

Das Flugzeug sinkt. Wir stürzen an die Fenster. Die spiegelglatte Meeresoberfläche glänzt nicht mehr silbrig herauf. Die Film- und Fernsehkameras im Sonderabteil unseres kaum zu einem Drittel besetzten Jumbo-Jets beginnen zu surren.

Grün, Grün und nochmals Grün. Und plötzlich – ein großer Wald. Nein, kein Wald. Dieser dunkle Fleck ist ein Meer von Köpfen. Hunderttausende von Menschen, im größten Park Europas, vielleicht dem größten der Welt. Ein atemberaubender Anblick. Schon haben sie uns entdeckt. Wenn das dort unten wirklich eineinhalb Millionen sind, dann fliegen jetzt drei Millionen Arme empor. Und dann erglänzt es weiß und gelb. Hunderttausende von Tüchern, Schals und Fähnchen. Die Menschenwogen türmen sich wie eine vom Sturm gepeitschte Meeresoberfläche. Tausende fallen auf die Knie, tausende erheben sich, tausende rennen durch das nicht endenwollende Grün. Die Triebwerke der »St. Patrick« arbeiten so still, als hätte sie dieses Naturereignis eingeschüchtert. Von unten dringt zunächst leises, dann von Sekunde zu Sekunde lauter werdendes Geschrei, dazu Gesang, Glockengedröhn, Orgeldonner aus Riesenlautsprechern. Dem Kameramann aus Paris zittern die Hände vor Aufregung, er brüllt irgendetwas, ohne Sinn und Verstand: »C'est pas possible!«

»Das gibt's ja gar nicht«, echot der Deutsche.

Auch ich fühle ein Würgen im Halse: Hier, in diesem Park war ich schon einmal!

Das hohe, vom Sonnenlicht vergoldete Kreuz, das aus dem Menschenmeer hervorragt wie der Mast eines untergehenden Schiffes, die Alleen, geschmückt mit Hunderten windgezauster Fahnen und Standarten – das alles habe ich schon einmal gesehen. Vor vielen, vielen Jahren. Oder sind es Jahrhunderte? Mein Vater hatte mich zu einem eucharistischen Kongreß in Dublin mitgenommen. Die Posener Kaufleute hatten gemurrt, es gehöre sich nicht, solch einen kleinen Dreikäsehoch wie mich auf eine Pilgerfahrt ins Ausland mitzunehmen. Und heute... – wie man sieht, kehren nicht nur Elefanten im Herbst des Lebens in das Tal der Kindheit zurück.

Der Anführer unserer Gruppe war damals der spätere Primas August Hlond. Wie im Traum erinnere ich mich, daß es regnete, daß wir Erbsensuppe aus der Gulaschkanone aßen und daß die Menge lautstark die Polen beklatschte.

Ähnlich wie vor der Landung in San Domingo, Mexiko und Polen, verbirgt der Papst für Augenblicke sein Gesicht in den Händen. Er betet, bekreuzigt sich, knöpft den Sicherheitsgurt auf und wendet sich mit energischer Stimme an seine Begleitung:

»Wir fangen an! In Gottes Namen!«

Die Eroberung Amerikas (Oktober 1979)

Wir fliegen mit dem Papst. Diesmal über den Vereinigten Staaten. Das rote Licht leuchtet auf. Wenig später die Ansage in polnischer Sprache:

»Bitte Platz nehmen und Sicherheitsgurte anlegen!«

Zweifellos hat der Kapitän der päpstlichen Maschine einen polnischen Helfer gefunden. In der Tat: es ist der in der Hauptstadt Venezuelas geborene Zygmunt Baczynski, dessen Visitenkarte der stolze Titel ziert: »Flight Service Manager of Trans World Airlines.«

»Papa ist aus Lwow«, sagt er, erfreut über den Anblick seiner Landsleute, »darum spreche ich polnisch. Mein Bruder fliegt bei einer mexikanischen Fluglinie. Ich reichte dem Papst ein Glas Fruchtsaft, kniete nieder und sagte in polnischer Sprache: ›Niech będzie pochwalony...‹ (›Gelobt sei...‹). Er freute sich, fuhr mir mit der Hand übers Haar und fragte: ›Wie geht's, mein Kleiner?‹«

Der Flugriese mit dem Namen »Shepherd One« gleitet über den Wolken dahin wie auf Watte, ohne die geringste Erschütterung. Im Oberdeck ist für den Papst ein Schlafzimmer hergerichtet. Ein breites, bequemes Bett. Ein Nachttisch. Ein Betpult mit Kruzifix. An der Wand ein hübsch beleuchtetes Altarbild der Schwarzen Madonna von Tschenstochau. Die Bettdecke mit dem gestickten päpstlichen Wappen hat nicht ganz den Beifall des Pilgers gefunden. Ein einfaches Zudeck wäre ihm lieber gewesen.

Er hat nun mal nichts übrig für Luxus und Reichtum. Überfluß hat ihn von jeher eingeschüchtert. »Gott ist in der Majestät der Armut zur Welt gekommen.« Als man ihm auf der Wawelburg das kostbare, historische Pectorale der Königin Jadwiga umhängte und den Goldring mit den Smaragden überstreifte, der vor nahezu zehn Jahrhunderten am Finger von Bischof Morus erglänzte, hatte er verschämt den Blick gesenkt. Er meidet protzige Empfänge, erlesene Speisen und Getränke. Seit Dutzenden von Jahren trägt er am Handgelenk dieselbe Touristen-Armbanduhr, die ihm schon in der Franziskanerstraße in Krakau und auf seinen Bergwanderungen die Zeit angegeben hat. Längere Zeit konnte er sich mit dem Gedanken nicht befreunden, daß man im Westen durchgelaufene Schuhe nicht besohlen läßt, sondern neue Schuhe kauft. Er liebt keine kostbaren Geschenke. Als ihm die Ratsherren des nicht unansehnlichen Städtchens Pomezia, übrigens alles Kommunisten, eine silberne Platte schenkten, ächzte er:

»Ihr redet dauernd von sozialer Gerechtigkeit, und gleichzeitig wollt ihr, daß sich der Papst bereichert!«

Mit welchem Erstaunen betrachtete er später im New Yorker Yankee-Stadion die Gruppen junger, eleganter Priester, deren liturgische Gewänder wie aus dem Modejournal geschnitten schienen.

Trotz allgemeiner Erschöpfung fand über dem Atlantik niemand Schlaf. Zu zahlreich die Eindrücke, zu wirblig die Gedanken.

Einer jener Journalisten, die in zu heißer Tinte gebadet haben, überall Verschwörung wittern und nach dem Drahtzieher hinter den Kulissen suchen (erst kürzlich hat er einen hysterischen Artikel über »Opus Dei« geschrieben, eine angeblich katholische Freimaurerloge, eine Art Fünfte Kolonne des Vatikans), wollte hören, was es in Polen Neues gäbe.

»Wie ist das eigentlich mit der polnischen Mafia, Verzeihung: der polnischen Lobby im Vatikan? Es gab schließlich eine deutsche Kamarilla unter Pius XII.! *What about the*

tiny coterie of advisers made up mostly of fellow Poles?«
– Es gibt keine polnische Mafia hinter dem Bronzetor. Leider. Denn mit Sicherheit wäre sie für die Kirche, für die Sache Gottes und die Menschen kein großes Unglück. Wie alle anständigen Menschen verleugnet auch der Papst seine alten Freunde nicht. Der Jesuitenpater Sorge hat recht: »Anhören tut er viele, reden tut er mit wenigen, seine Entschlüsse faßt er allein.« Vor dem Abflug nach Irland hatte Johannes Paul II. geäußert:

»Bis zum letzten Augenblick ist mir von dieser Pilgerfahrt zur Insel St. Patricks abgeraten worden – das Risiko sei zu groß. Dem Wagemutigen ist der Himmel hold. Im übrigen habe ich seit vielen Jahren einen untrüglichen Ratgeber, auf den ich am allerliebsten höre: mich selbst.«

»Der Mensch lebt nicht von Brot allein, das stimmt. Doch zunächst einmal muß man es haben. Was hat es für einen Sinn, die polnischen, mexikanischen oder irischen Hungerleider mit dem Gespenst der Konsumgesellschaft zu schrekken?« meint spöttisch ein Wiener Polenfan. Diese Warnungen mögen für so manches westliche Land gelten, wo der Lebensstandard im letzten Vierteljahrhundert rascher gestiegen ist, als in der Zeit zwischen der französischen Revolution und 1945. Aber schon auf Italien, Griechenland, Spanien und Portugal treffen sie nicht zu. Ich war in Warschau und hörte aus dem Kirchenlautsprecher die Warnung vor der vom Materialismus bedrohten Gesellschaft. Die Zuhörerinnen waren arme, alte Weiblein, die schon seit Stunden geduldig nach Brot und Fleisch anstanden.

»Eine derartige Macht über die Seelen hatten nur wenige Nachfolger Petri in der langen Geschichte des Papsttums«, meint ein bärtiger Holländer, dem eine Weltregierung auf theokratischer Grundlage vorschwebt. »Ich bin neugierig, was er mit dem gewaltigen Kredit an Vertrauen anfangen wird. Im Grunde könnte er sich heute weitreichende Refor-

men und atemberaubende Änderungen der Kirchenstruktur ohne weiteres leisten.«
Es gibt Reisegenossen, die sich bereits in Rom Visitenkarten mit dem Vermerk drucken ließen: »with the papal party.«
Es soll einen Krösus gegeben haben, der bereit war, der TWA eine astronomische Summe zu spenden, falls man ihm an Bord der päpstlichen Maschine einen bescheidenen Sessel reservieren würde.
»Kennen Sie den Papst persönlich?« fragt der Berichterstatter von »Los Angeles Times«. »Wie oft haben Sie schon mit ihm gesprochen?«
Jahrmarkt der Eitelkeit. Verführung zur Selbstbeweihräucherung. Wer von uns ist ohne Sünde? Das elfte Gebot sollte lauten: »Du sollst dich nicht sonnen in fremdem Ruhm!«
Das Gymnasium von Wadowice muß die längste Schulbank der Welt besessen haben. In Krakau gibt es gleich drei Dichter, die ihn zärtlich »Lolek« nennen. In einer mexikanischen Zeitung konnte ich das Foto einer holden Maid bewundern – die Bildunterschrift lautete: »Der Papst höchstpersönlich hat ihr vor Jahren geraten, sich dem Künstlerberuf zu widmen.«
Auf dem Spaziergang im Krakauer Park meidet die angebliche erste Liebe des Papstes die angebliche zweite erste Liebe, las ich kürzlich in einem Frauenmagazin, und die angebliche dritte erste Liebe hält die beiden anderen, inzwischen auch nicht mehr ganz jungen Damen für ganz gewöhnliche Angeberinnen, die man endlich entlarven müßte.
Wirklich ist, schreibt Kiekegaard, was wahrscheinlich ist.
»Stimmt es, daß Sie den Papst beim Skifahren kennengelernt haben?« fragt insistierend eine junge Italienerin. »Ein Reporter von ›Il Tempo‹ hat es geschrieben.«
Wer berichtigt, bestätigt. Man sollte zuallererst entscheiden, ob die Wirklichkeit überhaupt erkennbar und die Empirik nicht Einbildung ist. Ich weiß, wovon ich rede. Erst

unlängst hat mich ein amerikanischer Zeitungskorrespondent den »Lieblingsschriftsteller Stalins« genannt. Was war geschehen? Ich war – nichtsahnend – auf einem Autorenabend des PEN-Clubs aufgetreten, zusammen mit Viktor Nekrassow, dem Autor von »In den Schützengräben von Stalingrad«. Der amerikanische Kollege hatte wohl den Verlauf des Abends nicht allzu korrekt geschildert – Nekrassow nannte er einen »Gefangenen Hitlers«. Lohnt es da, zu berichtigen! Und was das Skifahren betrifft... Seien wir froh, daß sich der eher mäßige Skiläufer von Gubałowka zum hervorragenden Papst gemausert hat. Umgekehrt wäre es schlimmer.
Abgesehen davon sollte man gewisse »Wojtylana« ruhig veröffentlichen. In meinem Tagebuch findet sich unter dem 1.10.1957 folgender Eintrag: »Rom. Abend bei Dr. K.H. an der Piazza della Cancelleria. Ein gemeinsamer Bekannter hat in Krakau mit Bischof Baziak gesprochen, der von Wojtyla geradezu entzückt ist.«
Nach siebzehn Jahren eine andere Eintragung: 21.9.1974.
»Vorgestern in Dachau. Aufgerissene Narben. Vernarbende Wunden. Die Kardinäle Döpfner (leidend) und Wojtyla (nachdenklich). Gruppenfoto vor der Lagerkapelle. Heute, im Saal der St. Bartholomäus Kirche in Frankfurt, eine Feier der Akademie zu Ehren des KZ-Häftlings und ehemaligen Mitarbeiters von Kardinal Sapieha, Weihbischof Edward Lubowiecki. Hunderte von Deutschen und Polen. Rundfunk, Fernsehen. Eine herzliche Ansprache aus dem Munde Kardinal Wojtylas. Auch ich habe geredet, zweisprachig. Alles ein paar Grad Celsius zuviel. Dennoch machte nur der Gast aus Krakau mir ein Kompliment. »Wir haben Sie einmal im Radio gehört, als Sie in London zum hundertsten Geburtstag Pilsudskis sprachen. So einen Redner könnten wir in der Kirche gut brauchen.«
Ein Jahr später. 16.5.1975:

»Mariazell, das österreichische Tschenstochau. Begräbnis des von Feinden und Freunden gepeinigten Kardinals Mindszenty. Aber in der Menge schluchzender Magyaren nur zwei Polen. Der Redakteur der »Furche« sagte zu uns: »Der Erzbischof von Krakau wollte kommen, aber sie ließen ihn nicht. Unser Franz König sagt ihm eine große Zukunft voraus.«

Man hat ihn also oft gesehen, den nachdenklichen Oberhirten vom Wawelhügel, bevor er der Bischof Roms und der Welt wurde. Man hat viel von Ihm gehört und viel an Ihn gedacht, schließlich reiste Er oft über die Grenzen ins Ausland. Sogar nach Australien. Aber war das derselbe Karol Wojtyla, der heute den Enthusiasmus von Millionen entfesselt, die Zierde der Illustrierten und der Fernsehschirme? Der Mensch wächst mit der Aufgabe. Hat nicht Heinrich Heine in seinem »Wintermärchen« das Phänomen der Karriere in der Fremde trefflich beschrieben?

Ich beobachte den »Arrivierten in Weiß«, wie er seine Papstbotschaft im New Yorker Glaskasten der Vereinigten Nationen verliest, in jenem Saal mit dem Riesenglobus, in dem einst ein Hitzkopf mit dem Stiefel aufs Pult schlug und ein zweiter mit einer Pistole im Gürtel erschien. Hoffen wir, daß es ganze Sanitätskolonnen waren, die den Saal vor dem Empfang des Papstes desinfizierten – soviele Lügenbazillen schweben dort in der Luft.

Wir Berichterstatter auf der Pressetribüne heften unsere Blicke instinktiv auf die Rücken gewisser Leute in Ausgehanzügen, als Karol Wojtyla mit machtvoller Stimme daran erinnert, daß das Schreckgespenst der Konzentrationslager noch immer nicht aus der Welt von heute verschwunden ist. Der Papst aus Polen weiß es am besten: selbst kunstvoll gedrechselte Phrasen können nicht darüber hinwegtäuschen, daß mehr als die Hälfte der Menschheit gezwungen ist, ohne Freiheit und Demokratie zu leben.

Ein Appell an Menschen, die guten Willens sind. Dort unten aber, in den ersten Reihen, gibt es nicht wenige, die schlechten Willens sind. Menschen mit dem Finger am Abzug. Ich betrachte einen feierlich gekleideten Diplomaten, dem sein zweiter, zusätzlicher Beruf im Gesicht geschrieben steht. Die ausgebeulte Stelle unterm Sacco, zwischen Achsel und Seitentasche, legt die unangenehme Vermutung nahe, er habe zu diesem Fest der Brüderlichkeit für alle Fälle sein stärkstes Argument mitgebracht. Und mir fällt eine Strophe des Dichters ein, der dem Papst so nahesteht:

»Was schließlich wird aus dieser uns're Welt?
Ich sehe Fortschritt und Erfindungen die Menge,
Soldaten massenhaft und Schulden ohne Grenzen,
Agenten zahllos und die Polizei vorzüglich, –
die Menschheit aber, kindlich, voller Demut,
stirbt Hungers oder schuftet hart
im blut'gen Schweiße ihres Angesichts...«

Trotzdem ist das der falsche Augenblick für Zweifel und Schwarzseherei: wir sehen die Schlagzeile der New Yorker Zeitung, jenen Satz mit dem ansteckenden Optimismus, ohne den sich nichts auf der Welt reparieren läßt: *This Pope makes me think that the world and the people in it are not as bad as they seem.*

»Laßt uns den Menschen ehren: in ihm spiegelt sich der Glanz göttlichen Ruhms!«

Diese Worte des heiligen Irenäus zitiert der Papst besonders gern.

Die Ansprachen und Predigten Johannes Pauls II. scheuen keine Langatmigkeit. Es ist, als ignorierten sie die Krankheit unserer Zeit: die Hast. So beweist auch diese einstündige Ansprache, wie meilenweit entfernt der Papst vom hektischen Lebens- und Denkstil unserer Tage ist. Durchsichtige Konstruktion sowie zielsichere Diagnose der Krankheiten unserer Epoche zeichnen sie aus. Der Papst hat nicht zum

erstenmal nachdrücklich betont, es bestünde ein enges Bündnis zwischen der Wahrung der Menschen- und Bürgerrechte einerseits und der Erhaltung des Weltfriedens auf der anderen Seite. 1965 hatte ich Gelegenheit, von derselben Bank aus die in Französisch gehaltene Ansprache Pauls VI. zu verfolgen, der im übrigen damals nur wenige Stunden in Amerika verweilen wollte. Bedarf es einer Erklärung, welcher der beiden Auftritte vor dem UNO-Forum der wirkungsvollere war?
Vor dem Hintergrund eines gewaltigen Webteppichs, einer Nachbildung der Chinesischen Mauer, nimmt Papst Wojtyla das Defilee der Mächtigen dieser Welt entgegen. Es beginnt die Vorstellungs-Cour der nicht endenwollenden Kette von Diplomaten, aalglatt und fehlerlos vorgestellt vom ägyptischen Chef des Protokolls. Vierhundert Hände sind zu drücken. Zwischen offiziellen Vertretern sämtlicher Staaten – nur Albanien glänzt durch Abwesenheit – blitzen wie Rosinen im Sonntagskuchen die Filmstars sowie die übrige Prominenz beiderlei Geschlechts, die Asse und Königinnen der Gesellschaftskolumnen der Boulevardpresse, die Abonnenten des »Gourmet Journal«. Morgen werden wir erfahren, wer wen frisiert hat und wessen Stöckelschuh unterwegs verlorenging. Beauties von leicht verblichenem Glanz wirken im Lichte der Fernsehkameras mit ihren munter flatternden künstlichen Wimpern und ihrem 32-Zähne-Lächeln deutlich verjüngt. Der Papst – das ist so etwas wie der back-ground für das Foto, das die Presse noch heute vom Atlantik bis zum Pazifik jagen wird. Auch Jacqueline ist da, die Witwe nach J.F. Kennedy und Onassis, in eleganter, extra für diesen Anlaß geschneiderter Robe. Eine lächelnde Niobe. Shirley MacLane fragt, ob sich der Papst an ihre Filme erinnere. Ja doch, ja, bestätigt er höflich. Vor Jahren wurde in Krakau ein Film mit Shirley gezeigt. Die amerikanische »Miss TV«, die schon Fidel Castro und den

Schah von Persien interviewte, hätte Lust auf einen Fernsehplausch mit dem Papst...

Während der Ägypter mit Tremolo in der Stimme schon wieder einen jener abgewetzten Unesco-Nassauer vorstellt, kommt mir die alte Anekdote von dem amerikanischen Kongreß-Mann in den Sinn, der, als er die UNESCO-Bezeichnung zum ersten Mal hört, bei einem Empfang anerkennend ausruft:

– Kenne ich! Ich kenne euch gut und schätze euch sehr! Unesco, ein kleines Land, und doch so tapfer!

Mit den Mächtigen spricht er so frei und selbstsicher, als wenn er, der Plebejer aus der Kleinstadt, der ehemalige Dorfvikar aus Marszowice, das ganze Leben nichts besseres gelernt hätte, als mit dem diplomatischen Smalltalk kostbare Zeit zu verschwenden.

Wir wissen jedoch: dies ist nicht sein Element, nicht sein Geschmack. Das ist es eben: in der Grube ist er Kumpel, bei Philosophen Philosoph, bei Studenten selber Student, bei Diplomaten eben Diplomat. Und bleibt trotzdem immer er selbst: ein Mensch, neugierig aufs Leben, willig gegenüber Mitmenschen, freundlich zur Umwelt. Nur gelegentlich zeigt ein sanft-ironisches Blitzen im Augenwinkel, daß er die Situation durchschaut. Nett und charmant klingt manchmal leiser Anflug von Bauernschläue aus dem Mund des Intellektuellen von der Lubliner Universität: Eine gewisse listige Heiterkeit des Superstars in »Gottes eigenem Lande« entgeht uns nicht.

Einige Tage darauf beobachtete ich ihn auf dem Rasen des Weißen Hauses. Er fühlt sich wie zuhause, wie ein Bauer auf seinem Berghof, keinen Augenblick lang erstaunt darüber, daß sich die allererste Garnitur einer Supermacht fügsam über seine ausgestreckte Hand beugt. Aus unmittelbarer Nähe kann ich die amerikanische Prominenz bei der Begrüßung des Papstes vor dem Weißen Haus beobachten. Eiskalte Profis, all diese Kissingers, Browns, Vances, nähern sich ihm blaß oder mit unnatürlicher Röte im Gesicht, auf Beinen aus Watte. Der Präsident mit seiner unvermeidlichen Familie, sonst so selbstsicher, benimmt sich wie ein Volksschüler, der während der großen Pause irgend etwas auf dem Schulhof ausgefressen hat und jetzt vor seinem Lehrer steht, in Erwartung der wohlverdienten Strafe. Als Gast und Gastgeber allein sind, ergreift der Papst aus Polen den Arm des etwas verwirrten Amerikaners aus Georgia, übrigens eines Würdenträgers der Baptistenkirche, und sagt in seinem Englisch mit unverfälschtem Krakauer Akzent: *America has to be strong, very strong!* Und nach einer Weile ergänzt er diesen Satz mit der Zusatzerklärung: *»Spiritually, of course!«*

In dem Augenblick, da sich der Gast aus Rom vor dem Hintergrund des Sternenbanners im Sonnenlicht zeigt, jetzt nicht länger gebeugt, sondern aufrecht und mit träumerischem Glanz in den Augen (der erste Schauspieler auf der Weltbühne), schrumpfen sie alle zu unbeholfenen Statisten.

»Ich kenne Karol Wojtyla seit fünfunddreißig Jahren«, flüstert mir ein Krakauer Freund zu. »Und ich erkenne ihn nicht wieder. Wo hat er das alles gelernt? Woher diese Gewandtheit und diese ungewöhnliche Kraft? Ruhe, Würde und Güte – alles in einem. Ecce sacerdos magnus!«

Und wirklich: es ist gar nicht nötig, daß er spricht. Jeder seiner öffentlichen Auftritte läßt uns an die Worte denken: veni, vidi, vici. Er braucht sich nur aufmerksam umzuschauen, zu lächeln, die Handflächen zu heben, schon verlieren die nüchternsten, skeptischsten Naturen den Kopf. Man kann zur Not verstehen, daß er auf die armen Neger und Mexikaner wirkt und auf die Nonnen in Polen oder Irland, daß er die von Natur aus leicht entflammbare Jugend rascher begeistert. Daß aber jene ausgekochte Clique auf der Ehrentribüne, die das Instrumentarium der Macht und die

Anatomie des Erfolges durch und durch beherrscht, die so geschickt andrer Leute Stimmungen zu manipulieren versteht und die Quellen, Motivationen und geheimen Ziele von Massenpsychosen und Gefühlsausbrüchen längst durchschaut hat, ihre Rat- und Wehrlosigkeit so nackt und schonungslos offenbart, ist schier nicht zu glauben. Ach, dieser Zauberer in weißem Gewand, dieser wiedererweckte Orpheus, er würde sogar das Höllentier im Orkus entwaffnen. Man sagt – se non è vero –, daß der spleenige Gromyko, mit kalkiger Maske von der Audienz im Vatikan kommend, für einige Zeit unfähig war, das Ärmelloch seines Paletots zu finden.

Wenn ich bedenke: Papst Pius IX. schickte im vergangenen Jahrhundert geschenkweise Marmor nach Amerika, mit der Bitte, man solle ihn zum Bau des Washington-Denkmals verwenden. Papstgegner versenkten ihn im Potomac-Fluß. Heute hingegen...

Hat der Papst Amerika entdeckt? Nein – Amerika hat den Papst entdeckt. Und zwar nicht irgendein esoterisches Wesen, sondern einen moralischen »leader« von Fleisch und Blut.

Der Delegierte der Methodisten-Kirche vertraut uns auf der Schwelle des Trinity College an:

»Natürlich haben Schnellschuß-Redner wie Martin Luther King, Billy Graham und die Gebrüder Kennedy den Weg zu meinen Ohren gefunden. Die Sätze hingegen, die dieser Fremde so langsam von sich gibt, treffen mein Herz und meinen Verstand.«

Bemüht sich der beliebte Oberhirte um Popularität? Nichts dergleichen: er vertritt lauthals Ansichten, die unbequem sind, und fürchtet weder Unbeliebtheit noch schlechte Kritiken. Manchmal denkt und spricht er gegen den Strom, gegen alle Erwartungen. Trotzdem, oder gerade deswegen, wird er in den Staaten mit Ehrerbietung und Bewunderung

empfangen. »Dies ist einer jener Boxer«, schreibt die Adventisten-Zeitung in sportlichem Slang, »die niemals in Dekkung gehen, sondern permanent angreifen.«
Der Papst entdeckt bei seiner Fahrt durch die Straßen amerikanischer Städte auch die Transparente mit kritischen Texten: »Die Diskriminierung der Frau ist eine Verletzung der Menschenrechte!« Diese Tafel mit dem polnischen Text halten unweit der St. Patricks-Kathedrale Nonnen in Händen. In Chicago und Washington hört er sich die herben Worte der »feministischen« Ordensschwestern Anne Carr und Theresa Kaine an, ohne die Stirn zu runzeln – sie waren demonstrativ in Zivil erschien. (Ich darf hier einfügen, daß der Papst, der an sich selbst die höchsten Ansprüche stellt, auch von den Arbeitern im Weingarten des Herrn Gehorsam verlangt.) »Den Soldaten erkennt man von weitem an seiner Uniform«, sagte er unlängst im Vatikan, »den Priester an seiner Soutane.« Und er erinnerte daran, daß Priestertum als Frucht der Berufung kein Beruf ist, sondern ein Sakrament.
»Warum tauft ihr uns überhaupt, wenn wir Wesen einer niedrigeren Kategorie sind?« ruft eine Mulattin mit dem Kreuz auf der Bluse durchs Handmegaphon.
»In unserer Pfarre dürfen Mädchen nicht ministrieren! Die römisch-katholische Kirche ist die letzte Bastion des Anti-Feminismus. Nur Teheran behandelt uns schlechter!«
»Papst der Hoffnung« zu sein ist nicht so leicht. Die Liste der Petitionen und Klagen wächst.
»Du gedenkst der geknechteten Litauer, Tschechen und Ukrainer. Aber auch in Libyen werden Christen gequält!« steht auf dem im Wind flatternden Leinen.
Durch die Scheibe unseres Pressevehikels entdecken wir eine Gruppe junger Priester mit der Tafel: »Es ist nicht wahr, daß das Evangelium das Zölibat empfiehlt!« Es mangelt auch nicht an Plakaten, die gegen den Standpunkt Roms in Sachen Scheidung, Geburtenregelung und Sexualethik pro-

testieren. »Es ist an der Zeit, die Enzyclica ›humanae vitae!‹ zu vergessen!«
Ein nach Pomade duftender Ordensbruder – er wirkt, als wäre er einer Hustensaft-Reklame entstiegen – sagt im Fernsehen beim round-table-Gespräch mit schalkhafter Miene:
»Wie das in der Familie so ist: man kann den Vater lieben, es gehört sich sogar, ihm voller Ehrfurcht zuzuhören, aber muß man deshalb seine Anschauung teilen?«
»Schon allein dieser Widerstand gegen die Pille!« regt sich die weißhaarige Schweizerin auf. »Wie kann man Dekrete erlassen gegen Millionen von Menschen, die anders denken!«
»Die Sorge um das ungeborene Leben ist nicht ausschließlich dem römischen Katholizismus anzulasten: Wieso reden wir nicht einmal über die Standpunkte anderer Religionen?« »Lesen Sie doch einmal die Protokolle der protestantischen Lambeth-Konferenz von 1930! Auch die anglikanische Kirche ist in dieser Hinsicht nicht allzu liberal.«
»Ich bin für Themawechsel«, meint gähnend die Landsmännin des Wilhelm Tell. »Die Geschichte der Kirche ist die Geschichte der Irrtümer.«
Nach New York und Washington kehren wir noch einmal zurück, doch jetzt schnell weiter im Text, sonst verlieren wir uns noch im Dickicht der Impressionen und Reflexionen. Die klassischen Erzähler haben die Aufeinanderfolge der Ereignisse, den Ariadne-Faden im Labyrinth der Tatsachen nicht erfunden, damit ich ihn hier bei meinem Reise-Tagebuch ignoriere. Obwohl andererseits Faulkner der Meinung war, Chronologie sei wichtig für ein Polizei-Protokoll, niemals jedoch für einen literarischen Text.
»Zweimal ist keinmal«, meint der Papst, als der irische Koloß der Air Lingus, eine 747, im langsamen Sinkanflug auf Boston begriffen, die Stratosphäre verläßt. »Zweimal war ich schon in Amerika. 1969 und 1979. Aber da hatte ich noch nicht diese Streifen am Ärmel.«

Die sympathisch verängstigte Frau Carter, in weißer Bluse und bescheidenem dunkelblauen Kostüm, begrüßt den hohen Pilger auf dem Flughafen im Namen des Ehegatten und der Vereinigten Staaten. Wohin sind die Zeiten entschwunden, ihr Kirchenväter, da man beim Anblick von Frauen herrisch auftrumpfte: mulier taceat in ecclesia!
In Boston gießt es in Strömen, die kalte Nässe dringt durch Mark und Bein. Das überladene Arbeitsprogramm auf der Grünen Insel hatte den Papst merklich angegriffen. Erst am zweiten Tag ist er wieder in seiner gewohnten Hochform. Leider vollzieht sich auch diese Pilgerfahrt wieder in schwindelnder Hast, als wären die Tage und Stunden der Heiligen Kirche gezählt. Alles an einem einzigen Tag: am Morgen in Philadelphia, am Nachmittag im Staate Iowa, am Abend in Chicago. Werfen Sie einmal einen Blick auf die Landkarte, was für Entfernungen das sind!
Die amerikanische Organisation, ein Musterbeispiel an Perfektion und Gigantomanie, bleibt sowohl hinter der polnischen als auch hinter der irischen zurück – jedenfalls nach Meinung der ausländischen Berichterstatter. Religion, Hektik und Medientechnik sind nicht immer unter einem Dach zu finden. Man hat die Angelegenheit überorganisiert. Die Kompetenzen überschneiden sich nicht, sie haben ein unlösbares Knäuel gebildet und erinnern damit an das Chaos, aus dem unsere Welt einst entstanden ist. Unsere Papst-Maschine wird von zwei weiteren Jumbos mit Presseleuten begleitet. Darüber hinaus sind vierzehntausend Presseausweise ausgegeben worden. Vergebliche Mühe! Der Großteil dieser Passierscheine wird später von den diversen Kontrollorganen an den Pforten der Kirchen und Stadien sowieso nicht anerkannt. Es fehlt entweder das gelbe Zeichen, das violette Dreieck oder der Kuckucks-Stempel des örtlichen Zeus. In De Moins fällt es irgendeinem Choleriker von der Schönheit Idi Amins plötzlich ein, unsere gesamte ungebärdige Equipe

für die Dauer des päpstlichen Besuches im Staate Iowa aufs tote Gleis schieben zu wollen. In Boston machen römische Fotoreporter Bekanntschaft mit den boxerischen Qualitäten der Polizei, die ganz offensichtlich die örtlichen Fotoagenturen bevorzugt. Aber schließlich hatten sich fromme Pilger jahrhundertelang ihre nackten Fußsohlen auf langen und dornigen Pfaden abgewetzt – warum sollte da der eine oder andere jener bequem umherjettenden Wunderknaben aus Rom oder Paris nicht mit einem blauen Auge heimkommen? Suchen wir also nicht länger nach Sonnenflecken.

Wie auch immer, es mangelt nicht am guten Willen, vor allem innerhalb der sozialen Organisationen und der Komitees der Diözesen. Die US-Catholic-Conference zum Beispiel gibt eigens für die Berichterstatter (allesamt Laien – kaum eine andere Berufssparte weist einen höheren Prozentsatz an Ignoranten auf!) eine sinnige Broschüre heraus, die genau erläutert, was Ornat, Tiara, Pallium, Mitra, Monstranz, Beichtstuhl etc. sind. Und mit Recht: ohne Bilderschrift kommt man in der Religionswissenschaft nicht mehr aus. Ich bin nicht allzusehr erstaunt, als einer der Reporter auf ein Pastorale zeigt und mit krankhafter Neugier im Blick fragt:

»Wie heißt dieser Stock auf katholisch?«

Hätte ich ihm geantwortet: »Buzdygan« (= türkischer Hetman-Stab), er hätte mir für die kollegiale Dienstleistung ebenfalls gedankt.

Boston also.

»Sollte dem Hochwürdigen Pilger etwas zustoßen in unserer Stadt«, sagt der gutaussehende Polizeiinspektor mit den silbernen Koteletten, »bin ich der erste, der seinen Hut nimmt.«

Für uns wahrlich ein schwacher Trost.

Da gibt es Proteste gewisser Bürger-Vereinigungen in Boston, Philadelphia und Washington, die sich dagegen ver-

wahren, daß dem Steuerzahler die Anschaffungskosten für die Feld-Altäre aufgebürdet werden (man beruft sich auf das Grundgesetz und Prinzip der strikten Trennung zwischen Kirche und Staat, unerläßlich in einem Land mit 267 konfessionellen Gemeinschaften); sie werfen eine Art Schatten auf den Beginn der päpstlichen Pilgerreise. Außerdem hat eine Gruppe von New-Yorker Chassiden ihre Unzufriedenheit darüber zum Ausdruck gebracht, daß das Datum des Papstbesuches mit dem des jüdischen Festes zusammenfällt. Schlimmer ist, daß kurz vor der Ankunft des Heiligen Vaters in Boston der schwarze Sportler Darryl Williams angeschossen wurde. Zwar erhielt der querschnittsgelähmte junge Mann in der Klinik umgehend den Besuch von Senator Kennedy und Frau – Erbarmen, christliche Tugend. Doch vergaß Kennedy dabei nicht, die Fotografen mitzunehmen: in einem Jahr gibt es Neuwahlen fürs Weiße Haus. (Als auf dem winzigen Marktplatz des Bergdorfes Canale d'Agordo der italienische Premierminister Cossiga im Licht der Jupiterlampen vor den Augen der Filmkameras die heilige Kommunion aus der Hand des Papstes empfing, flüsterte mir Don Lorenzo ins Ohr: »Ich bin sicher, es sichert ihm nicht nur himmlisches Wohlwollen, sondern vor allem die Zustimmung der Wähler, was schon weit schwerer wiegt.«
Die junge Negerbevölkerung geht gleich zweimal auf die Straße. Die schwarzhäutigen Stadträte drohen, eine zweitausendköpfige Demonstration zur Kathedrale zu schicken, in welcher der Papst mit der Geistlichkeit Neu-Englands zusammentreffen sollte. Auf Transparenten, getragen von jungen Schülerinnen, entdecke ich Inschriften wie diese: »Zeig' den Weißen, Papst, daß du zu uns stehst!« »Nicht Worte zählen, sondern Taten! Papst, wenn du wirklich gegen Rassismus bist, dann besuche Williams im Krankenhaus!« So wie ich den Papst kenne: er würde es gern tun. Doch auch ihm sind Grenzen gesetzt. Was hilft's – die Polizei verliert

die Nerven. Sehr zum Verdruß Johannes Pauls II. ändert sie nicht nur im letzten Augenblick seine Fahrtroute durch die Stadt, sondern ordnet für die Kavalkade doppelte Fahrgeschwindigkeit an, was in der Menge auf den Plätzen und Gehsteigen Verbitterung auslöst:

»So ein Pech«, lamentiert eine Frau mit gelbem Fähnchen lauthals drauflos. »Ich bin mit den Kindern aus Kanada rübergekommen, seit fünf Stunden warten wir im Regen, halbtot gequetscht im Gedränge, und jetzt saust der Papst so schnell an uns vorbei. Ein paar Sekunden, und aus ist der Traum. Wir hätten daheim bleiben und ihn uns im Fernsehen ansehen sollen.«

Während des Pontifikal-Hochamtes in Boston-Common (der Regen trommelt so erbarmungslos auf den Baldachin, daß nur 300 000 Gläubige erschienen sind) betet der Papst aus Anlaß des Yom Kippur für »Israel, den älteren Bruder« und für den gelähmten Schwarzen, ein Opfer des Rassenhasses. »Ich denke an das, was mein Herz aufspürt«, bekennt der Papst in einem seiner Gedichte. Oft wird er nachdenklich. Worüber meditiert er in der Bostoner Heiligen-Kreuz-Kathedrale, während er mit gesenkten Lidern dem Begrüßungschor »Your Holiness« lauscht und anschließend dem freudigen Gesang von zweitausend Dienern Gottes?

Einmal ist er von einem Philosphiestudenten in Lublin gefragt worden, welcher Art sein Verständnis der Welt und des Menschen sei, welche Wege seine Gedanken gegangen seien. Ob es wahr sei, daß er, beginnend beim traditionellen Thomismus, über das Erlebnis der Philosophie des Johannes vom Kreuz und die Schriften Schelers zum thomistischen Personalismus gelangt sei und diesen methodologisch um die Phänomenologie Husserls bereichert habe. Eigentlich hatte der Papst antworten wollen, daß es an der Zeit wäre, in der christlichen Anthropologie den Schwerpunkt von der Mystik auf den aktiven Personalismus zu verlegen. Aktive

Ethik wäre vonnöten, hier und jetzt. Dann aber erschrak er vor den vielen »Ismen« und den gelehrten Worten.
»Homo religiosus sum«, erwiderte er kurz. »Ich denke, daß wir durch vollständige und bewußte, geistig-dynamische Menschlichkeit Gott ähnlicher werden. Aber ob dies der einzige Weg ist, der zu ihm führt?« –
Von Boston nach New York ist es nur ein Sprung.
Gleich kommt der Flughafen La Guardia.
Unten steht Schäferhund Tony bereit, der ganze Stolz des FBI, um die vielen Journalisten zu beschnuppern. Er leckt sich das Maul beim Anblick unserer Reisebündel. Immer dasselbe: wer ins Pressehauptquartier fährt, schafft es nicht rechtzeitig zum Regierungssitz des Herrn Waldheim, wer zur Kirche eilt, kommt zu spät ins Stadion usw. Warum habe ich nicht einen eigenen Hubschrauber zum Zusammensetzen. Wer war doch der Heilige, der – wundersam verdoppelt – an zwei Orten zugleich sein konnte? Er wäre der päpstliche Traumreporter.
New York. »Zum wievielten Male, Vergil, verweilen wir in diesem Kreise?« Eine betäubende, Entsetzen verbreitende Stadt. Eine einzige große Unverfrorenheit, die der Vorsehung drohend ihre himmelstürmenden Betonmassen entgegenstreckt. Ein Turm, der irgendwann einstürzen wird. Unaufhörliches Gewimmel von Menschenmassen im steinernen Dschungel. Ein fremder Planet? Nicht doch – derselbe wie überall, denn auch der Mensch ist der gleiche. Auch in diesem Lande, in dem Erfolg Maß aller Dinge ist, lauern hinter der Fassade aus Optimismus und Lebensfreude die Ungewißheit des morgigen Tages, die Furcht vor der Zukunft und jene uralten, von wirtschaftlicher Konjunktur unabhängigen existenziellen Ängste, jene Sorge ums Dasein, die die irrationalen Sehnsüchte fördert und das Gefühl der metaphysischen Einsamkeit und Vereinsamung vertieft. Und den Hunger nach der großen Alternative weckt. Oder zumindest

nach ihrem Surrogat: der Gewalt, dem blühenden Wahnsinn, der Flucht ins Nirwana, den Fallstricken der Rattenfänger, der Jones-Sekte in Guayana. »Wie eine Handvoll Staub, vom Sturm gebeutelt – was heißt da Mensch?« wehklagte einst Dichter Norwid mit gebrochener Stimme. Ob vornehm gekleidet oder in Lumpen gehüllt: aus Lehm geformt, flüchtige Eintagsfliege, nackt ist er immer. Er friert.

Während die Maschine, unterwegs nach Philadelphia, einen Bogen über New York beschrieb, ergriff der Papst das Kreuz und segnete das Häusermeer in der Tiefe durch die Fensterscheibe. Es war, als fielen Blumen in einen Brunnen.

Vorher noch hatte er seine Hände den Verfolgten und Mutlosen entgegengestreckt und sie vor dem Carlo-Borromäo-Kirchlein in Harlem getröstet und aufgerichtet. (»Indem wir andere trösten, trösten wir uns selbst.«)

»Seid Sendboten der Freude! Der Mensch ist nicht wehrlos und vereinsamt! Fürchtet euch nicht! Gott ist der Vater *aller* Kinder, er ist unsere Freude für jetzt und immerdar, unser Licht, unsere Hoffnung und Rettung!«

»Nicht verzweifeln! Nicht aufgeben!« rief er in spanischer Sprache den Latinos zu, angesichts der Bruchbuden von South Bronx.

Als er durch Harlem fuhr und an den Wänden der häßlichen, rußigen Ziegelhäuser die mit jubelnden Negerkindern beklebten Treppen erblickte – die fire escapes –, flüsterte er seiner Begleitung zu:

»Können die dort nicht runterfallen? Hält denn das alte Eisenzeug überhaupt?«

Dort in Harlem war es auch, daß ich einen Halbwüchsigen, der eine lange weiß-rote Fahne über die verschmutzte Fahrbahn hinter sich herzog, fragte, ob er wüßte, welche Farben das wären.

»Of course, I know«, erwiderte der Bursche mit dem

schwarzen Panther vorn auf dem Sweater. »Red and white means Polish. The pope, you know, is a Pole...«
»Hab' davon gehört«, meinte ich und bot ihm einen Kaugummi an.
Ich glaube, diese halb-missionarische Erkundungsfahrt zur abgewandten Seite des Mondes – die überquellenden Müllbehälter hatte man vorübergehend versteckt – bereitete dem Papst mehr innere Genugtuung als die effektvolle, fotogene Durchquerung der City. Via triumphalis – das klingt stolz. So hochmütig wie die triumphierende Kirche. Dabei gibt es keinen Grund zu triumphieren. Dies ist die erste Furche, welche die Pflugschar in der Wildnis zieht. Ankommen wird man wohl nie. Man kann nur unterwegs sein.
Levavi oculos meos in montes – er schaut zu den Wolkenkratzern empor (das finstere Gewölk hängt tief über der Stadt an diesem Tage) und wiederholt die Worte des Psalmes, die noch vor kurzem seiner Brust entsprangen, beim Anblick der Alpengipfel in den Dolomiten. Am Broadway rieselt es confetti auf den offenen Wagen und die regendurchnäßte (Pius)-Kappe. Farbige Papierschlangen, Telex-Streifen, ein Schneegestöber aus in Fetzen gerissenen Seiten alter Telefonbücher – ticker-tape-parade. Mitten im Beifallssturm und Vivat-Geschrei, im Dröhnen der Glocken und Heulen der Polizeisirenen, fällt ihm ein, daß er als Siebenjähriger in Wadowice schon einmal einen solchen Triumphzug in einem Beifilm gesehen hatte: Charles Lindbergh, der Held der Lüfte, der erste Mensch, der den Atlantik im Flugzeug überquert hatte, fuhr über die Fifth Avenue.
Bevor wir in wenigen Augenblicken mit dem Papst-Geleitzug zur Halbinsel Manhatten jagen, zum Battery-Park, von wo aus die Freiheitsstatue zu sehen ist, rasch noch ein paar Worte über Karol Wojtyla, den Papst mit der besonderen Beziehung zur Poesie. Er kennt Dutzende von Gedichten auswendig. Liebt es, Dichter zu zitieren. Klassische und mo-

derne. Als man ihm einmal – zusammen mit einer Krakauer Weihnachtskrippe – eine auf verziertem Pergament gedruckte Legende zum Geschenk machte: »Wie der heilige Stanislaus seine Ehre verteidigte und den seligen Piotrowin aus dem Grabe hervorrief, obwohl dieser keinerlei Lebensmut zeigte«, murmelte er: »Da gibt es in der Erde hochmütiges Gebein, das sich der Auferstehung widersetzt.«
Auf dem blumengeschmückten Floß am Ufer der Ancona, als italienische Pyrotechniker zu Ehren des Papstes bengalisches Feuer entzündeten und den Himmel in allen Farben des Regenbogens illuminierten, begann er zu zitieren: »Für mich hast du im Westen deinen Glanz entfaltet, nun senkst du vor meinen Augen den Stern in kristallene Flut.« Als der glühende Verehrer von Mickiewicz und Słowacki (als Kurator des nationalen Erbes hütete er ihre Asche auf dem Wawel) im Mai, kurz vor der Polen-Reise, auf dem Monte Cassino zu uns sprach und die Rhapsodie der Freiheit erwähnte, da hatte ich den Eindruck, als ströme historische Wiedergutmachung auf unsere Gemeinschaft nieder. Nach vielen Jahren – Gott ist nicht eilig – besänftigt ein Polenpapst die Verzweiflung des Dichters, der einem weniger würdigen Nachfolger Petri einst die bitteren Worte in den Mund legte: »Die Polen sollen beten, den Zaren ehren und an Gott glauben... Auf die aufsässigen Polen werfe ich als erster meinen Fluch...«

Battery Park. Bekannte Gegend. Ich war zuletzt 1976 hier. Amerikas 200-Jahr-Feier hat diese seltsame Nation aus ihrer Lethargie gerissen wie eine belebende Spritze. Zwei Millionen Menschen sangen um Mitternacht »God bless America«. Und bei Tageslicht, während der großen Segler-Parade vor dem Hintergrund der Freiheitsstatue, zog im Geknatter gestirnter und weiß-roter Flaggen und begrüßt von zwei Nationalhymnen prachtvoll das Segelschiff »DAR PO-

MORZA« vorüber, ein Teil unserer zerschossenen Vergangenheit. Stramm und gespannt salutierten die Offiziere zur steinernen Dame im griechischen Gewand hinüber. Ich sah es durchs Fernglas: in den Augen unserer Jungs glänzten Tränen.

Und nun beflügelt uns ein neues Erlebnis: der Landsmann in Weiß hält, umgeben von wogender Menge, seine Ansprache in Amerikas geöffneter Eingangstür. Er erinnert daran: hier, an dieser Stelle befindet sich seit Generationen das Tor zur Neuen Welt. Durch bläulichen Nebel und Regen, der unaufhörlich das wogende Meer peitscht, sieht man in der Ferne auf der kleinen Insel die Statue, Symbol der Hoffnung. In den Sockel der gewaltigen, der ganzen Welt bekannten Göttin mit der Fackel in der Hand hat man eine Inschrift gemeißelt: Den Armen, Hungrigen, Heimatlosen und Bedrängten gewidmet, die Schutz suchen und ein menschenwürdiges Leben. Dies ist mehr als ein Denkmal. Es ist steingewordenes Ethos. Im Namen der landlosen Auswanderer, die in Tränen fortgingen, im Namen jener Millionen, die hier Freiheit und Heim gefunden haben – dankt der Papst für die Gastfreundschaft, die man dem Nächsten in Not und Unglück erwiesen hat. Ein schöner Augenblick.

Der Papst spricht von der Koexistenz von Menschen verschiedener Konfessionen, Rassen und Nationalitäten. Und obwohl der Sturm den Zuhörern die Regenschirme entreißt und der Regen die Hemden durchnäßt und an der Haut kleben läßt, herrscht eine frühlingshafte Stimmung. Unmittelbar hinter mir erklingt im Gedränge eine bebende Stimme:

»Habt ihr gehört? Er hat ›Schalom‹ gesagt. Good, very good. Und er hat gut über die Juden gesprochen. I like him. Ihr könnt sagen, was ihr wollt, ich mag ihn.«

Ich drehe mich um und sehe einen alten Mann mit Pejes, in der »jarmulka«, dem schwarzen Käppchen. In Europa ein fast schon vergessener Anblick.

So was läßt sich unschwer auf dem Reporterblock festhalten. Aber wie beschreibt man das permanente Erdbeben, sprich: die Begegnung zwischen dem Papst und der New Yorker Jugend? Jawohl, dies ist der erste Papst in der Geschichte der Kirche, dem es gelingt, die Herzen der Jungen zu erobern. Ist es etwas Verwerfliches, nicht nur Nachfolger der Apostel zu sein, sondern auch das Idol der Massen?

Lärm, Aufregung. Die Posaunen von Jericho, diesmal auf Trillerpfeifen, wie beim Fußballmatch. Es fehlt nicht viel, und sie nehmen dies neuzeitliche Kolosseum auseinander.

»Hören Sie das unmenschliche Gebrüll? Diesen Orkan an Enthusiasmus? Die Jugend ist verrückt geworden. Und alles zu Ehren dessen, der aus der »schweigenden Kirche‹ hervorging!« – Der Pfarrer aus Orchard Lake bemüht sich vergebens, den pausenlos donnernden Applaus und die Freudenexplosionen zu übertönen. Über wieviele Divisionen von Rotzjungen verfügt der Papst heute?

Schon am Dienstagabend, im Yankee-Stadion, spielten sich Szenen ab, die sich die Kirchenväter niemals hätten träumen lassen. Es gab einmal eine Zeit, da zerfleischten in der römischen Arena die Löwen die ersten Christen. Heute hingegen sind in der New Yorker Arena 80000 Christen und Nichtchristen drauf und dran, den Papst in Stücke zu reißen. Psychose, Euphorie, der reinste Amoklauf. Fast ein Kannibalen-Fest. Die Massen brächten es fertig, ihn aus lauter Liebe zu verschlingen. Tausende gefräßig ausgestreckter Hände. Verschwitzte, besinnungslose Gesichter. Woodstock in der Potenz. Die Menschenwogen prallen rhythmisch gegen die Wellenbrecher der Ordnungshüter. Hunderte zerplatzender Sterne. Blitzlicht-Trommelfeuer und wildgewordene Scheinwerfer. Und dazu das ungeheuerliche Geschrei, das den Papst zwingt, sich die Ohren zuzuhalten.

»Mir platzt das Trommelfell!« Der Gast aus Rom greift sich entsetzt und freudig zugleich an den Kopf. »Warum dies schreckliche Gebrüll, Geheul und Gepfeife? Aber wartet nur, ich übertöne sie alle!«

Er tritt ans Mikrophon und stößt einen »Goralen-Ruf« aus, einen wahrhaftigen Urschrei. Doch die Fieberskala der brodelnden und brüllenden Massen klettert daraufhin nur noch höher. Das Amphitheater explodiert! Sienkiewicz' Worte aus »Quo vadis« fallen einem ein. Was hätte wohl übrigens der noble Nobelpreisträger aus dem Jahre 1905 mit dem silbernen Bärtchen beim Anblick dieser gewaltigsten aller Shows gesagt? Er wäre entsetzt geflohen.

»Der John Travolta des Himmlischen Reiches« – so nennt eine am Hudson erscheinende Schülerzeitung den Papst etwas frivol. Zur Erläuterung für die Nachwelt (Star-Kult ist kurzlebig!): so hieß in den Endsiebzigerjahren ein sehr populärer Tänzer und Liedersänger. Als »Dschi-Pi-Tu« seinem schneeweißen »popemobile« entstiegen ist, bereitet ihm das junge Volk im Madison Square Garden einen Empfang, angesichts dessen jedes andere Massenidol vor Neid erblaßt wäre. Der Papst nimmt teil an einer Veranstaltung, bei der Leo XIII. vor Empörung in Ohnmacht gefallen wäre: *»Youth in Concert with Pope John Paul II.«* Es ist vieles anders geworden in der Kirche, im Laufe des letzten Jahrzehnts, wenn man bedenkt, daß vor nicht allzulanger Zeit die jungen Gemeindemitglieder von Leśna Podkowa mit ihren unschuldigen Liedern zur Gitarre die ebenso ehrwürdigen wie finster dreinblickenden Honoratioren in hellste Empörung versetzten. Der graue Alltag weckt die Sehnsucht nach dem großen Ereignis. Erwachsene Amerikaner, erzogen durch Hollywood und TV, erliegen gern der Faszination des farbigen Märchens! Am wohlsten fühlen sie sich in der Zauberwelt von Disneyland. Und erst recht die Kinder! Obwohl sich der Papst um eine geschlagene Stunde verspätet, begrüßt man ihn mit einer sogenannten »Rakete«, wie beim Pfadfinder-Lagerfeuer. Ein Blumenregen. Lauthals brüllende Dreikäsehochs in Jeans hüpften auf die Motorhaube des Papst-Fahrzeuges. Die Burschen auf den Tribünen heulen wie die Indianer oder schluchzen mit echt italienischer Exaltation vor sich hin wie Schafe, obwohl das amerikanische Pfadfinderwesen die Urenkel Uncle Sam's nach dem ehernen Grundsatz erzieht: »Ein Pimpf weint nie!« Sie hüpfen, rhythmisch klatschend, von einem Bein aufs andere, wie die Neger bei ihren Meetings im Süden des Landes.

Unsere polnische Jugend, die so ganz anders ist, um soviel konzentrierter, gleichsam vorzeitig gereift, diese Jugend, die mit dem Kreuz in der Hand dem Mann Gottes begegnete und so herzbewegend in Gnesen und in Krakau vor ihm gesungen hat – könnte sie doch das überwältigende Schauspiel miterleben! Das junge Amerika singt lauthals – wenn auch zu Anfang nicht allzu koordiniert: die Klangmassen echoten zwischen Dachwölbung und Tragbalken der gewaltigen Halle! – doch schon nach kurzer Zeit erklang es stark wie der Sturmwind:

He's got the whole world in his hand!

Ein herrlicher Rhythmus. Er begleitet uns von Dublin nach Washington. Noch heute klingt er mir im Ohr und reißt die Gedanken zum Himmel empor. Ich hatte diesen Text schon früher gehört, im badischen Freiburg und im italienischen Belluno. Auch in Polen kennt und singt man ihn bereits.

Bevor der Papst das wildgewordene Meer der Jugend durch Ausbreiten der Arme und lautes Gebet sänftigt, ereignet sich eine winzige Episode, die zwar nur von der engsten Umgebung wahrgenommen wird, die aber dennoch auf rührende Weise bezeichnend ist:

Um Seine Heiligkeit auch nicht einen einzigen Augenblick daran zweifeln zu lassen, daß ihn die Jugend für ihresgleichen hält, gewissermaßen für einen Jüngling honoris causa, händigen ihm zwei Gymnasialschüler die Insignien ihrer grünen

und sorglosen Jahre aus: eine elektrische Gitarre, Jeans mit Cowboygürtel und ein gelbes, kurzärmeliges T-shirt. Als der Papst darauf die Aufschrift entdeckte: *»Don't forget: The Pope is Polish!«* (»Vergiß niemals: der Papst ist Pole!«) – die Losung war für Amerikaner polnischer Herkunft bestimmt und sollte sie daran erinnern, daß sie auf ihre Abstammung stolz sein können –, schien er einen Moment lang betroffen und merkwürdig berührt. Er schirmte das Mikrophon mit der Hand ab und flüsterte auf Polnisch:
»Wie könnte ich vergessen, daß ich Pole bin? Das ist ja fast eine Kränkung.«
Aber gleich darauf lachte er erleichtert:
»Oh, mein Englisch! Jetzt verstehe ich. Sie sind stolz auf mich. Und ich stolz auf sie!«
Er nimmt die Hand vom Mikro. Hebt das T-shirt hoch. Nimmt Maß. Zeigt es den Massen: es sei zu eng, er passe nicht hinein. Als er noch einmal versucht, den wachsenden Lärm mit einem melodischen »Woo-hoo-woo« zu beruhigen, kippen die Teenies vor lauter Hysterie fast aus den Turnschuhen. Und zur Kuppel des Madison Square Garden schlägt der skandierende Ruf empor wie bei einem Finalmatch, immer rascher, immer lauter:
»Rock'em up – stack'em up – bust'em in two – Holy Father, we're for you!
Der Papst klatscht und singt mit ihnen. Genau wie in Irland lacht und ruft er abwechselnd:
»I need you! I love you! God bless you!«
»God blessed America by sending you to us!« ruft ein schwarzhäutiges Mädchen und stürzte auf die Knie. Es ist eine sogenannte »drum-majorette« mit weiß-gelbem, karnevalähnlichen Tschako mit rotem Federbusch. Die Schlegel entfallen ihren Händen.
Tausende skandieren rhythmisch:
»John Paul Two – we love you.«

Der Hausherr der Erzdiözese versucht entsetzt, sie zu bremsen: »Peace be with you!«
Der Papst lacht.
»Lassen Sie sie nur nach Herzenslust schreien. Wann sollen sie sich abreagieren, wenn nicht in der Jugendzeit?«
Der Kardinal flüstert ihm etwas zu.
»Kardinal Cook sagt mir soeben«, verkündete er der Menge, »daß ich das Programm durcheinanderbringe. Hört also, was ich euch wichtiges zu sagen habe: Christus ist mit uns! Immer und überall – schaut auf Christus. Wenn ihr an die Zukunft denkt, dann vergeßt nicht, daß ihr es mit Ihm zusammen leichter haben werdet. Denkt daran: nicht nur ihr braucht Ihn, auch Er braucht euch. Laßt uns zu Ihm beten. Vater unser, der du bist im Himmel...«
»Unsere Jugend ist völlig außer Rand und Band«, sagt mir gegen Mitternacht der Hotelportier. »Er hat sie total verzaubert. Als mein vierzehnjähriger Sohn vom Madison Square heimkam, warf er sich aufs Bett und rief: »Daddy, warum bist du nicht Papst?«
Vor dem Abflug nach Philadelphia leisten wir uns einen kleinen nächtlichen Plausch im Hilton, obwohl wir um fünf Uhr früh geweckt werden. Das Thema ist immer dasselbe: der Papst.
»Meme pour la Pologne sozialiste, avouez, que le pape est un excellent propagandiste!« – meint ein Franzose bei einer Karaffe Bourbon.
»Es wird soviel geredet von Karol Wojtylas Pragmatismus und Liberalismus«, mokiert sich eine Holländerin aus Brabant, Anhängerin des »fortschrittlichen Dominikanerpaters Edward Schillebeeckx (weh dem, der heutzutage nicht fortschrittlich ist!). »In Wirklichkeit lehnt dieser Mann das Tauwetter ab, das nach dem letzten Konzil eingesetzt hat. Er ist ein Ideologe der neuen Gegenreformation! Er macht das Pontifikat Johannes XXIII. zunichte!«

»Gegenreformation«, spricht sie mit dem gleichen Abscheu aus wie ein Moskauer Aufklärer das Wort »Konterrevolution«. Wie oft höre ich dies Lied an den Caféhaus-Tischen am Main, Rhein oder an der Isar. Literaten, mit denen ich bekannt bin, bedauern, daß mich ein Papst fasziniert, »der, selbst wenn er wollte, nichts ändern kann auf dieser Welt«. Sie schreiben es dem »typisch polnischen Solidaritätsgefühl« zugute. Nun ja. Sie sagen: »Dein Geist ist total verpäpstlicht.« Dabei ist der ehemalige Theologie-Professor aus Lublin weder ein »Reaktionär« noch ein »eingefleischter Konservativer«. (Gibt es wirklich keine Werte mehr, die zu pflegen und zu erhalten sich lohnen würde?) Das stereotype: »Ein Pole – ergo ein Rückschrittler!« spielt dabei keine unwesentliche Rolle. Welches sind die Kriterien der »Fortschrittlichkeit«? Die Aussagen des »Arbeiterführers in Weiß« von Nowa Huta und Monterey in Mexiko, soziale und wirtschaftliche Fragen betreffend, sind ungleich mutiger als die seiner Vorgänger auf dem päpstlichen Stuhl. Ist es wirklich so unwesentlich, wenn dieser »Plebejer den Aufstand übt« gegen soziales Unrecht, Ausbeutung und Unfreiheit?
»Kennen Sie den Papst persönlich?« faßt mich ein bärtiger Riese am Arm. »Sagen Sie ihm: seit Lincoln gibt es bei uns keine Sklaven mehr, *you see.* Dafür haben wir den Kapitalismus, den erbarmungslosen Kampf um den Dollar.«
»Ich tausche gern mit Ihnen«, regt sich ein Jüngling aus Warschau auf.
Der Papst hat geheimnisvoll gelächelt, als kürzlich in seiner Gegenwart die Bemerkung fiel: »Der Schöpfer unserer Religion, der sich im Laufe seines Lebens keine zweihundert Kilometer von seinem Geburtsort entfernte, der kein einziges Buch geschrieben hat und jung starb, ist kein Berufstheologe gewesen.«
»Was wir hüten, ist nicht die Asche, sondern die Flamme«, hat der Krakauer Erzbischof schon vor Jahren gesagt.

Die Gläubigen hören und sehen in dem amerikanischen Völkerstaat einen Papst, der aggressiver, fordernder ist als auf seinen Reisen zuvor. Er geißelt Gewalttätigkeit, Rassismus, Ausbeutung, Kriminalität der Jugend, Drogen, Alkohol und Gier nach materiellem Besitz. Er wiederholt jenen Satz, den er bereits in Irland betonte: »Die totale Freiheit ist nur eine neue Sklaverei!« Ungeachtet der Tatsache, daß innerhalb von zehn Jahren die Zahl der Priesteramtskandidaten um 60% sank, liest er den »Soldaten Christi« die Leviten, ermahnt sie zum Gehorsam. Die Kirche soll sich nicht hektisch an den »Zeitgeist« binden, sondern einerseits für die Menschen dasein, andererseits auch sich nicht scheuen, unbequeme Wahrheiten auszusprechen.
Ich bin kein Pazifist, aber es stört mich, wenn man Mars und Jesus durcheinanderbringt. Hier das Schwert – dort das Lamm Gottes, Symbol der Wehrlosigkeit. Zwar ist der Papst zugleich das Oberhaupt des vatikanischen Staates, trotzdem gehört es sich nicht, wie ich meine, den Verkünder des Evangeliums auf Flughäfen durch Soldatenuniformen mit präsentiertem Gewehr oder gar MP zu begrüßen – immerhin Waffen, die dazu dienen, Menschen zu töten und zu verwunden. Nationalhymne, Standarten, Meldungen der kommandieren Offiziere, Vorbeimärsche an Ehrenkompanien – dies alles ist gut für olympische Spiele oder anderen Firlefanz, nicht für die Begegnung mit dem Manne, der als Pilger des Friedens kommt.
Keiner hat die Begrüßung des Papstes auf dem Flughafen so klug, farbig und mit soviel Herzlichkeit zu organisieren gewußt, wie John Krol, Erzbischof von Philadelphia, ein Nachfahre polnischer Bauern.
Der Gast vom Tiberufer sah sich vor dem Flughafenportal einem menschlichen Blumenmeer gegenüber. Was für ein märchenhaft buntes Schauspiel! Hunderte von Kindern in Volkstrachten, ein Gewimmel von Heimatgruppen. »Laßt

die Kindlein zu mir kommen.« Jedes Kind hielt eine Tafel mit Buchstaben in Händen. Man konnte sehen, wie im Takt fröhlicher Lieder und der Musik die verschiedene Schulorchester in historischen Kostümen spielten, immer wieder neue Begrüßungssätze in mehreren Sprachen in die Höhe wuchsen, mit geradezu akrobatischer Geschicklichkeit, wie man sie in der Wochenschau aus Berichten von chinesischen Jugendtreffen im Pekinger Stadium zu sehen bekommt. Der Papst war begeistert, ebenso die Fernsehkameraleute. Polnische Nationaltrachten waren so reichlich vorhanden, daß man sie sogar anderen Völkern überlassen konnte. Daher auch der ungewöhnliche Anblick: die schokoladen- und zitronenfarbenen, die indianischen und sogar die Eskimo-Mäuler besinnungslos kreischender ...Goralen und Krakowiaks.

– Ua – dou – vise! Ua – dou – vise! – schrie von Zeit zu Zeit eine Gruppe kleiner Japanerinnen im Chor – es klang wie das Gezwitscher exotischer Vögel.

Der Papst konstatierte erfreut:

»Das soll Polnisch sein: Wadowice!«

Von der Empore des gewaltigen Saales im Civil Center schaue ich tags darauf auf ein schneeweißes Feld – soviele weiße Meßhemden habe ich in meinem ganzen Leben noch nicht gesehen. Zwölftausend Priester, Ordensbrüder und Seminaristen sind zum »Treffen mit dem Chef« erschienen (wie mir der berittene Polizist draußen auf dem Hof verriet). Um dem Gast brüderliche Gemeinsamkeit zu dokumentieren, wurden auf der Bühne für einige Stunden sämtliche Rangunterschiede abgeschafft. Neben im Dienste Gottes ergrauten Kirchenveteranen haben junge Kleriker Platz genommen. Der Papst ist am anderen Ende der Stadt von einigen Tausend von Ukrainern in deren Marienkirche festgehalten worden. (Wie dankbar waren sie ihm dafür, daß er seine Rede in ukrainischer Sprache begann. Entgegen den

Unkenrufen einiger Blätter war es nicht zu der Demonstration gekommen, die die Gegner der dortigen Kirchenleitung geplant hatten). Doch je länger die Gläubigen auf den Papst warten mußten, desto besser fühlten sie sich: so nahmen die gesanglichen Darbietungen kein Ende... Die in Soutanen gehüllte Jugend – ich wußte gar nicht, daß es soviel junge Priester jenseits des Ozeans gibt – schmettern in ihrer fröhlichen Stimmung ein Lied, nicht unbedingt religiösen Charakters: »W murowanej piwnicy«, ein polnisches Räuberlied aus der Tatra-Gegend. Wer will im übrigen heute so genau wissen, ob besagter Räuber nicht ein beispielhafter Sohn der Kirche war! In geschlossener Formation und über die Toppen geflaggt war die Besatzung von Orchard Lake erschienen, dem Brückenkopf der polnischen Kultur in Amerika. Sie hatten auf der Empore Platz genommen, lärmend, stark, selbstbewußt, Schlachtenbummler, möchte man sagen. Stolzer als Großbauern, »schließlich ist das unser Tag«. An den Wänden der Hall hingen neben Begrüßungsparolen Portraitaufnahmen, vergrößerte Fotoreproduktionen aus dem päpstlichen Familienalbum. Der kleine Wojtyla mit der Kerze in der Hand. In Schuluniform. Im Seminaristenrock. In der Soutane des Vatikans. Mit dem Propst-Birett. Unter der Bischofsmitra. Im Kardinalshut. Und auf der Empore der Basilika von St. Peter.

Unweit des Podiums versuchte ein Jungenchor in weiß-roten Pelerinen erfolglos, die ungeduldigen Füße ruhig zu halten. Wunderschön frisierte, vom Coiffeur herausgeputzte Köpfe. Jeder einzelne ein Page.

»Ein schöner Tag, der schönste in meinem Leben!« sagte lächelnd Mutter Augusta, Chirurgin im Nonnenkleid, eine Person von altmodischer Anmut. – Schon seit dem frühen Morgen haben Pilger aus Kanada und den angrenzenden Bundesstaaten an der 18. Straße und am Parkway Rosen niedergelegt, vor dem Kościuszko-Denkmal und dem Hause,

worin der Held zweier Nationen gewohnt hat. Ob Logenbruder oder Jakobiner – schließlich hat er vor Gott einen Schwur geleistet auf dem Krakauer Marktplatz und den Namen Polen mit Ruhm bedeckt. Jetzt kommt er!
»Kościuszko?«
»Seien Sie nicht töricht!« ich bekomme einen leichten Klaps. »Der Heilige Vater natürlich! O Jesus, ich kann ihn schon sehen!« Sie sinkt auf die Knie. Ihr Rücken zuckt.
Das berühmte Philadelphia Symphonie Orchester und vereinigte Chöre – zusammen um die zweitausend Sänger – begrüßen den Papst mit einem Springquell der Freude: dem »Halleluja« von Händel.
Und er, der pausenlos fotografiert wird – an jenem Tage gingen in den Läden die Filme aus – hebt in seiner gewohnten Art die Hände. Die Ovationen dauern fünfzehn Minuten lang. Er lächelt über das ganze Gesicht, befriedigt vom günstigen Verlauf seines Besuches: gestern auf dem Logan Circle-Gelände besuchten nahezu eineinhalb Millionen Gläubige den Pontifikal-Gottesdienst (ich sah das Gewimmel von der obersten Etage des Wolkenkratzers), heute früh hat er sich in der Kathedrale die Sympathien der schwierigen Ukrainer erworben. Es ist gut, daß er hergekommen ist. Noch einmal ist der Himmel seinem irdischen Konsul hold. Höflich begrüßt der Papst die Anwesenden. Improvisiert in fremder Sprache. Es ist, als spräche er von Stunde zu Stunde fließender Englisch.
Blitzartig reagiert er auf eine vorübergehende Störung des Mikrofons. Noch ehe der wachsame Sekretär Dziwisz das kaputte Mikro gegen ein intaktes auswechseln kann, wendet er sich zwinkernd an die Menge:
»Even in the United States is not everything okay!«
Donnernder Applaus. Schallendes Gelächter. So mögen sie ihn. Aber der Tenor seiner Ansprache an die Brüder in Christo ist von großer Bestimmtheit.

»Ich bin euer Bischof. Aber wenn ich bei euch weile, bin ich Priester. Wie lauten die Pflichten des Seelenhirten?«
In einer längeren Rede erinnert er daran, daß Priestertum dem Manne vorbehalten ist, dem ledigen Manne. Ein »Austritt bedeute soviel wie einen Treuebruch Gott gegenüber. *Priesthood is for ever.* Tu es sacerdos in aeternum...
Der polnische Offizierssohn – begreife ich auf einmal – betrachtet diese Dinge als Desertion aus den Reihen der Armee Christi.
Ein junger Amerikaner in der Nachbarreihe richtet nervös seine »koloratka« zurecht. Offensichtlich sind die päpstlichen Worte nicht nach seinem Geschmack. Mutter Augusta versetzt mir einen Rippenstoß:
»Er spricht gut. Klar und deutlich. Das tut not. Sie sind bei uns recht salopp geworden, diese egg-heads in a priest's cassok.«

Da ich keine Lust habe, spurlos in die Tiefen unendlicher Ozeane zu versinken, reise ich sozusagen im Gepäckraum Seiner Heiligkeit. Aber wie sollte ich mich – ohne Kardinalshut – an Bord des Militärhubschraubers mit der Aufschrift »United States Marine Corps« auf olivgrüner Bordwand schmuggeln, der neben dem Papst und seinem Staszek Dziwisz nur einige wenige Passagiere aufnehmen konnte? Es heißt, Philadelphia hätte den Papst dermaßen erschöpft, daß er trotz des höllischen Rotor-Lärms für eine Weile entschlummerte, kaum, daß er in de Moins an Bord der Riesenlibelle Platz genommen hatte. Sogar Metall ermüdet. Erst recht der Mensch, wenn er von vierundzwanzig Stunden nur fünf schläft. Ihm genügen zwei, drei Minuten, um seine volle Jugendfrische wiederzuerlangen. Beim Konzert in Chicago ließ er, wiewohl er Bruckners Fünfte sehr liebt, sekundenlang das Programm fallen, hinter dem er das Gesicht vor den Argusaugen der Fernsehkameras versteckte. Nur nicht

nach außen hin zeigen, wie erschöpft man ist. Ein Soldat auf Posten, möchte man meinen.
»Unser Papst versteht es, nach innen zu gähnen«, heißt es anerkennend.
In De Moins, wo wirklich der Atem eines anderen Amerika weht, erwarten ihn tausende von Rosen, Lilien und Chrysanthemen. Die Gärtner haben alle Rekorde der Verschwendungssucht gebrochen. Mit dieser Blumenmenge hätte man jahrelang die berühmten Märkte von Nizza versorgen können. Nicht endenwollende gelbe und rote Schlangen inmitten von Wiesen und Feldern – bis weit zum Horizont. So wirkten aus der Luft die Bus-Kavalkaden aus Kansas, Dakota, Colorado, Minnesota, Wisconsin, Nebraska, ja sogar aus Louisiana und Texas.
»Auch hier hunderttausende von Gläubigen?« fragte der Papst erfreut.
Und vor dem Kirchlein des heiligen Patrick bei Cumming (der kleinsten katholischen Gemeinde Amerikas) scherzte er:
»Es ist dort schöner, Papst zu sein, als Politiker. Wie ich höre, sind heute erheblich mehr Menschen nach Iowa gekommen, um den Papst zu sehen, als es bei Chruschtschow der Fall war.«
Die Polen sind überall. So auch hier, auf der Fläche zwischen den Gebäuden der »Living Farms« (halb »skansen«, halb landwirtschaftliches Museum) und dem feuerroten Sonnenball, der den westlichen Himmel hinabrollt. Die Luft, das Licht – alles ist anders. In der fast eine halbe Million zählenden Menge entdeckte ich weiß-rote Flaggen und alte polnische Fahnen. Auf einer von ihnen schimmert auf verblaßtem Rosa der weiße Adler mit goldener Krone auf dem Kopf, und als der Wind die andere Stoffseite enthüllt, zeigen sich ein Anker und die Aufschrift »See- und Kolonial-Liga«. Wo kommt das alles her? Alte Zeiten, lang vor dem

Kriege. Drei Männer – Durchschnittsalter um die 70 – präsentieren sich in bester Verfassung. Marineoffiziersmützen, elegante Zweireiher, faschingsartige Orden, goldene Knöpfe, der eine oder andere im Dreispitz, sicher ein Admiral oder Fregatten-Kapitän. Die Damen – auch sie nicht mehr ganz jung – adler- und ankergeschmückte Baskenmützen, Pelerinen, plissierte Röcke, Schärpen quer über der Brust. Sie wirken noch prächtiger als die Columbus-Ritter. Sie haben ihre Sternfahrt nach Iowa zu Ehren des Papstbesuches veranstaltet. Leider hat ihnen Bischof Maurice Dingman keinen besonders günstigen Platz zugeteilt. Bis zum Altar mit der Blumenrosette, an dem der Heilige Vater die Messe zelebriert, sind es mindestens 700 Meter. Die weiße Gestalt auf der Empore war nur durchs Fernglas zu sehen. Sie stießen Hochrufe aus, gaben dem Papst Zeichen, um auf sich aufmerksam zu machen – die Nadel im Heuhaufen. Schließlich erbarmte sich jemand und gab die Nachricht weiter. Der Polizeioffizier in schwarzer Lederjacke, den sechsschüssigen Revolver in der einen, ein walkie-talkie in der anderen Faust, hatte entschieden etwas dagegen, die See- und Kolonienfanatiker vorzulassen. Keine Ausnahmen! Alle Gläubigen sind gleich! Die Verhandlungen dauerten ziemlich lange. Endlich, kurz vor Schluß des Gottesdienstes, fand sich in der Diözese eine mitleidige Seele, und man erbarmte sich der jammernden Schar: »Laßt sie durch«, sagte der Scheriff großherzig.

Man bahnte ihnen mit großer Mühe eine schmale Gasse, auf der sie sich aus dem menschlichen Ameisenhaufen herausarbeiten, die Chaussee erreichen und zum Hubschrauber-Landeplatz gelangen konnten, drüben auf die rechte Seite, wo die beiden ziegelgemauerten Silos aufragten. Und wieder spielte sich eine Szene ab, die einen Filmemacher, hätte er sie auf Zelluloid bannen können, höchste Preise eingebracht hätte. Jemand verriet der Gruppe, der Papst würde in zehn

Minuten abfliegen. Kämen sie rechtzeitig, würde er sie vielleicht entdecken. Noch heute bekomme ich eine trockene Kehle, wenn ich an diesen Lauf denke. Seitlich durch Ordnungshüter abgeschirmt, rannten sie los, atemlos, ihre Mützen verlierend, die Rollstühle vor sich herschiebend. Der mit der Fahne stürmte wie beim Angriff vorweg. Manche stürzten, erhoben sich, liefen weiter. Kurz hinter einem Hügel, den zu erklettern den Ermüdeten nicht leicht fiel – ich habe regelrecht Hemmungen, diese Szene zu beschreiben! – fiel einer von ihnen in einer Kurve aus dem Rollstuhl und schrie um Hilfe. »Ihr habt einen Kumpel verloren«, rief jemand. Pfadfinder erbarmten sich. Hoben ihn vom Boden auf. Über den Köpfen wurde er weitergereicht. Wie ein großes, vom Frost erstarrtes Insekt. Die Frauen streiften die Schuhe ab, liefen auf Strümpfen. Noch hundert Meter, noch fünfzig... Wenig später erreichten sie glücklich die Absperrung aus roten Seilen, hinter welcher die Militärhubschrauber abgestellt waren. Sie wischten sich den Schweiß aus der Stirn, griffen sich ans Herz, taumelten. Brachten kaum einen Ton hervor. Und als der Papst sie entdeckte und grüßend die Hand hob, sanken sie wortlos auf die Knie. Schon wurde jemand am Landeplatz ungeduldig, *»we are too late«* – und zeigte auf die Uhr. Doch es war, als ahnte der Papst, was diese Menschen durchgemacht hatten, und er fand Zeit für seine Landsleute. Er segnete sie, drückte ihnen die Hände. Erst dann brachen sie in lautes Schluchzen aus.
In Chicago, einer Stadt, die ähnlich wie San Francisco von einer Frau regiert wird, ging es ebenfalls erhebend und patriotisch zu. Obwohl hinter der dünnen Wand des Hotelzimmers ein geistig umnachteter Radaubruder die halbe Nacht hindurch mit seiner Frau herumschrie (Stärke 10 der nach oben offenen Richterskala), obwohl uns der chronische Zeitmangel einen Telefonplausch mit Freunden unmöglich machte, und wir uns zum Treffen mit dem Papst

schon in der Dämmerung wecken lassen mußten, wird dieser Freitag im Oktober, zum Sonntag umfunktioniert, für immer unvergeßlich bleiben. Jede Minute des Aufenthalts Johannes Pauls II. in Chicago – das notabene mit jedem Jahr hübscher wird (als ich die Stadt 1952 erstmalig sah, strotzte sie vor Häßlichkeit) – ist von den 1880 Reportern der dortigen Presse detailiert beschrieben worden. Etwas nebelhaft präsentieren sich die Schicksale der fünf Märtyrer-Brüder, doch da sie die nicht besonders schöne Kirche in der South Street zu ihren Schutzheiligen ernannt hat, sind wir bereit, ihre mittelalterlichen Seelen zu beseufzen. Mit heißempfundenen Worten begrüßte den Papst ein alter Bischof. »Im Namen zweier Völker«, wie er sich ausdrückte. Die Amerikaner, sagte er, hätten jede Station der Pilgerreise des Polenpapstes in der alten Heimat intensiv miterlebt: Gnesen, Warschau, Tschenstochau, Nowy Targ, Krakau.

Die in herzlichem Ton gehaltene Ansprache des Papstes, eines profunden Kenners der Vergangenheit, der Verdienste und der Psychologie der 10 Millionen starken »Polonia« in Amerika, gemeinsame Gebete und Lieder, Geschenke, Gespräche mit dem Fußvolk der Kirche, das unvermeidliche »Sto lat« – dieses Treffen stand ausnahmsweise einmal nicht im Zeichen audiovisueller Penetranz. Die Gläubigen schienen eingeschüchtert von der Gewalt des Erlebnisses, sie verhielten sich anders als die Italiener und Mexikaner. Es gab keine karnevalistische Fiesta. Es war eher ein Familientreffen. Wie beim Abendmahl in der Heiligen Nacht.

Auf dem Wege zum »Parteitag Gottes« auf dem weitläufigen Parkgelände am Ufer eines Sees, der ein Meer ist, entdecke ich an einer Reklamesäule ein Plakat folgenden Inhalts: »Der Heilige Vater sorgt für die Reinheit deiner Seele. Wir hingegen, die First American School of Beauty Culture, sorgen für die Reinheit deines Teints. Telefondienst rund um die Uhr.« Optiker Harry Willow bittet ums Wort: »Gute

Nachrichten für Kurzsichtige! Durch eine Brille aus unserer Schleiferei siehst du den Papst so scharf, als stünde er neben dir!« Der Atem der Geschichte weht aus der Verlautbarung des Money Found Kenmore: »Einmal im Leben! Nie zuvor, und wohl auch niemals wieder in dem leben, besucht der Papst die Vereinigten Staaten! Erwirb daher die Handvoll Erde, auf der er die heilige Messe lesen und die Gläubigen segnen wird. Diese Original-Erde, in wasserdichter Klarsichthülle, in Mahagoniumschlag mit entsprechender Aufschrift und notarieller Beglaubigung, versenden wir als kostbares Geschenk und persönliche Familiengabe per Luftpost oder normal. Money Back Guaranteed If Not Satisfied«. Interessanter klingt folgende Anzeige: »Gestochen scharfer Abzug des Erinnerungsfotos, auf dem der junge Katechet Pfarrer Karol Wojtyla mit den Schülern der Grundschule in Marszowice, Gemeinde Niegowič« abgebildet ist. Aus Anlaß der Ersten Heiligen Kommunion – aus dem Jahre 1949 – gegen Hinterlegung eines 20-Dollar-Schecks zugunsten der Rentenkasse »Treue dem Freiheitskämpfer« abzugeben.« Wo wogen die Köpfe zahlreicher – am Logan Circle in Boston oder im Grant Park von Chicago? Ich hocke hoch oben auf dem Ausguck, von Kabeln und Drähten umschlungen wie Weiland Laokoon von seinen Seeschlangen, und labe mein Auge am Anblick einer allgemeinen Mobilmachung – diese vielen Menschen mit Fahnen, alte und junge, sicher schweben auch Geister in der Luft!
Aus meiner Versunkenheit reißen mich die Lautsprecherdurchsagen des Kinder-Fundbüros. Erstaunlich, wie leicht heutzutage Kinder in der Menge verlorengehen. Und als eine Weile darauf vom Podium die Worte des Papstes erklingen, entdecke ich mit Ergriffenheit einige junge Frauen, die einer Gruppe von mehr als hundert Taubstummen den Text der Predigt per Zeichensprache übermitteln. An alles ist gedacht worden...

»An alles nicht...«, knurrt ein Bekannter aus Stevens Point. »Ich sehe keine Stühle für die Repräsentanten der abtrünnigen Nationalkirche in Amerika. Immerhin hat sie sehr viel für uns getan.«

Ob im geistlichen Seminar oder im weitläufigen Park – wo übrigens vor einigen Jahren eine Prügelei zwischen der Polizei und Gegnern des Vietnam-Krieges stattfand –, ob er vor hunderten von Priestern spricht oder vor eineinhalb Millionen Gläubigen, immer und überall tritt der Papst in der Rolle des dynamischen und moralischen Anführers auf. Endlich gibt es jemanden, der zu lenken versteht. In einer Epoche, in der Autorität zerfällt, in der sich allgemeine Unsicherheit breitmacht, ist dies nach Meinung von Millionen – und beileibe nicht nur Katholiken! – ein Wagnis, das Unterstützung verdient. Ein Prinzipienreiter, ohne Zweifel. Doch ohne jenen moralischen Rigorismus, der sich so oft in sein Gegenteil verkehrt. Der Erzbischof von Chicago, Cody, gab einen Empfang zu Ehren des Papstes. Neben den Honoratioren lud er auch sogenannte »Kulissenschieber« in seine Residenz. Unter den Gästen befand sich der Magistratspförtner Jan Kula. Da es bei derartigen Empfängen ziemlich eng zugeht, ist es nicht leicht, die Aufmerksamkeit auf sich zu lenken.

»Heiliger Vater!« erklang eine halberstickte Stimme aus dem Gedränge. »Ich bin es, Kula!«

»Ach, Herr Kula!« sagte lächelnd der Papst. »Sehr angenehm.«

Das letzte Treffen des Pilgers mit den Gläubigen fand anläßlich der Messe in Capitol Hall in Washington statt, auf jener Grünfläche, von wo aus man den schönsten Blick auf das Kapitol und das Lincoln-Denkmal hat. Die Rede des Papstes wurde, obwohl sie auch diesmal unbequeme Wahrheiten enthielt, immer wieder von Beifall unterbrochen. Man hatte ihm auch schon am Vormittag Ovationen bereitet, beim

ökumenischen Treffen im Trinity College in der Nähe der Universität.
»Es gibt so vieles, was noch nicht einmal begonnen wurde«, meinte er zu Vertretern nicht-katholischer Religionsgemeinschaften. »Ich sehe schon, dies ist erst der Beginn meiner päpstlichen Arbeit.«
Bei der Verabschiedung des Papstes auf dem Militärflughafen Andrews nennt ihn Vize-Präsident Mondale einen »Poeten, der eine Hymne zu Ehren Gottes und des Menschen singt«, einen Apostel des Friedens und der Freiheit.
Bevor er das Flugzeug besteigt, hält Johannes Paul II. gerührt die Hände zum Himmel.
»Gott segne Amerika!«
Kaum sind die Triebwerke gestartet, flüstert mir einer der Italiener ins Ohr:
»Ich bin sicher, ›papa Wojtyla‹ ist schon dabei, sich seine nächste Reise zurechtzulegen.«
»Das kommt davon«, erwiderte ich, »wenn man kleinen Jungs in Wadowice einen Kompaß kauft.«
Am 8. Oktober, nach acht Stunden Flug, landet »Sheperd One« auf dem Flughafen Fiumicino. Wir, die Kiebitze und Schreiberlinge, kriechen halbtot vor Erschöpfung aus dem Bauch des Jonas-Wals, nicht wissend, ob Tag herrscht oder Nacht, ob dies noch Washington ist oder gar schon Ankara oder Manila.
Nur ein Passagier steigt leichten, behenden Schrittes die Gangway herab.
»Wieder zuhause«, sagt er und sieht zum römischen Himmel empor. »Das heißt«, korrigiert er sich, »im zweiten Zuhause.«

»Der Gesandte aus Lechistan«
(November 1979)

Der Papst, der vom Balkon der St.-Peters-Kirche gerufen hat: »Öffnet die Grenzen!«, übertritt sie gern selbst: an Bord von Flugzeugen.

»Er reist zuviel!« mokiert sich ein Kritiker aus Mailand. »Es ist eine Illusion, daß Reisen bilden und den Horizont erweitern. Immanuel Kant hat sich sein ganzes Leben lang nicht aus Königsberg weggerührt!«

Doch schon Paul VI. war kein »Gefangener des Vatikans« mehr. Er besuchte das »Heilige Land«, traf sich in Jerusalem mit dem orthodoxen Patriarchen von Konstantinopel, Athenagoras I., flog anschließend nach Indien, wo ihm Bombay einen herzlichen Empfang bereitete, sprach in New York vor dem Forum der Vereinten Nationen, begab sich 1968 nach Südamerika, nach Kolumbien, schaute danach in Uganda vorbei, um schließlich 1970 in den Fernen Osten aufzubrechen, auf die Philippinen und nach Australien.

»Il Papa Polacco fliegt zuviel herum!« meint beharrlich der Mailänder. »Gibt es in den uralten Prophezeiungen des heiligen Malachias nicht zufällig einen Hinweis auf einen geflügelten Hirten, einen polnischen Adler?«

Warum sich Karol Wojtyla so gern beeilt? versuche ich, meine drei Groschen beizusteuern. »Vielleicht, weil er als Kind aus seinem Zimmerfenster an der Mauer der Wadowicer Kirche eine Sonnenuhr mit der Inschrift sehen konnte: ›Die Zeit flieht – die Ewigkeit wartet.‹«

Nachdem wir den Papst auf seinen Hirtenreisen nach Mexiko, Irland, Amerika und zu acht italienischen Städten be-

gleitet haben, sind wir nunmehr mit ihm – noblesse oblige – auch in die Türkei geflogen.
»Polnisches Tempo!« meinte bewundernd ein holländischer Literat.
»Sind alle Polen so fleißig wie der Papst?« Auch diesmal schonte Johannes Paul II. weder sich selbst noch die Journalisten. Selbst der athletische Bischof Marcinkus, Amerikaner litauischer Herkunft, hatte Mühe, mit ihm Schritt zu halten. Was sollte da erst der schwächliche Kardinal Casaroli sagen! Die Purpurträger Willebrands und Casante hörten nicht auf, sich den Schweiß von der Stirne zu wischen, obwohl in der Türkei gegen Ende November feuchte Kälte die Knochen durchdringt.
Nur ein einziges Mal während dieser ermüdenden Reise, als mitten in einem Treffen mit Armeniern das Licht ausging (in Istanbul geht öfters das Licht aus) und man zwei Minuten lang nach Kerzen suchte, nutzte der Papst die Finsternis zu einem diskreten Schläfchen – und schon arbeitete der Motor wieder auf vollen Touren.
In Ankara, Istanbul, Izmir (»bitte nennen Sie diese Stadt nicht Smyrna« – warnte uns unser türkischer Betreuer) und in Ephesus: überall öffnete der Architekt einer besseren Zukunft die Tore zum Morgen, und das bei ansonsten geschlossenen Türen. Reporter, denen noch die Ohren klangen von dem Geschrei, den Gesängen, dem hunderttausendfachen Beifall in Mexiko, Polen, Italien, Irland und Amerika, hatten nun Gelegenheit, die Ruhe zu bewundern, mit welcher der Papst erstmals durch leere Straßen fuhr, ohne Fahnen, Portraits, Menschenmassen.
Kontrasthalber fällt mir ein Foto ein, das mehr aussagt als ein Dutzend Artikel: das päpstliche Gefährt, eine Konstruktion des Typs »Star«, fährt am Warschauer Hotel vorbei, an dessen Fassade in Riesenlettern das Wort »Victoria« prangt. Hier hingegen... Wie fühlt sich der Schauspieler, der plötz-

lich zum Auftritt im leeren Theatersaal verurteilt wurde, der Liebling von Millionen auf einem leeren Platz, der obendrein von drei bewaffneten Kordons Militär und Polizei umschlossen ist? Auf seinem breiten Bauerngesicht, das so leicht lesbar ist und sofort Gefühle verrät, zeigte sich große Enttäuschung.

Nur jeder vierte Bewohner Ankaras hatte von der Ankunft des Papstes gehört. Das Tagesblatt »Cumhuriyet« brachte eine kurze Notiz auf der dritten Seite. Auf die erste hingegen setzte es ein Bild des Bürgermeisters von Köln am Rhein, der am selben Tage in der Hauptstadt erschienen war, um das Kulturaustausch-Abkommen zwischen beiden Städten zu unterzeichnen. Das Organ der »nationalen Rettungspartei«, deren rechter Flügel unverhohlen mit dem düsteren Greis in Teheran sympathisiert, brachte zwei recht anspruchslose Karikaturen. Einem Flugblatt der Ultralinken konnte man entnehmen, der CIA hätte den Papst in die Türkei geschickt mit der Absicht, Premier Demirel zu stützen, einen Lakaien der Wall-Street...

»Die Liebe ist stärker als Furcht und Haß«, sagte der Papst beim Überfliegen des Marmara-Meeres, als ihm gemeldet wurde, der Mörder Ali Agca sei aus dem Gefängnis ausgebrochen (politische Sympathisanten sollen ihm zur Flucht geholfen haben) und drohe ihm mit einem Attentat, ja, er rufe sogar die Zeitungen an, um eine Spendenaktion zum Ankauf eines Gewehrs mit Zielfernrohr ins Leben zu rufen. Er begann zuerst einen Kindervers auf den Schutzengel zu rezitieren und lächelte dann: »Wenn sich etwas ganz weit weg hinten in der Türkei ereignet, dann geht mich das durchaus etwas an! Aber fürchten tue ich mich nicht. Wir sind alle in Gottes Hand!«

Unten wölbte sich ein wabernder, schwarzer Pilz über dem Wasser, umringt von rotzüngelnden Flammen. Schon seit vier Tagen und Nächten brannte nach einer Havarie und der nachfolgenden Explosion in Ufernähe ein rumänischer Tanker und vergiftete mit seinem Qualm die Anwohner des Hafenviertels. Als hätte das zweieinhalb Millionen mehr Einwohner als München zählende Istanbul nicht schon genug unter Luftverunreinigung zu leiden.

Ich vertiefe mich in den Bericht des Mönches Georgios, obwohl es keine unbedingt passende Lektüre ist. Am 29. Mai 1453 eroberten 140000 Türken nach siebentägiger Belagerung Konstantinopel und veranstalteten, wie das damals üblich war, in der Stadt ein Massaker. Soweit das Auge reichte, klagt der Chronist, gab es keinen Fußbreit freien Boden: überall lagen die Leichen gefallener Verteidiger. Aufgespürte Mädchen und Frauen wurden an den Haaren aus Kirchen und Verstecken gezerrt. Pferde wurden in Priesterornate gesteckt und aus Kirchengefäßen getränkt. Der Sultan ließ die Köpfe der Getöteten von Blut und Kot säubern, um das Gesicht des christlichen Kaisers zu finden.

Erst am letzten Besuchstag gelang es dem Papst, das Eis zu brechen und den Schlüssel zu den widerspenstigen Herzen der Muselmanen zu finden. Aber gleich die ersten Stunden seines Aufenthalts auf türkischem Boden verliefen unfreundlich und kühl. Seit Johannes Paul II. in San Domingo die Erde küßte, kann er es sich nicht mehr leisten, die wunderschöne Geste in anderen Ländern *nicht* zu wiederholen. Doch auf dem Flugplatz in Ankara, wo ein eisiger Wind wehte, machte sie auf Militär und Polizei keinen besonderen Eindruck. Außer weiteren Formationen und einer Zweierreihe zugeknöpfter Offizieller in dunkelblauen Mänteln war niemand weiter da. Die Papstflagge wurde buchstäblich Minuten vor der Landung des hochwürdigen Gastes gehißt, man holte sie ein, kaum, daß er in den Hubschrauber umgestiegen war. Dasselbe in Istanbul und Smyrna. Keine einzige Blume, keine Kinder, Bildnisse, Begrüßungstransparente, kein Rufen, kein Beifall.

Einige Riesen mit Helmen noch aus der deutschen Demobilisierung nach dem Ersten Weltkrieg – nur Offiziere tragen zur Erinnerung an die Teilnahme am Koreafeldzug an der Seite amerikanischer Einheiten Käppis auf dem Kopf – betrachten den Papst wie ein Wesen, das auf einer fliegenden Untertasse vom Mars heruntergekommen ist.

Karol Wojtyla nickt ihnen höflich grüßend zu, und mir fallen die Worte des Lieblingsdichters des Papstes, Norwid, ein: »Groß ist ein Mensch, der nur die Stirn zu senken braucht, um ohne Lanze in der Faust und ohne Schild den Feind zu schlagen.«

Gähnende Leere bis an den Horizont. Irgendwo habe ich eine ähnliche Ebene schon einmal gesehen. In Polesie vielleicht? Der Ampfer im Grase färbt sich rostrot, der Häher hat eine Feder verloren, die Ziege schleppt den herausgerissenen Pfahl hinter sich her, Trauer zupft an den Saiten schwärzlichen Schilfrohrs.

Nur innerhalb der vier Wände von Gotteshäusern verschiedener Glaubensbekenntnisse und Riten wurde der Verkündiger der guten Nachricht mehr oder minder herzlich empfangen. Mit Freudentränen in den Augen begrüßten ihn die Gläubigen aus Adampol, die letzten Mohikaner aus jenem polnischen Inselchen im muselmanischen Meer, das schon zu einem Teil der polnischen Legende geworden ist. Der Papst, Kenner und Liebhaber nationaler Vergangenheit und Dichtkunst, wollte sich selbst zu dem Flecken am anderen Ufer des Bosporus begeben. Als jedoch Probleme auftauchten, kamen die Nachfahren der Soldaten des Novemberaufstandes und des Völkerfrühlings am frühen Morgen – die tiefhängenden Wolken zogen wie schwarze Fahnen an den schlanken Türmen der Minarette vorüber – in die Nuntiatur, um dort zusammen mit ihrem Seelenhirten vor dem Landsmann in Weiß niederzuknien. Sie übergaben ihm zur Erinnerung einen kristallenen Pokal mit eingraviertem weißen Adler und nahmen als Gegengeschenk einen goldenen Kelch für ihr Kirchlein entgegen. Der Papst sprach sehr herzlich zu ihnen. Strich ihnen über die Köpfe. Mit zarter, väterlicher Geste wischte er ihnen die Tränen von den Wangen.

»Du lieber Gott, ein Wunder! Ein wahrhaftiges Wunder! Und ich erlebe es!« sprach die silberhaarige Pani Maria mit Wolhynien-Akzent. »Nun sterbe ich leichter.«

»Ich hätte den großen Wunsch, daß unser Heiliger ein Bäumchen vor meinem Hause pflanzen möge«, sagte jemand, während ihm die päpstliche Erinnerungsmedaille aus der Hand fiel.

»Oh, es würde ihm bei uns gut gefallen! Er würde sich fühlen, als sei er in Polen.«

Ein türkischer Detektiv ertappte einen älteren Herrn im Gehrock dabei, wie er eben ein Päckchen aus der Tasche holte und etwas auf der Treppe verstreute.

»Das ist Erde aus Wilna«, erklärte er später. »Seit hundert Jahren bewahren wir sie in der Familie auf. Ich hab' mir gedacht, es könnte dem Heiligen Vater guttun, wenn er darauf wandelt, wenigstens eine kurze Weile. Aber wenn's verboten ist...«

Szenenwechsel. Diesmal schon in Ephesus. Ein höherer amerikanischer Offizier in Zivil, aus dem Militärstützpunkt in Izmir. Mit einem Rosenkranz in der Hand. Er drängt sich durch die Menge und ruft lauthals in mehreren Sprachen: »Meine Mama ist aus Wadowice!«

Der Hotelportier warnt davor, nach Sonnenuntergang auf die Straße zu gehen. Aber so oft kommt man nicht in die Türkei, also Ohren zu und nichts wie raus. Welcher von meinen schreibenden Kollegen war's denn, ich kann mich nicht mehr erinnern, der den Mond anstarrte, wie er aus den schwarzen Fluten des Bosporus aufstieg und sich selber mit einer verstummten Glocke verglich, der man vor Jahren den

Klöppel herausgerissen hatte? Auch der heutige Wanderer muß hier unten durch Wolken von Trauer hindurch.

Hufgetrappel auf Katzenkopfpflaster. Im schwachen Licht der dicht von Insekten umlagerten Straßenlaterne taucht eine Pferdedroschke mit Aufbau auf, ein Requisit aus einer anderen Epoche. Der bärtige Uniformierte im Sattel hält ein Mädel mit langem Zopf in den Armen. Wird hier ein Film gedreht? So mag der alte Sadyk ausgesehen haben, bei der nächtlichen Spazierfahrt mit seiner griechischen Buhle. Nach dem Tode seiner Ludwika verließen den Otmanengeneral moralischer Halt und politischer Verstand. Vom russischen Ambassadeur in Istanbul und der zwanzigjährigen Abenteurerin Teoscolo in wüste Intrigen verstrickt, verspürte der siebzigjährige Weltenbummler und Freiheitsheld a.D. den Wunsch, wieder die heimische Luft der Ukraine zu atmen und seine alten Soldatenknochen dort zur Ruhe zu betten. Er wechselte zum orthodoxen Glauben über, kehrte nach Kiew zurück und schrieb in Zeitungen gegen die »Pest der Freiheit«.

Alle diese Legenden, die zu Sägemehl werden! Von seiner jungen Griechin verlassen, von seinen Landsleuten verachtet, verbrachte er den Rest seines Lebens in Elend, auf dem Strohlager. Mit 80 nahm er sich das Leben. Obwohl er sich in den Mund geschossen hatte, war sein Sterben lang und qualvoll. Vor dem Tode rief er nach seiner Ludka, bat den Dichter Mickiewicz und andere abwesende Waffenbrüder um Vergebung und legte sich selbst ein Bildchen der Mutter Gottes von Tschenstochau auf die Brust...

Ach ja – der schwarze Meerwind hätte es wohl kaum geschafft, diese Gestalt herbeizupusten, wären da nicht die polnischen Wappen auf der zertrümmerten Säule im benachbarten Wehrdorf der »polnischen Türken«, Adampol.

Drei Tage fast ohne Schlaf, unaufhörlich auf der Suche nach Telefonverbindungen, auf der Jagd nach irgendwelchen

Transportmitteln – das Taxi bleibt auf dem Wege zum Flugplatz mit leerem Tank stehen, die Tankstelle geschlossen, bleibt nur noch der Herzanfall aus Verzweiflung! – im permanenten Nahkampf mit weißbehelmten Gendarmen, die jeden Journalisten ganz offensichtlich für einen Griechen halten – all dies ertrug ich mit heroischer Gelassenheit. Liebe erfordert Opfer. Von den Beinen riß es mich erst in Ephesus bei der Begegnung mit der Geschichte, die dort so komprimiert in der Luft schwebt, daß sie einen trifft wie ein Hammerschlag vor den Kopf. Wohin du auch siehst – das Heute rutscht dir unter den Füßen weg, Vergangenheit stürzt auf dich nieder. Dort zum Beispiel, auf den Stufen des Theaters, riskierte der heilige Paulus den Zorn der Einwohner von Ephesus, indem er den Kult der Göttin Diana kritisierte. Da drüben stand eine Kirche, eines der sieben Weltwunder, bis sich ein Brandstifter fand, der Schuster Herostrates, den es unbedingt nach Schlagzeilen gelüstete. (Das erste Opfer der »publicititis«.)
Die antike Welt ist buchstäblich hautnah. Strecke deine zitternden Finger aus, schon stößt du dagegen. Lege die Hand auf das morsche Gestein, ungläubiger Thomas, und du wirst glauben. Ein Zauberkreis. Ein Immortellenkranz, um den Hals gelegt. Plätscherndes Lautenspiel im Gewölbe. Nur keine Exaltation. Beschreibungen wie diese können den Chronisten lächerlich machen. Doch das Aroma der Ewigkeit schwebt tatsächlich überall. Wiederauferstehung der verschiedensten Epochen. Eine Agora aus der Zeit des Marcus Aurelius. In der Ferne Marmorbrüche, Arkaden, die Straße, die Antonius und Kleopatra entlanggefahren sind.
Tal der Nachtigallen. Ein schöner Name. Hier war es, daß die zornigen Protestrufe bärtiger Konzilsväter gegen die Häretiker in der Luft erstarrten. Ein Museum aus dem siebenten Traum. Die Plastik der Artemis mit den zweiundzwanzig Brüsten. Vor der Silhouette des von violetten Nebel-

schwaden verhüllten Berges »Tisch des Satans« ein weiß leuchtendes Ausrufungszeichen: eine Säule des Tempels des Apoll. Überreste einer byzantinischen Zitadelle auf dem Berggipfel. Ein General Alexanders des Großen hat sie erbaut. Die blutige Spur der Kreuzzüge findest du nicht mehr, sie versickerte im rostroten Sand. Defensor fidei – das klingt stolz. Doch in dieser Gegend denkt man über die Kreuzritter anders als bei uns. Und wieder ein Sprung zurück durch die Jahrhunderte. Geschichte, eine Erfindung des Menschen wie vieles andere, durchwirkt von Legende und Offenbarung. Hier entlang soll der heilige Johannes, Lieblingsschüler Christi, die Mutter Gottes an der Hand zum Hügel geleitet haben, als sie schon vom Alter gebeugt war. Die türkische Inschrift besagt: »Meryemana.« Und dort, wo die bescheidene Statue auf dem ebenso bescheidenen Altar erglänzt und man durch das Fenster in der unebenen Mauer die Kuppel der Moschee sehen kann, soll die Muttergottes – Theotokos – vor ihrer Himmelfahrt entschlummert sein.

Der Pole aus Wadowice betet ein »Gesegnet seist du, Maria« in polnischer Sprache, dann hält er in seinem wohlklingenden, Millionen Menschen in aller Welt bekannten Bariton eine Ansprache in Französisch.

Im Munde seiner Vorgänger hatte der pluralis majestatis immer hochfahrend geklungen. Er selbst sagt bescheiden: »Ich, Diener der Diener Gottes.«

Dabei war ich noch am Morgen des nämlichen Tages – wie schnell spult sich der Film vor dem inneren Auge ab! – über die schmuddeligen Gassen am Ufer des Bosporus gerannt (hier eine Bruchbude, dort ein aufgerissener Gehweg, sogar ein Eselchen mit gebrochenem Bein im Straßengraben), um das Haus zu finden, in dem der Dichter Mickiewicz seinen Erdenweg beendet hatte. Die Zeit war knapp, ich hatte kaum eine Minute, um einen Blick auf dieses Haus zu wer-

fen (das selbst an einem so außergewöhnlichen Tage ohne Flagge war), mich zu bekreuzigen und tief aufzuseufzen. An einem ebensolchen feuchten Novembertag im Jahr 1855...
Ich bin sicher: unser Papst, Hausherr der Kathedrale zu Wawel, wo die Asche Mickiewicz' ruht, hat gewiß seiner gedacht, als er heute früh durch die Straßen Konstantinopels fuhr. Und die Erinnerung an die bildschöne »Renegatin«, Ludwika Sniadecka, gute Fee der polnischen Dichtung, hat ihm sicher einen tiefen Seufzer entlockt. Sie mußte damals zwischen ihrem christlichen Glauben und Vaterlandsliebe wählen. »Was nützt mir Gott, wenn Polen in Ketten liegt?« Über ihrem Grabe in ungeweihter türkischer Erde wurde eine geborstene Säule errichtet, Symbol ihrer Abtrünnigkeit. »O du meine schwergeprüfte Schwester, du Litauerin« – hatte einst Mickiewicz mit gebrochener Stimme bei ihrem Anblick gewehklagt. Schon dringen auch die Worte des romantischen Dichters an unser Herz, mitten auf dieser regengepeitschten Straße. »Getrennt, und doch gedenkt eins des anderen; die weiße Taube der Trauer fliegt zwischen uns hin und her und trägt die Kunde«... »Bleib gesund! Noch einmal geschieht das Wunder – als Toter öffne ich im Grab dir die Arme, wenn du hierherkommst, verblichener Rose gleich, um zu schlafen...«
»Ohne Lyrik kann ich nicht leben« – sagte mir kürzlich der Papst. Glückliches Volk, das seine Erinnerungen über die ganze Welt verstreut hat!
Am Abend vor dem Andreasfest – es soll gemeinsam gefeiert werden – meint ein junger Priester aus Holland:
»Kirchen, die zwar mit Rom durch Anerkennung des Papstes vereinigt sind, aber eigenen Ritus bewahrt haben, schenkt Karol Wojtyla besondere Aufmerksamkeit. Dazu gehören beispielsweise die Ukrainer mit ihrem unerschrokkenen Großerzbischof Slipyi, aber auch jene melkitisch-katholischen Christen, deren Erzbischof Hilarion Capucci

als Freund von Yassir Arafat immer wieder von sich reden macht. Unter den 2200 Bischöfen und fast 2000 Weihbischöfen in der Welt befinden sich jedoch nur wenige, die ›antizionistisch‹ denken und fühlen.«

»Es ist mein Wunsch«, sagt der Papst zu Patriarchen, »daß wir die heilige Eucharistie gemeinsam zelebrieren können. Fast 1000 Jahre Trennung sind genug.«

Immer, wenn ich den Papst beobachte, wie tief er das eucharistische Mysterium am Altar erlebt, muß ich an sein erschrockenes Gesicht zurückdenken, als er vor einigen Jahren das Gedicht »Die tote Kirche« von Georg Trakl las. Der in Krakau freiwillig aus dem Leben geschiedene Dichter schrieb nämlich: »Der Priester schreitet vor dem Altar; doch übt mit müdem Geiste er die frommen Bräuche – ein jämmerlicher Spieler, vor schlechten Betern mit erstarrten Herzen, in seelenlosem Spiel mit Brot und Wein.«

In diesem Kirchlein, unweit des Goldenen Horns (welch schmerzlicher Anblick: hinter dem mit Purpurbrokat ausgeschlagenen Papstthron entdecke ich einen verborgenen Türken mit Maschinenpistole), zögert der Papst gleichsam, seinen Platz auf dem prachtvollen Thronsessel einzunehmen. Er mag keinen Pomp und keinen Luxus. Dabei strotzt Byzanz nur so von Silber und Gold. Ein kostbares Tor: der Nachfolger Petri begegnet dem Nachfolger des heiligen Andreas.

Ich lasse kein Auge vom Papst. Nachdenklich berührt er die Unterlippe mit dem Finger, als mahne er zur Ruhe und Konzentration. »Wir leben in einer Epoche des Wortmißbrauchs«, meinte er unlängst in Castel Gandolfo. Woran denkt er? An die Philosophen der Orthodoxie? An Rosanow, Schestow, Bierdjajew? Schon in Krakau hatte er sich in ihre Schriften vertieft.

Hier nun begegnet er ihren aufgeweckten Lesern. Für sie bedeutete die wirkliche Freiheit des Menschen, frei zu sein *von* dieser Welt, und ihre wahre Erfüllung fanden sie einzig in der transzendentalen Welt des Geistes. Wer aber annimmt, die Suche nach Gott, die Verwirklichung des Erlösungsplans könnten das irdische »hier« und »jetzt« umgehen, wer im menschlichen Individuum lediglich einen Bestandteil eines mystischen Kollektivs sieht, der übersieht den großen Trumpf des Christentums: die Verantwortlichkeit eines jeden von uns für die moralische Gestalt dieser Welt. Wir sprechen uns für eine »religion dynamique« aus, wie Bergson schrieb. Sie verbindet unser Heute mit dem Evangelium, also mit Gott, so und ähnlich mögen sie lauten, die Gedanken des Papstes, da er dem griechisch-orthodoxen Glauben begegnet. – Das Problem der Freiheit des Menschen und Staatsbürgers ist ein wichtiger Bestandteil christlicher Anthropologie. Es gilt, die Konzeption des passiven Untertanen, der einstmals Kirche und Zar gleichsetzte, durch die Vision des Menschen zu ersetzen, der Mitschöpfer seines Schicksals ist. Wir sehen ihn in voller Aktivität: in seinen Verbindungen mit den anderen und der Welt, in seiner Tragik der Autonomie und Abhängigkeit. Also besteht der Unterschied zwischen den beiden Zweigen ein und desselben Baumes nicht allein im Dogma der unbefleckten Empfängnis und der päpstlichen Unfehlbarkeit, in der orthodoxen Ablehnung des Fegefeuers, in der verschieden interpretierten Genealogie des Heiligen Geistes, der abweichenden Liturgie und der Tradition (seit Mönch Philoteus). Wir sollten noch einmal miteinander sprechen über die Sache des Menschen...

Mir fällt ein, daß mein Großvater mütterlicherseits, Sohn eines Freiheitskämpfers, sich in keiner Weise davon betroffen fühlte, daß die Kirche der Orthodoxen (die siegreichen Zaren haben sie errichtet) in Warschau, nachdem das Land befreit worden war, gesprengt worden war. Aber ich verdränge diesen Gedanken, der Augenblick ist zu weihevoll. Das »Vater unser« in lateinischer und griechischer Sprache. Der

Friedenskuß. Griechische und alt-orthodoxe Bässe dröhnen vom Chorgestühl. Die Patriarchenkrone erglüht von Kleinoden. Ikonen glänzen silbern im Licht der Scheinwerfer. Hunderte von Kerzen, jeweils zu dreien mit roter Schärpe zusammengeschnürt. Die Haube des Metropoliten. Die Kapuzen der Armenier. Prozession der Bärte. Eine andere Welt. Der Osten. Die Kirche ist Allgemeingut. Der Papst sucht nach der Formel, der Klammer, die alles faßt. Nicht nur für Christen. Sie heißt: Monotheismus. Kinder eines Gottes. Der Mullah, der Pastor, der Rabbi – alle hätten sie hier Platz. Über dem Gotteshaus das Rattern der Hubschrauber, hinter der Brücke die Sirenen der Ambulanzen des Roten Halbmonds, Invasion der Realität. Nach dem Besuch des Papstes im Phanar, dem ziemlich heruntergekommenen Sitz des ökumenischen Patriarchen Dimitrios I. (eine Art Internierungslager) – vergebens durchstöbern wir die Umgebung nach einer Tasse Tee – überfällt mich sturzbachartig die Gelehrsamkeit eines Schweizer Theologen, eines Kalvinisten natürlich, doch vatikanhöriger als die ganze römische Kurie:

»Jener sympathische Vollbart mit der Hornbrille, der so heldenhaft mit seinem Französisch kämpft, ist zwar ein ›primus inter pares‹, trotzdem aber eine rein nominelle Größe, ein Anführer ohne Truppen. Er bringt nicht mehr Gläubige in Europa und Amerika zusammen als eine Viertelmillion. Gewiß, er ist berechtigt, sich offiziell mit ihnen zu vertragen, doch die Türken tolerieren ihn gerade eben. Er ist isoliert. Das Treffen hat unzweifelhaft moralische und historische Bedeutung, aber man sollte nicht vergessen, daß die Hälfte aller Orthodoxen auf der Welt vom Moskauer Patriarchat gestellt wird. So hat auch der Kreml ein klein wenig mitzureden in dieser Sache. Zwar erhebt er keinen Anspruch mehr darauf, die Rolle des Erben der Konzeption vom ›Dritten Rom‹ zu übernehmen, die den Zaren so sehr am Herzen lag.

Doch ebensowenig findet er, daß die Öffnung der Orthodoxie zur freien Welt hin auf der Linie sowjetischer Interessen liegt. Auch die griechische Kirche brennt nicht auf den Dialog mit dem Vatikan...«

Ein Historiker aus Grenoble, geborener Pessimist, was schon sein erloschener Blick verrät, krächzt mir wie ein Rabe ins Ohr:

»Gottes Mühlen mahlen langsam. Den kirchlichen passieren obendrein oft Betriebsunfälle. Alles, was dabei rauskommt, sind Marathonberatungen diverser gemischter Theologen-Kommissionen, die auf Rhodos oder Patmos zusammentreten werden. Und der wunderschöne Satz, daß nicht in wenigen Monaten zusammenwachsen kann, was sich in Jahrhunderten auseinandergelebt hat. Sicher kennen Sie die arabische Redensart: ›Was ist ein zweihöckriges Kamel? Ein Pony, von einer Kommission beschlossen.‹«

Die Lebenden sollen die Hoffnung nicht fahren lassen! Der beharrliche Mann aus Wadowice läßt sich von Hindernissen nicht entmutigen. Im Gegenteil: sie verleihen ihm neue Kraft. Auf dem Umschlag eines satirischen Blättchens in Rom ist er als Hürdenläufer zu bewundern.

»Dem Papst wird der Vorwurf gemacht, er setze sich zu wenig für die Ökumene ein«, sagt mir ein französischer Prälat. »Auch bei der Orthodoxie sind Zweifel aufgetaucht, der Pontifex aus Polen könne sich aus historischen Gründen mehr für die unierten Ostchristen interessieren als für die orthodoxen Kirchen. Da an die Türkei Iran, Irak und Syrien grenzen, hat seine Reise auch eine gewisse politische Bedeutung. Der Besuch des Papstes im Phanar wird in vielen Hauptstädten genau verfolgt.«

»Schade, daß auch diese Papstreise im Krakowiak-Galopp vor sich geht«, lästert ein belgischer Fotoreporter. »Ließe er sich herbei, die Ostgrenze zu besuchen, könnte ich vor dem Hintergrund der phantastischen Palast-Moschee in Dogubayazit fotografieren. Und dahinter, in der Ferne, den schneebedeckten Fünftausender Agri Dagi oder Ararat, auf dem nach der Sintflut die Arche Noah hängengeblieben sein soll.«

»Um Gottes willen«, meint schockiert eine ältere Dame. »Was soll er denn an der sowjetischen Grenze, lieber Herr! Sich entführen lassen? Je weiter weg von denen, desto besser!«

Hier bei uns hingegen – alles im Zeichen des Mars. Wenn sie sich nur nicht alle gegenseitig abknallen! Dieser Gedanke verfolgt mich beim Anblick der türkischen Soldaten und Polizisten, die pausenlos die Journalisten im Visier ihrer todbringenden Waffen haben, für alle Fälle sozusagen. Sie sind erschöpft, ihre Augäpfel blitzen drohend und sind blutunterlaufen. Einer dieser uniformierten anatolischen Hirten, offensichtlich nur ungenügend geschult in seinem neuen Beruf, hat in der Nähe des Mariensanktuariums von Ephesus so ungeschickt an seiner Maschinenpistole manipuliert, daß sich auf einmal eine Salve löste. Unsere Herren erstarrten vor Schreck. Ein Attentat auf den Papst? Glücklicherweise hat der junge Gendarm dem lieben Gott lediglich ein Fenster im Himmel zerschossen. Er fiel auf die Knie. Blökte lauthals drauflos vor Zerknirschung. Seine Kumpels schleppten ihn zum Lkw. Es läßt sich ahnen, daß ihn seine Vorgesetzten bei der nächsten Beförderung übergehen werden.

Aus dem Augenwinkel werfe ich einen Blick auf einen blutfarbenen Halbmond. Auf die uniformierten Bauernburschen, die so mürrisch in die Welt starren, fällt selbstredend kein Schatten der Ereignisse von vor 65 Jahren mehr. Immerhin erinnere ich mich, daß jene drei medaillenbehängten Untiere, deren Portraits im Ehren-Pantheon hängen: Enver Pascha, Talaaf Pascha und Djemal Bey, eineinhalb Millionen hingeschlachtete Armenier auf dem Gewissen haben. »Bringt die Christenhunde um, ohne Erbarmen. Verschont weder Frauen, Kranke noch Kinder!« lautete der Befehl des Großwesirs. Franz Werfel hat diese Generalprobe zum Völkermord beschrieben in seinem ergreifenden Roman »Die vierzig Tage des Musa Dagh«. Die Armenier, die als erstes Volk der Welt das Christentum als Staatsreligion anerkannten (301 p. Chr.), haben sich von diesem türkischen Blutbad nie wieder erholt. Hat nicht Victor Hugo einmal begeistert ausgerufen: »Ist das 19. Jahrhundert das Jahrhundert der Größe, so wird das 20. das Jahrhundert allgemeiner Glückseligkeit sein!«?

Der Garten des Sultans: ein wahrer Nekrolog, aus Blumen zusammengesetzt. Die Geschichte als Exhumierung in Permanenz. Und schon klingen mir – ist es die Gegenwart des polnischen Papstes, die derartige Reminiszenzen heraufbeschwört? – die Verse des Dichters aus der Barockzeit in den Ohren, die er nach dem Siege von Wien dem König zu Füßen legte: »Jene prächtigen, in Sidon oder Djarbet mit Gold gewebten Zelte, vom Feind erobert, standen da wie im Obstgarten die Wärterhäuschen, die Äpfel zu hüten...« »Sie lagen im Felde hingeschlachtet wie fette Ochsen...« »Alle sind sie dahin, die da sagten: ›Laßt uns gehen und uns das Land der Christen nehmen‹...«

Zurück zum Alltag mit seinen Mißtönen.

Die üblen Nebenwirkungen der Terroristenplage, die die heutige Welt befallen haben, sind schon so manchem erhabenen Ereignis zum Verhängnis geworden: sie haben ihm seinen Nimbus, seine Pietät und Würde geraubt. Es war interessant, die Szenen zu beobachten, die sich im Rücken der päpstlichen Equipe abspielten, wenn die bis zur Weißglut fanatisierten muselmanischen Nachkommen der Janitscharen mit Händen und Füßen gegen die Fernsehkameraleute vorgingen. Ein Wirbel von Leibern, wie auf einem Schlachtengemälde. Um bei der Wahrheit zu bleiben: die taktlosen Giaurs benehmen sich im Innern des Atatürk-

Mausoleums in Ankara (einem Bau von unbeschreiblicher Häßlichkeit, er erinnert in seinem teutonischen Pseudo-Monumentalismus an die schwärzeste Epoche der deutschen Baukunst) wie in einer Bahnhofshalle. Bewundernswert die engelsgleiche Langmut des Papstes, der zuvorkommend alle Gelüste des Photographengesindels erfüllt, während aus dem Knäuel der aufdringlichen Typen, die über Kabel stolpern und die bereits auf der Erde liegenden Kollegen mitleidlos malträtieren, plumpvertrauliche Aufforderungen erklingen: »Papa! Bitte zu uns hersehen, per favore! Noch einmal! Lächeln! Und jetzt im Profil. Ohne Hut. Nur mit der Pius-Kappe!«

In der Tat: der Papst auf den Spuren des alten Byzanz sieht besonders fotogen aus. Die Umarmung zwischen Johannes Paul II. und Patriarch Dimitrios I. gehört auf die erste Seite. In Begleitung eines Dutzends professioneller Fremdenführer, die in mehreren Sprachen gleichzeitig quasseln – sie hatten den Papst befallen wie Händler im Basar – besucht der Gast aus Rom Topkapi, eine Kostbarkeit, die ihm vom Film her bekannt ist. Er wirft einen Blick auf das Service, das König Stanislaus dem Sultan geschenkt hatte. Wohin auch der Papst bei seinen apostolischen Reisen kommt, überall stößt er auf Polonica.

Die dralle Oma aus Adampol sagt beim Tee – aus winzigen Säckchen im Glase quillt hellgelbe Farbe, so etwas nennt sich Tee in der Türkei –, dies sei der zweite Papst in ihrem Leben, den sie zu Gesicht bekäme: »Einmal besuchte uns Bischof Roncalli. Das muß wohl 1925 gewesen sein. Er war damals der päpstliche Delegierte in der Türkei. Er kam zu Sauerkraut mit Kartoffeln, drei Schüsseln voll hat er mit Appetit verdrückt. Meine Schwester war krank und lag im Bett. Als er ins Zimmer trat, rief sie: »Heiliger Vater!« und er fing an zu lachen! »Nie, niemals! Ich bin ja nicht einmal des Kardinalshuts würdig!«

Da ist auch schon jemand aus Warschau, der die Worte des Heimatdichters vom »Guten Propst der Welt« zitiert: »Er konnte die Erde bestellen und den Himmel, die lateinischen Namen der Kräuter kannte er so gut wie Gebete. Jene, die mit Feuerzeungen sprechen, sänftigte er geduldig, Liebe wollte er lehren die Menschen, und er kam ihnen aus Rom entgegen auf allen Straßen.«

Darauf die Alte:

»Das alles mag wahr sein. Aber wenn ihr mich fragt: der unsere ist größer.«

In der Hagia Sophia, einem Gotteshaus von majestätischer Schönheit, die im Verlauf der Geschichte einmal Moschee war und zuletzt Museum, stellen sich die berufsmäßigen Voyeure und Detailkrämer gegenseitig die Frage:

»Wird der Papst niederknien und ein Gebet sprechen, wie einst Paul VI.? Wird er an die christliche und sakrale Entstehungsgeschichte dieses Platzes erinnern? Oder denkt er noch an die feindliche Reaktion der türkischen öffentlichen Meinung auf eben diese Geste und fühlt sich hier nicht als Haupt des römischen Katholizismus und als Pilger, sondern als ›simpler Tourist‹?«

Der Papst, der zur freudigen Überraschung der Türken in seiner Rede beim gemeinsamen Gottesdienst mit dem heiligen Synod der Orthodoxen Verse aus dem Koran zitiert hat (ein beispielloser Vorgang!), scheint eine Sekunde lang zu zögern, als er in tiefer Versunkenheit aus dem Zauberkreis jener Schönheit tritt, der die Zeiten Justinians und der Sultane erlebte... Hunderte von Objektiven sind auf ihn gerichtet. Nein, er kniet nicht nieder! Die türkischen Journalisten sehen einander an. Die Photoreporter gehen dennoch nicht leer aus, denn eben ist dem Papst seine weiße Kappe zur Erde gefallen – geschickt hebt er sie von den Fliesen auf. Das gibt ein passables Foto für die Sonntagsausgabe. Ich selbst werde vom Pech verfolgt: als ich versuche, den aus

Vertretern mehrerer Religionen zusammengestellten Chor auf Tonband zu bannen, der – erstmals in der Geschichte – »Heilige Mutter« in polnischer Sprache singt, versagt das japanische Bandgerät. Und auf dem Empfang des diplomatischen Corps im Palais des Ministers für auswärtige Angelegenheiten Erkmen, wo der Papst einige herzliche Worte an mich richtet, nimmt mir im Warteraum ein livrierter Herkules das segensreiche Wortspeichergerät mit den Worten ab:
»No recording, please!«
»Sie als Pole müssen doch besonders glücklich sein über den päpstlichen Besuch in der Türkei?« wendet sich jemand an den Repräsentanten Volkspolens.
Dieser lächelt wie Mona Lisa. Natürlich: ein Diplomat. Er leugnet nicht, er bestätigt nicht.
Als ich auf die Straße trete, erreicht mich von der nahen Moschee schriller, schluchzender Singsang. Vorbei die Zeiten, da der Muezzin Allah und seinen Propheten *live* vom Minarett besang! Heute vertritt ihn der Lautsprecher und das arg strapazierte Tonband. Vorbei die Zeit, da man in der Türkei schwarzen Kaffee trinken konnte! Es gibt nur noch Tee in Papiersäckchen. Unweit von Kappadozien haben irgendwelche Barbaren einen Harem in eine Garage verwandelt, wie ich lese.
»Wußten Sie«, fragt mich die Ordensschwester, »daß heute zu Ehren des Papstes Andrzej Wajdas Film ›Der Mensch aus Marmor‹ gezeigt wird? Aber wer geht denn heut' schon ins Kino!« Ausnahmezustand! Kugeln fliegen mir um die Ohren. Weltuntergang!
Ich habe schlecht geschlafen in der finsteren, nach Teer stinkenden Herberge. Der Sturm nahm polternd die Fensterflügel auf die Hörner. Aus den Hähnen tropfte rostiges Wasser. In der Wasserkaraffe schwamm eine große, grünschillernde Fliege. Gegen Morgen hatte ich einen durch und

durch düsteren Traum: ein Türke mit rabenschwarzem Turban legte mit Pfeil und Bogen auf den Papst an.

Den letzten Nachmittag in der Türkei verbringt der Papst im Marienheiligtum von Ephesus. Bevor wir nach Izmir fliegen, wo sich Johannes Paul II. für die Gastfreundschaft des türkischen Volkes und seiner Regierung bedanken will (viel davon haben wir nicht bemerkt), sprechen wir über Mystik des Vaterlandes. Ob es sowas gibt und wozu das gut ist. Der Papst bedauert, daß er die Spuren »seines« Dichters Mickiewicz in Istanbul nicht besichtigen konnte. In Wadowice pflegte sein Prof. Forys, Betreuer des dramatischen Zirkels, den Schülern eine in Paris geprägte Gedenkmedaille zu zeigen, die mit folgenden Worten an die Überführung der sterblichen Überreste des obdachlosen Dichters nach Krakau erinnerte: »So wirst uns Du auf wundersame Weise dem Schoße uns'rer Heimat wiedergeben.« Gleich nach dem Abitur betete der Absolvent des Gymnasiums von Wadowice in der Königskrypta auf dem Wawel vor dem Dichtersarkophag: »In der Türkei gestorben, in Polen wiederauferstanden.« Mystik des Vaterlandes? Der moderne Mensch steht diesem Phänomen recht mißtrauisch gegenüber. »Pole sein heißt, sein Leben von Legenden durchleuchten zu lassen«, sagt der Papst im Schatten von Minaretten.

Ich gebe ein Interview im türkischen Rundfunk. Der Chef der englischsprachigen Sektion, halb Franzose, halb Tscheche, zu hundert Prozent Türke, fragt mich:

»War die Reise des Papstes in die Türkei notwendig?«

»Alle päpstlichen Reisen sind notwendig. Wenn es diesem slawischen Papst nicht gelingt, den ewigen Traum von der Überwindung der Schismen zu verwirklichen – wer dann soll diese schwierige Aufgabe lösen? Seien wir guten Mutes.«

»Der Papst hat mit höflichen Worten über die polnisch-türkischen Beziehungen gesprochen. Wir wissen, daß ihre Geschichte früher mit Blut und Tränen geschrieben wurde. Auch unser Minister hat an die Prophezeiungen Wernyhora's erinnert. Was mag heute der Türkenfeind König Jan Sobieski im Jenseits über diese Reise denken – und jene Päpste, die die Heilige Liga zum Kampfe gegen den Halbmond ins Leben riefen?«

»Die Geschichte dreht sich im Kreise. Sie flicht die Menschen aufs Rad des Leidens. Unser Papst prescht mit seiner Vision kühn voraus. Er träumt vom goldenen Jahrhundert der Menschheit. Man spürt, daß er künftigen Generationen all jene tragischen Erfahrungen ersparen möchte, mit denen die Straßen der Geschichte gepflastert sind. ›Der Gesandte aus Lechistan fehlt noch in unserer Sammlung‹, pflegte man im Istanbul der Sultane zu sagen, als es kein unabhängiges Polen auf der Landkarte gab. Man denke nur, wie in diesen drei Tagen des guten Willens eine neue, lebenspendende Legende vor unseren Augen keimt. Kein Wunder, wenn man Lust bekommt, dem Dichter Mickiewicz im Himmel zuzurufen: ›Herr Adam, es lichtet sich!‹ Karol Wojtyla, Nachfolger des heiligen Petrus, Gesandter aus Lechistan, ist am Bosporus erschienen!«

»God bless him!« erwidert der Türke.

Mit dem Hubschrauber nach Nursia (März 1980)

Wo der Pontifex Polonus auftaucht, da sind auch wir zur Stelle, mit Mikrophon und Reporterblock, um jede Reise seines Pontifikates festzuhalten. Also fliegen wir mit dem Papst nach Nursia (heute Norchia), wo der heilige Benedikt geboren ist.

Das genaue Datum der Geburt des frommen Nursianers kennen wir nicht. Man nimmt an, daß er um 480 nach Christus das Licht der Welt erblickte. So werden denn die Benediktiner-Feierlichkeiten das ganze Jahr 1980 über andauern. Drei Orte sind hierfür gewählt worden, die mit dem Wirken und dem Kult des Mannes verknüpft sind, der nach dem Motto »Ora et labora!« lebte. Kardinal Casaroli hat sich unabhängig davon zur Abtei Monte Cassino begeben, um anläßlich einer Galapremiere des Jubiläums eine (wie immer) geschickte Rede vor den Mächtigen dieser Erde zu halten, die in ihren Dienstlimousinen aus Rom hingekommen waren (der sowjetische Botschafter hatte in der ersten Reihe Platz genommen, was viele in einen Freudentaumel versetzte, als hätte ganz Rußland vor, innerhalb eines Monats zum römischen Katholizismus überzutreten). Casaroli versäumte bei dieser Gelegenheit nicht, auf seine Teilnahme am Festival der Heuchelei in Helsinki hinzuweisen. Die Rede am Grabe des heiligen Benedikt war erhaben und außergewöhnlich edel in Form und Inhalt. Allerdings verschwieg sie ein bestimmtes, winziges Detail: daß nämlich mehr als die Hälfte der Welt in Unfreiheit lebt. Daß am Fuße des Klosterberges die irregeleiteten Freiheitsritter ruhen, die ihr Leben für eben jene Werte hingaben, die das Wesen christlicher Gemeinschaft ausmachen – an diese Tatsache hat auch niemand erinnert, aber sicher gedachten ihrer an diesem Tage die Benediktinerpater von Tyniec.

Seit neun Jahrhunderten schimmert über dem Steilufer der Weichsel ein Kloster, gestiftet von einem Monarchen – welch historisches Paradoxon! –, der sich ins Gedächtnis des Volkes als Bischofsmörder eingegraben hat. Wieviele Gedanken an unsere geistige Anwesenheit in Europa suggeriert die päpstliche Reise nach Nursia! Wie nahe sind uns diese benediktinischen Affiliationen! In Krakau werden Abhandlungen über den Einfluß der Abtei von Cluny auf unsere geistige Existenz geschrieben. Lubliner Studenten vertiefen sich in die Werke der Juliane aus Norwich, jener dem Papst wohlbekannten Benediktinernonne aus dem Übergang vom 14. zum 15. Jahrhundert, dem Stolz der mystischen Literatur Englands.

Die Uhren in Tyniec schlagen seit Jahrhunderten die Stunden nach Mittelmeerzeit und bezeugen damit, daß der Universalismus der Kirche keine »Abendland«-Sonntagsformel ist: Europa ist in uns. Die Sammlung der Grundsätze, nach denen Mönche in Klöstern zusammenleben – die Regeln des heiligen Benedikt – heute in Polen bindend für drei männliche und sieben weibliche Orden, wurde zum Eckstein nicht nur des Klosterlebens in Europa, sondern zum Stützpfeiler der westlichen Kultur. Ein Historiker aus Tyniec erblickt im Abrücken von den Grundsätzen dieser Regel das größte »malum unserer Tage«. Ganze Litaneien könnte man aus den Namenslisten bilden, soviele Zisterzienser, Benediktinerinnen, Samariterinnen, Kamedulen und Loretanerinnen gibt es in Bielany, Mogila, Drohiczyn, Krzeszòw, Wrocław, Warschau und Niegow!

An ihren Früchten sollt ihr sie erkennen! Auf Betreiben des derben Mannes aus Nursia entstand mit der Zeit und verfestigte sich allmählich auf unserem Kontinent eine kulturelle und zivilisatorische Infrastruktur. Viele Feuer begannen an verschiedenen Punkten Europas zu lodern: Ferrière, St. Gallen, Benediktbeuern, Salzburg, Canterbury, Winchester, Besançon, Malmédy. Der Orden predigte Askese, verbarrikadierte sich jedoch nicht in Klosterzellen. Er kreierte sogar den Typ des wandernden Pioniers in der Mönchskutte, den Schöpfer einer übernationalen Gemeinschaft. Bonifatius und Alkquin, beides Angelsachsen, oder Rabanus aus Frankonien – sie fühlten sich in Fulda und Mainz ebenso zu Hause wie in Tours oder Hautvillers.

Und der »Mons Cassinus«, der lebenspendende Schein der Laterne, entzündet auf den Trümmern des Heidentempels und der altrömischen Befestigungsanlagen, fiel nicht nur auf Gallien, England, Friesland, Deutschland, die iberische Halbinsel, Irland, Böhmen, Dalmatien und Ungarn, sondern auch auf Polen.

Die sterblichen Überreste des heiligen Benedikt irrten, bevor sie im Herzen des Sanktuariums von Cassino ihre letzte Ruhestätte fanden, in Frankreich umher – im Kloster Fleury, später in St.-Benoît-sur-Loire. »Als wollte die Vorsehung damit zum Ausdruck bringen«, meint Abt Martino Matronda, »daß der heilige Sämann von verschiedenen Ländern für sich beansprucht wird.«

Der sympathische italienische Journalist weist auf die Statue des heiligen Benedikt, die das wiederaufgebaute Kloster ziert, und bemerkt dazu:

»Ein Geschenk Adenauers.«

»Europa endet nicht am Bug-Ufer«, sagt der junge Ukrainer auf dem Weg zur Kathedrale. »Darum wäre es gut, wenn man unserem ›archiepiscopo maiore Leopolitano‹, Erzbischof Slipyj, den Patriarchen-Titel verleihen würde.« Ob aber die carissimi fratelli so begierig sind, sich den Zorn des Moskauer Patriarchen und seines mächtigen Privatsekretärs

zuzuziehen, der die Beschwerden der Gläubigen an den KGB weitergibt?
»Sie sehen diese Dinge aus politischer Sicht«, beschwichtigt ihn der Prälat. »Die Mission der Kirche spielt sich auf einer anderen Ebene ab.«
Kardinal Poletti ist zu den Feierlichkeiten nach Subiaco gefahren, wo er in der Basilika des heiligen Andreas den großen Sohn des kleinen Nursia einen Pionier des Klosterlebens genannt hat, einen Ko-Architekten der westlichen Zivilisation und den Patron des vereinigten Europa (diesen Titel hat Papst Paul VI. dem heiligen Benedikt zuerkannt). Er vergaß auch nicht, die Verdienste der heiligen Scholastika zu erwähnen, Benedikts unermüdlicher Schwester. Ein seltener Fall in der Geschichte: ein heiliges Geschwisterpaar.
Laut Legende hatte Benedikt kurz vor dem Tode seiner Schwester eine Erscheinung: Scholastika, in eine Taube verwandelt, flog zum Himmel empor. In Subiaco soll der heilige Benedikt, in Einsiedlerfelle gehüllt, drei Jahre hindurch in einer Grotte gelebt haben. Ich schreibe ausdrücklich: »er soll«, denn was sich vor fünfzehn Jahrhunderten ereignet hat, davon wissen wir hauptsächlich durch mündliche Überlieferung. Als erste historische Informationsquelle in dieser Sache hat Papst Gregor der Große der Nachwelt Berichte von Schülern des heiligen Benedikt hinterlassen (der zweite Band der »Dialoge«), die nicht frei sind von Hörensagen, insbesondere, was die Beschreibungen von Wundern betrifft. Wenn ich in dem gregorianischen Werk auf die Charakteristik des Heiligen stoße, der so maßgeblich zum historischen Wachwechsel beigetragen hat (das Rom der Cäsaren wich dem Rom der Apostel), und lese, daß er autoritär und anspruchsvoll war, aber auch väterliches Verständnis und Gerechtigkeitsgefühl bewies, daß er demütig und gütig war, doch unerbittlich im Dienste Gottes – dann denke ich, dies alles ließe sich auch über unseren Papst sagen.

Paul VI. hat den heiligen Benedikt zum Patron der Höhlenforscher ernannt. Ich muß daran denken, während ich in der heiligen Grotte (Sacro Speco) die Lampen betrachte, die an langen Leinen schaukeln. In dieser Höhle in Subiaco erfuhr der Sohn des vermögenden Anitier-Geschlechts von Nursia die Härte des Lebens. Ein befreundeter Mönch ließ an langer Leine den Korb mit Brot und den ledernen Wasserschlauch zu ihm hinab. Den Korb kann man heute noch auf dem Marmorrelief bewundern. Ebenso den Raben, der dem Außenseiter das Leben rettete. Folgt man der Überlieferung, so schickte ein gewisser Florentinus dem Höhlenbewohner vergiftetes Brot; aber der vom Heiligen gezähmte Rabe packte in letzter Sekunde die vergiftete Nahrung und trug sie in seinem Schnabel in die Berge. Zur Erinnerung an den Vorfall halten die Benediktiner im Klostergarten einen Raben im Käfig. Was uns jedoch mehr interessiert, ist die prachtvolle Bibliothek in der benachbarten Abtei: hier entstand die erste Druckerei außerhalb deutscher Grenzen. Und der Glockenturm, der das Kloster der heiligen Scholastika überragt, wurde in jenen Jahren erbaut, da die Ur-Polen in den Urwäldern um Gnesen noch auf Luchs und Bär pirschten. Hierher kommt man am besten im Frühling, wenn der süße Duft umbrischer Veilchen in der Luft schwebt.

Rom schlief noch, in Dunkel gehüllt, als der alte Krakauer Wecker, ein Erinnerungsstück aus der Franziskanerstraße, auf dem Nachttisch losratterte. »Keine Zeit verlieren!« lautet die bevorzugte Redensart des ehemaligen Erzbischofs von Krakau. Obwohl das Pensum des vorangegangenen Tages üppig war wie eh und je, fühlte sich der Papst frisch und ausgeruht. Er hatte zwar nach der Grippe die Rekonvaleszenzzeit nicht verlängert, wie man ihm empfohlen hatte, aber das kennt man schon an ihm: er schont sich nur ungern. »Ausruhen können wir im Jenseits.« Am Vorabend der Abreise besuchte ihn eine Jugendgruppe aus Bromberg. Die Jungen und Mädels des Chors »Capella Bidgostiensis« traten mit einem Repertoire altpolnischer Kirchenlieder auf. Der Geist Nicolaus Gomólkas überflutete für eine Weile den Vatikanhügel. (Sein nicht so musikalischer Namensvetter hat im 20. Jahrhundert bekanntlich Papst Paul VI. die Tür nach Polen vor der Nase zugeschlagen.) Natürlich gab es das unvermeidliche »Abiturfoto«. Die Mädels hockten in der ersten Reihe, die jungen Leute standen dahinter, die großgewachsenen ganz hinten, einige der Sänger waren vor lauter Angst, ihre Gesichter könnten nicht mehr aufs Bild kommen, wacker auf Stühle geklettert. Der Papst in der Mitte sichtlich erfreut. »Daß mir ja keiner von euch Hallodris auf die Idee kommt, mir von hinten Hörner anzulegen! Der Papst ist kein Pauker!« scherzte er launig, erfreut vom Anblick der jungen, glücklichen Gesichter. (Das sympathische Foto erschien später in der italienischen Presse, leider nicht auch in Bromberg.) Mein Katechet im Gymnasium, Pfarrer Kukułka, erschossen als Geisel im September 1939, hätte es sich nicht träumen lassen, daß die Jugend seiner Stadt einstmals im Vatikan singen würde, noch dazu vor einem polnischen Papst.

Schon in Mexiko, Amerika und der Türkei hatten wir Gelegenheit festzustellen, daß der Papst gern mit dem Hubschrauber fliegt. Irgendein Ignorant behauptete in einer englischen Zeitung, Papst Wojtyla zöge Helikopter des Typs Sikorsky vor, weil sie ihn an einen Freund aus der Schulzeit erinnerten... an General Sikorski(!). Am frühen Morgen also trug der weiße Hubschrauber den hohen Pilger in Richtung Nursia, in der Provinz Umbrien. Fliegen ist günstiger, denn die Straßen dorthin sind miserabel und die Verbindung per Bahn und Bus noch schlimmer. Das Wetter war grauenvoll. Seit drei Tagen goß es pausenlos. Eiskalter Wind, schlechte Sicht. Nach nahezu einstündigem Geratter durch dunkles Gewölk senkte sich der Hubschrauber auf einen schneebedeckten Berg. Auf der Landkarte trug dieser Ort zwar den stolzen Namen »Castel Santa Maria di Cascia«, das Auge indessen entdeckte lediglich einige Baracken und baufällige Fertighäuser. Es hatte hier einmal ein Dorf gegeben, ein Erdbeben hatte es in einen Trümmerhaufen verwandelt. Der Blick in die Runde war deprimierend. Erstaunlich, daß man, kaum zweihundert Kilometer von Rom entfernt, den Eindruck hatte, man befände sich mitten in Anatolien und nicht in Mitteleuropa. Es gibt so viele »Dritte Welten« auf der Apenninenhalbinsel! Die Armut springt ins Auge. Armut, Trauer, öde Wildnis. »Ich zahle für jedes lächelnde Gesicht in dieser Gegend 1000 Lire!« sagt mir ein amerikanischer Kollege. An einem derart verregneten, durchdringend kalten Tag verwandeln sich die Italiener in trübsinnige Eskimos. Vor allem Bewohner von Baracken und Zelten haben Grund bekümmert zu sein. Man erfährt ihn aus den Transparenten, Plakaten und Flugblättern der Geschädigten-Initiative »Terremotati uniti«. Die Witwen und Waisen der Erdbebenopfer haben dem guten Papst ein weißes Lämmchen geschenkt, dazu einen Laib Schafskäse und Räucherschinken. Sie sprechen von ihrem Leid, von ihrem geduldigen Warten, von der Regierung, die nach dem Grundsatz handle: festina lente! Ein zwölfjähriger Bub, der seinen Vater unter den Trümmern verloren hat, sagt zum Papst: »Jetzt bist du mein Vater!«

Der Papst drückt ihn an sein Herz.

Die Fernsehkameraleute nehmen den Jungen aufs Korn. Zoom! Näher, noch näher! Schon sieht man die Sommersprossen im Gesicht des erblaßten jungen Bergbewohners.

Ein Meister der Fernsehkunststückchen und der effektvollen Einstellungen winkt deprimiert ab. Eine verpatzte Chance. Alles umsonst. Schade um den Film. Der Bengel weint ein-

fach nicht! Und das TV-Publikum duldet keine Waisen, die nicht weinen.
Ein düsterer Ort, dieses Valnerina, das Tal des Flüßchens Nera, das vom schneebedeckten Gipfel so unschuldig wirkt. »Wieso bebt die Erde ausgerechnet hier? Und wird das immer so bleiben?« wird der Papst von einem Greis im Schafpelz gefragt, der einem Bewohner der Hohen Tatra nicht unähnlich sieht. Tatsächlich wurden gestern abend und heute früh, eine halbe Stunde vor Ankunft des weißen Hubschraubers, leichte Beben registriert. Harmlose zum Glück. »Warum ist der Himmel zu anderen gnädiger?« murmelt ein Mann auf Krücken: wie ich später erfahre, hatte er sich schon einmal, im Jahre 1961, mit großer Mühe aus den Trümmern befreit, um dann im September 1979 zum zweitenmal alles zu verlieren. »Könnte es zur Abwechslung nicht einmal woanders beben?« (Ein Betspruch fällt mir ein, eine gemalte Inschrift auf einem Tiroler Bauernhaus: »Heiliger St. Florian! Schon unser Haus, zünd andere an!«) Von Norchia, alias Nursia, wo in den Gäßchen schon seit Stunden eine dichte Menschenmenge wartet, trennen uns 15 km. In einer Viertelstunde, wenn die weiße Libelle leicht in der Stadionmitte aufsetzt, werden die Glocken in der alten Kirche erklingen, und es beginnt für die kleine Stadt der große Tag. Im offenen Wagen wird der Papst durch die Gassen fahren. »In unserer Stadt«, eröffnete der mit schwerer Goldkette behängte Bürgermeister den Gästen, »ist der Papst immer noch der Heilige Vater!« Wie wunderschön wäre dieser von historischen Wohnhäusern und zierlichen Palästen umstandene Marktplatz, gelänge es der Sonne, die Wolken zu durchdringen! Die St.-Benedikt-Kathedrale. Auf der Rückseite ein romanischer Campanile. Über dem Tor eine gotische Rosette. Jahrhunderte und Stilarten haben sich in harmonischen Schichten abgelagert. Das Rathaus mit den Balkonen stammt aus der Renaissance. Inmitten des Marktplat-

zes der in Stein erstarrte San Benedetto. Seine Hand weist auf die Kirche. Tausende von Regenschirmen. Der Feldaltar mit dem wasserdichten Baldachin. Am Horizont die verschneiten Gipfel des Berggürtels Forca Canapine. Der Monte Sierra (1744 m) mit schwarzer Wolkenhaube. Welche Dekoration für ein Pontifikalhochamt.
Der Tübinger Theologe hat dem Papst Unrecht zugefügt mit der Bemerkung, der Bischof von Rom und Fürstprimas von Italien ließe den italienischen Landpfarrern zuwenig Sorge angedeihen. Welcher Papst hat sich so oft mit den Gläubigen der Apenninenhalbinsel getroffen wie Karol Wojtyla? Allein in Nursia widmete er ihnen elfeinhalb Stunden und hielt acht Ansprachen.
In seiner Rede, gewidmet dem Heiligen, dem es bestimmt war, am Wendepunkt der Epochen, in Jahren des Chaos, der Spannungen und bluten Auseinandersetzungen zu leben und zu wirken, zitierte der Papst den »Iridion« von Krasinski (19. Jahrhundert): »Es geht zu Ende mit der alten Welt – was in ihr lebt, zersetzt sich, löst sich auf, verfällt in Wahnsinn.« Sicher ist ihm dabei die Analogie zur heutigen Epoche aufgefallen, die jedoch die Chance hat, sich zu erneuern, indem sie auf die Quellen zurückgreift, »ad fontes«. »Freiheit, Frieden, Gerechtigkeit, Menschenwürde – auf diesem Grundfelsen muß der alte Kontinent wiedererrichtet werden, soll er ein geistiger Halt sein für den Rest der Welt«, rief Johannes Paul II., das Kreuz fest in Händen.
Der Propst der Welt ist kein Schwarzseher. Aber er weiß, daß die vier apokalyptischen Reiter, bekannt aus den Holzschnitten Dürers und den Gobelins von Angers, keine literarische Erfindung des heiligen Johannes sind, des Sehers von der Insel Patmos. Krieg, Tod, Hunger und Naturkatastrophen bedrohen die Welt nach wie vor. Einzig in Westeuropa, wo seit fünfunddreißig Jahren kein Waffenlärm mehr erschallt, nimmt man die Ausnahme für die Regel. Der Papst

– Philosoph – ein Kenner, mehr noch: ein Bewunderer des Dichters Norwid – weiß, »daß das Werk der Geschichte noch unvollendet« und »der Globus vom Feuer des Gewissens noch nicht durchglüht ist«. Er betrachtet die Patina auf der Basilika von Nursia und erinnert sich der Worte Hilaire Bellocs – einst rezitierte er dessen Strophen von der Schwarzen Madonna – vom tragischen Rhythmus der Geschichte, der Aufeinanderfolge von Liebe, Wahnsinn, Völkerverbrüderung und gegenseitigem Abschlachten, von Aufschwüngen und tiefen Stürzen. »Noch ein paar solcher Ansprachen des Papstes über die Vernichtung, die unserem Planeten als Ergebnis des Wettrüstens droht«, lächelt ironisch ein Prälat aus Toledo, »und die Protestanten in Oslo verleihen ihm den Friedensnobelpreis.«

Der väterlich besorgte Monsignore Dziwisz hat dafür gesorgt, daß sich der Papst nach überstandener Krankheit warm anzieht. Oder haben etwa die Schwestern im Vatikan darauf bestanden, daß er – unter dem violetten Ornat versteckt – die gestickte Zakopanerweste trägt? Auch sein Schuhwerk ist diesmal solide, wie es sich für einen Bergausflug gehört. Kardinäle, Bischöfe, Purpur und Violett, die Soutane der Äbte und Priore – ich hingegen kann den Blick nicht losreißen von der Gruppe italienischer Bergbäuerinnen mit dem Bild der Mutter Gottes von Tschenstochau. Ebenso habe ich in der Menge acht Tschechen ausgemacht, die noch vor drei Jahren ein Mönchsleben in Prag führten und heute ein kleines Kloster in Nursia betreiben. »Es lebe der Papst!« skandieren sie in drei Sprachen. »Na zdar!« lautet die päpstliche Antwort. Auf dem Rathausbalkon lebt die farbige Vision der Vergangenheit wieder auf. Ritter in Rüstungen, Hellebardiere, eine Gruppe von Sarazenen, die hier einstmals gefangengenommen worden waren, Posaunisten und Trommler in Lederkollern, Pagen, vom städtischen Figaro frisiert, Spielleute, fahrende Sänger, schwarzäugige Mädchen mit offenem Haar, deren Formen dazu angetan sind, die Aufmerksamkeit der ins Gebet versunkenen Ministranten auszuhöhlen, die Besatzungen der acht Stadttore mit ihren Bannern, die gleichzeitig für equilibristische Kunststükke herhalten müssen – es gibt was zu sehen. Die Jugend vom »Movimento dei Focolari« schüttelt ihre Blumensträuße in der Luft. Am späten Nachmittag tanzt und singt sie vor dem Papst, ohne sich um Regen und Kälte zu scheren. Ein Winzling in Jeans ist ohne die geringste Ehrfurcht vor den kostbaren historischen Kunstschätzen auf das Denkmal des heiligen Benedikt geklettert, um es mit drei Fähnchen zu schmücken: dem päpstlichen, dem italienischen und dem weiß-roten. Wer von uns weiß, wie der bärtige Heilige tatsächlich ausgesehen hat? Auf dem Bild aus dem 14. Jahrhundert, das im New Yorker Museum hängt, sieht er anders aus als auf dem Denkmal zu Nursia. Nicht so bedrohlich.

»Carlo, komm sofort runter!« jammert die Mutter.

»Den Heiligen stört das nicht«, meint der elegante Carabinieri-Offizier. »Hauptsache, er setzt sich ihm nicht auf den Kopf.«

Der Kirchenhistoriker Padre Angelo, mit dem ich den Regenschirm teile, bemerkt:

»Alle Reisen des Papstes sind nötig, aber einige sind noch nötiger. Ich höre, er will nach Afrika, Frankreich, Brasilien, Westdeutschland, auf die Philippinen, ins Gelobte Land. Für diese Reise nach Nursia aber bin ich ihm besonders dankbar. Es ist eine Expedition in die Tiefen der Kirchengeschichte, um den Schatz zu heben, der auf dem Grunde des Stollens liegt.«

Gegen Mittag, als das Angelus näherrückt, appelliert der Papst, ähnlich wie in Irland, ergriffen an die Welt, sie möge ihre brudermordenden Kämpfe einstellen, auf daß die Liebe über den Haß triumphiere. Die Attentäter sind stets unter uns. Er erinnert an den Brief des italienischen Episkopats, in welchem zum Kampf gegen Terrorismus, Menschenentführung und Geiselnahme aufgerufen wird. Die Menge auf dem Marktplatz von Nursia, nicht so leicht entflammbar wie in Neapel oder Loreto, sondern eher zurückhaltend, beginnt zu applaudieren. Eine Gruppe von Touristinnen aus Amerika ruft: »Wir danken Dir, Vater, daß Du Annabel Schild zur Freiheit verholfen hast! God bless you!« (Erst tags darauf erfährt der Papst vom Mord in Salvador.) Der päpstliche Bariton, weittragend und klangvoll, hallt wider in den Gassen des von hohen Mauern umschlossenen Städtchens und erreicht mühelos die Blechbaracken der Armen und die vernebelten, baumlosen Hänge: »La violenza è un male, la violenza è indegna dell' uomo...«

Ein plötzlich aufkommender Gedanke jagt mir Entsetzen ein: ist der, den ich höre, ein einsamer Rufer in der Wüste? Andererseits: kann es sich der Papst überhaupt erlauben, *nicht* an das Gute im Menschen zu glauben? Würde er zweifeln... Darf er der Versuchung zur Schwarzseherei nachgeben? Oder in Kategorien eines Oswald Spengler denken?

»Versteht ihr auch alles, was der Papst sagt?« fragt ein neugieriger Reporter eine Gruppe von Dorfbewohnern, die zu Fuß nach Nursia auf den Marktplatz gekommen sind, wobei sie über eine Strecke von mehr als hundert Kilometern schwere Kreuze auf ihren Schultern geschleppt haben. Sie zögern lange mit der Antwort, schließlich erwidert einer von ihnen, mit dem Star auf einem Auge:

»Es ist sicher sehr wichtig, was er sagt. Aber das wichtigste ist: er ist *da*!«

Ich habe den Papst sehr gründlich beobachtet. Mir scheint, er hat sich verändert, ist in die Tiefe gewachsen. Sein Lächeln ist das alte, nur wirken die Augen irgendwie trauriger. Als ich, ohne einen trockenen Faden am Leib, den Marktplatz verlasse, höre ich, wie ein englischer Reporter ins Mikrofon sagt:

»Diesmal sind es zum Abschied nicht die üblichen Ausbrüche von Massenhysterie. Aber es genügt ein Blick in die Gesichter der Bewohner dieses St.-Benedictus-Landes, dieser ›terra del dolore‹, um zu erkennen, daß sie innerlich aufgerichtet und sichtlich gestärkt heimkehren werden. Er hat ihnen die Hoffnung gebracht.«
Jawohl, der Papst lächelt, drückt Hunderte von Händen, tröstet die Kranken, streicht Kindern über die Wangen, spaßt mit der Jugend – aber er wirkt zuweilen nachdenklich und irgendwie abgelenkt. Ist es das miserable Wetter, sind es die Sorgen der Bergbevölkerung, die ihn bedrücken? Hat er seine physische Widerstandskraft überschätzt?

Vor der Rückkehr nach Rom – es ist schon dunkel geworden, die schwarzen Wolken ziehen niedrig dahin – gibt der Kommandant der Carabinieri zu bedenken, daß es bei diesem Wetter vielleicht sicherer sei, statt mit dem Hubschrauber mit dem Auto heimzukehren.
»Über den Tragflächen des Flugzeugs«, meint der Papst nachdenklich, »schweben die Flügel der Engel.«

Weiße Soutane auf schwarzem Kontinent (Mai 1980)

Es ist noch zu früh, die Eindrücke zu ordnen. Und erst recht zu früh, den Rohstoff kosmetisch zu bearbeiten. Vorläufig also nur eine Handvoll Notizen, die Auge und Ohr während der Afrikareise des Papstes registrierten – jenes Papstes, der mit dem Glanz seines Charisma die Herzen und Sinne von Millionen Bewohnern des schwarzen Kontinents erobert hat, nicht nur der Katholiken.

Sechs Länder in elf Tagen. Die Route: Rom – Kinshasa – Brazzaville – Kisangani – Nairobi – Akkra – Wagadugu – Abidian – Rom. Alles in allem mehr als 18000 km. Ohne die Erfindung der Brüder Wright hätte der Papst für das Zurücklegen dieser Strecke nicht elf Tage gebraucht, sondern elf Monate. Die Maschine mit dem Namen »Guglielmo Marconi« sollte über Nord-Sardinien, Algier und Gabun fliegen. Da die Fluglotsen in Lagos gerade streikten, flog sie auf ihrem Weg nach Zaire über Mali, Obervolta und Benin. »Nicht so schlimm«, sagte der Papst zu Prälat Kowalczyk, »erweitern wir eben unsere geographischen Kenntnisse.«

Die physische Widerstandskraft des Pilgers vom Vatikanhügel ist imponierend. In Kinshasa, nach siebenstündigem Flug, stand er lange im offenen Auto bei 35° Celsius. Was heißt das schon: plötzlicher Klimawechsel und Erschöpfung! In Brazzaville, wo man sehr mangelhaft vorgesorgt und lediglich ein winziges Blechdach aufgestellt hatte, schmorte er ohne ein Wort der Klage in höllischer Hitze. (»Ich wollte einmal den Mount Everest besteigen, aber mit sechzig Jahren fände ich es faszinierend, Schäfer in Afrika zu sein.«) Hörte sich geduldig die nicht immer gescheiten, dafür aber langatmigen Reden an. Drückte Tausenden von Gläubigen die Hände. Taufte, firmte, tröstete Leprakranke, weihte Grundsteine. Konferierte mit Bischöfen. Sprach in Akkra mit dem Erzbischof von Canterbury. Erwirkte in Zaire die Freilassung inhaftierter Studenten. Ließ sich willig fotografieren, auf einer Schamanentrommel sitzend und mit einer Krone aus Straußenfedern auf dem Kopf. Hielt Ansprachen in englischer und französischer Sprache. Versetzte die Eingeborenen in Entzücken mit seinen Kenntnissen des Suaheli und der Vergangenheit Afrikas. Und, wie jedesmal, fand er trotz des reichhaltigen Programms Zeit für ein Treffen mit Landsleuten in Kinshasa, Nairobi und Akkra.

Reporter, reiß dich zusammen! Chronologie, Reihenfolge der Ereignisse, Einheit von Zeit und Raum – ich weiß, ich weiß, alles sehr wichtig. Doch hier gilt es, wie ein Heupferd mit Riesensprüngen auf dem Schachbrett herumzuhüpfen, die einzelnen Perlen der Beobachtungen eilig auf flatternde Fäden zu ziehen, bevor sie im heißen afrikanischen Wind auseinanderstieben.

Man hätte lange zu tun, die vielen Aspekte der päpstlichen »vita activa« und »vita contemplativa« während dieser wirklich notwendigen Expedition aufzuzählen, die dem Goldenen Vlies afrikanischer Seelen galt. Es fehlte auch nicht an traurigen Momenten, so z. B., als der Papst – übrigens mit Verspätung – davon erfuhr, daß zwölf Gläubige in Kinshasa zu Tode getrampelt und Dutzende verletzt worden waren und man ihm, wie er traurig mitteilte, »die Erlaubnis verweigerte«, die Opfer dieser strafwürdigen Nachlässigkeit in der Klinik und die Familien der Toten daheim zu besuchen.

Schwermut befällt den Papst beim Anblick des Elends in

Zaire und Obervolta. Die Meldungen, die uns erreichen, sind erschütternd. Die Amerikanerin Melisa Wells berichtet:

»In der katholischen Mission Namalu in Uganda begraben wir Tag für Tag fünf verhungerte Kinder. Gott allein kennt die Zukunft der Kinder in der Region Turkana, im vergleichsweise wohlhabenden Kenia, wo sich zu den 40000 Elendsgestalten zweitausend Flüchtlinge aus Teso in Uganda gesellt haben. Hunderte hungriger Kinder haben sich im ausgetrockneten Flußbett auf den Weg in das Dorf Kakuma gemacht, nachdem sie erfahren haben, daß dort weiße Siedler Essensreste in Blechfässer schütten. Aber sie kamen zu spät...«

»Obervolta«, beklagt sich General Lamizano in Wagadugu, »hat einen gefährlichen Feind, nämlich den Wüstensand, der aus uns allmählich eine neue Wüste Sahara macht.« Der dunkelhäutige Kardinal Zoungrana schlägt Alarm:

»Es fehlt an Wasser für Menschen und Vieh. Schon fünf Jahre Dürre. Hungersnot. Die eiserne Getreideration ist in wenigen Wochen aufgebraucht. Und das Schlimmste: die Welt der Satten, Schläfrigen und Abgestumpften reagiert auf kein SOS mehr.«

Beim Gottesdienst vor der Kathedrale (wieder Tamtam und Tänzer vor dem Altar), zu dem die Belegschaften der Zukkerfabrik der Stadt Bobo mit Inschriften des Inhalts »Wir wollen Gott – und Brot!« erschienen sind, fehlt es auch nicht an Barfüßigen mit Pfeil und Bogen; sie sind, wie ich höre, von der Hoffnung hergelockt worden, daß sie der weiße Vater, sobald er aus den Wolken niedergestiegen ist, vor Trockenheit, Hunger, Krankheiten und Wüstensand erretten werde. »Und vor der Seuche der Korruption!« ergänzt ein Kenner der Verhältnisse.

»Tausende menschlicher Hyänen bestehlen die Sterbenden!«

»Wie alt mag jener Greis dort sein, dem die Rippen durch die Haut stechen?« fragt ein Fotograf.
»Er sieht aus wie über siebzig, ist höchstens fünfunddreißig. Elend macht älter in den Tropen. Hier gibt es keine Menschen ›im besten Alter‹.«
Ein Hauch von Auschwitz weht vorüber.
»Man darf sie nicht photographieren«, warnt ein Missionar in weißer Soutane. »Sie fallen sofort zu Boden und schreien, man hätte ihnen ihre Seele gestohlen.«
Ein Perlenfischer, Spezialist für schwarze Perlen, der sich von Ober-Wilda bis Obervolta durchgeschlagen hat, sagt: »Es wird Zeit, die Missionen zu ›entwestlichen‹.«
Wenn ich die fotojournalistischen Allesfresser sehe, wie sie unaufhörlich die Kinder knipsen, denen der Hunger die Bäuche aufgetrieben und die Köpfe in Kürbisse verwandelt hat, muß ich an das Premierenpublikum von Cannes denken: die Damen in Dior-Toiletten und die Herren im Smoking beklatschen am lautesten die Filme, die vom Elend der Descamisados in Lateinamerika handeln.
Es gibt Momente, da schämt man sich, Mensch zu sein.
»Wir essen zuviel«, sagt erschüttert Kardinal Casaroli. »Eine Mahlzeit täglich sollte genügen, wenn die halbe Welt hungert.«
»Und da besteht Rom noch darauf, daß Geburtenregelung Sünde ist«, murmelt Mrs. Thompson, die Vorsitzende der Organisation »Family planning«.
Recht unerwartet dieses Transparent unter dem afrikanischen Himmel: »Faschismus, Kommunismus, Katholizismus – alle bekämpfen die Freimaurerei. Wäre es nicht an der Zeit, das Urteil des Papstes Clemens XII. zu revidieren?«
In Khumasi, einer Landschaft von arkadischer Schönheit, tauchen aus dem Busch große, schwarze, verängstigte Kinder auf. Der Papst erzählt ihnen, Jesus hätte in einem Land

gelebt, wo Hirten Schafe hüteten, wo die Feldarbeit ebenfalls anstrengend war und die Sonne den arbeitenden Menschen die Rücken verbrannte.
Es ist eine ungewöhnlich einfache und zugleich schöne Erzählung. Während er zu seinem weißen Vogel zurückschreitet, singen sie ihm zu Ehren »Bleib bei uns für immer« und schaukeln rhythmisch im Takt der Trommeln. Und dann beginnt der Papst, von dieser Manifestation der Herzlichkeit tief beeindruckt, in die Hände zu klatschen und unbewußt aufzustampfen – schließlich tanzt er gemeinsam mit ihnen.
Es waren überhaupt recht ungewöhnliche Verabschiedungen. In Nairobi, als die Schreie und Gesänge verklungen, als Pomp und Gala verblaßt waren, als das Ehrenbataillon, den Londoner »King Guards« zum Verwechseln ähnlich, vorübermarschiert und die Maschine gestartet war, sank die Menge in die Knie, und es breitete sich tiefe Stille aus. Als wären sie alle versteinert vor Trauer. Eine halbe Stunde war seit dem Start vergangen, und obwohl die Polizei ungeduldig wurde und zum Verlassen des Flugplatzes drängte, knieten sie immer noch da und starrten wie Mondsüchtige auf die Stelle am Himmel, wo der weiße Vogel verschwunden war.
Oder sollte ich die Begegnung mit dem 16jährigen Neger vor dem Hintergrund von Giraffen und Straußenvögeln schildern, der erklärte, er sei ein Landsmann von mir?
»Ich bin Pole«, sagte er in fehlerlosem Polnisch. »Pater Stanislaw aus Holy Village hat mich polnisch sprechen und singen gelehrt. Glauben Sie's nicht?«
Wenig später vernahm ich das Lourdeslied: »Lobet die Wiesen im grünen Maien.« Das mehrfach vorkommende »ł«, ein für nichtpolnische Lippen schwieriger Konsonant, erklang authentisch und unverfälscht.
»Wenn ich Geld hätte«, meinte der dunkelhäutige Lausbub, dessen Vorname Stefan lautete, »würde ich nach Krakau reisen.«

Ich brauche nicht zu betonen, daß Stefan am lautesten von allen weinte, als der Papst auf dem roten Läufer, die Menge segnend, zum Flugzeug schritt.
Während ich den Heiligen Vater im herzlichen Gespräch mit dem afrikanischen Bischof sehe, fällt mir sein Gedicht »An den schwarzen Bruder« ein, geschrieben in Rom nach dem Konzil. »Ich fühle in dir das riesige Land, in dem die Flüsse plötzlich versickern.«
Schwarze in Purpur und Violett! Noch unter Pius XII. gab es in der römischen Kurie eine Menge Prälaten, die alles andere als entzückt waren, als dem Schwarzen Bernardino Gantin aus Cotonou, Französisch-Westafrika, die Bischofswürde verliehen wurde. Heute wird die allgemeine Kirche von Jahr zu Jahr bunter.
»Worum geht es hier? Was ist hier eigentlich los?« fragt ein frisch aus Salisbury eingetroffener Fernsehreporter. »Ich bin zum erstenmal bei so etwas dabei. Bisher habe ich mich mit Sport beschäftigt. Was zum Teufel ist der Unterschied zwischen Katechumenen, Katechisten und Katecheten?«
Weitere bemerkenswerte Episoden:
Der Vertreter der »Jewish Synagogue, Vermont Hall«, aus Berdytschew gebürtig, wünscht sich »zur angenehmen Erinnerung« einen Rosenkranz »von unserem Papst«: »Weil er nicht nur an Gott glaubt, sondern auch an den Menschen!«
Aus dem Stamme der Nandis kommen die besten Leichtathleten. So zum Beispiel der Langstreckenläufer Rono. Die hochgewachsenen schlanken Jünglinge tragen eine Tafel mit der Aufschrift:
»Es lebe der Sportler Gottes!«
Gian Franco Svidercoschi meint:
»Paul VI. besuchte Uganda im August 1969, zu Ehren der im vergangenen Jahrhundert in jener Gegend verbrannten Märtyrer. Wie schwach war das Echo seiner Reise, verglichen mit der jetzigen Seelen-Safari!«

Ein Schlüssellochgucker vom Schloß des Petrustores versichert, ein Barsch aus dem Kongofluß, vom Italiener Nicola Biano »auf polnische Art» zubereitet, habe dem Papst so gut gemundet, das er ausgerufen habe:
»Gibt's nicht noch ein bißchen von diesem Fisch?«
Ein Landsmann, der um Geheimhaltung seines Namens bittet (»ich möchte ein unbekannter Soldat der Armee Christi bleiben«) ist rot vor Freude:
»Welch Fest für die polnischen Missionare in Afrika. Und für die vielen Orden und Sekten, die hier tätig sind. Die ersten waren die Jesuiten, sie siedelten zu Zeiten Pius XI. in Nordrhodesien. Heute gibt es hier immer mehr von uns.«
Er zeigt eine vergilbte Fotografie aus der Zeit da Obervolta noch Französischer Sudan hieß.
»Dieser junge Mensch im zwei Meter hohen Elefantengras, das bin ich. In diesem Klima werden wir rasch zu Waldschraten. Hier ist die Sonne nicht Freund des Menschen, sondern sein Todfeind. Hier sehen Sie mich in der Kleinschule, vor fünfundzwanzig Jahren, da pauke ich die Dialekte Vringala, Bakongo, Tschiluba, Moussi. Und hier, auf dem zweirädrigen Karren, mit Rädern ohne Speichen, auf dem Eselsmarkt, für eßbare Esel, versteht sich – wobei die nicht eßbaren viel besser sind als die eßbaren. Ich erinnere mich an einen Vorkriegs-Jahrmarkt in Polen, in Brześć Kujawski. In einer Woche kehre ich für immer nach Europa zurück. Freude macht es mir keine. Afrika, oh, du mein Afrika, du bist wie eine Frau! So ähnlich wie in dem Lied: Man liebt dich, aber man mag dich nicht...«
Am Rande des Uhuru-Parks steht ein hochmütig dreinschauender Dickwanst mit Löwenmähne und hält ein Schild in der Hand. Die Aufschrift lautet:
»When the white men came, we had the land and they had the bible. Now they have the land and we have the bible – William Okello, Mombasa.»

Heißblütige junge Damen schwingen ihre Sonnenschirmchen gegen den Demonstranten. Ein polnischer Missionar aus Ruanda, ein Pallotiner, hält sie im letzten Augenblick zurück.

»Jeder hat das Recht, seine Meinung laut zu verkünden. Am Ende hat er womöglich recht?«

Einer Gruppe Spanier gelingt es, die Eingeborenen zu übertönen:

»Juan Pablo Secundo, te quiere todo el mundo!«

»Simama, simama imara, jilinde«, dröhnt ein Neger in der Tunika.

»Stay awake, watch and pray«, echot sein weißer Bruder.

Jeder zweite Büßer hat ein Problem, das keinen Aufschub verträgt und das er dem Papst gern darlegen möchte.

»Vater, erwirke in Kampala, daß Bob Astles, britischer Sergeant, der in Luzirs Verließen schmachtet, freigelassen wird!«

»Bete für den in Mbale getöteten Missionar Francis McCrath aus Birmingham!«

»Vor zwanzig Jahren hat der Vatikan Tschombe empfangen. Warum schwieg er, als Tschombe eingekerkert wurde?«

»Der gekreuzigte Christus war bestimmt ein Schwarzer. Weiße foltert man nie.«

Als die Nachricht von Titos Tod kommt, können einige Kroaten ihre Befriedigung nicht verhehlen.

»Wir wissen, daß es ein unchristliches Gefühl ist. Wir beten, daß der Papst nicht zur Beerdigung dieses Sünders fährt, der schon zu Lebzeiten vom Westen heiliggesprochen wurde.«

1200 km fuhren Polen aus Uganda mit einem Wrack von Kübelwagen (der Motor hatte ständig Pannen), um den Papst zu sehen. An der Grenze wurden sie von Banditen beschossen. Macht nichts! Hauptsache, sie können am großen Fest teilnehmen und den Heiligen Vater aus der Nähe fotografieren!

Zweitausend Polen aus Südafrika und dem ehemaligen Rhodesien wurden zu einem großen Treffen an einem Punkt der päpstlichen Reiseroute erwartet. Leider sind Besitzer von Reisepässen der RPA für die jungen schwarzen Staaten so etwas wie Aussätzige. Nicht einmal Fürsprechern der politischen Emanzipation des Schwarzen Kontinents (beispielsweise der Schriftsteller Ledóchowski – übel angesehen bei den weißen Rassisten in Transwaal, dafür im Jenseits gesegnet von Tadeusz Kosciuszko, dem Patriarchen aller negerfreundlich Gesinnten) war es gelungen, nach Kenia hinüberzukommen.

Jean-Paul R., Sekretär an der kanadischen Botschaft, Sohn eines Vorsitzenden der polnischen Vereinigung in Ottawa, Enkel eines berühmten Augenarztes, Seiner Magnifizenz in Edinbourgh, verrät uns folgendes:

»Als ich im Radio die Nachricht von der Wahl des Papstes vernahm, lag ich gerade in der Badewanne. Vor lauter Freude bekam ich einen Schwächeanfall und wäre um ein Haar ertrunken. Die Schwarzen liefen zusammen und fragten: ›Was ist passiert? Warum weinen Sie?‹«

Ein ehemaliger Offizier der polnischen Kriegsmarine, in Mombasa daheim – dort erfuhr »Pan Tarkowski« aus Sienkiewicz' Roman »In Wüste und Wildnis«, daß »die Kinder leben«, dort landeten polnische Waisen, die aus dem Archipel Gulag entkommen konnten – schreibt einen Protestbrief an die Redaktion der »Daily Nation«.

»Wissen Sie, was für ein Unsinn in dem Blatt gestanden hat? Der Papst hätte mit seinen Eltern zuhause nur deutsch gesprochen. Ich werde die Zeitung verklagen!«

Präsident Moi, ein Schüler Kenyattas, hat Tränen in den Augen, als der Papst das Andenken des Mannes ehrt, der Kenias Unabhängigkeit erwirkte. Als Student hatte Kenyatta Material für den polnischen Prof. Bronisław Malinowski gesammelt, für dessen Werk »Facing Mount Kenya«.

Die schwarzen Politiker sind allesamt Riesen von beachtlichem Umfang. Ein Winzling hat in der hiesigen Politik keine Chance. Er muß die anderen buchstäblich überragen. Um einen Kopf mindestens. Den man im übrigen leicht los wird.
Auf dieser Pilgerreise gibt es nur wenige unbeschwerte Augenblicke. Das Gesicht des Papstes, ein aufgeschlagenes Buch, in dem man mühelos lesen kann, verrät nicht selten Anflüge tiefen samariterhaften Mitgefühls. In Zaire, in Kinshasa, im Menschenmeer, das bis an den Horizont reicht, im Leprosorium, dem siebenten Kreis menschlicher Hölle – dieser Plage hat die Medizin bisher nicht Herr werden können! – betet der Papst, der Vater der Aussätzigen, der Tröster der Leprakranken, mit tiefer Inbrunst: möge das heilige Wort, das er an die Rue de la Rive getragen hat, den Kranken Erleichterung im Unglück bringen.
»Als die Belgier von hier fortgegangen waren«, erinnert sich der Arzt, »zerhackte die Menge mit ihren Äxten die Röntgenapparatur und auch gleich das Bedienungspersonal. Sie glauben nicht, was wir hier erlebt haben! Besser, man vergißt es.«
Was soll ich nur zuerst ins Notizbuch schreiben! So viele Bilder, so viele mitgehörte Gespräche!
Ein Parteimensch aus Warschau, ein feiner Pinkel vom Sicherheitsdienst, versucht Ausländern klarzumachen:
»Der Westen schickt riesige Summen an die Dissidenten in Polen. Das sind alles Millionäre. Man muß Carter und Brzezinski isolieren, um des Friedens willen. Die Amerikaner sind wahnsinnig geworden!«
Sicher weiß er, wovon er spricht: Washington hat ihn vor einiger Zeit mit einem Amerikastipendium bedacht. Du bewirfst sie mit Brot, sie revanchieren sich mit Steinen!
»Polygamie«, erklärt mir der Hindu Shastri (er ist Astrologe und lehrt – für Geld – wie man »mit Hypnose das Herz der widerspenstigen Frau erobert und den Chef in einen zu-

gänglichen Menschen verwandelt«), »ist ein ökonomisches System, vorteilhaft für beide Seiten. In Äquatorialafrika wird die Einehe niemals Fuß fassen.«
Es gibt natürlich auch Flecken auf der Sonne. Die päpstlichen Nuntiaturen überlassen den Gesandtschaften die technische Organisation der Begegnungen zwischen dem Papst und seinen Landsleuten. Schlimmer noch: besagte Funktionäre halten ihre Ansprache »im Namen aller Polen«.
So war es in Zaire, Kenia und Ghana.
»Als ich erfuhr, ich solle mich in der Botschaft melden, denn von dort führe der Bus«, beklagt sich der junge Matrose, ein Polenflüchtling, »bin ich schweren Herzens daheimgeblieben.«
Der Pfingstochse aus der kommunistischen Botschaft (ich werde mich hüten, seinen Namen zu erwähnen, sonst verleihen sie ihm am Ende noch einen Orden!) begann seine Rede – ein Geschwafel von geradezu taktloser Länge, die Mädchen in Krakauer Tracht fielen reihenweise in Ohnmacht, die Blumen welkten in den Händen der kleinen Goralen – mit den bedeutungsschwangeren Worten: »Ich sehe mich außerstande, meine Gedanken zu ordnen!« Er sagte die Wahrheit: zum Schluß seiner Laudatio hatte er sie noch immer nicht beisammen.
»Schade, daß der Papst keine Zeit hatte, in Lagos Station zu machen – wenn auch nur für einige Stunden«, jammert ein Riese in bodenlangem, orangefarbenen Gewand. »Sind wir in Nigeria etwa schlechter als die in Accra oder Abidjan?«
Beim Treffen mit einer hundertköpfigen Gruppe von Landsleuten in Kinshasa polemisiert der Papst gegen jene »Leute in Rom«, die da meinen, »der fliegende Pole« treibe sich zu oft in der Welt herum.
»Nach ihrer Meinung«, sagt Johannes Paul II., »sollte sich der Papst nach alter Sitte die ganze Zeit über im Vatikan aufhalten. Und trotzdem danken ihm diejenigen, zu denen

er kommt, herzlich für den Besuch, sind bekümmert, daß er ihnen nicht noch mehr Zeit widmet, versichern ihm, er könnte gar nicht ihr Seelenhirte sein, ohne sie zu kennen, ohne zu wissen, wer sie sind und wie sie leben. Der heilige Paulus hat auch nicht still auf einem Fleck gesessen, sondern war ständig unterwegs.«

Später nach der Rückkehr aus Frankreich und vor dem Abflug nach Brasilien kam er auf das Thema zurück: »Viele Menschen nehmen mir übel, daß ich zu oft reise. Von ihrem menschlichen Standpunkt aus haben sie sicher recht. Es ist die Vorsehung, die uns inspiriert, gelegentlich ›per excessum‹ Dienst zu tun.«

Ein norwegischer Journalist meint scherzhaft: »Globetrottero del Dio. Schade, daß unsere protestantische Welt keinen solchen Führer hat, dessen Ausflüge geeignet wären, die Federfuchser anzuspornen. Im Krieg hing in England ein Plakat des Inhalts: ›Join the army, see the world!‹ Heute sollte man die Parole modernisieren: ›Join the pope...!‹«

Der weißhaarige Dominikaner aus Toulouse hat Vorbehalte: »Die Blitzvisiten des Heiligen Vaters in seiner Eigenschaft als Oberster Hirte haben rein symbolischen Charakter. Betrachten wir die Afrikareise unter den ökonomischen Gesichtspunkten von Zeit und Anstrengung, dann stellt sich zwangsläufig die Frage: was läßt sich konkret realisieren bei diesem gedrängten Terminkalender, bei diesem unaufhörlichen Rennen gegen den Uhrzeiger? Ein Viertel der Zeit entfällt auf die Bewältigung von Riesenentfernungen, das zweite auf farbenfrohe Begrüßungs- und Abschiedszeremonien, das dritte auf das, was für uns wesentlich ist: auf Pontifikalmessen und die Begegnung mit Gläubigen im Gebet. – Und wieviel Zeit bleibt für Gespräche mit der Geistlichkeit und den Vertretern des Laienbrudertums? Weniger als wenig.«

»Jungfrau, schön und herrlich« – singen in polnischer Sprache schwarze Schönheiten in Festtagskleidchen aus Kattun.

Die neben mir stehende gazellenschlanke Dame mit ihrem mystischen Haarturm auf dem wohlgestalten Köpfchen, dem schelmischen Lächeln und dem Geklimper ihrer Messingreifen um den schönen Giraffenhals fühlt sich nicht besonders wohl mit der Schärpe auf der Brust. Das rote Tuch nimmt ihr den Atem.

Ihre Nachbarin, in einer bis zum Kinn hochgeknöpften Bluse, ist aus ihren hochhackigen Pumps geschlüpft. Es sind wahre Folterwerkzeuge. Wieviel müssen die Ärmsten erdulden dem Papst zuliebe!

Es macht nichts, daß die Mikros kaputt sind. Die lautsingenden Nonnen sind ohnehin gut zu hören. Kardinal Angelo Rossi meint scherzend:

»Papa Wojtyla hat Afrika polonisiert!«

Die uniformierten Würdenträger nähern sich gern der weißen Soutane. Die Menge soll das Gewicht der Parität ruhig schätzen lernen!

Sogar jener Mann, der früher einmal fest entschlossen war, das Weihnachtsfest, diesen »miesen Trick weißer Kolonialisten«, abzuschaffen, hat sich aus einem militanten Saulus in einen eifrigen Paulus verwandelt und erläutert dem Papst in vorzüglichem Französisch seine Ansichten zu den Beschlüssen des Zweiten Vatikanischen Konzils, die er im übrigen sehr positiv beurteilt. Die Purpurträger nicken zustimmend. Denn es ist größere Freude im Himmel über einen bekehrten Sünder als über hundert Gerechte.

Auf den Briefmarken, die manche Staaten zu Ehren des historischen Besuchs herausgegeben haben, sind neben dem Kopf des Papstes die Häupter der afrikanischen Gastgeber zu sehen – zuweilen größer als das Haupt des Gastes.

Der Präsident von Uganda ist unerwartet mit seinem halben Kabinett nach Kenia gekommen, um dem Papst zu huldigen. Sein Sekretär, ein Witzbold im Smoking, meint bissig:

»Kommt Mohammed nicht zum Berg, kommt der Berg eben

zu Mohammed. Uganda wird von jedem ignoriert, nur weil wir früher von einem Ungeheuer namens Idi Amin regiert wurden.« Nun kann der Papst schließlich nicht alle afrikanischen Staaten besuchen. Ohnehin riskiert er – zum Erstaunen einiger Leute – einen Sprung zum anderen Kongoufer nach Brazzaville, wo der »Marxismus-Leninismus« mit offensichtlichem Erfolg blüht. Dort hält er auch seine Ansprache über persönliche und religiöse Freiheit. »Gewissensfreiheit ist keine Gefahr für die Souveränität des Staates.«
Afrikas schmerzliche Vergangenheit, traurige Gegenwart und unsichere Zukunft – es gibt genug Themen zum Nachdenken!
Versunken betrachtet der Papst die Wandmalerei am Giebel der St. Peters-Kirche in Kinshasa. Der Apostel mit dem riesigen Schlüssel in der Hand trägt Lumumbas Gesicht.
Während sich der Papst in der tropischen Hitze den Schweiß von der Stirn wischt, fällt mir jenes dichterische Spiel der Phantasie ein, Prophezeiung des heiligen Malachias genannt, wonach der Name Johannes Pauls II. wie folgt lautet: »De labore solis – Den Mühen der Sonne entsprungen!«
»Messen Sie der päpstlichen Afrikareise nicht vielleicht doch zu große Bedeutung bei?« verpaßt mir ein junger Engländer versuchsweise eine kalte Dusche (was bei der Hitze gar nicht so übel wäre). »Vergessen Sie bitte nicht, daß die Katholiken Afrikas kaum 12% der Gesamtbevölkerung ausmachen!«
Im Museum von Khoumasi ist ein Eisen zu besichtigen, mit dem man früher den Schwarzen das Mal auf den Rücken brannte. Die Lieder und Tänze des neuen Afrika – die Hälfte der Bevölkerung zählt weniger als sechzehn Jahre – überliefern die Klage aus der Zeit englischer und portugiesischer Sklavenjagden. Der Papst setzt seinen Fuß auf einen Boden, der nicht nur das Blut der Märtyrer getrunken hat,

sondern auch den Schweiß und die Tränen vieler Tausender, die man schlimmer behandelt hat als Tiere. Heute wird ihnen wohltuende Genugtuung zuteil. Nachdem der gewaltige Ruf »John Paul Two – wie love you!«, »Il Papa – il Papa« und »Sto lat» (von schwarzen Kindern auf polnisch gesungen!) verklungen ist, erklingt der wohlklingende Bariton des polnischen Papstes, der im Namen der Gerechtigkeit zum Kreuzzug gegen Unterdrückung und Ausbeutung aufruft, in welcher Gestalt auch immer sie auftreten mögen!
»Mut! Nehmt eure Zukunft in die Hand! Laßt euch nicht unterkriegen von Zweifeln, Verbitterung, Apathie. Ihr seid nicht allein. Gott wird Afrika segnen. Hoch die Herzen!«
Nein, dies ist kein einsames Rufen in der Wüste. Das ist eine gewaltige Hoffnungsinjektion.
Die Kirche hat einen weiten Weg zurückgelegt, von der Bulle Nicolaus des Fünften (1454), die dem König von Portugal »auf ewige Zeiten« die Herrschaft über die Gebiete in Übersee zuerkannte, bis zur Predigt Johannes Pauls II., die sich so entschieden gegen jegliche Form von Ausbeutung wendet.
»Der erste katholische Missionar pflanzte das Kreuz an die Goldküste, zehn Jahre bevor Kolumbus Amerika entdeckte!« erinnert sich der Papst. »Aber das Werk der Evangelisation ist noch lange nicht beendet. Gottes Aussaat dauert an.«
»Wie konnte man dem Papst nur die Erfüllung seines Wunsches versagen?« beklagt sich gemeinsam mit mir eine schwarze Journalistin mit japanischem Teleobjektiv. »Schließlich hat er sich wiederholt darum bemüht! Wieso hat man ihm nicht den Nationalpark gezeigt? Er hätte sich die Flußpferde, Nashörner, Straußen und Giraffen ruhig in Freiheit ansehen sollen...«
»Er kehrt sicher wieder hierher zurück«, versucht man das Mädchen zu beruhigen. »Präsident Moi hat beim Abschied

immerhin deutlich gesagt: ›Heiliger Vater, hier ist dein zweites Haus!‹ Und heim kehrt man immer wieder...«
»Der Papst hat gesagt, Christus sei als Mensch ebenfalls Afrikaner«, führt irgendein Amateurtheologe inmitten der Menge das große Wort, »somit ist auch sein Vertreter auf Erden Afrikaner!«
»You are right!« klatschen die Schwarzen vor lauter Freude.
»He is an African too!«

Afrika ist nicht Europa. Man wartet geduldig auf eine Telefonverbindung. Das Ausland ist fern. Die schwarze Schönheit mit dem Kopfhörer, frisiert á la Bo Derek, zieht ihr leicht plattgedrücktes Näschen kraus:
»Feine Journalisten sind das! Statt zu schreiben, telefonieren sie andauernd.«
Niemand hatte erwartet, daß im weißglühenden Kinshasa nahezu zwei Millionen Menschen zusammenkommen würden. Und daß der »Karneval in Rio« auch an diesem Punkt des Globus möglich sei. Die Hunderttausende, die sich allein an der Straße vom Flugplatz Ndschili zur Hauptstadt Zaire angesammelt hatten! Selbst vom niedrig fliegenden Pressehubschrauber aus sind sie kaum zu zählen. Wieviele waren es denn in Kenia oder in Ghana? Mir fällt nur der abgedroschene Journalistenspruch ein: »Ein Meer von Köpfen.« Man bekommt regelrecht Angst beim Anblick der riesigen Monster mit den violetten Augenhöhlen in kalkigen Zifferblattgesichtern, wenn sie im Rhythmus des Tam-Tam, das auf hunderten kleiner Trommeln geschlagen wird, auf ihren hohen Stelzen auf- und niederwippen. Eher platzen wohl unsere Trommelfelle, als diese von schwarzen Fäusten oder mit flacher Hand unermüdlich bearbeiteten Häute. Jeden Augenblick erwartet man, daß eine der heulenden Vogelscheuchen von ihren Stelzen fällt und sich das Genick bricht. Das Getöse aus der Tiefe des Dschungels wächst von

Minute zu Minute, begleitet von einer Supergala-Show, die man den früheren Kolonialherren abgeschaut hat. Düsenjäger schneiden den Himmel. Ehrenkompanien und Bataillone. Weiße Gamaschen, weiße Stulpenhandschuhe, weiße Koppel, Epauletten, mit Leopardenfell gesäumte Mützen oder operettenhafte Tschakos, natürlich mit Federbusch. Parade-Stechschritt bei der Defilade. Das Stakkato genagelter Stiefel. Dann wieder ein echtes »royal tattoo«: gelungene Imitation der königlichen Garde vor dem Buckingham Palace. Rote Joppen, Bärenfellmützen. Das Gebrüll militärischer Kommandos, die aus dem Zwerchfell kommen. Und im wildwogenden Meer schwarzer Jugend die weißen Turnhemden mit dem Bildnis des Papstes. In Mexiko hatte der Pontifex Polonus halbindianische Gesichtszüge, hier wirkt er leicht negroid. Wie wird er in Peking aussehen? Denn bestimmt reist unser unermüdlicher Pilger irgendwann auch dorthin.

Die staatlichen Würdenträger mit ihren Marschallstäben in den Fäusten spüren, daß Dutzende von Fernsehkameras und Hunderte von Fotoapparaten auf sie gerichtet sind. Sie wachsen förmlich zu den Tribünen- und Baldachindecken empor. Mobutu hält seine Ansprache in parfümiertem Französisch. Seine frisch angetraute Ehefrau kann den entzückten Blick nicht von ihm losreißen. Und wenn der gestrige Herold der »Authenticity Campaign« und Motor des heimischen »Kulturkampfes« (Ausgabe Kongo) während des Pontifikalhochamtes die heilige Kommunion empfängt, schaut Kardinal Malula, sein Enkel, Opfer und Zeuge der Anklage zugleich, entzückt zum Himmel empor. Man sollte einen Ochsen schlachten zur Feier der Rückkehr des verlorenen Sohnes.

»Wir sind frei und glücklich«, sagt der Chefredakteur des Regierungsblattes, »und wir unterwerfen uns freiwillig gewissen Einschränkungen. Natürlich gibt es bei uns keine Zensur. Aber bestimmte Dinge werden nicht berührt – wozu auch?«

Kommt einem dies nicht irgendwie bekannt vor?

Zehn Minuten lang ist der Papst Gast einer »typischen Zaire-Familie«, in der himmelblau gestrichenen Wohnung in der Avenue de la Victoire 48 in Kinshasa, im Viertel der »einfachen Staatsbürger«.

In den drei blitzsauberen Zimmern begrüßen ihn Vater, Mutter und zehn Kinder. Der Papst entstammt jenem Teil Europas, wo Potemkinsche Dörfer nicht eben selten sind. Also kommt er sich vor wie ein Schulrat bei einem Schauunterricht, wo man den Primus in die erste Bank setzt und die Schwänzer und Sitzenbleiber im Schrank versteckt. Sein Röntgenblick schweift in die Runde. Er streicht den kleinen Sarottis über ihre geschorenen Rüben und wird nachdenklich. Vielleicht realisiert er soeben, daß es in Afrika Länder gibt, in denen laut Statistik auf eine Familie siebeneinhalb Kinder entfallen. Selbst abgelegene Gebiete, die von Hunger, Dürre, Wüstensand und Epidemien bedroht sind, weisen steigende Bevölkerungsziffern auf.

»Schenkt Gott ein Kind, dann schenkt er auch fürs Kind« – hieß es früher einmal in Polen. Aber wird er auch in Äquatorialafrika schenken?

Unruhig schläft das Haupt, das eine Krone trägt, läßt Shakespeare einen seiner Helden sagen. Schon in der Renaissancezeit meinte man in Rom, ein guter Papst müsse ein Heiliger oder ein Zyniker sein. Hat der Papst während seiner Blitzreisen Zeit genug, um einen kritischen Blick hinter die Fassaden zu werfen? Als man ihn informierte, in den Hungerländern seien eineinhalb verhungerte Kinder pro Familie statistisch errechnet, sagte er leise: »O Gott, um eineinhalb zu viel!« Der Rest ist – leider – warten. Worauf? Auf die Vernunft? Auf das Wunder? Auf die Katastrophe?

»Hier kann man in wenigen Tagen mehr lernen«, sagt der Papst zu seiner Begleitung, »als im Vatikan in einem ganzen Jahr.«

»Es gibt eine Redensart: ›Der Satte wird den Hungrigen nie verstehen‹«, sagt der aus Tarnów stammende Pater Sliwa, der gemeinsam mit Pater Felix die Gläubigen vom Stamme Bakongo im Pfarrbezirk Makala betreut, einem Elendsviertel bei Kinshasa.

»Ein Europäer, der in seiner Wohnung jederzeit den Wasserhahn aufdrehen kann, ist nicht imstande, sich vorzustellen, was Dürre ist. Die Eingeborenen meiden Kirchen, die keinen eigenen Brunnen haben. Nie werde ich den Anblick der beiden kleinen Negerkinder in der Kapelle vergessen. Wie Jungtiere ans Wasserloch, so sind sie mit ihren aufgesprungenen Lippen ans Weihwasserbecken gestürzt. Mit ihren trockenen Zungen haben sie die letzten Tropfen Weihwasser vom Boden der Schüssel geleckt. Wissen Sie, wovon die Leute hier nachts träumen? Von einer Handvoll roter Bohnen.«

Der redegewandte Mobutu, ein Weiser mit blitzenden Brillengläsern, päpstlicher wirkend als der Papst, macht darauf aufmerksam, daß die Beschlüsse des letzten Konzils dringend der Realisierung bedürfen. Die weiße Soutane und der Fischer-Ring verpflichten zur Engelsgeduld. Darf der Papst das unsichtbare Sandkorn unterm Lid entfernen, während in Brazzaville der Oberst, Präsident und Erster Sekretär in einer Person, sprich: Monsieur Denis Sassou-Nguesso, Dr. h.c. und mit eiserner Hand regierender Herrscher des Kongo, der Meinung ist, die römisch-katholische Kirche und die revolutionäre Partei der Marxisten-Leninisten Kongos verfolgten dasselbe Programm, der Welt das wahre Glück auf Erden zu garantieren?

Der Papst steht wahrlich vor einer schwierigen Aufgabe: Wie soll er die Sorge um Menschen und Bürgerrecht mit der

Notwendigkeit verbinden (»Gebt dem Kaiser, was des Kaisers ist!«), sich mit Herrschern zu arrangieren, die derartige Rechte, um es dezent auszudrücken, ein wenig bagatellisieren?

»Wer mit dem Evangelium in Händen in Gefängniszellen hineinschaut, erkennt damit noch nicht den Gefängnisdirektor an«, erklärt mir ein Prälat vom Tiberufer. Es bestehen Kontakte zu den Unterdrückten, weniger hinter dem Rükken ihrer Unterdrücker, als vielmehr über ihre Köpfe hinweg.

An Bord der Fähre »Fleuve Congo«, während des Übersetzens über den Fluß, der viermal so lang ist wie unsere Weichsel, denkt der Papst voller Trauer an die Auswirkungen der Panik vor dem Tor in Kinshasa, an die zu Tode Getrampelten, die Verletzten, die in der Klinik zu besuchen man ihm untersagte.

»Wer auf seinem Wege zum Heiligen Vater stirbt«, erläutert die schwarzhäutige Schwester im weißen Habit ihren Zöglingen, »kommt direkt in den Himmel.«

Auf der Fähre »Veronika«, die unter der Last journalistischer Fauna ächzt, bemerkt ein junger französischer Ethnologe skeptisch, die päpstlichen Appelle an die Afrikaner, ihre Traditionen zu wahren, wären nicht nach seinem Geschmack.

»Gewiß, das Afrika von morgen sollte nicht unkritisch westliche Vorbilder kopieren. Und ganz gewiß sollte es sich nicht von den Brosamen unserer Massenkultur ernähren. Aber das mit dem Schöpfen aus eigenen Quellen ist eine sehr fragwürdige Sache. Selbst in Polen, das seit eintausend Jahren im Einflußbereich des Christentums liegt, ist nicht alles, was in der Rumpelkammer der Geschichte liegt, rühmens- und fortführenswert. Was soll man da von Stämmen sagen, die erst vor verhältnismäßig kurzer Zeit dem Kanibalismus abgeschworen haben, der uneingeschränkten Allmacht der

Clans, dem Fanatismus der Schamanen, den grausamen Ritualen – die erst allmählich davon abgehen, Kinder zur Schwerarbeit zu zwingen, Greise zum Sterben in Baumkronen und Invaliden in den Busch treiben? Der Europäer, der dem Schwarzen gegenüber Schuldgefühle empfindet, der die Verantwortlichkeit für die Sünden des Kolonialismus auf sich nimmt oder auch nur der technischen Zivilisation müde ist, so müde, daß er sich in seinem Unterbewußtsein nach einer neuen Rousseauvariante sehnt – dieser Europäer neigt gelegentlich dazu, die vermeintlichen ur-afrikanischen Werte zu idealisieren. Bei uns in Paris nimmt so mancher Schöngeist, den die primitive Kunst des Schwarzen Kontinents bezaubert und der darin Impulse für das eigene Schaffen entdeckt, Wünsche für Wirklichkeit. Obwohl eine solche Anschauung heutzutage als unpopulär gilt, meine ich dennoch, daß wir, wir Europäer, diesen Kontinent weder geistig noch zivilisatorisch Hals über Kopf verlassen sollten. Es könnte ein Vakuum entstehen, das Unberufene ausfüllen werden. Und dann wird sich wieder einmal die Medizin gefährlicher erweisen als die Krankheit. Lassen wir uns doch nicht von modischen Parolen hypnotisieren! Niemand weiß, ob auf der Welt mehr Unglück durch Einmischung in die inneren Angelegenheiten anderer Länder und Staaten entsteht als durch Nicht-Einmischung.«

Und so sind ganz unerwartet die Herren Journalisten beim Cocktail »Tropicano« auf einmal mitten in einer Diskussion, wie wir sie aus unseren ersten Studienjahren kennen.

»Wenn Menschen innerhalb einer Gemeinschaft nun einmal keine Lust zeigen, sich den Bauch mit Früchten vom Baume der Freiheit und Demokratie vollzustopfen, dann haben sie eben keinen Appetit darauf. Wozu sie also gegen ihren Willen emanzipieren?« »Das ist ein reaktionärer Standpunkt. So gesehen könnte man ebensogut die Schulpflicht abschaffen, die Pockenschutzimpfung, die Straßenverkehrsvorschriften

und die Feuerschutzeinrichtungen. War etwa die Leibeigenschaft in Europa Ergebnis der Tatsache, daß die Bauern mit ihrem Los zufrieden waren? War die Meinung englischer Theologen vor dreihundert Jahren, schwarze Sklaven hätten keine Seele, nicht von rein wirtschaftlichen Interessen diktiert? Ihr dürft nicht jenen glauben, die behaupten, der barfuß laufende Somali fühle sich besser als der beschuhte.«
»Sie polemisieren auf dem Gehirnwäscheniveau, Herr Kollege!« »Wenn's wenigstens etwas zu waschen gäbe! Ich teile nun mal nicht die Ansicht, daß die beste Hilfe für diese Wesen *keine* Hilfe ist, mit Ausnahme von Milchpulver.«
»Waiter, one rum-punch more!«
»Der europäische Markt hat 1500 Stipendien für afrikanische Studenten gestiftet«, höre ich jemanden bitter lachen, »wovon 1499 an Kinder von Regierungsmitgliedern gingen.«
Ich mag den Anblick, wenn der Papst auf dem Schiff übers Meer oder einen Fluß entlang fährt. Er erinnert mich an einen Öldruck aus meinen Kinderjahren, ein kleines Bild, das im Birkenholzrahmen an der tapezierten Wand hing, neben Fürst Josef Poniatowski, der hoch zu Roß in die Elster springt: der heilige Petrus wirft vom Fischerboot das Netz aus. Am Ufer des Sees Genezareth wallen Scharen von Gläubigen in weißen Gewändern. Auf dem saphirblauen Himmelsgewölbe über dem Gelobten Land leuchtet das Kreuz im Strahlenkranz. Wieviel sanfter Frieden geht doch von einem solchen Öldruck aus, auf dem – im Einklang mit der Poesie der heilen Welt – alles hell, harmonisch und selbstverständlich ist. Die Heiligen haben alle wunderschön gekämmte Lockenköpfe und sorgfältig gepflegte Bärte und tragen makellos saubere Gewänder, als wären sie aus der Schneiderwerkstatt Cecil de Milles entliehen. Und all die noch ungeahnte Sinnlosigkeit dieser Welt, die Sorgen der Nietzsches, Kierkegaards, Dostojewskis, Kafkas, Camus'

oder Sartres halten sich fern hinter den sieben Bergen verborgen. Der Teufel des Zweifels schläft.
Es macht Vergnügen, dem alten Häuptling mit dem Federbusch zuzuschauen, wie er seine Enkelkinder auf die Begegnung mit dem Papst vorbereitet. Er reibt ihnen die Fesseln mit blauer Farbe ein, umwickelt die Hälse mit Muschelketten. Noch ein Bild aus der Kindheit fällt mir ein: der Onkel sattelt den braunen Wallach für den sonntäglichen Ausritt in die weite Welt. Er striegelt und bürstet ihn, flicht ihm Zöpfe in die Mähne.
Welch rührender Anblick: Geige spielende Nonnen. Sie spielen falsch, erheblich falsch sogar, aber die heilige Cäcilie ist fern. Der gute Wille zählt. Sie wollen dem musikalischen Papst ein Vergnügen bereiten.
In der Kathedrale der Allerheiligsten Familie stelle ich mit Bestürzung fest, wie merkwürdig, um nicht zu sagen exotisch, auf afrikanischem Boden die lateinische Sprache klingt. Oder auch Vivaldi und Gounod. Was um alles in der Welt soll der hiesige Katholizismus, der sich nach wie vor »in statu nascendi« befindet, mit dem importierten Erbe anfangen? Zum Beispiel: mit der gregorianischen Musik, der Summa theologiae, der Gegenreformation, der Predigtkunst Bossuets oder der zeitgenössischen Fronde Lefèbres?
»Dem Papst«, sagt eine Ärztin vom Grenzhof unweit des Sees, in dem Flußpferde U-Boote nachahmen, »geht es wie einer in tiefer Nacht leuchtenden Laterne: die verschiedensten Vögel fliegen ihm zu.«
Ugandas Präsident, Godfrey Binaisa, ist in die kenianische Hauptstadt geeilt mit der Geschwindigkeit der Feuerwehr. Und zwar, wie ich höre, nicht nur, um dem Papst zu huldigen und sein Bedauern darüber auszudrücken, daß Johannes Paul II. im Unterschied zu Paul VI. Uganda keinen Besuch abstatte. Vielmehr möchte er sich bei dieser Gelegenheit mit seinem Fachkollegen Daniele Moi, dem Schüler des großen

Kenyatta, nachbarlich einigen, als ahnte er das heraufziehende Gewitter: die offene Rebellion seines Generalstabschefs General Ojok. Selbiger Ojok hat mit dem seit neun Jahren im Exil in Dar-es-Salam weilenden ugandischen Ex-Präsident Milton Obote Fühlung aufgenommen, einem zwar recht fortschrittlichen, dafür aber korrumpierten Gentleman. Schon Macchiavelli war der Meinung, Rivalen, die nicht rechtzeitig umgebracht würden, bereiteten gelegentlich gesellschaftliche Unannehmlichkeiten. In der Tat hängt über Kampala, wie Rom auf sieben Hügeln gelegen, erneut die bleierne Wolke der Angst. Nach seiner Rückkehr aus Nairobi ins heimische Kampala hat Binaisa General Ojok auf die Weide geschickt, genauer: in die Wüste, also die sonnenverbrannte Prärie. Doch der ehrgeizige Ojok hat diese »Beförderung« auf den Müllplatz der Geschichte nicht zur Kenntnis genommen. Vielmehr schickte er in das Hotel »Nile Mansion« seine besten »Sportler«, die blindlings drauflosballerten, die kleinen Kinder der dort wohnenden Minister töteten und Binaisas Freunde in den tiefsten Busch entführten. Binaisa selbst soll sich in Entebbe verbarrikadiert haben, der Bürgerkrieg hängt in der Luft. Wobei kein Mensch zu sagen vermag, auf wessen Seite sich Tansania schlagen wird. Und sein launischer Anführer Nyerere, der am Komplex der Menschheitsverbesserung leidet. Wenn schon Angst, dann vor Gott. Darum auch hat Binaisa das Ministerium für nationale Verteidigung in letzter Minute dem Katholikenpfarrer Okotho anvertraut.

Duldet der Vatikan Minister und andere Politiker in der Soutane? Eher nicht. Auf Empfehlung der römischen Kurie hat der apostolische Delegierte in Washington, Jean Jadet, erst unlängst den Bischof von Wisconsin, Alois Wycislo, darüber informiert, daß es Pfarrer Robert Cornell nicht gestattet sei, für das Repräsentantenhaus zu kandidieren. Auch Jesuit Robert Drinan, Kongreßmann aus Boston, darf sich kein zweites Mal um das Abgeordnetenmandat bemühen. Zwar werden derzeit noch zwei oder drei Priester in hohen Regierungsämtern Mittel- und Südamerikas toleriert, aber ein »Pfarrer Okoth« als Anführer des ugandischen Kreuzzuges gegen die Rivalen von Präsident Binaisa ist schlechthin undenkbar.

Im übrigen wechseln in diesem Teil der Welt die personellen Konstellationen so rasch, daß, während das Auge des Lesers diese Zeilen durchfliegt, im Gefolge unvorhersehbarer Ereignisse bereits die Namen neuer Heroen aufgetaucht sein mögen, während die bisherigen Männer der Vorsehung in den tiefsten Hades-Schlund des Vergessens gestürzt sind.

Auf dem Flugplatz von Nairobi kaufe ich eine Münchner Zeitung. Der Professor der Theologie an der Universität von Münster, Johann Baptist Metz, warnt die afrikanische katholische Intelligenz davor, dem »Sachwalter des Rückschritt-Denkens« Johannes Paul II. und seiner Phraseologie auf den Leim zu gehen, der – von der Emanzipation der Kirchen der Dritten Welt aufs höchste beunruhigt – nach einer »Stabilisierung nach rückwärts« strebt, zu einer Beibehaltung des Euro-Zentralismus also, jenes Versuches, alles zu bekämpfen, was sich an Spontanem in Kreisen der benachteiligten »Basis« regt.

Es fehlt nur noch der Punkt auf dem »i«: daß nämlich der reaktionäre Flügel des Vatikans von der heimlichen Subvention der Multikonzerne profitiert. Maritain nannte solche Denker »die Zaddiks der Universitätsmensa«.

Erstaunlich, mit welcher Leichtigkeit der Papst die Herzen und Geister der Afrikaner erobert! Der Enthusiasmus der Menge erreicht tropische Temperaturen, sooft er die Eingeborenen in ihrem jeweiligen Idiom anspricht.

»Essengo lokumu la Nzambe!« ruft er in Lingola.

»Ee Mungu nguru yetu ileta baraka kwettu!« zitiert er die Worte aus der kenianischen Hymne in Suaheli.

Übersetzung überflüssig. Man weiß, worum es geht. Der Papst bittet Gott um dessen Segen für die Länder und Völker des Schwarzen Kontinents.
Wiederum diese Hoffnung, mehr noch: diese unerschütterliche Gewißheit der Eingeborenen, daß der Papst wieder hierher zurückkehrt.
»Er muß schließlich die Kathedrale der afrikanischen Muttergottes am Strand des Atlantik in Abidjan einweihen, in der Allee Johannes Pauls II.!« sagen die Studenten in Yamussukro.
»Wenn er den Grundstein geweiht hat, weiht er auch die Kirche. Das ist doch logisch, oder?«
»Wie in Nowa Huta«, ergänzt der polnische Missionar.
Mir fehlt der Mut, ihnen zu sagen, daß ich an eine zweite Reise des Papstes zur Elfenbeinküste nicht recht glauben kann.
Eine Gruppe Landsleute aus Mombasa. Sie haben weder gegessen noch getrunken, sind die ganze Nacht hindurch im Auto hierher gerast. Eine zweite Gelegenheit wie diese wird ihnen im Leben nicht geboten. Die Begegnung mit dem betagten Pater Pawel, der auf der Wanderschaft kreuz und quer durch die Welt sein Posener »r« nicht verloren hat. Er zeigt mir ein Andenken, das er aus der Wachstuchmappe holt: »Ich hätte es im Kriege im Fundbüro abgeben oder nach London schicken sollen. Aber es tat mir leid, mich davon zu trennen. Diesen Stempel (hier) mit dem Text ›Episcopus Castrensis Exercitus Polonii‹ (Feldbischof der polnischen Armee) hat vor vielen Jahren Bischof Gawlina in meiner Lehmhütte liegengelassen, als er das polnische Waisenhaus in Kara-Su besuchte.«
»Und wenn Sie ihn an das Sikorski-Museum in London schicken würden?«
»Noch nicht. Erst nach meinem Tode. Das ist ein Talisman.«

»Wie gefällt Ihnen die heilige Messe nach dem ›rite zairois‹?« fragt ein »makambi« (Laienfunktionär innerhalb der Pfarrei) im grünen »bubu«, einer Art Tunika. »Ein unmusikalischer Priester und schlechter Tänzer kann nicht Anführer unserer ›Bilenge ya mwinda‹ (flammende Jugend) sein.«

Die dunkelgesichtige Maria über dem Altar, in Sonnenlicht getaucht, hält ein Negerkind im Arm. Es hat gekräuseltes Karakulhaar wie seine Altersgenossen vom Stamme der Bakongo. Und es trägt einen grünen »bubu«.
Gerüchte, Gerüchte. Selbst hier zwischen Giraffen und Straußenvögeln. Das Faktotum von Kardinal Otunga flüstert mir bei einer Büchse lauwarmen Bieres ins Ohr, der Vizepräsident des Landes, Mwai Kibaki, hätte den Wunsch geäußert, dem Papst bei der Messe zelebrieren zu dürfen, aber sein Vorgesetzter, Präsident Moi, hätte sein Mißfallen bekundet. Marschallstabträger Moi, der jeden Sonntag in einer anderen Kirche predigt, und zwar streng nach Alphabet, ohne eines der Bekenntnisse auszulassen, ist – im Unterschied zum letzten Jagellonen – ein wahrhafter Herr über menschliche Gewissen. Zwar predigt er ständig Toleranz, aber...
»Wußten Sie, daß Lumumba und Tschombe praktizierende Katholiken waren? Sehr gut sind sie damit nicht gefahren...« fragt mit feiner Ironie hinter Brillengläsern der Korrespondent des italienischen kommunistischen Wochenblattes, der einen Sitz im päpstlichen Flugzeug ergattert hat. Die Bergpredigt scheint Wirklichkeit geworden zu sein.
Eine feine Dame mit einer Kollektion von Füllern in der Brusttasche ihrer Touristenbluse versucht festzustellen, ob es stimmt, daß der ehemalige »Kaiser« und jetzige Emigrant Bokassa, der in seiner Luxusvilla, zur Verfügung gestellt von Präsident Felix Houphouet-Bonigny, seine Memoiren schreibt (in denen der französische Präsident nicht eben

freundlich behandelt wird), mitsamt seiner Leibgarde auf die Straße Yanousoukro hinausgekommen ist, um den Papst hochleben zu lassen. Sein Leidensgenosse General Ojukwa, einst Befehlshaber in Biafra und momentan trotz nigerianischer Proteste Nutznießer des Asylrechts an der Elfenbeinküste, hat seine Villa mit Papstfähnchen dekorieren lassen.
»Darüber können wir uns später unterhalten, im Hotel, aber doch nicht jetzt.«
»Können sie sich vorstellen, daß die Eingeborenen eine Schwarze Madonna von Tschenstochau für eine echte Negerin halten? Und noch etwas: Wer hat den Papst zu diesem Sprint gezwungen? Etwa er sich selbst? Laßt ihn doch um Himmels willen einmal verschnaufen. Er ist auch nur ein Mensch.«
Unserem Papst weder die Stanleyschen noch die Livingstoneschen Wasserfälle zu zeigen, wo er nun einmal am Kongoufer weilt! Und auch keine lebenden Nashörner. Ein Mann, der die Berge liebt (auf seinem Schreibtisch liegt als Briefbeschwerer ein Stein vom Gipfel des Mount Everest), bekommt weder den Mount Kenia noch den Kilimandscharo zu sehen. Gerade er, ein »Vagant im Weiß«, »Ahasver in artibus«, ein »Nierastheniker«, der dauernd sagt, auf einer Reise lesen wir die Handschrift Gottes in Menschen, Tieren und Landschaften am schnellsten! Nicht einmal für einen Augenblick darf der Pilger und Apostel Tourist sein! Jeder erste beste Herr Müller aus Hamburg darf es – *er* nicht.
»Der Weiße Vater kehrt wieder!« wird uns erwidert. »Wer Afrika einmal gesehen hat, kehrt zurück.«
»Mein teurer Landsmann!« Als der Papst den dröhnenden Baß vernimmt, der diese Worte spricht, klatscht er vor Freude in die Hände. Welche Überraschung! Als hätte ihm jemand von hinten auf die Schulter geklopft. Das fließende Polnisch des dunkelhäutigen Gentleman verblüfft ihn. Der

Ghanese, mit einer Polin verheiratet, begrüßt ihn in Accra mit lupenreinem Krakauer Akzent.
Im ersten Nachkriegsjahr las ich in einer heimatlichen Zeitung den Appell an die Einwohner einer Kleinstadt, sie sollten aufhören, jene polnische Feldarbeiterin zu verfolgen, die als Rücksiedlerin aus Bayern mit einem dunkelhäutigen Baby im Bündel heimgekehrt war. Das unglückselige Fräulein Mutter mit Kind hatte im heimatlichen Nest kein leichtes Leben. Die empörten Hüterinnen der Tugend lauerten ihr förmlich auf, wenn sie sich auf der Straße sehen ließ, schauten beim Spaziergang ins Innere des Kinderwagens, um lauthals die Folgen der sündigen Romanze zu bedauern. Hitlers Abneigung gegen die »Rassenschande« hatte späte Früchte getragen in den Seelen seiner Opfer.
Heute, da wir hören, wie der Papst die Gemischt-Ehepaare aus Ghana bzw. Zaire und Polen begrüßt, wird uns klar, daß sich schließlich doch etwas zu ändern scheint in dieser nicht eben allerbesten aller Welten.
Heinrich VIII., dessen Libido, so reichlich übersteigert, in der Geschichte Großbritanniens und des Papsttums eine so unheimliche Rolle gespielt hat, würde im Grabe rotieren, wenn er erführe, in welch herzlicher Atmosphäre das Treffen zwischen dem Papst und dem Erzbischof von Canterbury in Akkra verlaufen ist. Natürlich ist es nicht unwichtig, worüber die beiden »off record« reden, sprich: wenn sie allein sind. Das offizielle Kommuniqué beschränkt sich auf nichtssagende Floskeln. Immerhin konstatierte man, daß der Brite, der als »eiskalter Sohn Albions« vor dem Gebäude der Nuntiatur erschienen war, es »zutiefst aufgewühlt wie ein Slawe« verließ. Da fällt mir ein, daß im Juni 1979 der anglikanische Erzbischof und Primas von England, Coggan, auf seine Polenreise und das Treffen mit dem dort weilenden Papst verzichtete, um sich, wie er sagte, nicht in »Familienangelegenheiten« einzumischen. Hier sollte nicht unerwähnt

bleiben, daß er kurz zuvor in Ostberlin gewesen war, und daß den DDR-Katholiken die Superhöflichkeit des Engländers gegenüber den ostdeutschen Machthabern nicht besonders gefallen hatte.

Der Weiße, der Schwarze – sind sie nun Vettern oder nicht? Zwar steht das Denkmal des Kolonisators Cecil Rhodes, der einst soviel Kummer mit der leicht entflammbaren Madame Radziwill hatte, nach wie vor im Herzen von Salisbury – noch hat es Mugabe nicht von Planierraupen wegräumen lassen. Glaubt man jedoch den Engländern, die eben aus Salisbury gekommen sind, um den Papst zu sehen, dann sind die Tage der Weißen in Zimbabwe gezählt. »Hokken sie wirklich auf ihren eigenhändig zusammengebastelten Särgen und warten auf die Ankunft des Leichenwagens?«

»Aber woher! Das sind doch nur Phantasien à la polacca!« mokiert sich der anglikanische Pastor. »Wir gehen von hier nicht fort. Ich bin kein Landstreicher, ich bin Bewohner dieses Kontinents in der dritten Generation. Dies hier ist auch meine Heimat. Ich glaube nicht an ein ›osculum pacis‹ zwischen Schwarzen und Weißen.«

Mit diesen Worten reibt er die Überreste einer schwärzlich verdorrten Eidechse mit dem Absatz in den sonnengetrockneten Lehmboden – als wolle er die Unwiderruflichkeit seines Statements unterstreichen.

»Die Panafrikanische Konferenz des Episkopats (zwölf Kardinäle, zweihundertzwanzig Bischöfe) bedauert mitnichten das Schwinden europäischer Einflüsse. Sie erinnert vielmehr daran, daß der lokale Klerus nach wie vor in der Minderheit ist: erst fünftausend von insgesamt siebzehntausend Geistlichen in Afrika. Die Re-Afrikanisierung der Kirche auf dem Schwarzen Kontinent erfordert Zeit«, sagt ein Student der Universität von Kinshasa, jener Lehranstalt, die einst als Tochter der katholischen Universität von Louvain entstand und heute nur noch losen Kontakt zu Belgien unterhält.

»Hoffentlich bin ich ein falscher Prophet«, unkt ein Österreicher, der aus Lubango und Ruacana gekommen ist, »aber ich glaube, daß noch in so manchem Winkel dieses Kontinents Blut fließen und daß es gewiß ein zweites Kambodscha geben wird. So wenig das politische Hirn der SWAPO, der ›afrikanische Pol-Pot‹ Samuel Nujoma, den Schlaf des Gerechten schläft, so sicher ist es, daß die Tse-Tse-Fliege schon seit langem um die westlichen Fernschreiber schwirrt. Laßt nur irgendeinen Spitzbuben hundert Frauen und Kinder, die sich nicht rechtzeitig in den Busch flüchten konnten, mit Haut und Haar niedermetzeln, sofort erklärt ihn die fortschrittlich-liberale Presse in Europa und Amerika zum ›Marxisten‹. Das klingt so stolz. Und schon sichert ihm ein solches Etikett die Sympathie der Schöngeister im Westen, die bekanntlich für blutige Unruhen schwärmen, wenn sie sich weit genug von ihrem Land abspielen.«

»So ist es nun einmal«, meint jemand versöhnlich – die politische Theologie kann ohne Teufel nicht leben. Der weiße Krämer in Windhuk sieht ihn im schwarzen Terroristen der SWAPO, Nujona hingegen im Industriellen aus Johannesburg. Sind edelmütige Appelle an das Gute im Menschen imstande, den Interessenkonflikt zu entschärfen?«

»Das wird sich zeigen, und zwar an den Prügeln, die die Weißen von der SWAPO beziehen werden«, beharrt der Österreicher.

Der Dichter Bonnie Lubega aus Uganda, der seine Heimat »das schönste Land der Welt« nennt, äußert lauthals seine Begeisterung über den Papst:

»Mit mir ist es schon so weit gekommen, daß ich – während ich ihn ansehe – innerlich abrüste. Mir ist, als glitte mein seit Jahren sorgsam gehegter Haß auf die Weißen von meinen Schultern wie ein unreines Gewand.«

»Wir wissen zu wenig von Afrika«, seufzt der Papst.

Ein Ingenieur, ergraut im Kampf gegen die Widrigkeiten der

Natur, erläutert unserer Gruppe eine der Ursachen für die katastrophale Dürre in der Sahel-Zone: »Der homo sapiens, eigentümliche Spielart des Lemmings, gehört in der Natur zu jenen Lebewesen, die zwischen dem Selbsterhaltungstrieb und der Selbstvernichtungswut hin- und hergerissen werden. Wir befinden uns in einem ›circulus vitiosus‹. Die Verbesserung der Wasserversorgung – ein Werk unserer Hände – hat die Nomaden ermuntert, ihre Viehzucht auszuweiten. Sage mir, wieviele Rinder du hast, und ich sage dir, wer du bist. Für die Eingeborenen ist das eine Sache des Prestiges, ein Statussymbol, ähnlich wie die Automarke in Europa. Das Vieh frißt jedoch mehr Gras als nachwachsen kann, die Oberflächenwasservorräte schrumpfen, die Versandung nimmt zu, was wiederum in dem betreffenden Gebiet zu größerer Sonnenlichtaufnahme führt: die Luftfeuchtigkeit sinkt, die Niederschläge werden immer seltener und auf die Reste spärlichen Grüns senkt sich der Todeskuß der Dürre.«
Żeromski, der Lieblingserzähler des Papstes, hat uns gelehrt, hinter jeder prächtigen Fassade läge ein Elendsviertel verborgen. Am Horizont Lehmhütten, Dreck, Elend, gähnender Schlund menschlichen Unglücks. Im Regierungsviertel hingegen eine unwirkliche, auf Hochglanz polierte Welt. Limousinen, Dienerschaft in Livreen, die sorgsam die Einladungen auf rotem Karton mit dem Staatsemblem und der Goldumrahmung prüft. Fräcke, Ordensspangen, Lackschuhe, weiße Handschuhe, Haarpomade, teure Parfüms. Sooft ich unseren Papst beim Treffen mit dem diplomatischen Corps beobachte – einer leidigen Pflichtübung innerhalb seines Stundenplans, die uns bewußt macht, wie wenig man noch immer von dem für meinen Geschmack anachronistischen Konzept des Vatikanstaates abgerückt ist –, überlege ich, ob es möglich ist, den Papst aus Wadowice auf Glatteis zu führen. Der Austausch nüchterner, höflicher Floskeln –

dem einen widmet er zwei Minuten, dem anderen dreißig Sekunden – befriedigt ihn nicht besonders. Der Papst hört – auch international – das Gras wachsen und weiß, was jeweils auf dem frischgewachsten Parkett gespielt wird. Er versteht es geschickt, die ihm vorgestellten Diplomaten mit der passenden Redensart abzuspeisen. Suum cuique. Sehr richtig hat man erst unlängst in Paris daran erinnert, daß der damalige Erzbischof von Krakau, Karol Wojtyla, im Mai 1967 in Rom eine höchst delikate Unterredung mit dem französischen Gesandten am Vatikanischen Hof, Brouillet, hatte, und zwar in Sachen der Reise de Gaulles nach Polen. Mit Sicherheit ist er, im Gegensatz zu einigen seiner Vorgänger, die sich in der Gesellschaft von Rokokoprälaten recht wohl fühlten –, kein Papst, der gern der Faszination politischen Spiels unterliegt. Er weiß, daß die beste Strategie und Taktik im komplizierten Mosaik internationaler Angelegenheiten immer noch Treue gegenüber den eigenen Prinzipien ist. Sie in erster Linie bildet die Quelle moralischer Autorität. Oberhalb des »theatrum mundi« gibt es nach wie vor das »regnum dei« – dieser Devise wird er nie untreu werden.

Aber bleiben wir bei unserem Thema: Afrika à la minute. Für die Dauer des Papstaufenthalts in Nairobi waren die Bettler und die minderjährigen Prostituierten aus dem Zentrum verschwunden. Man hatte sie vor die Tore der Stadt befördert. Doch schon eine Stunde nach dem Abflug des Papstes war das Leben zur Norm zurückgekehrt: über die Gehsteige krochen wie zuvor die beinlosen Bettler, und die Mädchen lockten mit lautem Kichern Klienten an. Der entsetzlich dürre Hund entfloh unter dem Hagel von Steinen und Flüchen. Sein Fell war bis aufs Blut aufgeschürft. Die Blechbüchse an seinem Schwanz klapperte laut übers Pflaster. Auch das ist unschuldiges Kinderspiel, möchte man meinen. Dem Sonntag ist der graue Werktag gefolgt.

Auch noch die folgende Beobachtung ist wert, im Tagebuch festgehalten zu werden: in manchen Wohnungen sind es die altertümlichen Radioapparate monströser Bauart, wahre Festungen aus den vierziger Jahren mit unendlich vielen Röhren, und nicht die Fernsehapparate, die den Hausaltar verdrängt haben. Um sie herum versammelt sich die kinderreiche Familie, um andächtig und auf Knien die Worte des Papstes anzuhören. Vor meinen Augen tritt die weißhaarige Negerin gerührt zum Apparat und küßt den Lautsprecher.
Der schwarze Sorbonneabsolvent nimmt mich sanft unterm Arm:
»Sag' uns ehrlich und vergiß die polnische Herkunft des Papstes: ist er nicht ein besonders geschickter Ablenker, was die gesellschaftlichen Spannungen der Dritten Welt betrifft, ist er nicht einer jener intelligenten Feuerwehrchefs, die am Brandort erscheinen, noch ehe die Brandstifter da sind? Wir unterschätzen die Weisheit der Kirche. Sie besitzt empfindliche Antennen, Seismographen und Radarsysteme. Sie weiß, daß die Dritte Welt eine Bombe mit Zeitzünder ist, und darum hat sie diesen ›Papst der Armut‹ erfunden.«
Ich erinnere mich, wie in Cuilapán in Mexiko ein alter Mestize dem Papst zurief:
»Du hast gesagt, die Armen sind die Hoffnung der Kirche. Schau dir also an, wie diese Hoffnung lebt, wie sie vegetiert!«
Daraufhin versicherte ihn der Papst seiner Solidarität mit den benachteiligten Campesinos. Als jedoch dasselbe Thema: der Kampf gegen gesellschaftliche Ungerechtigkeit, während einer Rundfahrt durch das Elendsviertel »La Minas« in Santo Domingo zur Sprache kam, fanden sich augenblicklich hochgestellte kirchliche Interpreten, die der Meinung waren, der Papst habe die »Armen im Geiste« im Sinne der Bergpredigt gemeint und nicht beabsichtigt, seine Aussage auf soziale Fragen »zu beschränken«.

Ein Teil der höheren Geistlichkeit in Lateinamerika hält jeden etwas mutigeren Versuch, die gesellschaftlichen Aufgaben der Kirche zu akzeptieren, für ein Nachgeben zugunsten der »Theologie der Befreiung«, die ihrerseits durch Radikale und Hitzköpfe kompromittiert wurde, etwa in der Art des brasilianischen Franziskaners Leonardo Boff, der die Muttergottes eine »Patronin des revolutionären Proletariats« nennt, oder jenes Kapuziners aus Valparaiso, der die Madonna mit dem Maschinengewehr in der Hand malt.

Der Sorbonneabsolvent hält unseren Papst für ein »Werkzeug der Rechten«, der Professor aus Salamanca, eine Säule des »Opus Dei«, hingegen für einen »Roten«. Was aber, wenn er gar nicht hineinpaßt in die Kategorien und Gußformen, derer sich die eilfertigen Etikettenkleber bedienen?

Beim Anblick des Brokatgewandes, das der König des Stammes Aszanti Opuku Ware trägt (ein Mann, der noch vor zehn Jahren Anwalt in London war und nun die Stimme des Dschungels in sich spürt), wird dem Papst klar, daß er ein ähnliches Gewand, in kunstvolle Falten gelegt, schon irgendwo gesehen hat. Aber natürlich: auf der steinernen Grabplatte des Kardinals Zbigniew Oleśnicki in der Kathedrale von Gnesen. Veit Stoß hat diesen Ornat in Stein gehauen. Konnten Oleśnicki, sein Schüler Długosz oder auch Stoß annehmen, daß der Papst aus Polen ihrer gedenken würde, hier in Kumasi, vor dem verspäteten Abflug nach Accra, beim Anblick des dunkelhäutigen Mini-Königs?

Wo fühlt sich der Papst am wohlsten? Bestimmt in Kumasi, das nach Kakao duftet, wo die Erinnerung an das Königreich Ashanti fortlebt und wo das Afrika der Schamanen mit Sicherheit authentischer ist als in der luxuriösen City von Nairobi oder Abidjan.

»Ich habe mich gefreut«, sagt Johannes Paul II., »als mir der König der Ashanti eröffnete, es sei sein Vorgänger gewesen, der die ersten Missionare der Kirche aufnahm, was sich als

wertvolle Anschaffung für das ganze Land erwies.«
Auch das Treffen mit den Karmeliterinnen hat ihm Freude bereitet, in Zaire, in Karmel. Drei Nonnen, naß bis auf die Haut – es hatte soeben einen Wolkenbruch gegeben, wie ihn die ältesten Beamten des Meteorologischen Instituts nicht erlebt hatten – riefen ihm zu, sie seien glücklich. Und als er sie bemitleidete, weil sie im Regen beinahe zerflossen wären, hörte er als Antwort, auf so ein wunderschönes Unwetter warte man in Afrika wie auf die Erlösung.
Und wo war der Papst besonders niedergedrückt? In Obervolta, dem Elendstal, das nach Rache zum Himmel schreit. In Kinshasa, wo er von den Gläubigen erfuhr, die in der Menge zu Tode getrampelt wurden. Im Lepradorf Adjope (90 km von Abidjan entfernt), wo einer der Kranken einen einzigen Satz in polnischer Sprache auswendig gelernt hatte und weinend rief:
»Heile mich, sonst bist du kein Heiliger Vater!«
Afrika, das große Abenteuer für Geist, Auge und Ohr des europäischen Gastes. Mit den strahlenden Augen des Schülers, der zu Weihnachten ein Album mit exotischen Briefmarken geschenkt bekommen hat, verfolgte der Papst die Begrüßungstänze in Abidjan, mit zirkushafter Kunstfertigkeit ausgeführt von papageienfederngeschmückten Vätern mit kleinen Söhnchen im Arm. Zunächst leicht beunruhigt, dann mit wohlwollender Neugier, betrachtet er die choreographischen und vokalen Glanzlichter der »Zaire-Liturgie« während des Feldgottesdienstes auf dem riesigen Platz, vor dem von Chinesen erbauten Volkspalast. Den Thron in dem Bambusaltan hatten Krakauer Hände verfertigt. Denn auch hier fehlt es nicht an Landsleuten. Selbst im entferntesten Erdenwinkel findest du heutzutage einen polnischen Techniker oder Wissenschaftler.
»Die Polen sind sehr beliebt in der Dritten Welt«, höre ich von allen Seiten, »weil sie niemals Kontmien besaßen.«

Jemand bemerkt, daß die Kardinäle des Schwarzen Kontinents ihre Stimmen im Konklave dem Polen gegeben hätten, denn schließlich »müssen wir, die wirtschaftlich zurückgebliebenen Länder, zusammenhalten«.

»Der Papst hat in Kinshasa gesagt«, äußert mutig ein Unzufriedener (was er trägt, ist halb Soutane, halb geblümter Schlafrock, Viel-Ehe und Kinderreichtum stehen ihm förmlich im Gesicht geschrieben), »Adam und Eva sollten uns als monogames Vorbild dienen. Aber im Paradies brauchte niemand zu arbeiten. Wo wenig zu tun ist, da genügt eine Frau.«

Unter den frisch vom Papst eingeführten afrikanischen Bischöfen ist ein Weißer: ein kanadischer Missionar aus Dschibuti. Ich stelle fest: dieser Mann weiß, wo er hingehört. Beim Gruppenfoto stellt er sich bescheiden in die hinterste Reihe. Die geistvollen Worte des Erzbischofs Kozlowiecki, Ex-Häftling aus Dachau, fallen mir ein, des Erziehers des schwarzen Priesternachwuchses in Lusaca:

»Wir Weißen arbeiten hier an der Beschleunigung unseres Exodus. Die Epoche der europäischen ›Kulturträger‹ geht zum Glück ihrem Ende entgegen.«

Dieselbe Prognose hören wir aus dem Munde des Papstes wenn er sagt:

»Afrika den Afrikanern!«

Die schwarzen Prälaten strahlen Würde aus. Vielleicht ist unter ihnen jenes Negerlein, für dessen Loskauf aus heidnischer Sklaverei wir einst in der Schule Stanniol gesammelt haben?

Bevor wir unser Bündel schnüren, werfen wir noch rasch einen Blick auf die sonnenversengte Ebene, hier und dort sparsam von niedrigen, an plattgedrückte Pilze erinnernden Bäumen beschattet. Der halbnackte Massai steht, auf seine Lanze gestützt, nach Art seiner Urahnen auf einem Bein und stützt den freien Fuß auf den schweißglänzenden Schenkel.

Die Massai waren, wie ich höre, früher einmal Feinde der Stämme Kikuyu und Kemba, man raubte sich gegenseitig das magere, rachitische Vieh, was zu blutigen Auseinandersetzungen führte. Aber den weißen Missionaren gelang es irgendwie, sie miteinander auszusöhnen, und heute beten sie zu dem, der da befiehlt, seinen Feinden zu vergeben und sie zu lieben.
»Den wahren Freund erkennt man in der Not!« ruft gerührt der Kommentator von »Voice of Kenya« ins Mikrofon.
»Dank ihm entdeckt Afrika sich selbst! Es findet zu seiner eigenen Identität und greift mutig nach einer besseren Zukunft.«
Hunderte von kleinen Negerkindern brüllen aus Leibeskräften in lateinischer Sprache:
»Totus tu-us! To-tus-tu-us!«
»Was heißt das? Welche Sprache ist das?« frage ich scheinheilig eine korpulente schwarze Lehrerin mit dem Bildnis Karol Wojtylas auf ihrem gewaltigen weiß-roten Skapulier.
Empört über meine Ignoranz klärt sie mich auf:
»Das heißt auf Polnisch ›long live the Pope!‹«

Bonjour, Marianne!
(Juni 1980)

Nicht nur Arthur Rubinstein ist außerstande, gleichgültig an einem Instrument vorbeizugehen. Ich hämmere diese Sätze in die Tasten einer elektronischen Remington im Pressehauptquartier an der Rue Pérouse, unweit des Arc de Triomphe. Ich habe der Versuchung einfach nicht widerstehen können. Zum unmittelbaren Anlaß für diese Fingerübung wurde der Anblick der neuen Schreibmaschine mit ihrer kokett blitzenden Tastatur in der Ecke eines heimeligen Einzelzimmers mit dem Schild »Klausur«. Das Nationale Secretariat de l'Opinion Publique, Mitorganisator des päpstlichen Besuches in Frankreich, hat an alles gedacht. Auch daran, daß sich der arme Reporter, ewig gejagtes, unter den Pelerinen und Schlagstöcken der »flics« hindurchschlüpfendes Wild, wenigstens einmal in vierundzwanzig Stunden einen Augenblick Reflexion leisten können muß. Nachdenklichkeit, so heißt es, belüftet die kleinen grauen Gehirnzellen.

Noch vor wenigen Stunden war ich in Lisieux, mit der letzten Maschine werde ich nach München zurückkehren, draußen gießt es, an eine Promenade über die Champs Elysées ist gar nicht zu denken, also hauen wir in die Tasten wie unser Kriegsvolk auf die Kesselpauken.

»Der kränkt sich selbst, der nicht Paris besuchen mag«, schrieb einst Heine, obwohl er es unter dem französischen Himmel nicht eben leicht hatte. Der Papst wollte schon vor Monaten an die Seine, aber es ergab sich, daß die Fahrt immer wieder verschoben werden mußte. Die erstgeborene (und, geben wir's ruhig zu: widerborstige) Tochter der Kirche runzelte bereits die Stirn: Johannes Paul II. bereist lauter exotische Gegenden, nur Frankreich meidet er. Der Feuilletonist eines kommunistischen Blättchens höhnte, die Atlantiker hinterm Bronzetor wollten auf diese Weise die »Witwe de Gaulles« für ihre »Je m'en fous«-Haltung in der NATO-Frage bestrafen. Dann wieder war irgendein »Vatikanologe« der Meinung, der Papst sei im Gegensatz zu Paul VI. nicht sonderlich fasziniert von den intellektuellen Werten des französischen Katholizismus, weil er sie nicht genügend kenne. Immerhin sei er niemals in Paris akkreditiert gewesen wie Roncalli, noch sei er ein Freund französischer Denker wie Montini. Und in seinem Krakauer Schlupfwinkel hätte er den »Fall Maritain«, diese von Pacelli und Ottaviani fast »ausgelöschte Laterne der katholischen Welt«, gewiß nicht so tief empfunden wie soviele französische Brüder in Christo – wer wollte sich wohl im »Spanien des Nordens« derartige Dinge zu Herzen nehmen? Gewiß, die Polen kennen Mauriac, sie mögen Bernanos – ich habe selbst gehört, wie sich einer der »Warschauer Pariser« beim Redakteur des »Le Pélerin« über seine Landsleute beklagte –, sie geben ambitionierte Monatshefte heraus und untersuchen darin die Strömungen modernen französischen Denkens, doch im übrigen zeigen sich die Zöglinge Dumas' (nicht Descartes'!) von Diskussionen über abstrakte Themen sehr rasch ermüdet, sie ziehen eine nachprüfbare Existenz vor. (Ich darf hier einfügen, daß meine Bewunderung für Maritain etwas abgekühlt ist, seit ich in seinen Schriften neben der zutreffenden Bemerkung, nicht die Mystiker, sondern die Rationalisten in Frankreich hätten den Kampf um die Menschen- und Bürgerrechte an die Spitze ihres Programms gestellt, die Behauptung fand, es wären die gottlosen Kommunisten in Rußland gewesen, die als erste die Tyrannei der Ausbeutung abgeschafft hätten.) Jemand anderer hat nicht ganz zu Unrecht bemerkt, daß die Frankreichliebe der Generation Karol Wojtylas durch ein geradezu traumatisches Erlebnis aus der Kriegs- und Besatzungszeit belastet sei: durch den raschen Zusammenbruch des französischen Widerstands im Juni 1940 und die Kollaboration mit dem Aggressor. Es soll angeblich ein Streit ausgebrochen sein zwischen fünf katholischen Universitäten, welche von ihnen den Papst auszeichnen solle. Er ist bereits Ehrendoktor und Professor so mancher ausländischer Akademie. Ich weiß, daß er, sooft er die Schwelle einer Universitätsaula überschreitet, gleichsam gegen einen Schatten stößt: er muß daran denken, wie tief der Student Karol Wojtyla einst von der Verschleppung Krakauer Professoren nach Sachsenhausen erschüttert war.

Stimmt es, daß die Antennen des ehemaligen Vikars von Kleparz die französische Welle nicht empfangen? Der erste Artikel, den Karol Wojtyla in Krakau schrieb, unterstrich die Anerkennung, die er den Arbeiterpriestern in Marseille entgegenbrachte (Mission de France). Bevor er sich mit den Honoratioren trifft, erinnert sich der Papst an seine frühere eingehende Lektüre von Mouniers »Esprit« und an das Studium von dessen Personalismus. Im Sommer 1947 weilte er in Paris, Marseille, Lourdes, in den Bergwerksrevieren Frankreichs. Claudels Satz anläßlich des Treffens mit Dominikanern hat sich ihm tief ins Gedächtnis gegraben: »Sartre erinnert uns ständig daran, daß Gott tot ist. Er vergißt dabei, daß Gott am dritten Tag von den Toten aufersteht.«

Der Flug von Rom nach Paris an Bord der Maschine »Ticiano» – die Strecke führt über Elba, Genua und den Mont Blanc – dauert eine Stunde und 32 Minuten, die Verspätung abgerechnet, die der notwendig gewordene Reifenwechsel auf dem Flugplatz Fiumicino verursacht hat. (»Niemand wird die Sache mit den Reifen glauben wollen«, seufzt Johannes Paul II. bekümmert, »alle werden sagen: schon wieder hat sich der Papst mit Pilgern aus Krakau verplaudert.«) Dabei laufen die Reisevorbereitungen schon seit langem. Nach seiner Rückkehr aus Afrika gibt der Papst zu, daß er sich auf den Frankreichbesuch vorbereite wie auf ein schwieriges Examen. Trotz seines wie üblich überladenen Tages- und Spätabendprogramms findet er Zeit, Hunderte von Briefen durchzugehen, die er von jungen Franzosen und Französinnen erhalten hat. Mit sanfter Entschiedenheit verwirft er den Vorschlag, diese Korrespondenz nur stichprobenartig »durchzublättern«.

»Was mich beunruhigt«, sagt er, »sind die ironischen Stimmen, wonach viele französische Katholiken kaum mehr als dreimal im Leben ihrem Seelenhirten begegnen: bei der Taufe (ungewollt), der ersten Kommunion (auch gezwungen) und auf dem Sterbelager. Die französischen Bischöfe wollen mich trösten: sie meinen, das sei übertrieben.«

Der Papst, geborener Optimist (»Ich mag die Redensart ›Cristo è un tristo‹ nicht!«), verheimlicht nicht, wie befriedigt er über die sich harmonisch gestaltende Zusammenarbeit mit den Oberhäuptern der französischen Kirche ist. Er widerlegt damit die Behauptungen eines Teils der italienischen Presse, wonach die Beziehungen zwischen dem französischen Episkopat und der Apostolischen Hauptstadt besser sein könnten. Einen bestimmten Erzbischof allerdings läßt er unerwähnt. Unschwer zu erraten, wen. (In Tübingen ist man der Meinung, daß jemand, der wie Lèfebre »nach rechts« abweicht, vom »Dogmatiker aus Krakau« besser behandelt wird als der »Linksabweichler« Küng.) Der Papst kennt die Purpurträger des »süßen Frankreich« seit langem. Der greise Erzbischof von Paris, François Marty, will in den Ruhestand treten und sich ins Dominikanerkloster Villefranche de Rouerges zurückziehen (»Die letzte Runde im Leben soll man im Stadion der Kindheit zurücklegen.«); Jean Guyot aus Bordeaux, Verteidiger der Armenbevölkerung in Dorf und Stadt, brandmarkt die Regierung für ihre

Waffenlieferungen an die Staaten der Dritten Welt (»Füttert sie mit Brot statt mit Napalm!«); Alexandre Renard, Erzbischof von Lyon, hat seinen Kardinalshut auf demselben Konsistorium empfangen wie Karol Wojtyla. Paul Gouyon aus der Bretagne, Verfechter des ökumenischen Dialogs (»Zuviele Dinge werden auf später verschoben!«), hat den ehemaligen Erzbischof von Krakau vor sechs Jahren kennengelernt, als er Auschwitz und Piekary besuchte. Derartige Visiten verbinden. Auch in Gesellschaft des sportlich trainierten Bischofs von Marseille, des Basken Roger Etchegaray, fühlt sich der Papst wohl. Seine Haupteigenschaften sind – ähnlich wie bei anderen Söhnen des Baskenlandes (z.B. Loyola und Arrupe) – Beharrlichkeit und Dynamik. »Etchegaray« heißt auf Baskisch »das Haus auf dem Hügel«. Vor wenigen Wochen war der hurtige Baske in delikater Mission in Peking. Wird der verhältnismäßig junge Paul Poupart vom Pariser Institut Catholique Karriere in der Römischen Kurie machen? Der Bischof von Orleans, Lustiger, dessen Mutter in Auschwitz vergast wurde, erfreut sich der besonderen Sympathie des ehemaligen Erzbischofs von Krakau. Spielt die französische Kirche *die* Rolle im Vatikan, für die sie prädestiniert ist? (Der Pressereferent des Episkopats breitet diplomatisch die Arme aus.)
»Wir bieten Zugang zu biographischen Daten von Bischöfen und Prälaten. Da haben Sie die Offenlegung des kirchlichen Lebens!« lächelt die Nonne mit der Hornbrille. Ich schätze sie auf drei Doktorhüte.
Bravo, bravissimo – Öffnung nach allen Seiten! Nur Undankbare regen sich über Bagatellen auf. Verschweigen wir also die Tatsache, daß sich in dem wundervoll ausgestatteten Pressematerial der Conference Episcopale de France, und zwar in dem Kapitel, das der polnischen Emigration gewidmet ist, der Hinweis findet, im Mai 1834 hätten in Paris Pulaski und Kosciuszko am Trauergottesdienst für die Seele

Lafayettes teilgenommen. Da der erste schon seit fünfundfünfzig Jahren tot war, der andere seit siebzehn, können die beiden allenfalls als posthume Geistererscheinungen dem Akt beigewohnt haben.

Es heißt, auf seiner Fahrt durch die Straßen von Paris habe der für sein Adlerauge berühmte Papst (weshalb wohl trug er als junger Bischof in Krakau eine Brille?) bemerkt, daß in einem der Bürosäle im Hochparterre eine Gruppe von Menschen seine Vorbeifahrt auf dem Fernsehschirm verfolgte – woraufhin er sich neugierig aus dem Wagen gelehnt habe, um die bekannte Silhouette zu betrachten. Der Papst und das Fernsehen! Als Paraphrase des antifeministischen Seufzers, Paris sei die einzige Stadt der Welt, die die Existenz der Frau rechtfertige, könnte man sagen, unser Papst sei das wohl einzige Argument, das für die Beibehaltung des Übels, genannt Fernsehen, spräche. Claire Booth-Luce, einst vom Tele-Zauberer Fulton Sheen zum Katholizismus bekehrt (ich hatte kürzlich Gelegenheit, anläßlich eines Dichtertreffens auf Honolulu ihre Gastfreundlichkeit zu genießen), hat gesagt:

»Ich habe seit jeher behauptet, daß die Päpste die Erfindung des Fernsehens nicht genug zu schätzen wissen – obwohl sie ihm sogar eine Schutzpatronin gegeben haben in Person der heiligen Klara. Erst der gegenwärtige Papst ist im Begriff, dieses Versäumnis mit Zins und Zinseszins nachzuholen.«

Die gesamte Strecke im Trab zurückzulegen – das werden wir wohl nicht schaffen. Zu hoch das Tempo, zu übermenschlich die Anstrengung.

Eine Auswahl tut not. Ich habe nicht mehr die leichtathletische Kondition jenes polnischen Studenten, der auf den Pariser Champs Elysées die Landung des Hubschraubers abwartete, dann dem päpstlichen Wagen bis zur Place de la

Concorde nachlief, anschließend – ein Taschentuch im Mund, so sehr war er außer Atem geraten – über den Boulevard Saint Germain zur Notre Dame rannte, von wo aus er sich heldenhaft zum Rathaus am Platz Hôtel-de-Ville durchschlug, um dann, ohne des Regens, der Volksmenge und des Zorns der uniformierten Zerberusse zu achten, den Lauf seines Lebens entlang dem Seineufer fortzusetzen, während der in Scheinwerferlicht getauchte Papst an Bord der »Sainte Geneviève« dahinfuhr, und ihn schließlich vor der Nuntiatur an der Avenue President Wilson zu beenden. Derselbe Student erschien schon in der Morgendämmerung des nächsten Tages auf dem Flugplatz Le Bourget und zur Papstmesse in strömendem Regen; zu den Schwestern in der Rue du Bac schaffte er's nicht, weil ihm das Untertauchen im Ozean der 50000 Landsleute auf dem Marsfeld wichtiger schien. Wie durch ein Wunder kam er rechtzeitig nach Saint-Denis zum Treffen mit den Arbeitern und war selbstredend auch im Stadion Parc-des-Princes dabei, um sich dort gemeinsam mit tausenden von Altersgenossen zu Ehren des Papstes auszutoben.

»Das ist noch nicht alles!« rühmte er sich keuchend. »Es ist mir gelungen, rechtzeitig aus dem Stadion zu flüchten und mich zu der weißen Hochzeitstorte auf dem Montmartre durchzuschlagen, von wo aus der Papst in der Nacht die Stadt segnete!«

Ich verrate den Namen des hausgemachten Olympioniken nicht. Nur soviel sei gesagt: der Apfel fällt nicht weit vom Stamm.

Was ist uns am stärksten in Erinnerung geblieben? Was hat das Maß des Augenblicks gesprengt? Der Papst in Notre-Dame!

Egalité ist zwar eine Illusion, die wert wäre, verwirklicht zu werden, aber eben doch nur Wunschdenken. Es gibt Wesen, die »gleicher« sind als andere. Ein solches Ärgernis ist für mich der Anblick der beflissen katzbuckelnden Kirchendiener, während sie die Besitzer von Eintrittskarten ins Gotteshaus lassen: jene befrackten hohen Herrschaften, die Damen in langen Kleidern, die blasierten Trottel, die ganze ministerielle Fauna auf den Stelzen nicht immer verdienter Glorie. Und diejenigen, für die die Begegnung mit dem Papst Quelle tiefen, geradezu mystischen Erlebens ist, verdrängt man weit nach rückwärts, hinter den Horizont. Der Papst auf Eintrittskarten. So war es in der Basilika in Mexiko, in St. Patrick zu New York, in der Kathedrale von Nairobi, so ist es auch hier in Notre-Dame. Als angeblichem Fotografen (diese Species wird im allgemeinen höflicher behandelt als Menschen der Feder oder vom Funk – ich habe einmal versucht, Pater Marcinkus, dem schroffen Kraftprotz mit Mitra, klarzumachen, daß die Radioreportagen der päpstlichen Weltreisen in Polen von Millionen Menschen gehört werden, während das Zeitungsfoto, selbst wenn es von Hunderttausenden gesehen wird, der Wind schon anderntags ins Nichts weht; aber sooft er mich mit dem Mikrophon in der Hand entdeckt, brüllt er aus unerfindlichen Gründen wie ein verwundeter Elch: »No! No!«) – als vermeintlichem Photographen also ist es mir gelungen, mich durchs Nadelöhr in die Kirche einzuschmuggeln, in dieses Gotteshaus, dessen Schönheit mir jedesmal Herzklopfen verursacht. Ein Gebet, in Gotik versteinert. Und um die Verbindung mit der Vergangenheit noch greifbarer zu machen – laßt uns diesen Augenblick bewußt auskosten! –, habe ich meiner Reisetasche eine Rarität aus meiner Privatsammlung einverleibt: Das Gebetbuch der Königstochter Maria Leszczyńska »avec des réflexions et méditations«. – Möge sich Madame la Dauphine im Jenseits des Umstands erfreuen, daß bei der Papstmesse in Paris ein Landsmann ihres Mannes in ihrem Meßbüchlein blättert.

La Cité – in Blumen und Fahnengeflatter. Gesänge und Orgelklang haben die Tauben unter den Chimären verscheucht. Jeder Stein hier trägt das Moos der Geschichte. Der Vater, der seinen Sohn erstmals vor diese Kirche führt, drückt seine Hand: »Hier schlägt das Herz Frankreichs!« So schrieb Claudel.

Welches Akademiemitglied war es doch, das offen zugab: »Betreten habe ich diese Kathedrale als Tourist, verlassen habe ich sie als Pilger.«?

Die ersten christlichen Taufen in diesem Land erfolgten ein halbes Jahrtausend früher als bei uns. Aber es gibt einen Ort, wo man noch tiefer in den Brunnen der Geschichte hineinschauen kann: Lyon, dem ältesten Bischofssitz Galliens. Was verbindet die heutigen Franzosen mit ihren Urahnen? Sicher nicht mehr, als die Untergebenen der Volksrepublik Polen mit ihren Stammvätern, den Piasten. Obwohl die Devise »Gesta Dei per Francos« und die Erinnerungen an die Kreuzzüge noch nicht restlos aus dem gemeinsamen Unterbewußtsein verschwunden sind. Im 12. Jahrhundert, »dem wesentlichsten der Weltgeschichte« (Kenneth Clarke), in der »Epoche Bernard de Clairvaux'«, legte sich der Glanz Roms noch einmal auf Lutetia. Im Schatten klösterlicher Eichen lustwandelte am Flußufer der gelehrte Abälard, noch ahnungslos in bezug auf den Epilog seiner Liebe zu Héloise. Maurice de Sully, der ungeduldig vom Ufer der Loire herbeigeeilt war, träumte »von Türmen, die bis zum Himmel reichen«. Es waren nicht soviele Generationen nötig wie in Köln am Rhein, um diese Kathedrale zu erbauen, vielleicht ist ihr Stil deshalb so makellos. Thomas von Aquin betete hundert Jahre später in ihren Mauern, was sein fleißiger Leser aus Wadowice sehr wohl weiß. Während die Strahlen des regenbogenfarbenen Lichts die Rosette durchdringen und die Scheinwerfer den Papst und den Präsidenten der Republik unwirklich erscheinen lassen, bricht ringsumher Geschichte aus. Wir lauschen auf das in Spitzbögen erstarrte Seufzen von Generationen. Ein »theatrum« wie es im Buche steht. Unverfälschte Majestät. Der Hausherr der Wawel-Kathedrale hat ein feines Gespür für das geschichtliche Dekorum, für Sinn und Seance der Historie. Er schließt die Augen, in tiefe Nachdenklichkeit versunken. Verwandelt sich selbst in eine Plastik aus längstversunkenen Zeiten. Sind es Wolken von Weihrauch, die am Ornat des Bischofs von Rom herabfließen, oder sind es die Wellen der Zeit? Wenn das Magnificat zur Kirchendecke emporschlägt, um als Echo auf den weiten, mit Tausenden von Parisern dichtgefüllten Platz vor der Kathedrale niederzurieseln, wenn der dreizehn Tonnen schwere »Emanuel« dröhnt, daß die Buntglasscheiben in den Bleifenstern erzittern, dann verfließt die Grenze zwischen dem Heute und der Vergangenheit. Schon wabert die Flamme der Riesenkerze in der Dornenkrone des heiligen Ludwig hin und her. Und auf ausgetretenem Stein fleht der Graf von Toulouse barfuß und im härenen Hemd zu Gregor IX., dem Organisator der Inquisition, um Vergebung seiner Sünden. Unter dem geborstenen Kruzifix krönt sich ein Engländer zum Herrscher Frankreichs. Wer in der Bartholomäusnacht dem Gemetzel entkommen will, findet die Tore verschlossen. »L'odeur d'un ennemi est très bonne.« Noch ist das Blut nicht getrocknet auf dem Schwert des königlichen Konvertiten, der behauptet, Paris sei eine Messe wert. Vor diesem Altar hat Maria Stuart gekniet im Brautgewande. Quasimodo steigt aus den Zeilen des Romans und huscht allabendlich torkelnd zum Glockenturm hinüber. Robespierre selbst zeigt den Zerstörern, welche Statue von der Königsgalerie gestürzt werden soll. Die Schauspielerin Maillard, von den Massen mit Ovationen begrüßt – Massen bereiten immer Ovationen! –, betritt im weißen Kleid der Göttin der Vernunft – die Taille mit der Trikolore umgürtet – mit tänzerischem Schritt die Schwelle der zum Tempel des Allerhöchsten Wesens umgestalteten Kathedrale. Welcher Papst weilte zuletzt in diesen Mauern – vor Johannes Paul II.? Vor einhundertsechsundsiebzig Jahren hat Napoleon den bebenden Händen Pius VII. die Krone entnommen (»entrissen« – schrieben damals die Preußen) und sie sich selbst auf den Scheitel gesetzt (Detail auf dem Bildnis Davids). In dieser hochsäuligen Nava intonierten Foch nach dem Ersten, de Gaulle nach dem Zweiten Weltkrieg das »Te Deum«. Und nun begrüßt Kardinal Marty, der Erzbischof von Paris, mit anerkennenswerter Mühe den Gast aus Rom in polnischer Sprache: »Niech będzie pochwalony Jezus Christus!« (»Gelobt sei Jesus Christus!«)

Parken wir unser Zeitvehikel am Hubschrauberlandeplatz, wiewohl ein anderer Begegnungsort des Papstes mit Frankreich, die Basilika Saint-Denis, Sanktuarium ehemaligen Ruhms, ebenfalls Appetit auf ein Geschichtsrepetitorium machen könnte. Ein Teil der Königsgräber ist dem revolutionären Vandalismus zum Opfer gefallen. Kenne sich jemand aus in der Psyche eines Volkes, das seine Herrscher zum Himmel hebt, um ihnen dann zur Abwechslung die Köpfe abzuschneiden! Einmal lacht es sich mit Voltaire halbtot über La Pucelle d'Orléans, dann wieder betet es zu ihr, in Tränen gebadet. Hier begegnet heute der Seelenhirte aus Nowa Huta den brennenden Fragen der Gegenwart, den Forderungen der Welt der Arbeit.

Ein Mädchen im Pullover überreicht mir ein Flugblatt, worauf irgendein trotzkistischer Adam Riese vorrechnet, der Vatikan brauchte nur ein Zehntel seiner Kunstschätze versteigern zu lassen und den Reinerlös für karitative Zwecke zu stiften, schon wären Millionen von Bettlern, darunter Hunderttausende von Kindern, vor dem Hungertod gerettet. Die unterste Zeile lautet: »Sag' nicht, dies sei Demagogie! Es ist eine Idee, geboren aus dem Geist der Lehre des Tischlerlehrlings von Nazareth!«

Als ich mein Entzücken über die elegante Kleidung des Präsidenten der Republik zum Ausdruck bringe, schürzt die Maid verächtlich die Lippen:
»Der Chic eines Croupiers!«
Die vielen Blumen in diesem Viertel! Als hätte man das »Marché aux Fleurs« von der Place Louis-Lépine zu Ehren des Papstes vor diese Ziegelmauern aus dem 13. Jahrhundert transportiert. Doch die Uhr schlägt unerbittlich die Gegenwart.
Stunde der Wahrheit vor der gotischen Giebelfront. Was mag Pius XII. im Jenseits denken, jener Papst, der das »sensationslüsterne Experiment« untersagte, nämlich die Missionstätigkeit der Priester in Bergwerkshütten und Fabriken – da er nun, durch einen Spalt in den Wolken, zur Rechten des Papstes am Altar einen Arbeiterpriester entdeckt, »einen Theologen, geweiht durch das Werk der Hände«, einen Maurer in der Soutane, auf dessen opfervoller Tätigkeit einst die scheelen Blicke des Vatikan ruhten? Wir leben in einer ungewöhnlich komplizierten Zeit, in der Epoche einer technischen Spezialisierung, die viele konventionelle Begriffe außer Kraft setzt. Und trotzdem verwenden wir ständig das altmodische Wort »Volk«, das unser Romantiker Mickiewicz so gern gebrauchte. Sollte jede Generation ihre eigene Bastille zerstören dürfen? »Das Volk zerreißt seine Fesseln und kommt, um sein Leid hinauszuschreien!« erklingt ein Lied zur Gitarre. (Morgen wird eine kommunistische Zeitung schreiben: »Proletariat!«) »Christus stand stets auf der Seite der Benachteiligten!« ruft ein junter Priester. Jemand fordert lauthals die Unterstützung des Streiks der Metroeinigungsarbeiter. Einst wurde der Kirche vorgeworfen, sie reagiere beim Anblick von Streiks allergisch und hielte sie für die »Waffe der Roten«, sie ergriffe heimlich die Partei der Arbeitgeber, der »Garanten der Ordnung« und spiele sogar die Rolle von Streikbrechern. Heute hingegen erkennen

die Dokumente des Zweiten Vatikanischen Konzils der Welt der Arbeit das Recht auf unabhängige Berufsverbände und auf entschlossene Verteidigung irdischer Interessen zu. Nach seiner Ansprache in fließendem Französisch spricht der Papst vor Einwanderern in portugiesischer und spanischer Sprache. Er wendet sich nicht nur an katholische Aktivisten, sondern auch an potentielle Kundschaft des Genossen Marchais. »Es stimmt nicht«, polemisiert er gegen die herkömmlichen Parolen, »daß der Arbeiter heimatlos ist. Der arbeitende Mensch ist Teil einer Gemeinschaft, die um eine bessere menschlichere Zukunft kämpft.« Dem Klassenhaß und der Gewalt setzt er die Gebote des Evangeliums entgegen. »Nicht die Produktion, nicht der Gewinn«, gibt er zu bedenken, »sind Objekt unserer täglichen Mühe, sondern der freie, seiner Würde bewußte Mensch. Wenn es uns nicht gelingt, den Menschen zu erneuern, werden wir die Strukturen nicht ändern!«
»Ehe wir uns versehen, vertauscht er die weiße Piuskappe mit der Jakobinermütze«, höre ich einen Nachbarn murmeln.
»Almosen, Barmherzigkeit, das ist doch alles nicht neu«, seufzt ein junger Soziologe. »Werden die Reichen ihr Vermögen freiwillig mit den Parias teilen wollen? Solidarität ist ein Hirngespinst.«
Währenddessen überflutet der Bariton per Lautsprecher das Arbeiterviertel, greift mit Hilfe des Fernsehens nach dem vom Laizismus durchtränkten Frankreich, nach allen Franzosen, von den Enzyklopädisten hin bis zu Sartre:
Achtung für den Menschen! Pflanzen wir in die Herzen die Achtung vor dem Menschen, und es entsteht ein gesellschaftliches, politisches und wirtschaftliches System, das diese Achtung heiligen wird. Statt vor der Realität zu kapitulieren, laßt uns lieber eine Wirklichkeit höherer Ordnung schaffen, eingedenk der Tatsache, daß am Kreuzungspunkt

von Offenbarung und menschlicher Erkenntnis Gott steht. Ein Mainzer Theologe, der nicht ohne Selbstironie von sich behauptet, »es zöge ihn zum Papst wie den Schlafwandler zum Vollmond«, bemerkt auf dem Rückweg von Saint Denis nach Paris:
»Seltsam, vor fünf oder zehn Jahren haben wir uns nicht so oft Gedanken über die Rolle des Papsttums gemacht. Das Pontifikat dieses Papstes zwingt nicht nur die Franzosen zum Nachdenken. Eines scheint mir gewiß: die Welt von heute ist bereit, die Konzeption vom Vertreter des Gekreuzigten zu akzeptieren, des Repräsentanten der ›ecclesia sub cruce‹. Hingegen wüßte sie nicht, wie sie sich gegenüber einem Vertreter des ›Triumphierenden Christus‹ verhalten sollte, des Apostels einer ›ecclesia militans‹! Es ist auch besser so: die Kirche kehrt zurück zu den Quellen des Christentums.«
Auch in Paris warnt der Papst vor den Gefahren der einseitigen Entwicklung, vor dem »technischen Fortschritt als kategorischem Imperativ«. Manche Ermahnung aus seinem Munde kommt mir übrigens bekannt vor. Hat nicht schon Novalis mit dem erhobenen Zeigefinger gepredigt: »Wenn die Menschen einen Schritt vorwärts tun wollen zur Beherrschung der äußeren Natur durch die Kunst der Organisation und der Technik, dann müssen sie vorher drei Schritte der ethischen Vertiefung nach innen getan haben!«
Mit großem Interesse hört der Papst zu, daß in Rigisberg unweit Zürich, wenn er die Schweiz besuchen wird, eine ungewöhnliche Ausstellung gezeigt werden wird: Kleidungsstükke aus dem Grab des Heiligen Antonius zu Padua. – »Wenn nichts dazwischen kommt, werde ich mir diese Kostbarkeit anschauen!« sagt er zu seinem Freund. – »Deine Reisen bringen einen Farbtupfer auf den düsteren Weg den wir zu gehen haben«, höre ich den berühmten Schauspieler deklamieren. »Es ist was Magisches, mehr noch: Poetisches,

wenn sich alle Tore öffnen Dir zu Liebe. Sieben Mauern hat Jerusalem, sieben Tore blieben nach der Zerstörung des Tempels übrig. Das achte, das zugemauerte Goldene Tor öffnet sich erst bei Wiederkunft des Messias.« Papst Wojtyla findet zwar diese Anrufung Jerusalems ein bißchen zu pathetisch, aber darf man den beflügelten Schöngeist unterbrechen?

Soweit das Auge reicht, Begrüßungstransparente: »Bienvenu en France, Jean-Paul II.« Erneut ein überfülltes, seit Stunden dröhnendes Stadion. Rund um Parc-des-Princes, wo der Papst der Jugend begegnen soll, wimmelt es schwarz von Tausenden von Regenschirmen. Das sind jene, die keine Eintrittskarten mehr ergattern konnten.

Welcher von Johannes Pauls II. Vorgängern hat gesagt: »Die Kirche läßt sich nicht einsperren in den vier Wänden des Tempels«? Sicher meinte er ihre außerreligiösen Aufgaben. Und trotzdem fällt mir der Satz ein, sooft ich die von Volksmassen überfluteten Grünflächen sehe, die Plätze, Alleen, Straßen und Stadien.

Da sich der »Propst der Welt« (wie sich eine Koryphäe des Jugendtreffens per Lautsprecher ausdrückt) um eine Stunde verspäten wird, vertiefe ich mich in die »Papstnummer« des Blattes »La Vie«. Ich kann meinen Blick nicht losreißen von der meisterlich redigierten Aktion »Tausend Briefe an den Papst«. Katholiken lernen oftmals von ihren Gegnern – auch auf dem Gebiet der Propaganda. Halb Umfrage, halb Reklameprospekt mit attraktiven Photos, wirkt das Ganze außerordentlich effektvoll. Was halten die Arbeiter, Bauern, Studenten, Handwerker, Sportler, Künstler, Techniker etc. vom Papst, seinem Besuch und der Kirche? Mit einem Wort: ein Querschnitt durch »Jung-Frankreich«. Manche der Aussagen berühren jene Grenze der Ungezwungenheit und Vertraulichkeit, wo die Impertinenz beginnt, jenes angeblich so lobenswerte Privileg der Jugend. Ich bin nicht si-

cher, ob dieser Anflug amerikanischer Publicity dem Pilger und seiner Sache wirklich dienlich ist. Ist der Papst eine Ware, die man in reißerischer Verpackung auf den Markt wirft? Was soll man mit einer »Sondage«-Frage wie dieser anfangen: »An wen erinnert dich der Papst – an Carter, Giscard d'Estaing, Khomeini, Gaddafi, Mutter Theresa oder Martin Luther King?« Es antworten junge Leute zwischen dem achtzehnten und dreißigsten Lebensjahr. Man braucht kein Pädagoge zu sein, um zu zweifeln, ob sich bei einer derart breiten Altersspanne überhaupt ein gemeinsamer Nenner finden läßt. Die Absichten sind zweifellos edel. Aber warum die bunte Gedankenlese? Um Ordnung ins Chaos zu bringen? Oder um das Durcheinander zu mehren? »Warum besucht der Papst nicht Kabul?« fragt ein Liedermacher. »Ob ihm Casaroli wohl gestattet, nach Westberlin zu gehen?« überlegt ein Motorradchampion. »Le Pape? Non merci!« wimmelt ein Jüngling aus Avignon ab. Das Team von »La Vie« umwirbt ganz deutlich die Jugend. Karol Wojtyla tut dies nicht. Er ist der bessere Psychologe. Erst unlängst sagte er zu einem Kaplan der Arbeiterjugend:
»Wenn wir von der Kanzel herabrufen, der Mensch ohne Gott sei wie eine Basilika ohne Kuppel, werden nur wenige über den Sinn dieser Worte nachdenken. Aber wenn sie es zur Gitarre singen, könnte es tausenden jungen Menschen unter die Haut gehen. Der Refrain eines solchen Liedes müßte lauten: ›Alles hängt von dir selbst ab!‹«
Einem »Ultralinken« aus Nanterre, gebürtig aus Warschau, mit dem ich geduldig in einer langen Schlange stehe, um die Schallplatte »Die Jungen singen dem Papst« zu kaufen, läßt die Einstellung des Papstes zu sozialen Dingen keine Ruhe.
»Könnte er den zehn Geboten ein elftes anfügen«, beruhige ich ihn, »würde es lauten: ›Du sollst dich nicht bereichern!‹«
Er wirft mir einen widerwilligen Blick zu wie ein verbissener

Kleinbauer, der entschlossen ist, in den Nachbaracker hineinzupflügen:
»Das ist zu wenig! Der objektive Inhalt der päpstlichen Aussagen zu diesem Thema beschränkt sich bestenfalls auf die vorsichtige Billigung eines Volks-Kapitalismus. Auf Korrekturen, nicht auf mutige Umstrukturierung. Ich weiß, daß nicht die spektakulären Reisen, sondern die für Fernsehkameras unsichtbare Mühsal den Wert eines Pontifikats bestimmen. Applaus der Menge – eine wichtige Sache, gewiß. Aber die Diskussionen auf der holländischen Synode, die Beratungen mit den Episkopaten Südamerikas oder Afrikas, vor allem die Dokumente mit programmatischem Charakter – das alles ist ebenso wichtig. Mehr Mut, mehr Mut – möchte ich am liebsten rufen. Als der Philosoph Leszek Kołakowski einmal die Enzyklika ›Mater et Magistra‹ einer kritischen Würdigung unterzog, bemerkte er, daß sie es sorgsam vermied, sich deutlich für festumrissene gesellschaftlich-wirtschaftliche Reformen auszusprechen. Das Dokument war so redigiert, daß sowohl die Verfechter der Reformen als auch ihre Gegner darin eine Unterstützung ihter Standpunkte finden konnten. Dabei heißt es: Eure Rede sei ›ja‹ oder ›nein‹.«
»Der Papst ist kein Volkstribun.«
»Es ist nicht so leicht, Träger einer Autorität zu sein, die auf irrationalen Voraussetzungen beruht. Wir wissen, daß sich unser großer Landsmann verzwei- und verdreifacht. Daß er alle durch seine Vielseitigkeit in Erstaunen versetzt. Er ist nicht nur ein Denker von ungewöhnlicher Durchschlagskraft und ein hinreißender Anwalt der Menschenrechte, sondern auch der geduldige Pfarrer, der die Pilger bei internen Mittwoch-Audienzen vor Begehrlichkeit warnt. Ich wünschte mir, daß er als Papst sozialer Gerechtigkeit in die Geschichte eingeht. Einen solchen Papst braucht die Menschheit auf der Schwelle des neuen Jahrtausends.«

Soll ich meinem zufälligen Gesprächspartner anvertrauen, daß ich manchmal die Piazza di San Pietro mit gemischten Gefühlen verlasse? Tausende kommen, um den Papst zu hören. Aber er spricht – obwohl die Presseagenturen Schreckliches aus aller Welt berichten und überall Krieg, Unfreiheit und Chaos zu herrschen scheinen – von der sündigen Sexualität, vom »Ehebruch im Herzen«, von der bösen Begehrlichkeit und der ungesunden Fleischlust. Manche befürchten, die ständige Betonung dieser Thematik zeugt nicht nur von Rigidität, sondern auch von Weltfremdheit, obwohl gerade dieser Pontifex zu jenen Geistern gehört, die an ein Leben *vor* dem Tod glauben. Wäre ich ein Überlebender des Kambodscha-Infernos oder ein nur durch Zufall nicht im Chinesischen Meer ertrunkener Vietnamflüchtling, vielleicht würde ich dann, bei allem Verständnis für die Moraltheologie, doch nur mit einem halben Ohr zuhören, wenn Papst Wojtyla warnt. Die Ablehnung der Geburtenkontrolle, sagt er, müsse als totale und unmittelbare Antwort des Menschen auf die Liebe Gottes gesehen werden; die tiefe Einheit, die im Heilsplan Gottes zwischen Mann und Frau herrschen soll, könne nur durch »gesunde« Sexualität verwirklicht werden. Während ich diesen Satz zu Ende tippe – pardon für die Polemik –, sind schon wieder Kinder in Uganda verhungert. Freilich: die Kirche sollte dem Zeitgeist nicht huldigen, denn sie steht im Dienste der Ewigkeit, aber wenn man aus dem Munde des Petrus-Nachfolgers seit Monaten die Warnung vor dem gierigen Blick hört, da beginnt man langsam zu zweifeln, ob gerade dies das Problem unserer Zeit ist? Und ob in dem umfangreichen Katalog der menschlichen Sünden gerade diese zu den schwersten gehört? *Dixi et animam meam non salvavi.*

»Heiliger Vater! Nicht alle Juden in Frankreich freuen sich über Ihren Besuch«, sagt ein alter Mann mit grauem Bart, »aber unsere Gruppe aus Krakau weiß genau, wer Karol

Wojtyla ist. Ich bin der Überlebende aus dem Ghetto von Podgorz und Lager Plaszow.« Traurig, aber wahr: Die langen Schatten der Vergangenheit wollen dem heutigen Glanz nicht weichen...

In der Tat, der Papst erinnert sich sofort an einen Vorfall aus dem zweiten Kriegsjahr in Krakau. Als er zur Sklavenarbeit an der Ghettomauer vorbeiging, wo man Menschen wie Tiere im Käfig zusammengepfercht hatte, bemerkte er im Graben zwischen verstaubtem Unkraut etwas Schmutzig-Weißes: eine Armbinde mit Davidstern, nicht allzu groß, wie für ein Kind bestimmt. Er hob sie verstohlen auf und steckte sie in die Hosentasche. Er verbarg sie später pietätvoll zwischen Gedichtbänden und illegalen Flugblättern. »Wirf das weg, du hast damit nichts zu tun!« rieten ihm die Verwandten. »Wir alle haben damit eine Menge zu tun!« erwiderte er mit Bestimmtheit. »Dies hier ist mehr als das Relikt einer menschlichen Eintagsfliege, mehr als Abdruck, den ein menschliches Wesen hinterläßt, wenn man es mit dem Stiefel in den Lehm trampelt: ein Wesen, das atmete, dachte, Angst hatte, das Hunger, Schmerzen und Durst empfand und unter Schlafmangel litt. Diese Armbinde ist zugleich das traurige Exponat unserer Epoche.«

Wer trug diese dreckverkrustete Armbinde mit der verrosteten Sicherheitsnadel? War es eines jener Kinder mit den Rattenköpfchen und den blutunterlaufenen Äuglein in den Tiefen der Augenhöhlen, die man im Schutze der Dunkelheit, zusammengeschnürt wie Brennholz, auf Lastwagen warf und zum Lager Plaszow karrte? Denen man vorher die Münder mit Heftpflaster verklebte, um die Nachbarn nicht zu nachtschlafender Zeit durch Weinen und Geschrei zu wecken? Und trotzdem drangen die piepsigen Laute unter der Zeltplane hervor, vom Boden der Ladepritsche, solange, bis sie Motorengedröhn übertönte. Hatte sich eines der leichenblassen Mädchen mit den kurzgeschorenen Köpfen in einem Anfall von Verzweiflung die Binde vom Ärmel gerissen? Oder hat sie einer der unglücklichen Greise verloren bei seinem Strafexerzieren, eines jener Versuchskaninchen, an deren Bärten und Pejes angeheiterte Landsknechte ihre Friseurkünste erprobten? »Frühjahrsputz!« hatte das Kommando vom Wachturm gelautet. »Klopft ihnen den Staub aus dem Kaftan, aber mit dem Ochsenziemer!« Die Polizeivorschrift verbot, die Gehsteige zu benutzen. »Das Vieh gehört in die Gosse, peitscht die Herde vorwärts!« lautete die Anweisung.

»Als Student habe ich in der Breiten Straße im Stadtteil Kazimierz gelebt«, sagt der bärtige Pariser Krakauer Herkunft. »Mein Oheim war Rabbiner...«

Den Rabbinerfriedhof, eine Anlage aus dem 16. Jahrhundert – erinnert sich der Papst, der jeden Stein in Krakau kennt –, hat man damals in einen Übungsplatz für Rekruten verwandelt, das angrenzende Gotteshaus zuerst in eine Müllhalde, dann in einen Schweinestall. »Die jüdischen Geister sind längst auf und davon aus ihren steingemeißelten Gräbern, sie hocken bei Abraham beim Bier!« rief ein Mann in langem Ledermantel. Und die Rekruten hatten vor Vergnügen gewiehert, ein Gelächter, das uns noch heute in den Ohren dröhnt. Noch heute stößt der Pflug auf Stacheldraht, eine Schicht Asche, vermoderte Menschenknochen. Sollte ich deiner jemals vergessen, Jerusalem... Und doch hat Christus Vergebung gepredigt. Vergebung für alle. Ohne Ausnahme.

Der Papst wischt sich an diesem kühlen Tag die Stirn ab und beginnt ein stummes Gebet. Nicht nur die »älteste Tochter Roms« braucht heute Zuspruch auf diesem Flugfeld von Le Bourget, wo sich hunderttausende zur Sonntagsmesse versammelt haben. Auch er selbst, der Verkünder der Gerechtigkeit, hat ihn dringend nötig. Er betet zu dem Märtyrer, dem er einstmals als Kind begegnete, beim Spaziergang mit der Mutter. Ein dörflicher Herrgottschnitzer hatte ihn aus altersgeschwärztem Holz gestaltet. Das schwere Kreuz hat den Leib zu Boden gedrückt, einer der Balken hat den Arm an die Erde genagelt. Gleich werden sie den Erschrokkenen mit Landsknechtsgebrüll und Peitschenknall vom Boden hochzerren und weiterjagen, den Golgathahügel hinauf. Die kleine Kapelle bei Wadowice, erste Begegnung mit dem Todesschmerz. Der Pfahl trägt rosa Farbe, die längliche, vergitterte Nische, in welcher der Häftling von Dornen durchsiebt den Mund aufreißt, als riefe er um Hilfe, leuchtet himmelblau. Ein Leidensgenosse. »Wir erwarten von Ihnen, Heiliger Vater«, sagte kürzlich Jean Villot, »daß Sie französische Christen in ihrem Glauben bestärken. Machen Sie den Gläubigen Mut!« Der Papst betet im Regen. Vier Worte pochen in seiner Brust: »Eli, Eli, lama sabachtani.«

Zum Glück gibt es heute abend die Begegnung mit der Jugend. Kein Stadion gleicht dem anderen, aber die Atmosphäre ist überall die gleiche. Ob in der Arena von Guadalajara in Mexiko, im Queen-Elizabeth-Stadion in Nassau auf den Bahamas, auf einem vergleichbaren Sportplatz in New York oder unter afrikanischem Himmel – wo immer der Gast vom Vatikanhügel erscheint, bricht enthusiastischer Jubel los. Es hat mir später jemand einreden wollen, die Jugend im Pariser Stadion, hell entflammt schon beim bloßen Anblick der weißen Gestalt, wäre nicht »typisch« gewesen, es habe sich hauptsächlich um Sprößlinge aus bürgerlichen Familien gehandelt. Diese Erklärung sagt überhaupt nichts. Gestützt auf die brieflichen Anfragen, die man an ihn gerichtet hatte, wählte der Papst den unmittelbaren Dialog mit dem Auditorium. Geschickt beantwortete er Fragen, darunter auch knifflige. Er vermied leere Schulmeisterei, »dachte laut« und zwang damit die Menge zu geistiger Anstrengung. Er schmeichelte niemandem. Zuweilen sprach er »gegen den Strom«, indem er Unpopuläres besonders betonte. Er geizte weder mit vertraulichen Äußerungen noch mit sanfter Ironie. Mit einem Wort: er traf den richtigen Ton. Obwohl er sehr lange sprach und seine Rede gelegentlich den Charakter eines wissenschaftlichen Seminars annahm, vermied er es geschickt, die Geduld der jungen Leute (man unterstellt ihnen nur zu gern, keine zu haben!) auf die Probe zu stellen. Alle paar Minuten wurde er von Ovationen unterbrochen. Das Geschrei steigerte sich von Viertelstunde zu Viertelstunde. Es war, als würde die Stimmung dieses Treffens von irgendwelchen Drogen beeinflußt. Gewiß übertrug der eine oder andere seine Halluzination einfach hierher ins Stadion. Vielleicht genügte den jungen Leuten aber auch das berauschende Bewußtsein, an einem gewaltigen Gewimmel von lauter Gleichaltrigen teilzunehmen? Massenpsychologie kennt dieses Phänomen. Mit vor Ergriffenheit zitternder Stimme fragt ein schmächtiges Bürschlein über das Megaphon: »Muß denn der Papst in jedem Land die Regierungschefs treffen? Ist das wirklich notwendig?« Gewisse Fragen werden von Pfiffen begleitet. »Sag' uns, très cher Saint Père«, fragt ein Mädchen im Schwesternhäubchen mit stokkender Stimme, »kann der Mensch überhaupt glücklich sein? Bist wenigstens du glücklich?«

Der Papst erklärt, daß nicht nur die Polen von den Franzosen, sondern umgekehrt die Franzosen von den Polen so manches lernen können. »Glaubt mir«, sagt er mit erhobener Stimme, »die Polen haben einen hohen Preis dafür zahlen müssen, Polen und Christen zugleich zu sein.«

Aus zehntausenden von Kehlen dringen Rufe:

»Vive la Pologne!«

Noch unsere Großväter sangen zur Gitarre populäre Lieder etwa des Inhalts, ohne Paris wären die Polen ein Volk von Wilden. Da kommt nun der Papst und gibt den Enkeln zu verstehen, sie sollten schleunigst den Komplex loswerden, eine Art unehelicher Kinder Europas zu sein.

Kardinal Marty schaut auf den Papst wie in die Sonne. Gegen seine Rührung ankämpfend, weist er ein ums andere Mal zu ihm hin und stößt Rufe aus, die wie Wahlparolen anmuten: »Freund der Jugend! Sportler Gottes! Er wird uns führen. Vorwärts, meine jungen Freunde! Unsere Kirche marschiert! Ihr werdet sehen, es wird besser werden! Gott wird diese Welt erretten! Vive le Pape!«
Die Reporterin von »Europe I« ruft ins Mikrofon:
»Jean Paul II., c'est le plus grand homme de Pologne!«
»Lernt Latein«, meint neckend der Papst, »und ihr werdet sehen, daß Ave Maria in allen Sprachen dasselbe bedeutet.« Und schon singt er mit den Jungen. Uns fällt dabei jener polnische König Batory ein, der dasselbe geraten hatte.
Es fällt schwer, angelsächsische Kaltblütigkeit zu simulieren, wenn Zehntausende einander die Hände reichen, sie wie eine Kette der Freundschaft in die Luft heben und in polnischer Sprache singen: »Pan blisko jest, Alleluja!« (»Der Herr ist nahe, Halleluja!«) Und wieder übertönt der vertraute Bariton das ganze Stadion.
Im Frühjahr 1968 gab – zum Entsetzen sowohl de Gaulles als auch der Redaktion von »L'Humanité« – ein Teil der französischen Jugend ein Beispiel von Anarchie und Vandalismus, und zwar ohne jegliche ideologische Verbrämung. Die Apokalypse hing in der Luft. Und diese gebets- und gesangseligen jungen Menschen heute, mit der unschuldigen Parole »Die Phantasie an die Macht!« – wer sind sie? Jüngere Geschwister? Eine andere Art Franzosen? Ist es der Jugend egal, was sie singt oder brüllt, Hauptsache, sie kann singen und brüllen bis die Trommelfelle platzen? Ist Kinshasa überall? Wieviel Übertreibung liegt doch in dieser ständigen Betonung des französischen Rationalismus – denke ich bei mir, während ich voller Staunen den Sturmangriff der jungen Leute auf das leere Papstauto beobachte, das beim Eingang zum Stadion parkt und von Dutzenden von Ge-

heimpolizisten bewacht wird. Langmähnige Burschen in Jeans dringen bis zum Wagen vor, knien vor ihm nieder, streicheln Motorhaube und Türen, werfen Blumen ins Innere. Ein Happening? Oder mehr als das?

»Ich traute meinen Augen nicht und mußte mich pausenlos in die Wange kneifen«, sagt mir ein Pariser Freund. »Kaum hatte der distinguierte Bürgermeister Jacques Chirac vor dem Rathaus in den Strahlen päpstlicher Sonne gebadet (so ein Solarium hat im Wahljahr noch keinem geschadet), noch war die Unterschrift des Papstes im Goldenen Buch der Stadt nicht getrocknet, schon fingen die geladenen Gäste an, die Podiumsdekoration in Stücke zu reißen und sie wie teure Reliquien im Triumph davonzutragen. Die eleganten Herren und kostbar gekleideten Damen stopften nervös und hastig die gelb-weißen und dreifarbigen Stoffetzen in Hosen- und Hemdtaschen. Da haben Sie Ihre nüchternen Franzosen, da haben Sie Ihre Descartes-Leser! Die Libertiner, mit Voltaire hochgepäppelt! Und genauso war's im ›roten‹ Saint-Denis, wo Mitterrand und Marchais des Glaubens sind, nur sie würden die Seelen regieren.«

Der Landsmann, der mir seine Einladung zeigte, schien selig. Er wird dieses Stück Pappe mit dem Emblem der Republik bis an sein Lebensende aufbewahren, auf dem Altar der Familienerinnerungen. Der Präsident der Republik in eigener Person hatte ihn zum Treffen mit dem Papst in den Elysée-Palast geladen. Wer keine Einladung erhielt, schlief seit Tagen miserabel und fühlte sich übergangen und benachteiligt. Floß in seinen Adern kein blaues Blut, hatte er Gott und Vaterland gegenüber nur Pflichten, keine Privilegien. So ist es nun einmal: die einen pflügen das Ödland, die anderen werden zum Erntedankfest eingeladen. Wer sich im Berkwerk die Staublunge holt und dennoch keine einzige Maiveranstaltung am Nationalfeiertag versäumt, wer seine Kinder seit Jahren in die polnische Schule schickt, der darf den

Papst auf der Mattscheibe bewundern. Wer sich jedoch seiner polnischen Großmutter erst nach dem »wunderbaren« Oktober 1978 erinnerte, darf mit dem Heiligen Vater persönlich sprechen. Verbitterung, gewiß. Gleichwohl waren zu viele Einladungen vergeben worden, vermutlich, weil man annahm, daß sich die Gäste des Präsidenten in den ausgedehnten Gärten irgendwie unterbringen lassen würden. Ein Wolkenbruch bewirkte, das in den Empfangssälen ein schlimmeres Gedränge herrschte als in der Pferdestraßenbahn der Stadt Brześć Kujawski vor dem Kriege, wo der Schaffner Schmulowitsch kleinwüchsige Passagiere zwischen die Beine von Riesen zu stopfen und die Kinder auf der Plattform übereinanderzustapeln pflegte. Damen fielen in Ohnmacht. Ein kurzatmiger Typ, der an einem so feierlichen Tag nicht gern an Sauerstoffmangel zugrunde gehen wollte, versuchte, durchs Fenster ins Freie zu gelangen, verwickelte sich jedoch in seine eigenen Hosenbeine und blieb jämmerlich zwischen den Fensterflügeln stecken. Wäre es der Moskauer satirischen Zeitung »Krokodil« gestattet, über den »Präsidenten der Franzosen« zu witzeln, der erst unlängst bei Breschnew zu Gast war, wäre das ganze ein dankbares Thema für eine ätzende Karikatur. Doch die Heilige Allianz verbietet derlei Streiche.

Jemand flüstert mir ins Ohr, die engste Umgebung des Präsidenten verbreite nicht ungern Gerüchte, wonach sich der Papst über das Treffen Giscard d'Estaings mit Breschnew und Gierek in Warschau befriedigt gezeigt habe. Nun ja – in der Regel pflegen Gäste die Illusionen ihrer Gastgeber nicht zu dementieren.

Die Erwählten, die in den Elyseé-Palast geladen waren, haben es später dem Gastgeber verübelt, er habe dem Papst allzuviel Zeit geraubt, indem er ihm seine engeren und weitläufigen Familienmitglieder vorstellte, die aus den verschiedenen Landesteilen angereist waren. Auch wurde allgemein

bemängelt, das nicht endenwollende Spalier von Persönlichkeiten, Würdenträgern, Politikern und Diplomaten samt Gattinnen (wäre es nicht endlich an der Zeit, Leute in hohen Stellungen zum Zölibat zu verpflichten?) habe bewirkt, daß Gäste zweiter Kategorie den Papst nur von fern zu sehen bekamen. Die einen küßten dem Papst halbkniend den Ring, genauer: die Luft über dem Ring. Andere standen steif da und überließen dies Ritual ihren Frauen. Der eine verbeugte sich halb, der andere zu einem Viertel, alle jedoch fletschten die Zähne angesichts der Fernsehkameras und zogen beizeiten die Bäuchlein ein: nur ein Geisteskranker würde es wagen, sich im TV unvorteilhaft zu präsentieren.
In der Tat: wer heute im einst antiklerikalen Frankreich die Gunst der Wähler erringen will, muß zusammen mit dem Papst für ein Photo posieren. Kritische Worte an die Adresse des Pilgers des Guten Willens wären gleichbedeutend mit politischem Selbstmord. Es hätte nicht viel gefehlt, und der Hauptmatador der Kommunistischen Partei hätte das Ministrantenhemd übergestreift. Irgendein Zulu im Frack soll den Papst seines Französisch wegen gelobt haben, das ebensogut sei wie das von Gierek. Daß der Papst im Verlauf eines halbminütigen Gesprächs mit Marchais gesagt haben soll, er habe vor, dessen Freunde in Saint-Denis zu besuchen, woraufhin Marchais abgeraten habe, mit der Begründung, Freunde besäße er überall – diesem Gerücht konnten wir leider nicht auf den Grund kommen. Auch Mitterrand benahm sich stolz wie der Sonnenkönig von morgen. Solche Miniunterredungen beschränken sich gewöhnlich auf Banalitäten. Die interessantesten Redewendungen denken sich Journalisten aus, die nicht dabeigewesen sind.
Dieses Marsfeld ist von gigantischer Größe. Es erstreckt sich von der Ecole Militaire bis hin zur breitbeinigen Eiffel-Giraffe. Hier defilierte einst die himmelblaue Armee Hallers. Für das Treffen der Gläubigen mit dem Papst ist das Gelän-

de eher ungeeignet; es wirkt nicht amphitheatralisch genug. Besser wäre das Stadion. 50000 Polen sind aus allen Teilen des Landes gekommen, um den Gast des Episkopats und Frankreichs zu sehen und ihre Rolle als Mit-Gastgeber zu spielen. Uralte Standarten. Vereinsfahnen, Uniformen, Volkstrachten. Drei Generationen sind zum freudigen Appell angetreten. Vereinigte Chöre verkürzen die Wartezeit mit religiösen und patriotischen Liedern. Es wird geraunt, der Papst werde sich um anderthalb Stunden verspäten, ein weißhaariger Mann im Barett, das Jackett mit Orden behängt, greift sich an den Kopf:
»Warum so eilig, Söhnchen? Ich hab' mein achtes Jahrzehnt auf dem Buckel, war zwei Tage unterwegs, stehe hier seit sechs Stunden in Dreck und Regen hinten in der letzten Reihe – und beklage mich nicht. Im Leben hat nur das einen Wert, worauf man lange genug hat warten müssen, was man sich sozusagen erstanden hat, mein Lieber!«
Warum man die Gläubigen so fern vom päpstlichen Podium placiert hat, bleibt unerfindlich. Ein Fest für die Weitsichtigen.
»Ich sage zum Polizisten, ich hätte den Star auf dem linken Auge und rechts könnte ich auch schlecht sehen«, beklagt sich eine alte Frau, »und bitte ihn, mich wenigstens auf hundert Meter an den Papst ranzulassen. Nicht daran zu denken! Der Mann fing an, an mir rumzuzerren! Es war ein Algerier oder sowas Ähnliches! Bestimmt kein Christ!«
Die Erregung wächst. Es herrscht eine wahrhaft brüderliche Stimmung. Unbekannte schütteln einander die Hand. Bischöfe tragen eigenhändig Stühle für die Kranken herbei. Mütter mit Babys treffen geheime Verabredungen mit Mitgliedern des Empfangskomitees, um die Kleinen über die Köpfe der Menge hinweg dem Papst zuzureichen.
Auch hier mangelt es nicht an päpstlichen »Verwandten«. »Unser Vetter! Unser Vetter!« ruft jemand aus der Menge.

»Karol hat er geheißen!« Der beleibte, schnaufende Krunoslav V., Emigrant, Literat, Kroate, drückt mir die Hand: »Sehen Sie nur, wie zahlreich wir erschienen sind! Alle Kroaten sind zusammengekommen: wir vertrauen ihm. In Rom hat er in kroatischer Sprache zu uns geredet. Hat uns neue Hoffnung gegeben. Es war vor einem Jahr. Zum ersten Mal nach dem Kriege ein gemeinsames Treffen, wir Emigranten aus allen Teilen der Welt und unsere Brüder aus der Heimat – auf dem Petersplatz. Und das nach so vielen Jahren! Tausende von Menschen fielen einander weinend in die Arme. Die Italiener dachten, wir wären verrückt. Wir haben verbotene Lieder gesungen. Haben Fahnen entfaltet, die daheim untersagt sind. Er hat das alles gesehen. Hat uns die Hände gedrückt. Uns gesegnet...«
In zwei Stunden, in der Arbeitervorstadt, wird der Papst beim Anblick der großen Flagge mit der Inschrift »Liberté pour la Croatie!« ausrufen: »Ich sehe hier viele Menschen, die von mir Worte der Zuversicht erwarten. Auf der Landkarte Europas und der Welt sucht man oft vergeblich nach Völkern, denen ihr jahrhundertealtes Kulturgut das Recht auf volle Souveränität garantiert. Trotzdem wird ihnen ihre staatliche Unabhängigkeit vorenthalten.«
Wird dieser mehrtätige Besuch Frankreich verändern – wie er Polen verändert hat? Wohl kaum. Wird er den Papst verändern? Das wissen wir nicht. Haben beim Treffen mit dem Episkopat die sanfte Bestimmtheit und die »glückliche Hand« des Schlichters in der Tiara zu einer Art »schöpferischem Waffenstillstand« im Schoße der französischen Kirche geführt? Zu diesem Thema sollen sich die Eingeweihten äußern. Vieles wurde bei geschlossenen Türen diskutiert, wobei ein Spalt für den Heiligen Geist offen blieb. So oder so: einmal mehr ist der Chronist von dieser an Emotionen und pathetischen Augenblicken so reichen Reise entzückt, von der päpstlichen Gabe, mit Menschen umzugehen,

Schwierigkeiten zu beseitigen, indem er ihnen nicht ausweicht, und von der Treue, die er seiner Geburtsurkunde bewahrt.
Bei einem Heiligsprechungsprozeß pflegt der »advocatus diaboli« alle Schwächen des Heiligenschein-Kandidaten zu durchleuchten. Bei Pius X. wurden sogar dessen Rauchergewohnheiten beanstandet. Auch unser »semper Poloniae fidelis« hat ein Laster: er ist in sein Vaterland verliebt. In Lisieux, wo in unserer Erinnerung die Kämpfe der polnischen Panzerdivision wiederauflebten, erfuhren aus seinem Mund unübersehbare Scharen von Franzosen – sicherlich erstmals im Leben – von der Philosophie der Werke Norwids, »des polnischen Dichters, dessen sterbliche Überreste der französischen Erde anvertraut wurden«.
Und mit welcher Leidenschaft sprach er vor der UNESCO von Polen. »Wie ein unverbesserlicher Nationalist«, schreibt »Rude Pravo« in Prag. Im überfüllten, mit mehr als hundert Flaggen dekorierten Saal herrschte zunächst Schweigen – doch dann ertönten laute Bravorufe, als der Papst sagte: »Ich bin der Sohn eines Volkes, das die schwersten Prüfungen der Geschichte überstanden hat, das von seinen Nachbarn zum Tode verurteilt wurde, das dennoch überlebte und sich selbst treu geblieben ist. Es hat trotz Teilung und Okkupation seine Identität und nationale Souveränität bewahrt – und zwar nicht mit Hilfe physischer Kraft, sondern durch seine Kultur.«
Als er an der Place d'Alma vorbeifuhr, sah sich der Papst beunruhigt um:
»Hier hat ›mein Dichter‹ Mickiewicz gestanden. Wohin hat man ihn verlegt?«
Das wäre kein schlechtes Thema für Photographen und Maler gewesen: Der Pole in Weiß begrüßt in Paris den dichtenden Pilger aus Wilna.
In einer Stunde: Abfahrt zum Airport. Ein Lied geht zu

Ende. Wie gut, daß Johannes Paul II. unsere »Schwesternation« besucht hat! Gelegenheit genug, Auge und Ohr zu erfreuen, die Phantasie zu beflügeln, das Herz zu erwärmen. Vielleicht gelingt es, bevor das Flugzeug an Höhe gewinnt, durchs Fenster einen Blick auf die Lichter tief unten über der Seine zu werfen, auf die illuminierte Notre-Dame-Kathedrale, auf die Neonreklamen über den Boulevards. Um dann, mit den Worten jenes Dichters, der die Schönheit dieser Stadt besungen hat, den Abschiedsseufzer auszustoßen: »Gib Gott, daß wir niemals auf den Trümmern von Paris beten müssen!«

Joao de Deus *(Juli 1980)*

Natürlich war mir das alles wohlbekannt: Kaffee, Pèlè, »Pan Balcer« von Maria Konopnicka, Karneval in Rio, die polenfressenden Piranhas im Rio Negro. Ich hab' mir gedacht, ich widme diese Tagebuchblätter meinem Landsmann Arkady Fiedler. Erstens ist er Posener. Und zweitens: »Fische singen in Ukajala«, »Rio de Oro – auf den Pfaden brasilianischer Indios«, »Die grüne Hölle«, »Herrliches, schreckliches Amazonien« – Herr Arkady als literarischer Flammenwerfer, der den Kopf des Bromberger Pennälers erhitzte, ist der Erinnerung wert.

Doch wer unseren hurtigen Papst auf seinen Reisen begleitet, soll nicht glauben, er fände einen Augenblick zum Atemholen, einen Moment, um einen erschöpften Blick auf die Schönheit der Fauna und Flora zu werfen, um sich des Landes zu erfreuen, das einem aus den Briefmarkenalben bekannt ist. Er soll nicht hoffen, mit der Drahtseilbahn zum Gipfel des Corcovado emporfahren zu können, wo ein polnischer Bildhauer Christus ein Denkmal gesetzt hat, oder barfüßig im Atlantik zu plätschern, am berühmten Strand von Copacabana, wo die Fische angeblich Seltenheit sind, nicht aber die Nichtstuer.

Mit einem Wort: man wird noch einmal herkommen müssen. Zur Nachfeier, sozusagen. Nicht mehr als Sprinter im Büßerhemd, sondern als Tourist auf langsamen Touren. Ohne Atembeschwerden, und ohne den bewußten irren Blick. Keine Service-Reise mit dem servus servorum mehr! Der sympathische, bärtige David Villey hat endlich seine

Verbindung mit London bekommen und dröhnt freudig in den Hörer:
»Triumph for pope's first crusade against poverty and social injustice!«
Wie es war? Großartig. Es hätte gar nicht besser sein können. Auch diesmal hat der Papst einen sichtbaren Erfolg errungen. Und jeder seiner Erfolge ist zugleich ein Erfolg für die Sache, die er symbolisiert. (Eine der protestantischen Konfessionen hat die Teilnahme am Ökumenen-Treffen in Porto Alegre verweigert, als Protest gegen den »Triumphalismus« der Römischen Kirche.) Ich ertappe mich allerdings bei dem Gedanken, ob es nicht heilsamer wäre, im christlichen Sinne, sich einmal *keinen* Triumphzug zu wünschen? Via dolorosa, nicht via triumphalis macht die Stärke unserer Religion aus. Glanzvolle Pilgerfahrten bergen einen Widerspruch in sich.
Wir, die Schreiberlinge und Quasseltüten, Zeugen der überwältigenden Parade himmlischer Heerscharen, wurden geschunden wie nie zuvor. Lassen Sie mich mit einer Bagatelle beginnen, die nicht nur für Zoologen interessant sein dürfte: wie kommt es, daß sich beim Anblick des unschuldig am ausländischen Hals baumelnden Pappanhängers mit der Aufschrift »Imprensa« dem brasilianischen Polizeihund das Nackenhaar sträubt?
Als ich einen französischen Journalisten, Mitglied unserer »papal-party« – der von der Militärgendarmerie im nach Kaffee duftenden Curitiba, ähnlich übrigens wie der Rest der Berichterstatter, für die Dauer der päpstlichen Begegnung mit den Gläubigen in einen Drahtkäfig gesperrt wurde – frage, wie ihm Brasilien gefällt, antwortet er mit bitterem Lachen:
»Ich habe es noch gar nicht zu Gesicht bekommen. Seit fünf Tagen sehe ich nur die breiten Schultern von Polizisten.«
Das erinnert mich an jenen Landsmann, der während des

ganzen Urlaubs nicht einen Blick aufs Schwarze Meer werfen konnte, weil der vor ihm im Dünensand sitzende Bulgare nicht gewillt war, seinen Kopf zur Seite zu drehen.
Federico Mandillo, Stolz der römischen Presse, ein Mann, der über die päpstlichen Reisen bisher in kniender Position zu schreiben pflegte, ist diesmal dem Wahnsinn nahe: »Barbaren! Nicht einmal die muselmanische Türkei behandelt die Journalisten so hundsgemein wie das christliche Brasilien. Was sollen wir hier! Laßt uns nach Rom zurückkehren. Der Friedenspapst scheint zu einem Manöver hergekommen zu sein, oder zu einem Polizeifest.«
Die »Polizia Militar« ist allmächtig. Soweit das Auge reicht, bis hin zum Horizont, ergrünen die Reihen und Kordons athletischer Riesen, mit Gesichtern, die niemals eines Gedankens Blässe getrübt hat. Die »schönen Zwanzigjährigen«. In eleganten Uniformen. Mit weißen Seidentüchlein. In Juchtenlederstiefeln. Für den Fall, daß einer von ihnen das Vertrauen seiner Vorgesetzten enttäuschen sollte, warten schon tausend arbeitslose Konkurrenten auf seine Stelle. Es gibt leider immer noch zu viele Systeme, die auf diese Weise gedeihen – dank den Krumen, die vom herrschaftlichen Tisch fallen! Als der brasilianische Diplomat im Gehrock, der unserer Equipe als offizieller Betreuer zugeteilt ist, dem Sergeanten, der breitbeinig, die Maschinenpistole in den weiß behandschuhten Händen, das Tor hütet, in schmeichelerischem Tonfall zu erklären versucht, die dreifach – nämlich vom Vatikan, der brasilianischen Bundesregierung und dem brasilianischen Episkopat – akkreditierten Reporter hätten ein Recht, am Treffen des Papstes mit der Schuljugend teilzunehmen, packt der Riese mit dem weißen Helm, der ihm auf seine kleinen, blutunterlaufenen Äuglein fällt, den Beamten beim Schlafittchen, hebt ihn in die Luft und schleudert ihn mit voller Wucht gegen die Wand. Dem »Time«-Photographen, der die Szene auf Zellu-

loid verewigen will, drehen zwei Experten die Hände auf den Rücken. Man merkt: sie haben diesen Griff in ihrer Kaserne geübt, lange vor unserer Ankunft.
»Lassen Sie uns gehen, meine Herren«, sagt der Diplomat betrübt, nachdem er seinen Schlips und den dunklen Haarschopf geordnet hat. »Hier muß ein Mißverständnis vorliegen. Die unteren Dienstgrade haben die Anweisungen nicht rechtzeitig erhalten, die an höherer Stelle ergangen sind. Die Sache wird sich mit Sicherheit aufklären.«
Na klar – spätestens beim Jüngsten Gericht.
Eine Schar bis an die Zähne bewaffneter Journalistenjäger verfolgt auf der Grasnarbe des Stadions einen Berichterstatter aus Warschau, der nicht deshalb die zwölf- oder dreizehntausend Kilometer geflogen ist, um nun den Papst durchs Fernrohr betrachten zu dürfen. Sie versuchen, ihm den Photoapparat zu entreißen. Er gibt sich nicht geschlagen. Aber viele Hunde sind des Hasen Tod.
»Werden Sie darüber schreiben?«
»Unsere Handelsbeziehungen zu Brasilien gestalten sich immer besser.«
Der Journalist – das rote Tuch für den Polizeistier. Wie könnte man dem abhelfen? Moment mal... Es gab einmal einen Papst, der einem polnischen Kronprinzen, der unbedingt die Kuppel der St.-Peters-Kirche erklettern wollte, für die Dauer seines Rom-Aufenthalts den Rang eines Kanonikus verlieh. Ein höchst vergnüglicher Präzedenzfall. Wäre es da nicht möglich, daß der Pontifex Polonus Journalisten, die ihm persönlich bekannt sind, für die Dauer der päpstlichen Pilgerreise das Privileg verleiht, wenigstens einen Priesterrock tragen zu dürfen, was sie vor Ringkämpfen mit den uniformierten Schimpansen bewahren würde? Wer wagt es, die Hand gegen einen Geistlichen zu erheben? Sie würde zweifellos verdorren. Wie ich sehe, stehen auch Nonnen unter Denkmalschutz. In der Kathedrale von Rio, einem der

wenigen wirklich gelungenen Beispiele moderner Kirchenbaukunst, hat es die Polizei – trotz Mobilisierung sämtlicher Reserven und Einsatz von Verstärkungen – nicht geschafft, in der Bataille gegen die Ordensschwestern zu obsiegen. Wie eine Lawine fegten sie alles hinweg, was sich ihnen auf dem Marsch zum Altar in den Weg stellte. Silberhaarige Schwestern über sechzig, beflügelt vom heiligen Eifer, erklommen unter Heilrufen auf »Johannes von Gott« und mit der Geschicklichkeit von Eichhörnchen die für Filmkameraleute bestimmten Gerüste.

Wo man nur hinblickt, herrscht »double-speed«. Kein Wunder, denn zu den Lieblingsphrasen des fleißigen guten Menschen aus Krakau gehört seit jeher der Hinweiß: »Wir dürfen keine Zeit vergeuden.« Daß den »fliegenden Polen« die Ferne lockt, ist bekannt. Haben wir hier etwa mit dem Nachholbedarf eines Osteuropäers zu tun, der jahrelang von der Außenwelt abgeschnitten war und bereits während seiner tristen Jugendzeit ohne den polizeilichen Passierschein nicht einmal von Krakau nach Lublin reisen durfte? Nichts dergleichen: Kein anderer *curator animarum* aus dem Osten hat so oft das Ausland bereist wie der ehemalige Erzbischof von Krakau. Bereits vor dem Oktober 1978 nannte man ihn scherzhaft den »Reisenden in Sachen Gott«. Ob ein hinter dem Schreibtisch in seinem Palazzo verbarrikadierter und fleißig wie ein Steuerbeamter Berge von Akten studierender Papst, eine Art freiwilliger Gefangener des Vatikans, wirklich zu begrüßen wäre, ist nicht sicher. »Jede Reise ist für mich wie ein Examen, mehr noch: wie eine Herausforderung«, meinte er während seiner »apostolischen Safari« in Afrika, »ich bereite mich jedesmal sorgfältig vor, und dann stelle ich immer wieder fest, daß eine persönlich erlebte Wirklichkeit doch viel komplizierter ist als jene, die man aus dem Gedruckten kennt. Man lernt nie aus.« Der Lieblingsdichter des dichtenden Papstes, Norwid, betete im vorigen Jahrhundert im Pariser Exil: »O Herr, Du bist mein Lehrer! Laß mich Deine Welt jeden Tag wie ein besonders schwieriges Gedicht auswendig lernen.«

Die Reisen des Papstes sind notwendig. Sie sind geradezu unerläßlich. Sie machen den Menschen Mut. Das Werk der Evangelisation ist noch nicht beendet. Die Probleme des besuchten Landes erscheinen auf der Tagesordnung der Welt. Dies sind nur einige der Argumente, die für die Fortsetzung der päpstlichen Pilgerreisen über alle Höhen- und Breitengrade hinweg sprechen. Als jemand in seiner Nähe die päpstliche Reiselust mit sorgfältig ausgewählten Worten zu kritisieren begann, meinte Karol Wojtyla vergnügt: »Jetzt ist es zu spät. Man hätte damals, in den zwanziger Jahren, dem Schüler in Wadowice zu Weihnachten weder Globus noch Weltatlas schenken sollen. Da habt ihr die unvorhergesehenen Folgen einer gutgemeinten, aber, wie ich jetzt höre, doch leichtsinnigen Tat.« Und ernst werdend fügte er hinzu: »Ich bin der Nachfolger des Heiligen Petrus, das stimmt. Aber ich bin zugleich auch der Nachfolger des so oft und so weit im Dienste des Evangeliums reisenden Paulus.« Aber eine so hektische Expedition wie die nach Brasilien hat es noch nicht gegeben. Zeitweilig schien es, als sei unser Papst im Besitz vertraulicher Informationen aus absolut sicherer Quelle, das Ende der Welt fiele in die Zeit seines Pontifikats. (Wobei mir fernliegt, hier die absurde Prophezeiung zu zitieren, die Pater Pio zugeschrieben wird.) Ohne Flugzeuge, die durch die Atmosphäre flitzen, und ohne Fernsehen – sagen wir's ruhig noch einmal – wäre auch diese Reise nur schwer zu realisieren. Weiter. Schneller. Höher. Mehr. Wir leben in einer Epoche des Gigantismus, der Rekorde, des Glaubens an Zahl und Menge. Zwar gibt es auf der Welt noch immer mehr Bäume als Menschen, aber das ist nur noch eine Frage der Zeit. Morgen schon kann es anders sein. Breit ausufernde Ströme, Meere, Ozeane menschlicher Köpfe. Unser übervölkerter Planet ächzt in allen Fugen. Nur noch wenige Generationen, und wir ersticken im großen Gedränge. Höchstwahrscheinlich werden wir in der Menge zu Tode getrampelt. Oder wir verhungern aus Mangel an Plankton. Sollten wir da nicht jetzt, angesichts der zu erwartenden demographischen Explosion – ob wohl der homo sapiens auch ohne Schaden klug wird? –, über den antihumanitären Aspekt der ungezügelten Fortpflanzungsfähigkeit der Gattung Mensch nachdenken? »Die Welt ist ein Bild der Vernichtung, jeden Tag sterben darauf zwölftausend Menschen an Hunger«, steht im Bericht der FAO zu lesen. Ein Bekannter, den ich schätze, der Nobelpreisträger Heinrich Böll, sagte unlängst:

»Gewiß, es gibt ein wichtiges Thema, über das ich mit dem Papst gern ein längeres Gespräch führen würde!«

Es blieb im übrigen nicht unbemerkt, daß der Papst in dem Land mit der höchsten natürlichen Zuwachsrate *ein* Problem nicht berührt hat, das ihn seit langem lebhaft beschäftigt: die Geburtenkontrolle.

Der Papst verliert seine gute Laune nicht, wenn man ihm unbequeme Fragen stellt. Er hört gern zu. Zu einem Schriftsteller, der sich seit Jahren mit »Wojtyliana« befaßt und ein biographisches Werk vorbereitet, sagte er kürzlich, über Johannes Paul II. sollte man auf keinen Fall kniend schreiben, denn solche Körperhaltung sei unbequem.

Schon die Aufzählung der Städte entlang der päpstlichen Reiseroute gibt einen Begriff von ihrer geographischen Reichweite: die Landeshauptstadt Brasilia, dann Belo Horizonte, Rio de Janeiro, S'ao Paulo, Aparecida, Porto Alegre, Curitiba, Sao Salvador do Bahia, Recife, Teresina, Bélem do Pará, Fortaleza und Manaus. Allenfalls eine Missionsreise in die Sowjetunion könnte mit dieser emsigen Bewältigung gewaltiger Entfernungen konkurrieren. So viele tausende von Kilometern in nur zwölf Tagen! Der Romantitel

von Jules Verne drängt sich auf. Nur benötigte sein Held, der ganz gewiß ein Phlegmatiker war, 80 Tage. Und dabei muß man noch den ermüdenden Anflug von Rom nach Brasilia hinzurechnen, ebenso den Rückflug von Manaus nach Rom. Ein riesiges Land, in das die Bundesrepublik 64 mal hineinpaßt. Vier Jahreszeiten, zwei unterschiedliche Klimata in so kurzer Zeit! Durchdringende Kälte in Curitiba. Wolkenbruch in São Paulo. Tropische Hitze in Manaus. Sauna im Quadrat. Dutzende von umfangreichen Predigten und Ansprachen. Mehr als ein Dutzend Feldgottesdienste und Messen. Millionen Gesichter unter geschlossenen Lidern. Das unaufhörliche Geschrei der Menge im Ohr. Mangelnder Schlaf, kein Ausruhen. Scheinwerfer, Jupiterlampen, Kameras, Objektive – das Fernsehen, oder: the big sister is watching you! – lassen keine Sekunde ab vom Antlitz des Papstes. Noch im Traum leuchtet das Argusauge in der Finsternis.
Der Pazifist und Physiker Professor José Goldenberg aus Rio, der den Papst wegen seines Auftretens gegen das atomare Wettrüsten lobt, greift sich an den Kopf:
»Wo nimmt dieser Marathonkämpfer in der weißen Soutane die Kraft her? Ich an seiner Stelle wäre längst in Ohnmacht gefallen bei dem Versuch, mich tagtäglich durch Millionen jubelnder Menschen hindurchzuarbeiten. Oder stecken in ihm am Ende übernatürliche Kräfte?«
Vor mir liegt ein Telegramm des Redakteurs der Londoner Zeitschrift: »Zögern Sie nicht mit der Übermittlung Ihrer Eindrücke!« Tatsächlich ist eine Menge Wasser den Amazonas und den Tiber hinabgeflossen seit unserer Rückkehr, der Landung der päpstlichen Maschine auf dem römischen Flughafen, seit dem Abschiedsgespräch mit dem Papst zwischen den Sitzreihen, über denen ungeduldig das rote »fasten your belts!« flimmerte, während sich der unermüdliche Pilger herzlich bei uns für die Mühen bedankte (diese Reise

war im Hinblick auf die geradezu katastrophale Organisation die beschwerlichste von allen) – und mir fehlt noch immer die Kraft, zur Feder zu greifen, um meiner Chronistenpflicht zu genügen.

Und zwar keinesfalls, weil ich etwa »ausgebrannt« bin, weil ich zwölf Tage lang den Hörern in Polen, die nach Neuigkeiten über ihren Landsmann aus der Hauptstadt Petri dürsteten, mehr als 270 Minuten Reportagen »live« übermittelt habe. Was mir Entsetzen einflößt, ist ganz einfach die riesige Menge an Material. Wie soll man das alles in einem Kapitel unterbringen? Schließlich handelt es sich um Stoff für ein mehrbändiges Werk. Was soll man auswählen? Was weglassen? Wie findet man die Nadel im Heuhaufen? Ich komme mir vor wie der Bub in der Parabel, dem man rät, mit dem Teelöffel den Ozean auszuschöpfen.

Eine freundliche Empfehlung dringt an mein Ohr: man solle über die Reisen des Papstes im Flüsterton schreiben, ohne die Stimmbänder zu strapazieren. Ein kühler Kopf aus Frankfurt zum Beispiel schüttelt sich bei der Lektüre meiner Korrespondentenberichte aus São Paulo: »Personenkult. Blinder Enthusiasmus«. Aber ist ein polnischer Chronist überhaupt imstande, angelsächsische Kühle vorzutäuschen, wenn er beispielsweise hören muß, wie tausende von freudetrunkenen Brasilianern – jedenfalls laut bischöflicher Ankündigung – »das neue polnische Kirchenlied« »Gorale, tut's dir nicht leid?« singen; wenn minderjährige Mulatten unter dem Transparent »Wir bitten dich, hab uns lieb, hier wir sind!« (wer hat ihnen nur diesen Text aufgesetzt?) das weihevolle Kirchenlied »Gaude Mater Polonia« im feurigen Samba-Rhythmus abziehen; wenn die Menge in Fortaleza »Częstochowa, Wa-do-wi-ce, Czę-sto-cho-wa!« skandiert; und wenn unter den Palmen in Salvador vor dem Bildnis »Nossa Senhora dos Montes Claros« auf Portugiesisch »Gott, der Du Polen...« ertönt, »Que Deus proteja a Polônia«? Hier spielen halbnackte Indios das berühmte Trompetensignal der Krakauer Marienkirche, wobei ihnen der Schweiß von den mit Papageienfedern geschmückten Stirnen fließt, dort wiederum malträtiert ein Blasorchester, bestehend aus höchst attraktiven Mulatten-Nonnen – sie schauen nicht, sie feuern ganze Salven aus ihren Glutaugen – die polnische Nationalhymne. Und jener alte Neger mit den silbernen Koteletten, der sich so prächtig am Ufer des Flusses präsentiert, aus dem von Zeit zu Zeit das anmutige Profil eines Krokodils auftaucht! In Krakauer Volkstracht, versteht sich, mit einer Pfauenfeder an der »Rogatywka«, so gewaltig, daß sie mit Leichtigkeit das Dach einer sangestrunkenen Bauernkate leerfegen könnte.

Der deutsche Reporter bemerkt bissig: »Seinen Polen hat der Papst in Curitiba volle fünf Stunden gewidmet. Für die übrigen Volks-Gruppen im Stadion hat dann irgendwie die Zeit gefehlt. Sie begrüßte er erst tags darauf, beim Feldgottesdienst.«

Konnte der Papst aus Wadowice anders, als in dieser Stadt, die auf polnischen Bauernknochen erbaut ist, Brasilianern polnischer Herkunft den Vorrang zu geben? Hätte er sie nicht gebührend gewürdigt, die polnischen Tränen und Schweißtropfen, die diesen Boden getränkt haben, es wäre eine Brüskierung sondergleichen gewesen, nicht nur der Redaktion des »Lud« und der gebetstrunkenen Nachfahren in ihren Soutanen. Es hätte auch eine Verfälschung der historischen Wahrheit dargestellt, für die selbst jene Goralenhütte Zeugnis ablegt, die schon vor Generationen im gerodeten Dschungel erbaut wurde und die man heute gleich der Arche Noah ins Stadion transportiert hat, das in polnischen Liedern schwelgt. Auf der Schwelle besagter Hütte, über deren vom Alter gespaltene Balken der Papst voller Rührung mit der Hand fährt, steht die Holzstatue des »Emigranten-Christus«: ein Wanderer mit Holzstab und Bündel. Er steht

da, als sähe er sich um. Man sieht: seine halbe Seele hat er hinter dem Ozean zurückgelassen.
Auch hier muß ich dauernd an Heine denken: »Mitnehmen kann man das Vaterland an den Sohlen, an den Füßen.«
Ein Amerikaner wundert sich:
»Es ist interessant zu beobachten: wo immer der Papst erscheint, ertönen spontan Hochrufe auf seine Heimat.«
Tatsächlich wurde, wenn italienische Päpste fremde Länder besuchten, nur selten zu Ehren Italiens Vivat gerufen. Ganz offensichtlich ist Karol Wojtyla das »Polen an sich«. Der ehemalige Krakauer Erzbischof hat sein Land, seit er Papst wurde, nie vergessen. Die katholische Welt duldet diese Haltung nicht nur, sie sieht in ihr vielmehr eine Manifestation der in unserer Zeit, die unter dem Zeichen der verlorenen Identität steht, so notwendigen »Treue sich selbst gegenüber«. Woraus mitnichten folgt, daß Johannes Paul II. die Absicht hätte, die Kirche mit einem »polnischen Modell« zu beglücken. Es irrt jener Hamburger Kritiker, der ironisch schreibt, »am polnischen Wesen solle die Welt genesen«.
»Selbst wenn der gegenwärtige Bischof Roms tatsächlich die Polen favorisieren würde, was er nicht tut, und wenn er eine Polonisierung des Vatikans beabsichtigte, wonach es nicht aussieht, so könnte er damit nicht ein Zehntel jener Schulden abzahlen, welche das Papsttum im Laufe der Jahrhunderte bei dem östlichen Vorposten des Christentums gemacht hat.«
Oder hat jener Prälat recht, der korrigierend meint:
»Wir haben, historisch gesehen, nicht für den Westen optiert, sondern für unser ›Sein oder Nichtsein‹.«
Hier darf ich die Uhr um einige Tage zurückstellen. Auf seinem Flug nach Brasilien, zwischen Dakar und Recife, spricht der Papst das Angelus-Gebet. Anschließend läßt er sich auf ein ungezwungenes Gespräch mit seinen Reisegenossen ein. Ich weiß, daß er vor Jahren an die Redaktion des

»Tygodnik Powszechny« in Krakau ein Fragment seines Bühnenstückes über »Bruder Albert« geschickt hat, den Freiheitskämpfer und Maler, den guten Geist der Münchner Bohème und »Schönsten Menschen der Generation« unserer Eltern. Also stelle ich die Frage, wie es um die Seligsprechung dieses außergewöhnlichen Landsmannes steht, und ob wir diese Genugtuung noch erleben werden.

»Tagtäglich bete ich, daß er auf die Altäre gelangt«, drückt er mir, sichtbar erfreut über meine Frage, kräftig den Arm, schließlich ist es *»sein* Kandidat«, »wenn wir uns alle darum bemühen, wird uns der Himmel helfen«!

»Stimmt es«, fragt ein Amerikaner aus Boston, »daß Seine Heiligkeit ein Gegner der ›Theologie der Befreiung‹ ist?«

»Ich habe schon vieles zu diesem Thema gesagt«, antwortet der Papst. »Nicht alle zitieren mich korrekt. Aber ich glaube, daß es nach der Konferenz von Puebla Zeit ist für den nächsten Schritt...«

»Nach links oder nach rechts?«

»Nach vorne!«

»Dürfen die Päpste fortschrittlich sein?«

»Es ist leicht, jemanden als ›ewig Gestrigen‹ zu bezeichnen, der ein Unternehmen leitet, das immerhin zweitausend Jahre alt ist!«

»Ob Sua Santitá einen ›ghost-writer‹ hat?«

»Höchstens einen ›Holy-ghost-writer‹!«

Das gleichmäßige Rauschen der Triebwerke ist zwar ein hervorragendes Schlafmittel für alle, die an Schlaflosigkeit leiden, aber nach mehreren Tassen Kaffee ist an Einschlafen nicht zu denken. Ein junger brasilianischer Pfarrer, einer der schönsten Männer, die ich in meinem Leben gesehen habe – noch bis vor wenigen Jahren Chansonsänger in Rio und Star des dortigen Fernsehens – stellt seine Gelehrsamkeit nicht unter den Scheffel:

»Es ist keine leichte Aufgabe, die Papst Wojtyla erwartet in einem Land, von dem jemand zutreffend schrieb, es beherberge einhundertzehn Millionen Heiden römisch-katholischer Konfession. Es ist an der Zeit, daß wir aufs neue getauft werden. Wir sind, ganz wie im 16. Jahrhundert, nach wie vor ein Magnet, der Missionare anzieht. Eine Zeitlang unterstanden unsere Fratres Funchal auf Madeira. Der europäische Katholizismus hat hier ganz verschiedene Gesichter.«

»Miss Boston« klaubt sich mit ihrem rotlackierten Fingernagel den Kaugummi aus den Zähnen – ein Zeichen, daß sie schlafen möchte. Der Brasilianer fährt fort:

»Der brasilianische Kontinent und das Werk der Fremden aus Übersee, die auf unserem Gebiet arbeiten, bilden eine sehr komplexe Situation. Klar, daß es keine Analogie zur Lage in der Dritten Welt gibt, und ganz sicher keine zu Afrika. Die Rolle, die die weißen Missionare einstmals im Kongo spielten – König Leopold II. hatte ihnen die Zivilisierung seiner überseeischen Besitzungen anvertraut –, ist in der historischen Rumpelkammer verschwunden. Ein für alle Mal! Und obwohl antiklerikale Kreise in Brüssel und Paris die Missionen beschuldigten, mit der Kolonialregierung organische Bindungen eingegangen zu sein und der Meinung waren, die Verpflanzung des europäischen Christentums hätte das Kolonialsystem untermauert, statt es umzuformen, fehlt es nicht an Beispielen, daß es auch anders gewesen ist. Die Christianisierung Lateinamerikas – diese Tatsache läßt sich aus dem kollektiven Gedächtnis, aus unserem Unterbewußtsein nicht ausradieren – verlief gewiß nicht so idyllisch, wie es uns heute, nach vier Jahrhunderten, die Prediger in Belo Horizonte oder Aparecida mit honigsüßem Tenor weißmachen wollen. Wenn ich mir den mit Zuckerguß überzogenen Lebenslauf des Jesuiten José de Anchieta von den Kanarischen Inseln anhöre, des ›Apostels Brasiliens‹, den man noch rasch vor der Ankunft des Papstes

seligsprach, dann überlege ich mir, ob dieser so eifrige Pionier und Missionar (er bekehrte zwei Millionen Indios!), der Autor einer allgemeinen Grammatik und des Katechismus, das Symbol einer Epoche, die hundertfach verklungen und vergessen ist, tatsächlich imstande wäre, die Phantasie der modernen brasilianischen Jugend zu beflügeln.«
»Darling, versündige dich nicht«, ächzt die Amerikanerin im Schlaf. Er aber murmelt weiter vor sich hin:
»Wenn ich mir all diese blumigen Reden anhöre, dann vermisse ich in ihnen den selbstkritischen Akzent. So, als wären die Worte ›mea culpa‹ niemals aus dem Herzen des Evangeliums hervorgegangen. Die Kirche in Brasilien hat erst vor kurzem aufgehört, Komplize der Mächtigen dieser Welt zu sein. Vieles wäre zu diesem Thema zu sagen. Empfindsamkeit gegenüber sozialem Unrecht hat in so manchen Bischofsresidenzen einen recht kurzen Stammbaum. ›Wir bitten um Vergebung‹, ›Vergib uns Sündern!‹ – nach solchen Worten dürsten wir, nicht nach Lobhudeleien.«
Da liegt sie, eine der schönsten Städte der Welt. »Rio heißt diese Kneipe«, sangen wir einst in der Oberprima. In dem Land mit dem Negativrekord an Priesterberufungen, im größten Fußballstadion der Welt, Maracana, vor den Augen von 180000 Jugendlichen – ob sie dieses Beispiel wohl ermuntern wird? – segnet der Papst 47 Kleriker ein. Sie kommen aus 32 Diözesen. Unter den Auserwählten – wieviele Priester auf der Welt können sich rühmen, vom Papst persönlich konsekriert worden zu sein – ? – sind zahlreiche Brasilianer slawischer Herkunft. Zum Beispiel ein Jüngling mit dem verpflichtenden Vornamen Spinoza Dudek aus Aparecida, dem »brasilianischen Tschenstochau«, regiert vom Redemptoristen, versehen mit einer ebenso gigantischen wie häßlichen Basilika. Der Mulatte im Meßhemd verrät uns vor dem Gang zum Feldaltar, die Berufung zum Priesterstand sei über ihn gekommen, während er in Sao

Paulo die Predigt von Pastor Billy Graham anhörte. Somit gilt: der Geist weht, wo er will.
Als wenn ihm das Bonmot: »Gott ist nicht tot – er ist nur beim ›Wort zum Sonntag‹ eingeschlafen«, bekannt wäre, meidet der Papst jede hohle Rhetorik, er zieht den Plauderton vor.
Auf der riesigen Leuchttafel, die gewöhnlich über eben geschossene Fußballtore informiert, erstrahlt die Inschrift: Un atleta de Deus! Ein Schwarm von Reportern kommentiert mit wahrhaft brasilianischem Temperament das Pontifikalhochamt, und zwar mit einer Erregung, als spielte sich unten auf dem Rasen das Endspiel der Fußballweltmeisterschaft ab. Ich komme mir neben ihnen wie ein Stotterer vor. Ganz offensichtlich haben die hiesigen Sender nichts übrig für Berichterstatter, die nach Worten suchen. Sie ziehen Wortschleudern vor, die mit Leichtigkeit hunderte von Worten in der Minute von sich geben können. So wandelt sich kaum Quantität in Qualität. Ich habe mir schon seit langem abgewöhnt, die Geniestreiche meiner Journalistenkollegen zu ironisieren. Darum wundert es mich auch nicht, daß ein vis á vis von mir postiertes lebendes Schnellsprech-Gerät in seinen Bericht von Zeit zu Zeit die Lobpreisung irgendeines Toilettenwassers einflicht. Wir wissen, aus welchem Lande das kommt. Auf dem Bildschirm sagt die Mammi zärtlich zum Baby: »Wenn ich dich nicht mit Babylux pudere, hat dich der Papst nicht lieb!« Einer der Kameraleute im Maracana-Stadion rückt das Podium mit dem soeben sprechenden Papst grundsätzlich so ins Bild, daß Millionen von Fernsehzuschauern die Inschriften »Gilette Afra« und »Jeans Cukier« betrachten können.
Eine bildschöne Schauspielerin in Rio bewirft den Papst auf kokette Weise mit Blütenblättern stark duftender exotischer Blumen. »Warum tun Sie das?« frage ich die preisgekrönte Schönheit.

»Weil seine Menschlichkeit ›just phantastic‹ ist. Ein Papst mit menschlichem Gesicht!«
Seit wann wird ein servus servorum wegen seiner Menschlichkeit gelobt? Wer lobt den Musiker wegen seiner Musikalität? Das will ich eben sagen, aber im letzten Augenblick fällt mir die Geschichte des Papsttums ein.
In einem Devotionalen-Laden in Belo Horizonte, einer Stadt von der Größe Lodz', doch von geradezu toskanischer Schönheit, kaufe ich einige comic-strips über den Papst. Karol Wojtyla, der auf diesen Bildchen nicht immer Ähnlichkeit mit sich selbst hat und sowohl in einem phantastischen Astronautenanzug als auch mit der polnischen Vierkantmütze, der sog. »Rogatywka« mit dem Adler überm Schild zu sehen ist, agiert als hervorragender Schwimmer, Alpinist, Radrennfahrer, Ruderer, Sänger, Schauspieler und Schütze. Seine buntfarbigen Abenteuer im Untergrund, unter deutscher Besetzung und später, in den Jahren des Stalinismus erinnern an James Bond-Filme. Ähnlich wie in Mexiko kann man auch hier die Porträts hausbackener Maler bewundern, auf denen »Ioáo de Deus« einen Heiligenschein trägt. Ein »halo« als Kopfbedeckung, das ist nicht neu. Man sollte kein Aufhebens davon machen. Jeder darf seine private Heiligsprechung veranstalten. Ich selbst habe schon Heiligenscheine über den Köpfen Napoleons, Towianskis und Evita Perons gesehen.
»Andere proklamieren Gleichheit, er hingegen sieht in jedem den Menschenbruder. Auf Wojtyla kann man sich verlassen«, sagt ein Journalist aus Washington. »Was er gelobt, das hält er. Als er als Kardinal in Amerika weilte, bat ihn Präsident Ford zum Tee ins Weiße Haus. Wojtyla dankte für die Ehre, lehnte jedoch höflich ab – er hatte zuvor eine andere Einladung angenommen und wollte seine Gastgeber nicht enttäuschen.«
Der Papst als Idol der Sportstadien. Das hat es in der Ge-

schichte des Papsttums noch nicht gegeben. Nicht nur im New Yorker Madison Square Garden und im Pariser Parc-des-Princes, auch in Rio und Fortaleza reißt er die Jugend mit. »Ein Karneval Jesu« – schreiben die Zeitungen. Gänzlich andere Stimmung herrscht in der Morumbi-Arena in der Metropole der Kontraste – in São Paulo. Die religiöse Manifestation wandelt sich rasch in ein großes Arbeitertreffen, in eine politische Demonstration zugunsten von Menschenrecht und Bürgerfreiheit. Die Menge skandiert: »Liberdade! Liberdade!« Hier an dieser Stelle spielten sich vor drei Monaten Streiks ab, die von der Regierung für illegal erklärt wurden. Man jagte und verfolgte die »Rädelsführer«, denen Kardinal Arns in der örtlichen Kirche Schutz gewährt hatte. Kälte, schreckliche Regengüsse. Das politische Barometer jedoch kündigt Gewitter an. Schon im Umkreis von sieben Kilometern haben Polizei und Militär einen dreifachen Verteidigungsring ums Stadion gelegt. Hubschrauber patrouillieren über der gigantischen Betonschüssel. Flugblätter regnen von den Galerien. Ich greife etwas aus der Luft: ein offener Brief an »Companheiro Joan Paulo, operario de Christo«, an den Genossen Papst, den Arbeiter Christi. Anhänger der Tupamaros, die aus Uruguay geflüchtet sind, bitten Johannes Paul II., sich an die Spitze der Revolution in Südamerika zu stellen. Ein Mädchen mit Hornbrille überreicht mir eine Broschüre mit dem Roten Stern auf dem Umschlag. Ich werde sie wohl kaum zu Ende lesen, weil schon das erste Kapitel mit der Warnung beginnt: »Arbeiter, laßt euch vom Papst des Kalten Krieges nicht den Kopf verdrehen. Die Kirche wird euch auch diesmal an die internationalen Konzerne verschachern!«

Im kleinen, schwarzen offenen Auto, nicht im Fond des schmucken »papamovel«, im »Ausgehanzug«, nicht im liturgischen Gewand, so fährt der Papst unter einem Regenschirm in die Aschenbahn des Stadions ein. Ein Orkan an

Enthusiasmus bricht los. Siebenundzwanzig Minuten – ich habe auf die Uhr geschaut – dauern die Ovationen, ehe die Massen den Papst zu Wort kommen lassen. Waldo Rossi, der aus der Haft entlassene Arbeiterfunktionär, verkürzt seine Ansprache auf Wunsch des Erzbischofs (»mit Rücksicht auf die späte Stunde«) auf wenige Minuten, aber selbst das wenige, was er klagend vorbringt, berührt den Gast aus Rom aufs tiefste. Der vollständige Text dieser Anklageschrift wird an die Menge verteilt – ich finde ihn, oh Wunder, anderntags in der örtlichen Presse wieder. Es erscheinen in ihr auch Karikaturen, auf denen der Papst den Präsidenten der Republik am Ohrwaschl zupft und mit seinem Pastorale nach den Generälen ausholt.

Als Johannes Paul II. den verfolgten Gewerkschaftler an seine Brust drückt, stimmt das gesamte Stadion das Arbeiterlied an, einen Appell zum Kampf gegen Unterdrückung und Ausbeutung. Die Flamme der Marseillaise schlägt zum Himmel empor. (Im selben Augenblick, dessen bin ich sicher, springt der Funke aus São Paulo nach Danzig über.)

»Das Lied, das Sie hören«, sagt mir eine junge Brasilianerin, singen wir in der Öffentlichkeit zum erstenmal seit sechs Jahren. Es ist verboten, weil es das Volk zur Machtübernahme auffordert. Mein Bruder erhielt sechs Monate Gefängnis, weil er dieses Lied in einer Automobilfabrik gesungen hat.

Als auf der Bühne die erst unlängst freigelassenen politischen Häftlinge erscheinen, werfen sich ihnen die Menschen an den Hals, küssen sie, schleudern sie hoch in die Luft, und zweihunderttausend Münder rufen rhythmisch:

»Freiheit! Freiheit!«

»Da können Sie sehen, was ein einziger Pole aus Wadowice in diesem Land anrichten kann!« sagt ein polnischer Missionar mit bebenden Schultern. »Das ist nicht nur ein Papst, lieber Herr, das ist unser Freiheitsheld Kosciuszko!«

Wie ich erfahre, ging der Ankunft des Papstes eine »Amnestie auf Probe« voraus. Man entließ Häftlinge über 50, gewöhnliche Verbrecher, versteht sich, denn andere gibt es nicht. (Woher kennen wir das alles nur?) Die neben mir sitzende Lehrerin klagt über die »weiße Mafia«, über Ärzte, die das Volk der Armen erbarmungslos der letzten Groschen berauben.

»Mein Mann fällt unter die Amnestie, aber zur Wiedererlangung der Freiheit benötigt er eine ärztliche Bescheinigung. In seinem Straflager gibt es keinen Gefängnisarzt. Wir waren gezwungen, eine hohe Summe aufzubringen, um einen Arzt in der Stadt bezahlen zu können. Wer kein Geld hat, sitzt weiter.«

»Jornal do Brasil« schreibt, der »Arbeiterpapst« habe mit Beunruhigung auf die Nachricht von der Streikwelle »in seiner sozialistischen Heimat« reagiert.

Der Papst – als Anwalt der Entrechteten und Benachteiligten.

»Bravo!« ruft der junge Brasilianer im Priesterrock erfreut. »Endlich haben wir eine Kirche mit menschlichem Antlitz, eine Kirche, die sich ihrer urchristlichen Herkunft erinnert.«

Es gibt Kabinettsmitglieder, denen das Hinabsteigen des Papstes in die Höllengefilde von Algados bei Salvador gar nicht gefallen hat: in jene Hölle, wo das menschliche Elend, dieses sich im Dreck windende zweibeinige Gewürm, auf Pfählen siedelt, die vom gelblichen, übelriechenden Wasser der Lagune umspült werden – dorthin, wo er den Unglückseligen über Lautsprecher Mut zusprechen wollte und wo die technische Installation auf geheimnisvolle Weise versagte. Was er dort zu sehen bekam, veranlaßte den Papst, nicht per Limousine oder Helikopter in die Stadt zurückzukehren, sondern mit dem gewöhnlichen Autobus.

Mitten aus dem Morast, über den man auf die Schnelle ein

paar Schaufeln Kies geschüttet hat, dringen Worte voller Bitternis an mein Ohr:
»Wir haben hier nur ein einziges gemauertes Gebäude – es wurde kurz vor der Ankunft des Papstes eilig errichtet. Paradoxerweise ist es eine Kapelle, die der ›Mutter der Bettler‹ geweiht ist. Ebenso paradox ist, daß es in unserem Lande eine von Bettlern umlagerte Kirche gibt, mit einem in purem Gold gegossenen heiligen Franziskus von Assisi, dem Habenichts Gottes, den nun schwer bewaffnete Soldaten bewachen.« Elend und verschiedene Krankheiten haben bewirkt, daß die Pfahlbautenbewohner in einer Art Betäubung dahinvegetieren. Vor einer Woche fiel ein Kind ins Wasser und konnte nicht mehr rechtzeitig dem Maul eines Krokodils entrissen werden. Statt zu verzweifeln, zuckte die Mutter die Achseln: »Ich hab' noch sechs andere!«

Karol Wojtyla ist Optimist, nicht nur mit Rücksicht auf sein hohes Amt. Uns hingegen kommen die Worte des Warschauer Philosophen in den Sinn: »Wir wissen nicht, ob sich die Geschichte zu sozialen Formen hin entwickelt, in denen es sich lohnt, zu leben. Kann sein, kann auch nicht sein.«
Der »Brigadeiro« in der Hauptstadt ist der Meinung, der Papst vergeude mit dem Besuch der Slums nur seine Zeit. Die »Favelas«, meint er, seien keine Erfindung der Brasilianer – es gäbe sie auch in Rom und... in Krakau. »Governador« Chagas Freitas bringt zunächst seine Sorge um die materielle Zukunft dieses Teils der Bevölkerung zum Ausdruck, die »an der Peripherie der dynamischen Entwicklung unseres Landes verharrt«, meint aber dann, »man solle den Besuch des Papstes nicht für Zwecke mißbrauchen, die außerhalb des Religiösen liegen. Es wäre schlimm, wenn der Papst zur Schachfigur in den Händen wohlbekannter Kräfte würde.« Kardinal Eugénio Sales indessen ist der Meinung,

die Begegnung Johannes Pauls II. mit der Armenbevölkerung in den »favelas« sei der wesentlichste Programmpunkt der Pilgerreise.

»Zum ersten Mal hat es bei uns wirklich freie Wahlen gegeben«, scherzt jemand in der Menge voller Galgenhumor. »Das Elendsvolk in der Favela da Vigidal hatte für ihr Kirchlein gleich drei Namenspatrone zur Auswahl. Den ersten Platz errang der heilige Franziskus von Assisi, den zweiten der heilige Sebastian, den dritten der heilige Paulus.« Über den Bruchbuden, Lehmhütten und Erdhöhlen, in denen Kinder hausen – die schlimmsten, für das Auge beleidigendsten Auswüchse hat die Regierung beizeiten beseitigt, ein Drittel der Armen wurde evakuiert – flattert ein Transparent:

Te ama todo mundo!

Der Papst drückt die Hände von Gläubigen, die von der Polizei vorsorglich gesiebt wurden. Sie sehen einigermaßen passabel aus. Er streicht über die kleinen Köpfe der Kinder, die geschickt unter den Absperrleinen hindurchgeschlüpft sind. Er weiß, was er von alledem zu halten hat. Traurig betrachtet er die Landschaft, die so stark mit dem greifbar nahen blitzenden Luxus kontrastiert. Irgendwann streift er mit einer Reflexbewegung den Ring vom Finger, den ihm Paul VI. während der Konsistoriumszeremonie im Jahre 1967 geschenkt hat – so, als würde ihm das Gold die Hand verbrennen – und händigt ihn als Geschenk dem Vertreter der *favela* aus. Zum Zeichen seiner Solidarität mit jenen, die auf der abgewandten Seite des Mondes dahinvegetieren. Tags darauf lese ich, die Gemeinschaft der Favela Vidigal hat eine Sammlung zugunsten der Armen... Roms durchgeführt. Merkwürdiger Einfall.

Der offizielle Fremdenführer erklärt uns wie Kindern im Kindergarten, die soziale Realität sei zuweilen viel komplizierter, als es den Anschein habe: »Es ist das Klima einer allgemeinen Trägheit, die Leute wollen einfach nicht arbeiten, sie geben sich mit einer Handvoll Bohnen zufrieden. Es ist sehr schwierig, diese Halbwilden gegen ihren Willen glücklich zu machen...« Wobei mir einfällt, was ein kluger Kopf zur Zeit der Leibeigenschaft geschrieben hat: Bauernfüße wären von Natur aus für das Tragen von Schuhwerk ungeeignet.

»Der selige José de Anchiete führt uns zum ewigen Heil!« sagt die Nonne, während sie eine Broschüre verteilt, die über die Verdienste des Missionars informiert. Das Bändchen schließt mit einem Appell an den Apostolischen Stuhl, er möge die Heiligsprechung des »Apostels Brasiliens« nicht hinausschieben. Obwohl gleich zwei Universitätsprofessoren als Autoren des Werkes zeichnen, erinnert mich die Lektüre an die Worte Leon Boys: »Man muß schon wirklich die Heiligen sehr lieben, um solch mittelmäßige Ware der Heiligenliteratur verdauen zu können.«

»Was immer man über Brasilien sagt, ist wahr oder auch nicht«, bemerkt philosophisch der Literat Feldhuzen, ein authentischer Kenner des Landes, seit langem in Rio ansässig. »Man hüte sich vor voreiligen Verallgemeinerungen.« Wen meinst du damit, lieber Freund? Ein Journalist mit ausgewogenem Urteil, das ist ein Widerspruch in sich.

»Das Paradies auf Erden«, beharrt ein Ukrainer.

»Das Staatswappen trägt das Motto: ›Ordnung und Fortschritt‹. Wir haben beides. Lassen Sie sich doch nicht von der bolschewistischen Propaganda hinters Licht führen. Die Meckerer träumen doch nur von Anarchie und Zerstörung.«

»Das stimmt, was mein Daddy sagt«, unterstreicht sein in Porto Alegre geborener Sohn. »Wer Brasilien haßt, haßt das Leben.«

Im schönen Salvador eröffnet mir ein Beamter von geradezu mephistophelischer Anmut, eine speziell befähigte Slawin,

die fließend russisch und polnisch spräche, würde mich in der Stadt herumführen. Wir suchen sie. Als wir einen Blick in die seit Menschengedenken nicht geputzte Hütte werfen, sucht die von meinem Mephisto hochgelobte Maid voller Panik das Weite. Der behende Prälat kann sie nicht einholen. Die Slawin verschwindet im Dickicht.
»Ich habe wohl keinen guten Eindruck auf sie gemacht«, spiele ich den Amüsierten. »Dieser Vorfall erinnert mich an jene Zeiten, da die Mütter ihre Töchter in den Keller sperrten, wenn wir durch die Straßen wandelten!«
»Sicher war das mit den Fremdsprachenkenntnissen purer Schwindel«, meint stirnrunzelnd der Beamte. »Das Governo do Estado, secretario de Communicao Social, wird diese bedauerliche Panne amtlich untersuchen!«
Ich hoffe, die Ärmste muß nicht ins Loch.
Ein Karussell von Episoden. Manche vergißt man nicht: Zum Gottesdienst in Curitiba erscheint die jüdische Kultusgemeinde mit der Fahne Israels und dem Gruß »Schalom dem Gerechten«. Das hat es noch nicht gegeben. Die Menge ruft: »Schalom! Schalom!« Schule in São Paulo. Der Papst betet mit den Kindern. Als er aufbrechen will, lassen ihn die Waisen nicht gehen. Sie hängen sich an seine Soutane, man muß sich nahezu mit Gewalt trennen.
»Wie haben Sie sich nur das Gründungsdatum von Porto Alegre merken können?« drückt mich der örtliche Fernsehreporter an seine Brust.
»Sehr einfach: 1772. Erste Teilung Polens.«
Die betagte »Oma Anna« – sie hat, wie sie behauptet, ihr hundertsiebentes Lebensjahr vollendet – möchte dem Papst einen »Krakowiak« vortanzen.
»Eine Angeberin!« warnt uns der Polizeiinspektor. »Genauso gerissen wie die Dutzende eingebildeter päpstlicher Cousinen. In Wirklichkeit ist sie nicht älter als 95!«
Am Morgen nach dem Papstbesuch in Salvador ist die wei-

ße Wand des Marienkirchleins mit Hahnenblut vollgespritzt.
»Dem Lieben Gott eine Kerze, den uralten Glaubensriten ein Kerzenstummel«, beginnt der Missionar, der hier sein halbes Leben verbracht hat, seinen Bericht von der heimlichen Rückversicherung der Eingeborenen.
Im Wartezimmer der Flugbasis Pinto Martius wird mir Angst gemacht, der Amazonas sei nicht Minas Gerais: niemals würde ich Anschluß an Europa finden. Nicht das Telefon, sondern Brieftauben halten die Verbindung zwischen dem Dschungel und der Außenwelt aufrecht. Falls sie nicht unterwegs vom zielsicheren Pfeil getroffen werden und in den Mägen der Eingeborenen landen. Auch auf die Flaschenpost sei kein Verlaß: die kräftige Flut drücke die Wasser des Amazonas vom Ozean her landeinwärts.
Einen feinen Beruf haben wir uns da ausgesucht.
»Mitten durchs Schneegestöber – reitet zum Dorf hin – ein Mann in Waffen, – unter dem Umhang – hält er etwas – sorgfältig verborgen.« So war's in den Dolomiten. Hier hingegen, am Äquator...
Ich kenne diese Art von Bittsteller. Blasse Wangen, blitzende Augen. Das zusammengerollte Memorandum im Ärmel. In der Halle des Hotels, das übrigens die hochtrabende Bezeichnung kaum verdient, entdeckt der kleine, nervöse Professor meine Armbinde mit der Aufschrift »Polonia« (ohne diese selbstverfertigte Rettungsweste wäre ich längst im Ozean ertrunken), und geht augenblicklich zur Attacke über!
»Ich habe drei wichtige Dinge, die ich mit dem Papst besprechen muß. Sie wollten mich nicht vorlassen, aber Sie, als sein Landsmann, werden mir bestimmt helfen. Zum ersten: der Papst muß an die brasilianischen Sportler appellieren, der Moskauer Olympiade fernzubleiben. Zum zweiten: die letzte Verlautbarung des Vatikans zum Thema Euthanasie

enthält eine unzulässige Simplifikation: man darf Mord, Tötung auf Verlangen und Schwangerschaftsunterbrechung nicht in einem Atemzug nennen. Zum dritten: Esperanto ist, wie Sie wissen, in Polen entstanden. Karol Wojtyla ist Pole, wieso hat er dann noch keine einzige Messe in Esperanto gehalten? Die Liga Brasileira de Esperanto, deren Sekretär ich bin, findet dafür keine Erklärung. Sollte mir der Papst die Ehre seiner Antwort erweisen wollen – hier meine Karte.«

Der jugendliche Dom Richardo aus Barrairas, Benediktiner aus Österreich und Sämann göttlichen Korns auf einem Gebiet, das größer ist als Österreich und die Schweiz zusammengenommen, freut sich beim Anblick des »Nachbarn aus Europa«. Er sehnt sich nach den Hügeln von Mariazell und erinnert uns daran, daß der Erzbischof von Krakau dort 1967 haltmachte, schon nach dem Konsistorium, auf seinem Wege zum Kahlenberg, dem Ort des polnischen Sieges. Davor hatte der unermüdliche Sammler von »polonica« Ossiach besucht (wo der Mörder des hl. Stanislaus seine Buße tat). Inmitten nächtlicher Stille, die vom Gekreisch exotischer Papageien unterbrochen wird, gedenken wir des Begräbnisses des vertriebenen Kardinals Mindszenty. Seine sterblichen Überreste sind in der Basilika, die vom geistigen Bündnis der beiden Völker unter dem Patronat der Madonna mit dem schönen Beinamen Magna Domina Hungarorum kündet. Darf man in einer Epoche, die von der Strategie Casarolis geprägt ist, davon träumen, daß der tragische Purpurträger seliggesprochen wird? Oder sein Leidensgenosse Kardinal Stepinac? Auch Kandidaten für die Seligsprechung müssen sich wohl nach den letzten Notierungen der politischen Börse richten.

»Noch ist an Wäldern kein Mangel«, meint der junge Brasilianer, »aber werfen Sie einmal einen Blick durchs Flugzeugfenster und schauen Sie sich die vielen selbstmörderischen

Schneisen an, die die technische Zivilisation, bewaffnet mit Bulldozzern und Baumfällmaschinen, in den Urwald geschlagen hat. Beraubt man unsere Landschaft der Bäume, so hat dies katastrophale Folgen für die ganze Welt!«
Eine altchristliche Grabinschrift aus der Zeit des heiligen Augustin kommt mir in den Sinn, die ich in Tunis entdeckte: »Hier ruht Fudion, der achtzig Jahre lang friedlich gelebt und viertausend Bäume gepflanzt hat.«
Heute ist es umgekehrt: man ehrt die Barbaren, die Bäume ausrotten.
Unweit von Belém, inmitten einer gespenstisch schönen Landschaft, legt der ermüdete Papst öfter als sonst das Tuch an die Augen. Wischt er den Schweiß von der Stirn oder die Tränen aus den Augen? In der Aussätzigenkolonie erfährt er mit Entsetzen, daß der gesunde Teil der Bevölkerung dieser Gegend von Zeit zu Zeit lautstark protestiert. Es empört sie der Umstand, daß die arm-, bein- und nasenlosen Patienten des Leprosoriums einmal täglich eine Gratis-Mahlzeit erhalten und sich ärztlicher Betreuung erfreuen dürfen: die Gesunden hassen die Leprakranken. Sie neiden ihnen die angeblichen Privilegien. Als er erfährt, daß diese menschlichen Wracks nicht selten von gesunden Indios angegriffen und verprügelt werden, sagt er erschrocken: »Was macht das Elend aus dem Menschen! Ich darf nicht weinen. Ein weinender Papst hilft niemandem. Wie kann aber ein Mensch den anderen Menschen trösten?« Die Leprakranken strekken die Hände mit den amputierten Fingern nach seiner weißen Soutane.
»Paul VI.«, seufzt der Papst, »hat die Priester ermahnt, sie sollten über die Hölle und den Teufel ohne jede Einschränkung und mit der ganzen notwendigen Strenge unterrichten.«
»Das Grab ist die Wiege der Götter«, hat Feuerbach geschrieben. »Ist der Mensch Mitschöpfer des Danteschen In-

fernos?« ergänzt, ebenfalls seufzend, eine weißhaarige Engländerin. »Lasset uns beten!« schließt der Papst, indem er entschlossen das Taschentuch von den Augen nimmt.
Zur allgemeinen Überraschung weigern sich die Indios aus dem Reservat, an der Folklore-Show teilzunehmen:
»Wir sind genauso Gastgeber des Papstes wie Präsident Figueiredo in der Hauptstadt«, erklärt ein störrischer Riese mit hahnenfederngeschmücktem Tschako.
»Ihm mutet keiner zu, vor dem Papst zu tanzen, obwohl er gesunde Beine hat. Warum müssen immer wir tanzen? Uns sind die Beine geschwollen vor Hunger.«
Schon wieder ist jemand im Gedränge erdrückt worden. Wer zählt die Niedergetrampelten in dieser Millionensintflut? Die Regierung verharmlost gewöhnlich die Zahlen. Und sie erwähnt die Opfer nur, wenn sie sich auf keine Weise verheimlichen lassen. Herzkranke »zählen nicht mit«. Wenn ich mitansehe, wie solch ein Menschlein, zertrampelt im menschlichen Sumpf, aus dem Gedränge geklaubt wird wie ein Insekt mit der Zoologenpinzette, und dies oft erst eine Viertelstunde nach dem Tode (wie ungeschickt sie sich anstellen, während sie den Leichnam über den Köpfen weiterreichen), fällt mir das erst unlängst im peruanischen Amazonasgebiet entdeckte Massengrab ein, wo die Toten einer neben dem anderen standen. Sie stützten sich gegenseitig, und das seit dreieinhalbtausend Jahren.
Während das weiß-gelbe »papamovel« auf seinem Wege vom Flughafen zur Innenstadt von Fortaleza einen Webteppich aus lebenden Blumen durchfährt (wieviele Stunden mühevoller Arbeit mögen im Blütenporträt Karol Wojtylas stecken, und in der Inschrift »Gott hat uns einen Polen geschickt!«), erklärt der volksbildungsbeflissene Beamte von der Presseabteilung, er sei alles andere als erbaut von den Reden des Papstes.
»Ich gehe nicht soweit, zu behaupten, er mißbrauche die

Gastfreundschaft oder mische sich in die inneren Angelegenheiten. Das darf er. Aber Fragen wie: Agrarreform, Einwanderungsbestimmungen für Saisonarbeiter, Beteiligung der Arbeiter an Unternehmergewinnen, Pionier-Kahlschläge im Innern des Dschungels, Berufsverbände und Anarcho-Syndikalismus?... Die hervorragendsten Experten des Landes zerbrechen sich darüber die Köpfe. Und zeugt es etwa von gutem Stil, wenn er sich unmittelbar nach dem Treffen mit dem Präsidenten der Republik in Brasilia ins Gefängnis von Papuda begibt? In Volkspolen hat der Papst die Gefängnisse nicht besucht.«

Johannes Paul II. wird wissen, wozu er hergekommen ist. Er beobachtet die Uhr der Geschichte sehr genau: es ist fünf vor zwölf. In der Basilika von Rio – mir gefällt dieses Dutzende von Stockwerken hohe Betonzelt mit den riesigen Bleiglasfenstern – kommt es zu einem Volksentscheid in Sachen Popularität. Vor dem Erscheinen des Papstes zum Kongreß der lateinamerikanischen Episkopate beklatschen der niedere Klerus und die Missionare frenetisch jene Kardinäle, die bei der Staatsregierung in Ungnade gefallen sind – während sich bei der Ankündigung von Seelenhirten, die nur allzugern bereit sind, dem Kaiser zu geben, was des Kaisers ist, Grabesstille ausbreitet.

In Recife küßt der Papst vor den Augen Hunderttausender den »roten Erzbischof«. Und er sagt zu seiner Umgebung in französischer Sprache:

»Mon cher frère Dom Halder, prélat des pauvres!«

Das leidenschaftliche Pernambuco skandiert:

»Al-der – Ca-ma-ra! Al-der – Ca-ma-ra!«

Die Jugend schreit:

»Den Kardinalshut für Camara!«

Mein Cicerone flüstert mir zu:

»In der heiligen Dreifaltigkeit, die Brasilien gern in Kuba verwandeln würde, ist Camara der Naive, Arns der Durchtriebene, und der als Papstkandidat gescheiterte Lorscheider, auch ein Deutscher, schlichtweg gefährlich.« Warum Dom Aloisio gefährlich ist, habe ich nicht mehr mitbekommen, weil in diesem Augenblick ein weiß-rotes Transparent meine Aufmerksamkeit erregt, dessen Text mir merkwürdig bekannt vorkommt:

»O montanés, nâo sentes pesar ao deixar sua regiâo? (Schon wieder: »Górale, tut's dir nicht leid?«)

Beim Anblick der in Purpur gekleideten Kardinäle, die einander von Zeit zu Zeit vor aller Augen theatralisch um den Hals fallen, murmelt ein Pfarrer, zugleich Antikleriker (auch solche gibt es!):

»Der Altherrenclub zelebriert sich gern selbst. Die kämen gut und gern auch ohne uns aus. Wir stören sie nur. Sie würden ihr Stück auch ohne Publikum spielen.«

Vor Beginn des eucharistischen Kongresses in Fortaleza haben Gruppen brasilianischer Priester Memoranden vorbereitet, die die wirtschaftliche und soziale Situation der Hunderttausende von Arbeitern zum Inhalt haben, die auf der Suche nach dem täglichen Brot unaufhörlich Brasilien durchstreifen. Eines der Dokumente, ein wahres Poem für Erwachsene, mit bitteren Tränen geschrieben, behauptet, es gäbe im Lande nur einen einzigen Lebensbereich, der tadellos organisiert sei: die Prostitution. Im flächenmäßig fünftgrößten Staat der Erde verbrauchen zehn Prozent der begüterten Einwohner mehr als die Hälfte des Volkseinkommens, während sich die vierzig Prozent der Unbegüterten mit ganzen sieben Prozent zufrieden geben. Nicht alle Statistiken sind vertrauenswürdig, aber selbst wenn nur ein Teil der aufgedeckten Fakten und veröffentlichten Diagnosen zutrifft, begreift man die wachsende Ungeduld der jungen Seelsorger.

Dom José Rodrigues, der im tropischen Grande Sertao im Nordosten des Landes einmal im Monat Gottesdienste und

Ausflüge für die »prostitutas« aus Juazeiro durchführt, wird von manchem Purpurträger schief angesehen. In den Lehmhütten und Baracken dieser »Frauenhölle« vegetieren einige tausend Zwangsmieterinnen der Sündenhäuser. Die Opfer der organisierten Sklaverei werden erbarmungslos ausgenutzt. Die örtliche Polizei ist bei den meisten Bordellen stiller Teilhaber. Die seelsorgerische Tätigkeit, die der mutige Dom José praktiziert, zieht Blitz und Donner auf sein Haupt: es grollt ihm nicht nur – wenn auch hauptsächlich – die Stammkundschaft, bestehend aus tausenden von Saisonarbeitern, die beim Bau der Staustufe in Sobradinho beschäftigt sind, sondern auch die Polizei, das Gros der Besitzer der sündigen Bruchbuden – und natürlich die empörten Moralisten in der Hauptstadt. Selbst die terrorisierten Opfer verbitten sich zuweilen die bischöflichen Samariterdienste. Wenn sich Dom José damit rechtfertigt, daß es Christus war, der sein Mitgefühl für die Sünderin Magdalena offen demonstrierte, antwortet die gespenstische Stadt Juazeiro mit höhnischem Gelächter.

»Wer schweigt, billigt«, sagt Bischof Adriano Hypolito aus Nova Iguacu. »Wir sind den Brüdern in Europa dankbar für die karitative Hilfe, die uns durch ›Misereor‹, ›Adveniat‹, ›Missio‹ und ›Brot für die Welt‹ reichlich zuteil wird. Aber wir erwarten von ihnen auch noch eine andere Art von Hilfe: die Regierungen der südamerikanischen Länder reagieren recht allergisch auf Kritik aus dem Ausland. Darum bitten wir auch, brandmarkt mit lauter Stimme soziales Unrecht, protestiert gegen die Verletzung von Menschenrechten.«

Aber nicht alle Priester sympathisieren mit den Verfechtern der Erneuerung. Der aus Litauen stammende Menceslau Valivkevicius sagt beim Gedenkgottesdienst für einen General, dessen Beichtvater er war, fortschrittliche Kreise des Katholizismus in São Paulo wollten eine »Diktatur der Kirche«

errichten. Sie möchten »den Klassenkampf vorantreiben, weil sie Christentum mit Kommunismus verwechseln.« Dem Erzbischof von São Paulo, Kardinal Paulo Evaristo Arns, will er gerne die Reisekosten nach Moskau bezahlen, damit er sich endlich an Ort und Stelle überzeuge, wohin die edlen Illusionen führen.

Der Papst ruft der Menge zu, nicht Gold, Kautschuk, Erdöl und Erz seien die Schätze des Kontinents, sondern der Mensch, der diesen Namen verdient – ich muß hierbei zwangsläufig an die Grenzen denken, die jedem derartigen Appell an das Gewissen und den guten Willen gesetzt sind. Ohne Zweifel stellt die moralische Autorität des Kirchenoberhauptes eine bedeutsame Kraft dar. Doch selbst wenn er über eine Exekutive im Weltmaßstab verfügen würde...

Und das Spiel der Interessen? Und die menschliche Natur? Auch wenn man sie mit der Heugabel vertreibt – sie kehren immer wieder zurück.

»Wir sind die Überlebenden vom Archipel Gulag!« rufen alte Männer und weisen auf ein Bildnis der Mutter Gottes von »Ostra Brama«: »Mit der ›Wilnianka‹ (›Wilnaerin‹) sind wir hergekommen!«

Unmittelbar neben ihrem Bild ist auf einer Fahne der heilige Kazimierz zu sehen, die Inschrift lautet: »Salve Papa – Lituania«. Wiederum daneben die Nossa Senhora de Nazare mit offenem Haar. Sie hat die Züge einer Fischersfrau und abgearbeitete Hände.

Es kommt ziemlich oft vor, daß der Papst auf den Text verzichtet, den er in Rom vorbereitet hat. Die Massen begrüßen jede improvisierte Aussage mit nicht endenwollendem Applaus und Hochrufen.

»Somos todos peregrinos! Wir sind alle Pilger!« ruft er und hebt die Hände in die Höhe.

Und Hunderttausende erwidern: »Amo te! Amo te!««

»Die Städte in diesem Lande wachsen«, ruft er, »aber wächst auch der Mensch in ihnen?«
»Hilf uns! Rette uns, Vater!« tönt das Lamento.
Man hat hunderte Tauben freigelassen. Einige, betäubt vom Geschrei, kreisen über dem Haupt des Papstes.
»Ein gutes Zeichen!« ereifert sich ein Reporter aus Montevideo. »Unsere Hoffnungen werden sich erfüllen! Dieser Papst hat für die Sache Gottes und der Menschen in wenigen Tagen mehr erreicht, als die patentierten Machthaber im Laufe vieler Jahre!«
Die Indios, die aus den Tiefen der Wälder gekommen sind, glauben, daß ihre Kinder städtischer Wohlstand erwartet, wenn das päpstliche Auge auf sie fällt. Man bekommt regelrecht Angst, wenn man sieht, was sich hier tut. Indio-Frauen rennen barfuß hinter dem Papstwagen her, die Säuglinge hoch über ihren Köpfen. Sie halten sie an den Füßen. Die Köpfchen der winzigen Wesen schlagen rhythmisch gegen mütterliche Rücken. Was, wenn sich das Marathon inmitten von Gedränge, Staub und unmenschlichem Lärm nachteilig auf die Gesundheit der Säuglinge auswirkt, die mehr Affen ähneln als Menschenwesen?
»Denen passiert nichts«, beruhigt mich ein Missionar. »Sie haben harte Schädel. Das sind keine Mohnblumen, sondern Kokosnüsse.«
»Unsere Spinnen sind sich meistens spinnefeind, manche Arten dezimieren sich gegenseitig«, informiert uns sein Freund, ein Insektenkenner. »Aber den Menschen geht es nicht besser. Nur der Stärkere überlebt.«
»In Europa hält man uns irrtümlicherweise für Satelliten der USA«, werden wir unterwegs belehrt. »Die Tage, da brasilianische Militärs als einzige Lateinamerikas an der Seite der Vereinigten Staaten an der Intervention in der Dominikanischen Republik im Jahre 1965 teilnahmen, sind vorbei. Die Politik der Öffnung, *apertura,* nach außen und nach innen,

macht Fortschritte. Wir sind die Großmacht von morgen. Trotz Widerstände aus Kreisen der Armee und der Sicherheitskräfte ist unser Präsident entschlossen, an dem Ziel der vorsichtigen Demokratisierung festzuhalten. Helfen Sie ihm, meine Damen und Herren!«
Der gastfreundliche Gouverneur des Staates Pará hat auf handgeschöpftem Bütten eine dreisprachige Erklärung an die Auslandspresse herausgegeben: er habe, entgegen den von gewissen Störenfrieden verbreiteten Gerüchten, alles auf dem Gebiet sozialer Fürsorge getan, was in seiner Macht steht, möglicherweise mehr als das. Er lädt zum Fischessen ein – der Fisch hat die Größe eines kleineren Paddelbootes. Er selbst erscheint gar nicht, sondern schickt seinen Sekretär, was uns nicht im geringsten stört. Da hat man in seinem langen Leben schon ganz andere Prestige-Schlappen hinnehmen müssen! Der Fisch, ein wahres Ausstellungsstück aus dem ichtyologischen Museum, bleibt mir sehr bald im Halse stecken, als ich rund um das Restaurant Dutzende hungriger, halbnackter Negerkinder entdecke, die nach Abfällen betteln. Kaum haben ein Kollege und ich klammheimlich einige Sandwiches hinausgetragen, fällt ein wutschnaubender Lulatsch mit drei Sternen auf den Achselstücken über uns her und schwenkt seinen behaarten Riesenfinger drohend vor unseren Nasenspitzen.
»Öffentliche Ruhestörung ist untersagt!« schreit er mit zorngeschwellten Halsadern. Es fehlt nicht viel, und der uniformierte Lackaffe explodiert mit einem Knall wie ein aufgestochener Luftballon.
»Jetzt sind es schon fünfzig! Gleich werden es fünfhundert sein! Und in einer Viertelstunde fünftausend!«
»Dieser Gorilla hat recht.« Die Worte des jungen brünetten Seelsorgers aus Bolivien wirken auf mich wie eine kalte Dusche. »Mit Gefühlsduselei, wie sie für halbvermoderte Liberale so typisch ist, läßt sich das Problem nicht lösen. Eine

laue Caritas ist nur dazu angetan, die unmenschliche Ordnung der Dinge zu fixieren.«
Wie ich höre, hat die Elite des Staates Pará mit Politik nicht viel im Sinn. Sie ist vollauf mit der Mehrung ihrer persönlichen Vermögen beschäftigt.
»He-he! Da hat ihnen unser Papst aber Pfeffer gegeben!« lacht zahnlückig der Siedler Petrek, aus Brześc gebürtig – heute Pedro de Breste. »Nicht alle hier lieben ihn. Mit den hohen Herrschaften hat er sich's verdorben. Wußten Sie, daß in unserem Städtchen jeder zweite Lokus die Aufschrift trägt: ›Uso exclusivo da diretoria!‹? Was, du bist kein Direktor? Dann mach gefälligst ins Gras!«
In der Vorstadt von Porto Allegre steht eine korpulente Dame und hält das Foto eines hübschen Mädchens in Händen. »Die ehemalige Miss Brasilia grüßt den Papst!«
Soll ich den manischen Küsse-Verteiler erwähnen, der »professionell« prominente Sänger, Mimen und Sportler abküßt? Es ist ihm tatsächlich gelungen, die Wachmannschaften zu täuschen und sich dem Papst der Länge nach zu Füßen zu werfen. Oder die Sache mit dem sowjetischen Staatszirkus, der sich entlang der Papst-Route aufbaute und Transparente zu Ehren des »römischen papa« präsentierte? »Die Moskauer Artisten grüßen den Rimsky Papa!«
Soviel Eindrücke! Der Schädel könnte einem zerspringen. Wie wunderschön wirkt das Amazonas-Delta aus der Vogelperspektive, mit seiner Breite von dreihundertdreißig Kilometern. In Belém picken exotische Vögel, von den Sirenen der Motorradeskorte aufgescheucht, mit ihren Schnäbeln gegen die Glaskabine des Papstwagens. Wenn ich richtig sehe, ist auch ein pfefferfressender Tukan mit Riesenschnabel dabei.
»In dieser gespenstischen Hitze«, heißt es gütig und schulterklopfend, »wird jede Taube zum Albatros und jede Feldmaus zum Tapir.«

In manchen Orten laufen auf Seitenwegen Langstreckenläufer neben der Papstkavalkade her – der Papst hebt anerkennend den Daumen, sooft einer der Ärmsten nach einem Dutzend Kilometer in dieser glühendsten aller Saunas zurückfällt – anderswo sausen Hunderte von Radfahrern mit bunten Flaggen nebenher, dann wieder – galoppierende Gauchos und Amazonen – lassen auf prächtigen Gäulen ihre Lassos über den Köpfen wirbeln. Zum Entsetzen von Pater Marcinkus schießen sie ihre Revolver in die Luft ab. Hier und dort knien die Ärmsten der Armen, die sich weder Fähnchen noch Papstbild leisten können. Weißhaarige Indiofrauen halten Handtücher und Laken mit der Aufschrift »Obrigado!« (Danke!) über ihren Köpfen.

»Wofür wollen sie mir denn danken?« wundert sich der Papst. »Schließlich bin ich es, der ihnen Dank schuldet!«

Aufmerksam studiert er die Tageszeitung »Journal da Tarde«, dessen erste Seite die in polnischer Sprache mit Riesenlettern gedruckte Schlagzeile ziert: »Liczçe na Ciebie, Ojcze!« (»Ich baue auf Dich, Vater!«). Das Blatt enthält einen Artikel, wonach nicht der historische »catequisador« de Anchieta der Täufer Brasiliens sei, sondern der heutige »Johannes von Gott«. Die unterdrückten Massen begrüßen den hohen Pilger mit der Bitte: »Liberdade!« Senator Pedro Simon entschlüpft die Bemerkung, wäre der Gast aus Rom nicht Papst, würde er sich gewiß vor Gericht zu verantworten haben, wegen regierungsfeindlichen Auftretens.

Ich beobachte den Pilger, der sich die quälende Hitze, welcher er ausgesetzt ist, nicht anmerken läßt. Jeder Mensch hat seine eigene Gestensprache. Angeblich lassen sich an ihr gewisse Charaktereigenschaften ablesen. Wenn der Papst in Nachdenklichkeit verfällt, stützt er die Rechte am liebsten auf die Stuhllehne und beschreibt auf der Suche nach der treffendsten Formulierung mit der linken Hand in der Luft zu Beginn langsame, dann immer schnellere Kreise. Sagt ihm die Pointe zu, dann nickt er mehrmals und wiederholt sie mit fester Stimme.

»Was die hier alles über mich schreiben!« greift er sich an den Kopf. »Ich bin doch schließlich Seelenhirte!«

Flüssiges Blei rinnt vom Himmel. Vierzig Grad im Schatten – nur gibt es leider keinen. Als in dem Aussätzigendorf Marituba einer der Kranken, ein menschliches Wrack im Rollstuhl, über eine halbe Stunde lang redet und die zunehmend ungeduldig werdenden Pfleger ihm ins Wort fallen wollen, lächelt der Papst:

»Laßt ihn zu Ende sprechen. Sein ganzes Leben hat er auf diesen Augenblick gewartet.«

Ein ungarischer Musiker, der sich selbst als »Strandgut des Zweiten Weltkrieges« vorstellt, hat alles, was er in der Fremde verdiente, für Reisekosten ausgegeben. Er wartet auf Flugplätzen auf in letzter Sekunde gestrichene Flüge, läßt sich in Bussen über ausgefahrene Straßen kutschieren, mietet Taxis. Er reist durch Brasilien, halb besinnungslos aus Mangel an Schlaf, immer auf der Spur des Papstes. Manchmal gelingt es ihm, dem berühmten Polen um einige Stunden zuvorzukommen, meist jedoch verfehlt er ihn.

»Glauben Sie mir, lieber Herr: jede einzelne Minute an seiner Seite ist Belohnung für alle Mühen des Lebens und der Vertreibung.«

Gewiß steht es ihnen jederzeit frei, die Arbeit hinzuwerfen – aber wovon sollen sie dann leben? Ein herrlicher Satz in der Ansprache des Papstes:

»Der Mensch, gekreuzigt von der Monotonie täglicher Arbeit«. So drückt sich nur jemand aus, der selbst einmal als Sklave geschuftet hat.

Der Hoteldirektor in Fortaleza zuckt die Achseln, als er davon erfährt, daß vor den versperrten Toren des Stadions Menschen in einer Panik zu Tode getrampelt wurden: – »Sind selbst schuld. Warum drängeln sie so?

Redemptor sclavorum! Emigranten aus Osteuropa erscheinen mitsamt ihren Kindern in Nationaltrachten. Ihre Transparente und Tafeln enthalten die an den Papst gerichtete Bitte um Hilfe im Kampf um Freiheit und Unabhängigkeit.
Das Innere der Kathedrale von Fortaleza, deren Madonna der unseren von Lipinki so ähnlich sieht, glüht wie ein Hochofen. Wir fliehen in Panik, um nicht auf der Stelle tot umzufallen. Zum Glück steht der Papst nahe beim Ventilator:
»Dieser Ausbruch von Ehrlichkeit ist unbegreiflich«, meint der Polizeikommissar und fächelt sich mit der Mütze Luft zu. »Seit zwei Tagen kein einziger Diebstahl. Das dürfte das größte Wunder sein, das sich hier jemals ereignet hat.«
Der Offizier im himmelblauen Helm holt aus der Tiefe seines Zwerchfells einen Befehl: »Hinlegen!« Hunderte von Soldaten lassen sich platt auf die blumenbedeckte Fahrbahn fallen.
»Dies ist meine gute Tat!« verkündet er voller Stolz über seinen eigenen Edelmut. »Man muß schließlich Mensch sein. Wir werden doch den Frauen und Kindern nicht den Blick verstellen.«
Auf dem Nachbarhügel wird ein Motiv wie aus einem Gobelin lebendig. Wölfe und Lämmer knien einträchtig nebeneinander: Gefängniswärter haben ihre in grauen Drillich gekleideten minderjährigen Häftlinge hergeschafft. Die kräftigeren, breitschultrigen hat man für alle Fälle, mit Handschellen gefesselt, in die Mitte gestellt, damit sie nicht in Versuchung kommen, die fromme Trance ihrer Bewacher auszunutzen. Rosenkränze, Gebetsbücher. Nur traue ich der Idylle nicht ganz. Schon morgen werden beide Seiten diesen Tag der Güte nach Kräften wettmachen wollen.
Kleine Geschenke erhalten die Freundschaft. Eine Ahnenfigur aus Karolinen, geschnitzt aus dem Holz des Brotfruchtbaumes, eine Schamanenfigur (bemalter Rinderbast und

Harz) aus dem Reservat der letzten Mohikaner, eine Geistermaske (mit Perlen bestickt, die Augen mit Spiegelsplittern eingelegt) aus Kameruner Grasland – viele Souvenirs, fast ein kleines Museum für die Kunst der Naturvölker, ist im Gepäckraum des päpstlichen Flugzeuges zu finden. Aber das Glasbild eines halbblinden Indios vom oberen Amazonas, auf dem der Papst als weißer Adler dargestellt wurde, läßt Karol Wojtyla besonders sorgfältig aufbewahren.
Trotz seiner Müdigkeit ist der Papst guter Laune. Es beflügelt ihn das Bewußtsein, gebraucht zu werden – wahrer Champagner für den Geist.
»Immer dasselbe. Kaum bin ich halbwegs firm in einer Fremdsprache, schon ist es Zeit zum Heimkehren. Aber zu irgend etwas scheine ich den Leuten hier doch nütze zu sein.«
Vor den Fenstern der bischöflichen Residenz erklingen immer gewaltiger die Rufe zu Ehren von »König Paul Johannes«. Also stellt er scherzhaft die Frage:
»Sollten sie die Monarchie wieder einführen wollen? Wenn ja, dann doch hoffentlich nicht die erbliche? Bleiben wir besser beim republikanischen System.«
Mit langen Pausen übersetzt jemand einen Artikel, der mit den Worten beginnt: »Der Sendbote Christi.« In den Augenwinkeln des Papstes nistet ein Lachen:
»Mehr Mut, mehr Mut!... Man kann mich ruhig den Läufer von Jesus Christus nennen, von mir aus auch seinen Laufburschen. Das sind sehr ehrenvolle Titel.«
Das Chorgeschrei der Indios in Manaus verursacht ihm große Freude: »Ontem na Polonia! – e hoje na Amazonia!«
Ein alter Indio mit zerfurchtem Gesicht reicht dem Papst einen Bogen und einen Pfeil mit geschliffener Spitze und sagt nur zwei Worte:
»Töte den Teufel!«
Die Stämme Tucano und Dessano ernennen den ehemaligen

Leser Karl Mays zum Häuptling: dabei hat er schon soviel Titel! Geduldig läßt er sich Federkronen aufsetzen, Orchideenkränze, Mitren aus Stroh, Hirtensombreros, Schamanenhauben. Er ergreift die Insignien der Macht: geschnitzte Lanzen, Bögen, Köcher, Kultstäbe und Totems der einzelnen Stämme. Er neigt die Stirn, wenn ihm junge Indios mit nackten Oberkörpern die Kreuze reichen, auf daß er sie segne. Er streicht ihnen übers Haar und über die Gesichter. Drückt ihnen herzlich die Hände. Und dann dämmert endlich das Ende der großen Freude heran: er wird abwechselnd blaß und rot, als die klagenden, von Weinen unterbrochenen Worte an sein Ohr dringen. Der Abgesandte eines untergehenden Stammes fleht ihn kniend an:

»Heiliger Vater, Freund aller Menschen, nur Du allein kannst uns retten! Somos massacrados, explorados, expulsos de nossa terra! Bewahre uns vor der Vernichtung! Wir sind genauso Menschen und Kinder Gottes, wie alle anderen! Apoia nos, Santidado!«

Wenig später steigt er mit langsamem, schwerem Schritt die Treppe zum Hof hinab. Gebückt, vornübergebeugt, um eine neue, lastende Erfahrung älter. Noch ein Sack voll menschlichen Unrechts, den man ihm auf die Schulter geladen hat. Was soll er den benachteiligten, verzweifelten Überlebenden sagen, die aus den Tiefen der grünen Hölle gekommen sind und mit ihren Köpfen gegen die Schwelle des Altars schlagen? Schlimmer: gegen die Mauer menschlicher Gleichgültigkeit? Auch ihm ist nach Weinen zumute an diesem schwülen Abend. Einen in Tränen gebadeten Papst jedoch würden diese armseligen, nach Trost dürstenden Menschen niemals mit dem Verkünder der Hoffnung in Einklang bringen können. Und so preßt er die Lippen aufeinander und betet wortlos. Jeden Tag, o Herr, lerne ich Deine Welt aufs neue kennen.

Am letzten Tag des Brasilienaufenthalts sollte eine Fluß-Pro-

zession auf dem Rio Grande stattfinden. Ursprünglich war beabsichtigt, daß der Steuermann Petri in einem Fischerboot zwanzig Kilometer flußabwärts fahren sollte, begleitet von hunderten von Indio-Booten. Dann aber schaltete sich die Kriegsmarine ein. Genauer gesagt: deren Stützpunkt in Manaus. Und was dabei herauskam, war eine Militärparade in voller Gala. Imponierend und malerisch, ohne Frage, ein Leckerbissen für's Fernsehen – aber nicht das, worum es im Grunde ging. Es fehlten die Fischer und die Indios. Oben schnatterten die Hubschrauber, am Ufer des gewaltigen Stromes schoben sich niedrig fliegende Wasserflugzeuge entlang. Auf dem stark aufgewühlten Fluß, um ein Mehrfaches breiter als die Weichsel und von der Farbe schwarzen Kaffees, auf diesem Fluß also, der sich nach einer Wegstunde mit seiner gelben Rivalin vereinigt – so entsteht der Amazonas – setzte sich, volle Kraft voraus, eine imponierende Ansammlung von Kanonen- und Schnellbooten, Dampfern, Kuttern und Barken in Bewegung, restlos überfüllt und bis an die Grenzen der Belastbarkeit beladen. An Bord des mit Geschützen bewaffneten Schiffes »P. 20« hatte man den Papstthron aufgebaut. Der Papst, den ein gelber Baldachin vor dem Sonnenstich schützte, segnete die gewaltige Armada von Wasserfahrzeugen jeglichen Kalibers (diese vielen Paradeuniformen des Militärs und der Polizei!) und die gewaltige, vieltausendköpfige Menge, die sich auf dem rechten, bewohnten Ufer der überfluteten Fläche versammelt hatte. Die Armen können sich weder Motorboot, noch Fernglas, noch eine Eintrittskarte für die Mole leisten. Wer nicht über die Sehschärfe eines Falken verfügt, kann den winzigen weißen Punkt auf blaugrauem Hintergrund nur mit Mühe entdecken.
Mittags spricht der Papst das Angelus-Gebet.
»Der Admiral Gottes!« höre ich in meinem Rücken die Ausrufe eines rothäutigen Reporters. »Auf der Kommandobrükke! Unter der Flagge der Hoffnung!«

Um die Wahrheit zu sagen, steht uns ein Papst unter Palmkätzchen, der auf seinem Pilgerweg vom Hosianna begrüßt wird, bedeutend näher als ein Papst vor dem Hintergrund von Schiffsgeschützen. Doch auch diesmal erneuert sich, ähnlich wie vor Monaten auf den Fluten des Kongo oder den Wellen der Seine, die Vision des einfachen Fischerbootes Petri. Soviele Schlachtschiffe sind im Lauf der Zeit auf Grund gesunken! Und dieser zerbrechliche Nachen vom See Genezareth schwebt seit zwanzig Jahrhunderten auf hochgetürmten Wellen.
Fluctuat nec mergitur.

Streik in Polen – Vor der Reise nach Deutschland (Oktober 1980)

»*Madonna streikt weiter!*« Der Papst kann seinen Blick nicht von der Inschrift am Tor der Danziger Werft losreißen. Inschrift und Tor flimmern soeben vom Fernsehbildschirm.

Wie alle Polen hat auch er dieses »Genug!« der Arbeiter tief miterlebt. Schon wieder ein Protest in der Heimat. Er hat die Massen gesehen, ausschließlich junge Leute, wie sie auf dem Vorhof der Danziger Werft knien, jener Werft, die den Namen des Revolutionärs trägt, der 1921 den Kronstädter Arbeiteraufstand so blutig erstickt hat. Gemeinsames Gebet der Werftarbeiter vor dem Bildnis der Mutter Gottes von Tschenstochau und dem Portrait Johannes Pauls II. Ähnliche Fotos aus Stettin, Elbing, Breslau und Kattowitz hatte die italienische Presse veröffentlicht, die auf Ereignisse in Polen sehr feinfühlig reagiert.

Wie soll man ihnen helfen? Als gegen Anfang Juli die ersten Berichte der Presseagenturen über Streiks in Warschau und Lublin erschienen – der Papst befand sich damals in Brasilien, ich sprach mit ihm über das Thema –, erkundigte er sich tagtäglich nach den neuesten Nachrichten aus der Heimat. Casaroli hatte damals die Bemerkung fallen lassen, die Presse neige gelegentlich zu Übertreibungen. Aber der Papst zeigte offen seine Besorgnis.

Das hatten die westlichen Polenkenner nicht vorausgeahnt. Der junge Elektrohandwerker, gleichsam der Held eines Filmes mit dem Titel »Einer gegen Millionen«, hat Feinde wie Freunde unseres Landes gleichermaßen verunsichert.

Endlich gab es da jemanden, der es niemandem recht machen konnte, die polnischen Patrioten ausgenommen. Wer stirbt schon gern für Danzig?
Polen – der ewige Störenfried. Jawohl, mit diesem widerborstigen Land gibt es ständig Probleme. Beginnend mit Adam und Eva, bis hin zu den Hirngespinsten der aufsässigen Wałęsas. Hatte der amerikanische Politiker nicht schon vor Jahren treffend bemerkt, Polen solle sich – zum Wohle der Menschheit, die nichts will als Frieden, Sicherheit und ihren sonntäglichen Autoausflug vor die Stadt – endlich mit seinem Schicksal versöhnen und eine organische Verbindung mit seinem östlichen Nachbarn eingehen? Es ist ein altes Lied und Leid: wedle nur, du polnischer Schwanz, mit dem russischen Hund! Infiziere ihn nur mit dem liberalen Bazillus! Und was sagt ihr zur Bemerkung eines Toynbee im Westentaschen-Format: Polen könnte in der Rolle des römisch beherrschten Griechenland erscheinen, das für den Verlust seiner politischen Selbständigkeit Rache nahm, indem es die militärischen Eroberer geistig kolonisierte? Eine der kleinmütigsten Warnungen vom Jenseits des Ozeans wurde in Redaktionsräumen geboren, deren Fenster auf die Freiheitsstatue schauen: »*Translating nostalgia into policy is dangerous.*«
Der Papst erinnert sich, wie er vor dem Kriege anläßlich eines Schulausfluges in Lyzeumsuniform das königliche Schloß in Warschau besuchte. In Filzpantoffeln schlurften sie über blankpolierte Fliesenfußböden von Saal zu Saal, tief beeindruckt von ihrem »rendez-vous« mit der Vergangenheit. Einzig der alte Fremdenführer beobachtete sie voller Unruhe, um dann unvermittelt, mit schmerzglühender Stimme, den jungen Leuten, die schon in einem freien Vaterland zur Welt gekommen waren, von der Schande des Jahres 1829 zu erzählen:
»Es war eine düstere Zeremonie, die sich hier abspielte. Es

war tief in jener nachtschwarzen, grausamen Epoche, da man, ohne die Polen nach ihrer Einwilligung zu fragen, das polnische Königreich durch Personalunion mit dem russischen Imperium verband. Der Kongreß, der den Walzer tanzte auf den Gräbern der unterdrückten Völker, hatte eine vergiftete Frucht getragen. Zar Nikolaus erschien, gotteslästerlich verkleidet, in der Uniform eines polnischen Generals. Zwölf Kammerherren und sechs Kammerjunker – es gab auch Polen unter ihnen! – schlugen mit ihren Stirnen gegen den Rand des Thrones. Der Russe setzte sich selbst die Krone aufs Haupt, nicht in der Kathedrale, sondern im Senatssaal. Und als er den Schwur auf die Verfassung leistete, schluchzte der finstere Komödiant auf einmal laut auf. Inmitten der Menge auf dem Schloßplatz – die Rache der Dichter hat den längsten Atem! – betrachtete ein bescheidener kleiner dichtender Beamter der Steuer-Kommission den Krönungszug – sein Name war Juliusz Słowacki. Sicher legte er sich schon damals in Gedanken den dritten Akt seines Nationaldramas ›Kordian‹ zurecht...«

Kann der »Papst der Menschenrechte« schweigen, während sich in seinem Heimatland, unter weiß-roten Fahnen mit dem Adler in der Krone, der Ruf nach Selbstbestimmung erhebt, nach Wahrung der bürgerlichen Freiheiten, derselben Freiheiten, die die freie Welt heutzutage ohne Widerrede jedem neuerstandenen Staat in der Dritten Welt zugesteht? Er betete in Castelgandolfo, um zu verhindern, daß jener Satz aus einer anderen, romantischeren Epoche: »Blut ist die Lieblingstinte der Geschichte« nicht neue, tragische Aktualität in den Straßen polnischer Städte erlangt. Eines steht fest: in einer Zeit der Unheiligen Allianz, die in Jalta geschlossen wurde, und der atomaren Erpressung wird sich der freie Westen hüten, den Völkern zur Hilfe zu kommen, die sich gegen ihren Geisel-Status auflehnen. Nur die Dichter werden ihre Glyzerintränchen vergießen, bei dem Lied vom gefangengenommenen Rebellen: »Und wenn ihr mich hängt, dann am hohen Galgen, damit mich jeder auf der Straße sehen kann!« Und die Landsleute? Nicht das Vaterland – sich selber beweinen sie am lautesten – schrieb Kozmian im vorigen Jahrhundert.

Helft euch selbst, dann hilft euch Gott. Wir leben im Jahrhundert der Großen Angst. Lech Wałęsa jedoch, das Kreuz in der Faust, fürchtet nichts und niemanden. »Mehr als totschlagen können sie mich nicht«, äußert er gegenüber ausländischen Reportern. »Die haben ihre Panzer, ich meinen Glauben.« Ein La Mancha von 1980?

Wie soll man ihnen helfen? »Meine Waffe ist das Gebet.« Und so betet der Papst, für die Mannhaften und Opferwilligen im Geiste, für die Gefangenen, Gequälten, für die von der Presse Beleidigten, für die »Frechlinge«, die in egoistischer Weise den Nachmittagsschlaf und den Verdauungsprozeß der Staatsmänner stören. Er betet für die jugendlichen Idealisten in der Basilika von Nowa Huta (Ehrenpropst: Karol Wojtyla), die zum Zeichen ihrer Solidarität mit den streikenden Werft- und Grubenarbeitern in den Hungerstreik getreten sind. Und für die Regierenden, auf daß sie sich jeglicher Rachegefühle enthalten mögen.

»Betet für mein Vaterland«, bittet er die auf dem Petersplatz versammelten Pilger aus aller Welt.

Und als er die schöne kleine Stadt L'Aquila am Fuße des Gran Sasso d'Italia-Massivs besucht (zum sechshundertsten Geburtstag des heiligen Bernhard), ruft er den Arbeitern an einem der größten Tunnelbauwerke zu: »Denkt an eure polnischen Arbeitskollegen!«

»Mit dem Vaterunser wird er das neue Wunder an der Weichsel wohl kaum herbeibeten können!« spöttelt der junge Politiker aus Hamburg. »Im Grunde hängt alles vom heiligen Leonid im Kreml ab, oder von seinen Nachfolgern. Polens Gehorsam Moskau gegenüber garantiert den Frieden in

Westeuropa. Eine Ent-Stabilisierung des Systems als Folge des polnischen sacro egoismo würde auf die gesamte friedliebende Menschheit Unglück heraufbeschwören, das ist doch klar.«

»Sie sind solidarisch in der Verteidigung ihrer Rechte«, denkt der Papst bei der Lektüre der Depeschen, die er von Werft- und Bergbauarbeitern erhalten hat. »Sie lassen sich weder einschüchtern noch ins Bockshorn jagen. Aber ob die da oben, diese erfahrenen, hinter ihren Schreibtischen verschanzten Kartenspieler ihre Versprechungen einhalten werden? Wie befreit man die .... Verfolger? Denn nur ein Sklave kann den anderen Sklaven perfekt unterdrücken.« Er denkt an die Worte jenes Aristokraten aus dem vergangenen Jahrhundert, der sich mit Händen und Füßen an seine feudalen Privilegien festklammerte, und sich nach Kräften bemühte, den unabwendbar nahenden Augenblick hinauszuzögern: »Man muß rasch und viel ändern – damit alles beim Alten bleibt.«

»Ist der Vatikan ein Vorort von Danzig?« flüstert man sich in der Kurie zu, »oder ist etwa Danzig ein Vorort des Vatikans? Dieser Papst ist doch viel zu polnisch!«

Warnungen, gute Ratschläge, Proteste, Petitionen.

»Holy Father, komm' nicht nach Großbritannien!« besagt eine aus London eingetroffene Epistel. Der Anführer der presbyterianischen Kirchengemeinde, Pastor und Unterhaus-Abgeordneter Ian Paisley, – derselbe, der Seine Heiligkeit schon vor einem Jahr »im Guten« vor einer Irlandreise warnte – hat auf die Nachricht von der für 1981 geplanten Englandreise des Oberhauptes der römisch-katholischen Kirche erklärt: »Nur über meine Leiche! Das Blut der im 16. Jahrhundert zu Tode gequälten Protestanten ist noch immer nicht getrocknet und schreit nach wie vor nach Rache. Dieser Besuch würde die Lebenden und die Toten gleichermaßen beleidigen!« Auch der Großmeister der schottischen

Protestanten-Loge Thomas Orr kündigt gewaltsame Demonstrationen gegen den Besuch des Papstes an, »der entweder unfähig oder nicht willens ist, sich zu einer Exkommunizierung der Terroristen aus den Reihen der katholischen IRA aufzuraffen.« »Ich warne ihn«, ruft er über den Äther, »sich auf unsere Gastfreundlichkeit zu verlassen.«
»Ein Papst, der seine Landsleute unaufhörlich dazu aufruft, ihr nationales Erbe zu hüten und sich an die wertvollsten Traditionen verflossener Jahrhunderte zu halten, dieser Papst sollte wissen, daß auch wir hier auf den Britischen Inseln nicht an historischem Gedächtnisschwund leiden!« lautet ein Auszug aus dem an Königin Elisabeth II., das Oberhaupt der Church of England, gerichteten Pastoren-Memorial.
»Vater, komm nach Schottland«, schreiben die Gläubigen aus Dundee, »und die Sonne Italiens wird in unseren Seelen scheinen!«
Dem Papst kommt eine Szene aus einem Roman, den er noch in der Schule las, in den Sinn. Im alten Ägypten gab es Gebete, die – statt den Himmel zu erreichen – im Flug miteinander zusammenstießen und wie tote Vögel abstürzten, weil sie einander widersprechende Wünsche enthielten.
»Hast du dir so die päpstliche Arbeit vorgestellt?« wird Johannes Paul II. von jemandem gefragt, der ihm seit Jahren besonders nahesteht.
»Ich hatte nicht geahnt, daß sie schwer ist«, erwidert er nach kurzer Überlegung, »aber ein Golgatha ist sie gewiß nicht. Gott und dem Menschen dienen – eine gesegnete Bürde. Manchmal ist es die Pilgerreise eines barfüßigen Büßers über die Stoppelfelder der Wirklichkeit – unter dem blauen Himmel der Prinzipien. Und manchmal... Diese Dinge sind mit Worten allein nicht zu fassen...«
Gestern, als sie im Hubschrauber nach Castelgandolfo flogen, drang durch das Rotorgeratter der wohlgestaltete Mo-

nolog eines deutschen Kardinals an Wojtylas Ohr, der die Quellen des Bösen im Leben sowohl des Individuums als auch des Staates in der unbesiegbaren Ur-Angst sah. Die Propaganda des Mutes, so sagte er, entspränge in den meisten Fällen der Unsicherheit. Der Hitlerismus, klassische Kulmination kollektiver sadistischer Verhaltensweisen, diente der Entladung unterdrückter Ängste. Das »Pfeifen im Dunkeln« verwandelt sich rasch in Haßgebrüll auf dem von Märtyrerblut getränkten Sand der Arena. –

Man muß erneut wegen der Freilassung der Geiseln appellieren. Wie wird man mit dem Terrorismus fertig, dessen Wurzeln in die tiefsten dämmrigen Unterschichten des Seins hinabreichen? »Der Mensch ist gut«, behauptete hartnäckig der Franziskanerpater Kolbe in Auschwitz. Sind die Wahrheiten der Bergpredigt imstande, die Bestie zu zähmen, die auf dem Grunde der menschlichen Seele schlummert? Während der Papst durch die Strahlen der Herbstsonne auf eine Landschaft von arkadischer Sanftheit sieht, schön wie auf einem alten Bildnis, kommt ihm auf einmal der schmerzliche Gedanke, auch diese innig-süße Idylle könnte jeden Augenblick von vergifteten Dornen durchbohrt werden, und es sei nur ein vorübergehender Waffenstillstand, der da in der vergoldeten Luft schwebt. In der Regierungszeit eines so humanitären Denkers wie Marcus Aurelius fanden an einhundertfünfunddreißig Tagen im Jahr blutige Schaustellungen in der Arena statt. Der Spartakus-Aufstand entstand und endete auf der appischen Straße, die von Rom nach Capua führt. »Als Warnung« – wer verzichtet schon gern darauf, andere zu erziehen – wurden sechstausend Gefangene gekreuzigt. Die Welt ist voller Katyn. »Am Ende kann es passieren, daß Du unsere Welt zurückweist. Du erlaubst ihr rings um uns, vor allem aber in uns, restlos zu zerfallen.«

»Und dennoch«, seufzt der Papst, »gibt es keine Alternative zum Optimismus und zum naiven Glauben an den Triumph des Guten über das Böse. Laßt uns die Fallen der Manichäer umgehen.« »Ich habe gezweifelt«, sagt der Dichter, »also bin ich zu Lebzeiten gestorben!«

Schon bald soll es eine neue Reise geben. Diesmal nach Deutschland. Aber nicht mehr »an die Grenzen der Nacht«, sondern – wie padre Hofmann sagt – »ins verwandelte Deutschland, das seit fünfunddreißig Jahren keinen gehörnten Wotan-Helm mehr trägt, sondern barhäuptig herumläuft.« »Ich hoffe«, schreibt ein Pfarrer und ehemaliger Dachau-Häftling aus seinem Schweizer Sanatorium, »unser Papst sieht davon ab, die deutsche Erde zu küssen.« Die Erde, als Werk des Schöpfers, trägt keinerlei Schuld. Es sind die Menschen, die ihren Mitmenschen das Schicksal bereiten. Der siebenhundertste Todestag Albert des Großen, des heiligen Weichenstellers an der Trasse europäischer Kultur. Ein bedeutsames Jubiläum in der Geschichte des deutschen Christentums, das oft genug versagt hat in der Stunde der Bewährung – gerade unsere Generation weiß ein Lied davon zu singen. Gott mit uns! – diese Inschrift zierte die Koppelschlösser der Angreifer aus dem Westen. Ihre Komplizen mit dem roten Stern über dem Mützenschild hielten sich zumindest selbst für gottfeindlich. Und was, wenn die »Ressentiments« der Betroffenen, die nicht über ihren eigenen Schatten springen können, zum Schlagloch auf der Straße werden, die in ein besseres Morgen führt? Unter den zehn Gerechten hat es auch eine Editha Stein gegeben.

»Wir vergeben und bitten um Vergebung.« Graham Greene kamen die Tränen, als er diese Worte über den Äther hörte. »Es gibt noch Christen auf der Welt!« weckte er mich einmal per Telefon, mitten in der Nacht. »Es hat gelohnt, diesen Augenblick zu erleben!« Eugenio Pacelli ist oft durch München spaziert. Karol Wojtyla war damals neun. Ein halbes Jahr nach der Wahl des ehemaligen Münchner und Berliner

Nuntius zum Papst brach der Weltkrieg aus, die stärkste Erschütterung im Leben des Jahrgangs 1920.
Prälat Ender hilft dem Papst beim Ausfeilen der »homilia«, obwohl Johannes Paul II. recht gut Deutsch spricht.
»Schade, daß der Apostel der Gerechtigkeit nicht auch ins östliche Deutschland fährt!« ertönt eine Stimme aus Erfurt. »Wird er wenigstens die Schüsse auf Flüchtlinge an der Grenze verurteilen?«
»Hoffen wir«, schreibt eine Gruppe von Pastoren aus Augsburg, »daß der Papstbesuch endlich Leben in den ökumenischen Dialog bringt. Seit Jahren treten wir auf der Stelle und haben Angst vor der eigenen Courage.«
Die Bundesrepublik – heißt es ironisch innerhalb der römischen Kurie – scheint immer noch eines der ärmsten Länder der Welt zu sein. So erbitterte Diskussionen zum Thema der durch den Papstbesuch verursachten Kosten gab es weder in Mexiko, noch in Afrika, noch in Brasilien, ja nicht einmal in dem nicht allzu vermögenden, obendrein von Atheisten regierten Polen.
Tatsächlich beanstandet die Boulevardpresse die Verschwendung. »Wozu die Errichtung des gigantischen Altars auf der Münchner Theresienwiese? Wieso kostet allein das Dach eine Million DM? Warum müssen gleich in drei Städten kostspielige Scheinwerferbatterien zwecks Beleuchtung der Altäre aufgestellt werden? Wozu sollen in der »Heimat Luthers«, wo nur die Hälfte der Einwohner katholisch ist, die Autobahnen bei Osnabrück, Mainz und München für alle gesperrt werden? (Autobahnen sind in Deutschland sakrale Objekte, Autos heilige Kühe...) Ein Priesterkollegium ist der Ansicht, der Papst müsse einen vollen Tag für den theologischen Disput mit Protestanten ansetzen. »Die reine Anhörung der Erklärung, die der hochwürdige Gast aus Rom abgeben wird, eine Anhörung ohne anschließende Diskussion, geht am Ziel vorbei.« »Roma locuta«, doch »causa

keinesfalls finita« – schreibt eine liberale Zeitung in ihrem inzwischen fünften kritischen Artikel mit der Überschrift: »Eine kostspielige Veranstaltung«. Gleichzeitig jedoch bemüht sich die Chefredaktion des Blattes um Plätze für seine Reporter an Bord des päpstlichen Hubschraubers. Noch vor einigen Monaten regte man sich darüber auf, Johannes Paul II. besuche zwar exotische Gegenden, nicht aber Deutschland, »das Land, das sich um das Christentum so sehr verdient gemacht hat«. Heute beklagt man das ebenso effektvolle wie überflüssige Frömmigkeits-Festival. Man stelle sich die Empörung vor, wenn es hieße, der Papst käme *nicht* nach Deutschland. »Wird der Papst in seinen Ansprachen an die Schlesier erinnern, die man aus ihrer Heimat vertrieben hat?« lautet die Schlagzeile im Wochenblatt der Vertriebenen. Ein bißchen Lust an der Denunziation muß wohl immer dabei sein; ein guter Erzähler berichtet dem Papst: »Sogar in Würzburg, in der Zitadelle des Glaubens, heißt es, die Kluft zwischen Basis- und Funktionärs-Kirche sei unüberbrückbar. Mehr noch: man zitiert Franz Grillparzer, der vor mehr als hundert Jahren herzlich wenig von der päpstlichen Unfehlbarkeitserklärung hielt: ›Zu Petrus sprach wohl Christus voll Vertrauen: Auf Dich will ich meine Kirche bauen, bezeichnend ihn als seiner Lehre Hort, von seinen Nachfolgern sprach er kein Wort!‹«

Ein evangelischer Pfarrer in Goslar bedauert, daß am Vorabend des Papstbesuches, unter der Ägide des Episkopats, in Fulda eine kirchen-historische Broschüre erschienen sei, mit einer allzu abschätzigen Beurteilung Martin Luthers. Alte Wunden würden auf diese Weise frisch aufgerissen. Der Nuntius meldet aus Godesberg, Schmidts Umgebung bestünde – obwohl er nicht Staatsoberhaupt sei – dennoch darauf, daß der Bundeskanzler, auf gleicher Ebene mit dem Bundespräsidenten, als Mit-Gastgeber des Papstempfanges in Bonn fungiert – »schließlich könne man ihm nicht zumuten, sich anzustellen«.

Prestige als Hobby erwachsener Kinder ist eine wichtige Sache. Nicht nur in Afrika. Vor einigen zwanzig Jahren kam es zwischen Adenauer und Kardinal Frings zum Streit, wer als erster die Schwelle des Kölner Doms überschreiten dürfe. »Ich bin älter als Eure Eminenz, und außerdem Kanzler«, beharrte Adenauer, »also kann ich durch diese Tür nicht als zweiter gehen.«

»Sagt dem Nuntius«, erwidert lachend der Papst, »der Nachfolger des Fischers messe dem Hofzeremoniell aus dem 18. Jahrhundert kein besonderes Gewicht bei. Es läge dem Diener aller Diener fern, sich kleinherzig über andere erheben zu wollen. Dienen wolle er den anderen.«

Aber nun Schluß mit dem Tratsch! Stimmt es, daß der Papst – Schuld des Systems! – hauptsächlich von Ja-Sagern umgeben ist, was er im übrigen gar nicht schätzt? Vielleicht käme ihm hinter dem Bronzetor ein weltlicher, unabhängiger Geist nicht ungelegen? Der Philosoph Leszek Kołakowski beispielsweise, der erst unlängst selbst scherzhaft erwähnte, er habe »in den Verliesen des Vatikan« genächtigt? Karol Wojtyla mag Schmeicheleien nicht. Als man ihm berichtet, Alexander Solschenizyn hätte geschrieben, »dieser Papst sei ein wahres Geschenk des Himmels«, lächelt er: »Nur keine Vorschußlorbeeren, bitte, abwarten, Tee trinken.«

Es fehlt nicht an Stimmen, die Kirche in der Bundesrepublik ächze unter der Last ihres Wohlstands und der organisatorischen Vollkommenheit. Die Kirchensteuer, Quelle materieller Vitalität, gereicht der Religion nur scheinbar zum Vorteil. Die Nöte und Erfordernisse der Gemeinschaft, ihre opfervolle Aktivität in der Dritten Welt – diese Tatsachen lassen sich kaum übersehen. Andererseits ist Geld dazu angetan, in jeden Lebensbereich seine eigenständige Dynamik einzubringen, auf der nicht immer Segen ruht. Sooft ich einen Blick in die modernen, beispielhaft funktionellen Diözesanbüros werfe, die vom Aussehen her eher an Banken oder Versicherungsgesellschaften erinnern, werde ich die kränkende Vermutung nicht los, daß es dort alles gibt – bis auf den armen Tischlerlehrling aus Nazareth.

Ostseewind weht über dem Vatikan. In tiefer Konzentration durchblättert der Papst die polnischen Zeitungen.

»Sollte der Himmel wieder aufklaren«, sagt er halblaut, »wird der Primas diesen Teufelskerl aus der Danziger Werft, der keine Angst vor dem mächtigen Imperium gezeigt hat, in Warschau gewiß mit Brot und Salz bewirten. Und ich will ihn gern in meiner römischen Fischerwerft herumführen.«

Wałęsa, Vater von fünf Kindern, wäre wert, auf der Bischofssynode in Rom erwähnt zu werden, die der Familie und ihrer Rolle in der heutigen Welt gewidmet ist. Seine Frau übrigens ebenso. Beide sind eine passable Antwort auf die These des französischen Philosophen, die Unzerreißbarkeit der Ehe sei heute nichts weiter als ein trauriger Anachronismus. Ebenso auf G. B. Shaws ironische Bemerkung: »Monogamy has never worked.« Die Polen aus Österreich laden zur 300-Jahrfeier der Schlacht um Wien auf den Kahlenberg. Im Jahr 1983. Was alles kann bis dahin passieren? Vielleicht sollte man doch nicht nach Deutschland reisen?

Ein Jesuitenpater ist der Auffassung, die zwanzig Millionen DM, die das deutsche Episkopat für den Papstbesuch ausgesetzt hat (was mit Sicherheit viel zuviel ist), sollten besser für die Errettung ugandischer Kinder vor dem Hungertod verwendet werden. Eine Theologin in Bonn nennt den heiligen Albertus einen Verfechter des Antifeminismus – schließlich hat er behauptet, die Frau sei »eine Laune der Natur«. Wie kann man einen solchen Heiligen verehren? »Fahr nicht nach München!« schreibt ein Freund. Auf der Münchner Oktoberfestwiese, wo die Messe stattfinden soll, hat irgendein Wahnsinniger mit seiner Bombenexplosion Tod über viele Menschen gebracht! (Genau wie auf dem Hauptbahnhof von Bologna. Kaum war das Blut getrocknet, schon amüsierte sich die Menge weiter. Die Welt liebt keine Trauer.)

Seit dem 18. Jahrhundert hat kein Pontifex mehr Deutschland besucht. Im März 1938 wollte sich der spätere Pius XII. mit Hitler treffen, »um einen Stock in die Speichen des immer schneller rotierenden Rades zu stoßen«, doch es kam nicht dazu. Die Befürchtungen, die schon sein Vorgänger hegte, der Autor der Encyclica, die mit den deutschen Worten »Mit brennender Sorge« begann, bewahrheiteten sich auf tragische Weise: das neue Heidentum bedrohte nicht nur die Kirche, es trat auch die menschlichen und göttlichen Rechte mit Füßen. Noch ehe der unvoreingenommene Historiker die Epoche menschlicher Erniedrigung aus der Perspektive der Zeit beurteilen kann, wissen die Augenzeugen der Ereignisse längst, was davon zu halten ist. »Die Herausgabe West-Preußens an die Deutschen könnte den Frieden retten«, tönte es im August 1939 in der »Sala Clementina«. Der Berliner Nuntius Orsenigo weigerte sich aus Furcht, einer »Provokation« geziehen zu werden, von Fürst Janusz Radziwill eine Liste der inhaftierten polnischen Priester entgegenzunehmen und sie mit diplomatischer Post nach Rom zu schicken. Der Vatikan – das Dritte Reich – Polen, in der schwärzesten Stunde seiner Geschichte – zu diesem Thema fehlt es nicht an gründlicher Dokumentation. »Vergib ihnen nicht, o Herr, denn sie wissen, was sie tun«, dieser unchristliche Aufschrei entrang sich einst der Brust eines christlichen Schriftstellers. Kardinal Bertram ließ die Glokken läuten, als Hitler Polen überfiel. Er schickte ihm ein Glückwunschtelegramm auf die Nachricht von der Einnahme von Paris. Noch in den letzten Stunden des Untergangs des braunen Pompeji, als er vom Selbstmord Adolf Hitlers erfuhr, ließ er die Seelenhirten der Breslauer Erzdiözese ein feierliches Requiem abhalten. Es ist schon unerläßlich, über diese Dinge offen zu sprechen.

In der Tat: die Biographie bestimmt die Optik. Mein deutscher Freund empfindet Rührung, wenn er die alte Zeichnung betrachtet, worauf der Kaiser zu sehen ist, wie er die Schwelle des Kölner Doms betritt – dieser »Krone, dem Haupte Germanias aufgestülpt«. Mich hingegen durchfährt beim Anblick der Pickelhaube ein atavistischer Schauder.

Köln am Rhein, Bonn, Osnabrück, Mainz, Fulda, München werden die Stationen sein. Bekannte Kathedralen, Altäre, Reliquien. Über den Innenhof in Fulda, der Stadt des heiligen Bonifaz, rannte im September 1978, vier Wochen vor dem Konklave, ein junger Deutscher und warf sich mit dem Ruf »Der kommende Papst!« vor dem Krakauer Erzbischof auf die Knie. Mainz, das mit dem tönenden Erz seiner Glokken die Vögel aufscheucht. Es war die dortige Gutenberg-Universität, die dem Purpurträger vom Wawel im Juni 1977 den Titel eines Doktors h.c. verlieh, für seine Verdienste bei der Entwicklung des »christlichen, phänomenologisch begründeten Personalismus«.

Und dann, am südlichen Fixpunkt der apostolischen Pilgerfahrt...

Infolge des dynamischen Ausbaues der Isar-Metropole ist das Städtchen Dachau zu einer Art Vorort der bayerischen Landeshauptstadt geworden. »Warst du schon einmal Gast in unserem *fröhlichen* Städtchen?« fragt während der Festbierzeit ein Plakat auf dem Bahnhof, der sich mit Chorgesang und Blasorchester herausgeputzt hat. Vor zehn Jahren kam ich gerade von meinem alljährlichen Lagerbesuch zurück. Nachdem ich meine Blumen niedergelegt und das Andenken des mir am nächsten stehenden Menschen geehrt hatte, warf ich einen Blick in die Kapelle der »Todesangst Christi«. Vor dem Kruzifix aus Stacheldraht kniete, das Gesicht in den Händen

verborgen, der Anführer der aus ehemaligen KZ-Insassen bestehenden priesterlichen Pilgergruppe, Karol Wojtyla.
Die Zeit heilt die Wunden. Es ist wohl auch besser so. In München, der ehemaligen Brutstätte einer unmenschlichen Ideologie, deckt heute die *Patrona Bavariae* ihren weiten, barockverzierten Mantel voll mütterlicher Zärtlichkeit gleichermaßen über Sünder und Opfer. Wer die gotische Schrift lesen kann, der findet auf den altersgeschwärzten Votivtafeln im malerischen Städtchen Altötting die eigenartige Inschrift: »Mach', Maria, daß meine Feinde Gefallen an mir finden, denn meine Freunde werden mich in der Not sowieso verlassen!« Zu dieser historisch wertvollen Kapelle werden in Kürze aus Richtung des Bayerischen Waldes, von der tschechischen und österreichischen Grenze, zehntausende von Gläubigen in nicht endenwollender Prozession strömen. In dem bezaubernd schönen Marien-Sanktuarium tragen alljährlich am ersten September, dem Tag des Hitlerüberfalles auf Polen, junge Männer der »Aktion Sühnezeichen« Holzkreuze auf ihren Schultern: nächtlicher Akt büßender Reue vor der bäuerischen, bayerischen Madonna und ihrem Säugling im vergoldeten Mäntelchen. Vor der wundertätigen Statue segnete einst der Feldkaplan die Panzergrenadiere vor ihrem Ost-Feldzug. Viele von ihnen kehrten niemals zu den bayerischen Dörfern zurück.
»Schwarzer Sonntag«. Am 17. August 1944 – erinnert sich der Papst – fand in Krakau eine Razzia unter der polnischen Jugend statt. Ein Bote des Erzbischofs Sapieha kam in die Tyniec-Straße gestürzt: alle Kleriker, die heimlich Theologie studieren, sollen sich umgehend im Palais an der Franziskanergasse verstecken. Dort sind sie sicherer. »Beeil' dich, Karol, sonst verschleppen sie dich noch nach Deutschland!« Heute werden keine Polen mehr nach Deutschland verschleppt. Heute fahren sie freiwillig hin. Einer von ihnen sogar mit der Papst-Tiara auf dem Kopf.

Im Lande Luthers
(November 1980)

Ein Augenblick der Entspannung im wunderhübschen Städtchen Castelgandolfo. Endlich ist es warm. Endlich scheint wieder die Sonne. In Deutschland ist es nämlich, wie im November üblich, naß und kalt gewesen. Man ist sich vorgekommen wie ein Regenwurm an einem Regentag. Noch flattern sie unter meinen Lidern, die bunten Bilder der neuen blitzartigen Papstreise in »Luthers Heimat«. Womit beginnt man am besten? Mit dem Schluß. Als ich den Papst kurz vor der Landung in Fiumicino fragte, wie er die Geschehnisse in Polen beurteile, antwortete er:

»Ich werde nach wie vor das Gefühl der Unruhe nicht los. Aber wenn sich unsere Leute weiterhin von ihrem Patriotismus und Bürgersinn leiten lassen, dann glaube ich fest daran, daß uns der Himmel erhört. Ich selbst bete Tag für Tag für unser schwergeprüftes Polen.«

Ein Bekannter vom BBC-Fernsehen hat gefragt, was den hochwürdigen Pilger in Deutschland am stärksten beeindruckt habe:

»Die unübersehbaren Menschenmengen, die viele Stunden hindurch im Regen ausharrten, um gemeinsam mit dem Papst beten zu können!« hat Johannes Paul II. nach einigem Nachdenken erwidert. »Überall herrscht der gleiche Hunger nach Gott.« »Wo zwei oder drei versammelt sind in meinem Namen«, sagt der Heiland, »da bin ich unter ihnen.« Zur Münchner Messe waren sechshunderttausend gekommen.

Dies war keine leichte Reise. Sie hat den Pilger viel Anstren-

gung und innere Spannung gekostet. Entgegen düsteren Vorhersagen (es sind immer wieder dieselben Pessimisten) ist es dem Oberhaupt der römischen Kirche gelungen, die »nordische Reserviertheit« der protestantischen Kirche zu »erweichen«. »Bruder Johannes Paul« (so hat er sich am Altar selbst genannt) ist auf der Straße ökumenischer Annäherung viel weiter gegangen als irgendein Bischof von Rom zuvor. Ich denke oft an den herrlichen Satz von Luther: »Wenn ich wüßte, daß morgen die Welt untergeht, würde ich noch heute einen Baum pflanzen.«
Von dem Augenblick an, da die Papstmaschine auf ihrem Weg nach Köln die Alpengipfel überflogen hatte und sich über bundesdeutschem Boden befand, wurde sie – sozusagen in Tuchfühlung – von Düsenjägern der Bundeswehr eskortiert. Was mag wohl der Pole in Weiß gedacht haben, als er zum ersten Mal nach dem Kriege Flugzeuge mit dem schwarzen Kreuz am Rumpf am Himmel erblickte?
»Ich habe den Eindruck, daß Karol Wojtyla die deutsche Erde auf dem Flughafen Köln-Wahn auf andere Weise geküßt hat als in anderen Ländern«, flüsterte mir ein Bekannter zu, als wir die Maschine durch die Hecktür verließen (damit man uns nicht etwa mit den Kardinälen verwechselte). »In Polen küßte er sie, wie wir wissen, liebevoll, als wären es die Hände der Mutter.«
Die Begrüßung auf dem Kölner Flughafen – drei Waffengattungen in strammer Aufstellung, Artillerie durchsiebt die Luft mit ihren Ehrensalven – verläuft recht steif. Nicht so traurig wie in Ankara, aber auch nicht so farbig und freudig wie in Boston oder in Nairobi. Warum der Papst nicht von Kindern begrüßt wird oder von Gläubigen mit Palmzweigen in Händen, sondern von den Söhnen des Mars in voller Rüstung – das begreifst du erst nach einer Karaffe Lacrimae Christi. Schließlich müßte es einen Unterschied geben zwischen der Flugplatzbegrüßung des – sagen wir – Königs

von Jordanien und der des Nachfolgers Petri. Die Katholische Jugend auf dem Balkon ruft rhythmisch: »Amo Te! Amo Te!« Der Papst meint scherzend: »Das ist doch wohl hoffentlich nicht euer ganzes Latein?«
Ob ich wegen Gotteslästerung in die Hölle komme, für meine zaghafte Randbemerkung, die Begrüßungsansprache des Papstes auf dem Flugplatz sei zu lang geraten? Die »homilia« vor den Wissenschaftlern im Kölner Dom hat den Charakter einer kleinen Encyclica. Man sollte sie in Ruhe lesen, Satz für Satz. Aufmerksamkeit verdienen in jedem Fall die Worte, falschverstandener Pluralismus könne leicht zu einer falschen Neutralität in prinzipiellen Fragen führen. Im Laufe von fünf Tagen hielt der Papst fünfunddreißig Reden. Einige von ihnen sollten besonders beachtet werden, z. B. die an die Gastarbeiter, an die Protestanten, die Juden, an die Intellektuellen und Künstler in der Wittelsbacher-Residenz in München, und der Abschiedsappell mit der Forderung, die Welt in einen Lebensraum für Wesen zu verwandeln, die die Bezeichnung Mensch verdienen und nach dem Ebenbild Gottes geschaffen sind. Die deutschen Organisatoren des Papstbesuches haben leider bei den Vorbereitungen des Jugendtreffens weder Intuition gezeigt noch jenen Ideenreichtum entwickelt, den die Franzosen bewiesen hatten. So kam beispielsweise durch Zufall heraus, daß man auf der Einsendung der Texte der Wortmeldungen bestanden hatte, zwecks vorsorglicher »Einsichtnahme«. Sie haben eben den Geist der Zeit nicht begriffen, sie unterschätzen die Sehnsucht der Jugendlichen nach Emanzipation und Unabhängigkeit. Wie schade, daß sich das kritische Auftreten der jungen Bayerin auf der Oktoberfestwiese aus technischen Gründen nicht mit der Antwort des Papstes harmonisieren ließ, eines wahren Meisters der Improvisation, der den ungezwungenen Dialog mit der Jugend beherrscht und gern pflegt, ohne jegliche Furcht vor Überraschungen, die das

Programm durcheinanderbringen könnten. Ich glaube manchmal, ein Teil der Vorwürfe, die manche Kreise in Deutschland an die Adresse Roms richten, entspringt eigentlich der mehr oder weniger gerechtfertigten Abneigung gegen die lokale Hierarchie. Vor allem gegen jene patentierten Moralisten, die sich mehr über »wilde Nacktbaderei« im Münchner Englischen Garten aufregen als über die Arbeitslosigkeit der Jugend.
Laut ursprünglicher Planung sollte die päpstliche Reiseroute nicht nur Augsburg berühren, sondern auch Lauingen an der Donau, wo im Jahre 1193 der einem Rittergeschlecht entstammende spätere Heilige Albertus Magnus zur Welt kam. Da seine sterblichen Überreste jedoch in der St.-Andreas-Kirche zu Köln ruhen, und da das 700-jährige Jubiläum seines Todes herannaht, nicht seiner Geburt, strich man den anmutigen, an der Grenze zwischen Württemberg und Bayern gelegenen Ort von der Liste. Wer war es nur, der gesagt hat: »Nenne mir deinen Lieblingsheiligen, und ich sage dir, wer du bist?« Die Gestalt des mittelalterlichen Mystikers, des Gelehrten und unermüdlichen Wanderers im Dienste des Evangeliums (er pflegte die Entfernungen zwischen dem Rheinland und Schlesien und zwischen der Nordsee und Ungarn zu Fuß zu bewältigen, die Regeln des Bettlerordens untersagten das Reiten), des Lehrers des Thomas von Aquin, des Denkers, des leidenschaftlichen Anbeters der Schönheit und der Natur (er gäbe einen erstklassigen Ökologie-Patron ab!) hatte Karol Wojtyla schon von jeher beeindruckt. »Denken ist auch ein Gottesdienst«, schrieb der bescheidene Dominikanermönch, der auf die Mitra eines Bischofs von Regensburg verzichtet hatte, um nicht der Versuchung der Macht zu erliegen. Dieser – nach Bacon – »primus magister de philosophia« (er bekämpfte den päpstlichen Legaten in Paris, der die Schriften des Aristoteles verbieten wollte) hatte den polnischen Theologen schon in

Krakau fasziniert – vor allem die von Hieronymus übernommene Lehre von der *Scintilla conscientiae,* der *scintilla animae,* vom göttlichen, in der Seele des Menschen schlummernden Funken. Die Mönche in St. Gallen hatten ihn zu Recht gepriesen, weil er das menschliche Gewissen mit einem Spiegel verglich, der das Ebenbild Gottes wiedergibt. In jenem dramatischen 13. Jahrhundert, als Religiosität nicht selten in Fanatismus umschlug, warnte der erleuchtete Pädagoge davor, Ketzerei mit Dummheit zu verwechseln. Gerade der Mystiker mahnte zur Vernunft. Und zur Toleranz, die dazumal nicht allzu verbreitet war. Verehrt wurde er schon zu Lebzeiten, seliggesprochen erst im Jahre 1622, heiliggesprochen 1931. Römische Mühlen mahlen langsam. Der junge Leser theologischen Schrifttums in Krakau mußte seinerzeit laut lachen, als er auf Alberts Meinung über seinen Schüler Thomas von Aquin stieß:
»Ihr nennt diesen hier den stummen Ochsen, er wird aber ein Gebrüll in der Wissenschaft erheben, das in der ganzen Welt gehört wird.«
Im Verlauf seiner Unterredungen mit den Bischöfen bemerkte der Papst, zwei Dinge bereiteten ihm ganz besonderes Kopfzerbrechen: der Rückgang der Priesterweihen und die leeren Gotteshäuser. Die rechtliche Situation der Kirche im westlichen Europa sei bestimmt nicht übel. Er könnte sogar von sich behaupten, seine Frankreichreise hätte in gewissem Sinne zur Beendigung der langandauernden Spannungen beigetragen, die nach dem Niedergang des zweiten Kaiserreiches zur Zeit der Dritten Republik entstanden waren und schließlich zum Bruch des Konkordats von 1904 führten. Man könne die Mission Christi erfolgreich weiterführen, trotz der formellen Abtrennung der Kirche vom Staat. In Polen zum Beispiel gebe es keine Austritte aus der Kirche, die geistlichen Seminare könnten sich über mangelndes Interesse seitens der Jugend nicht beklagen, während es

in so manchen Ländern Westeuropas anders aussehe... Ein leeres protestantisches Gemeindehaus erfülle ihn mit der gleichen Trauer wie eine leere katholische Kirche.
»Warum ist auch diese Reise so hektisch?« wundert sich ein Beobachter. »Die Heilige Kirche ist doch keine Feuerwehr. Der Papst entwickelt ein Tempo, als wenn er von dunklen Vorahnungen geplagt wäre, er könnte seine Mission nicht länger als einige Monate fortsetzen. Jener Papst hingegen, der uns im 18. Jahrhundert besuchte, nahm sich Zeit...«
In der Tat, in der Vatikanischen Bibliothek machte ich kürzlich folgende Entdeckung: vor zweihundert Jahren hatte ich als Reporter des Papstes einen sympathischen Vorgänger, A. F. Bauer aus Wien. Er verfaßte eine »Ausführliche Geschichte der Reise des Papstes Pius VI. (Braschi) von Rom nach Wien und Rückreise von Wien nach Rom«. Dieses vollständige Tagebuch (900 Seiten – ; mein Verleger erlaubt mir nur 444!) enthält »vorgefallene Merkwürdigkeiten« nebst Anekdoten und Gedichten. Alles, was sich zwischen dem 27.2. – 13.6.1782 u.a. auf der Strecke: St. Pölten, München, Augsburg, Brixen, Padua, Venedig, Cesena »ereignet hat oder sich... hätte ereignen können.«
In Fulda, am Grabe des heiligen Bonifatius, mußte ich an den Besuch des Primas von Polen und Krakauer Erzbischofs in dieser Stadt vor zwei Jahren und etlichen Monaten denken. Damals war es nur eine einzige Hellseherin in Regensburg, der die Tiara über dem Kopf des polnischen Kardinals erschien. In den Mauern des alten Gotteshauses breitete sich Stille aus, als der Papst, in dessen Diözese das Vernichtungslager Birkenau liegt, dem deutschen Kardinal die Reliquien Pater Kolbes überreichte, des Ausschwitzer Märtyrers. (Sollte es zur Amtszeit unseres Landsmannes zur Seligsprechung des Krakauer Bruders Albert Chmielowski kommen, kann wohl nichts mehr die längstverdiente Polonisierung des Himmels verhindern.)

Bonifatius alias Winfrid, deutscher Apostel, erlitt einen ähnlichen Tod wie der heilige Wojciech zwei Jahrhunderte später: den von heidnischer Hand. Ich habe mir während des Tausendjährigen Reiches öfters Gedanken darüber gemacht, ob das Christentum, das er verbreitete, wirklich Wurzeln geschlagen oder ob der teutonische Organismus dieses aufgepfropfte Reis wieder abgestoßen hat. Hier der Nibelungendrache, dort das Lamm Gottes. Wie auch immer – heute verscheuche ich die üblen Erinnerungen wie lästige, zur Unzeit auftretende Moskitos. Und ich freue mich beim Anblick des Mannes aus Wadowice auf dem Königssessel Ludwigs I. im Münchner Schloß, daß er zum Inbegriff der Inspiration für achthundert Millionen Katholiken auf der ganzen Welt geworden ist.

Das Gefährt, worin der Papst die Straßen deutscher Städte durchfuhr, erinnerte an eine Astronautenkapsel. Das Völkchen vom Rheinufer nannte die Kiste aus Plexiglas denn auch respektlos eine »Käseglocke«. Wieso trugen die Hubschrauber – in denen der Pilger die großen Entfernungen mit Leichtigkeit zurücklegte – dunkelgrünen Tarnanstrich, warum hatte man sie nicht, wie in Polen und in Amerika, schneeweiß gespritzt? Und warum unser Zug, kaum, daß er in den Altöttinger Bahnhof eingefahren war, von Männern in grünen, knöchellangen Mänteln umstellt wurde, mit Schäferhunden an der Leine, wird ewig ein düsteres Geheimnis subtiler Seelen bleiben. Phantasie kann man nicht lernen. Man hat sie, oder man hat sie nicht.

Ein Gast aus Mexiko erinnert den Papst an sein Versprechen, an den Feierlichkeiten zum 450. Jahrestag der Erscheinung der »Jungfrau von Guadelupe« im Dezember 1981 teilzunehmen. – »Kardinal Ahumada zählt schon ungeduldig die Tage!« – »Wenn nichts dazwischen kommt...« – antwortet der Papst. – Es gibt ein polnisches Sprichwort: »Der Bauer trägt die Pfeile zusammen, aber den Bogen spannt der

Herrgott selbst.« Der Bischof von Regensburg, Graber, möchte den Paulaner-Mönchen aus Tschenstochau ein verlassenes Kapuziner-Kloster zur Besiedelung überlassen. – »Gastarbeiter Gottes«, lächelt der Papst, »das freut mich.«
Große Freude rief in der Menge der scherzhafte Schülerreim hervor, den der Papst in deutscher Sprache aufsagte, während er in den Bus stieg: »Gruß und Kuß – ich steig' jetzt in den Bus!«
Und wie war das noch auf dem Staatsempfang in Brühl, wo die Bundesrepublik in telegenem Glanz erstrahlte? Zum Bischof von Augsburg sagte der Papst in freundschaftlichem Ton: »Ich weiß selbst nicht, wie es gekommen ist, daß Augsburg auf meiner Reiseroute fehlt. Aber vielleicht besuche ich euch in zwei Jahren?«
Ein Journalist gibt mir einen guten Rat: »Wer in diesem Land nicht sicher ist, ob er bei den Großen dieser Welt vorgelassen wird, der überprüfe anderer Leute Eintrittskarten. Sofort werden ihm alle voller Ehr- und Gottesfurcht Platz machen.«
Zum Glück erweist sich die Kriegslist als überflüssig: der Anhänger mit der Doppel-Akkreditierung: der vatikanischen und der Bonns, baumelt an meinem Hals wie das bewußte Kognakfläschchen am Bernhardiner. Und da ich lauthals polnisch parliere, beugt sich die livrierte Dienerschar tiefer, als es angebracht ist. Die befrackten Geheimpolizisten mit ihren weißen Handschuhen (nur die Gesichter lassen sich leider nicht aufpolieren!) wären für den Satiriker Mrozek eine wahre Augenweide. Wem es einmal gelungen ist, mit List und Tücke zum inneren Kern der Prominenz vorzustoßen, kann sich vor dem Hintergrund der Gobelins und Kronleuchter ganz ungezwungen bewegen: es gibt keine Gorillas, die ihm auf die Hacken treten. Bundespräsident Carstens hält mich für einen polnischen Konservator und beglückwünscht mich zur Plafond-Renovierung des Schlöß-

chens Augustusburg. Das Leben hat mich gelehrt, meine Mitmenschen in ihrem Irrglauben zu belassen. Und so erwidere ich:
»Gefällt es Ihnen, Herr Bundespräsident? Das freut mich.«
Genscher mit seinem Veilchenblick kommt, wie immer, im zu engen Jackett mit zu kurzen Ärmeln, das seine Rubensschen Formen engstens umschließt.
»Warum ist Willy Brandt nicht gekommen?« erkundigt sich lauthals sein Gegenspieler von der CDU.
Bundeskanzler Schmidt, ehemaliger Gierek-Freund, die Personifizierung eines unbeschädigten Selbstbewußtseins, das wohl einem nicht näher zu umschreibenden »Flucht nach vorn«-Komplex entspringt (um bei Freud zu bleiben), kommt genau 34 Minuten zu spät zum Empfang. Beim Betreten des Palastes, dessen Hausherr der Bundespräsident ist, ruft er:
»Ist denn hier niemand vom Protokoll, der mich aufklärt, wo es lang geht?«
Die Linke in der Tasche, in Wolken von Tabaksqualm, die Pfeife wie festgewachsen im Mundwinkel. Dem Kammerdiener reicht er den Mantel nicht, nein, er wirft ihn geschickt von weitem. Ich möchte keinen solchen Chef haben, um so weniger, als ich es mein ganzes Leben lang mit Vorgesetzten von geradezu franziskanerhafter Sanftheit zu tun hatte. Dem Papst, der einen langen, beschwerlichen Tag hinter sich hat, hält der Staatsmann anläßlich einer Sonderaudienz im Kurfürstensalon einen kleinen Vortrag über die sozialen Doktrinen der Kirche. Eine gewisse Verwunderung ruft der Umstand hervor, daß man den Gästen aus dem Vatikan einen Scheck über DM 10000,— überreicht, bestimmt für die Bedürfnisse der Kirche in Afrika. (Soviel verspielt ein deutscher Industrieller, der auf sich hält, an einem einzigen Abend beim Roulette.) Erst vermutete man, beim Eintragen der Summe hätte sich ein Fehler eingeschlichen und es fehl-

ten schlicht zwei Nullen. Hat man sich mit diesem demonstrativen Geiz für den Vorwurf revanchiert, den ein – im übrigen recht unglücklich formulierter – Brief der deutschen Bischöfe während der Wahlkampagne enthielt, die Regierung vergeude öffentliche Gelder?
Nicht alle hatten eine Einladung zum Galaempfang erhalten. Also gab es auch kein so grauenvolles Gedränge wie im Pariser Elysee-Palast, bei einem ähnlich gearteten Papsttreffen, wo die Damen aus Sauerstoffmangel in Ohnmacht fielen. Wie ich bemerken konnte, fielen die Verbeugungen vor Rabbinern und dunkelhäutigen Diplomaten tiefer aus als vor amerikanischen Generälen. Ein Teil der offiziellen Stammgäste trug Spuren einer durchtanzten Nacht im Gesicht: tags zuvor hatte in Bonn der »Presseball« stattgefunden. Manche Damen waren über und über mit Schmuck behängt und wirkten wie zweibeinige Juwelierauslagen – für Christenaugen kein erbauender Anblick, wenn man bedenkt, daß die Religion, die der Pilger vom Vatikan repräsentiert, nicht die eines irdischen Imperiums ist, sondern vom Sohn einer armen Familie aus Nazareth geschaffen wurde.
Der kostbare Spielzeugbau erinnert an eine Bonbonniere. Karyatiden, Krüge, Vasen, Marmor, Spiegel, gipserne Girlanden, die Farben Gold und Blau, imponierende Treppen, wenn schon nicht in den Himmel, so doch zumindest ins Hollywood-Paradies. Die in Ton und Inhalt unmißverständliche Ansprache des Bundespräsidenten unterstrich die Bedeutung der deutsch-polnischen Einigung. Sie erinnerte an das Unrecht, das Polen zugefügt wurde. Zum Mißfallen mancher Zeitungsleute ließ der Redner die Notwendigkeit einer Einigung Deutschlands nicht unerwähnt. (Ich muß an die verblüfften Gesichter der bundesrepublikanischen Beamten denken, als einmal auf dem UNO-Forum in New York ein Vertreter der Dritten Welt die Berliner Mauer als »Denkmal der roten Barbarei« bezeichnete.)

Geblendet von Scheinwerfern, hielt der Papst seine Ansprache in deutscher Sprache. Er harrte stehend vor dem Mikrophon aus, obwohl er sich ebensogut auf den bereitgestellten Louis-Sessel hätte setzen können. Obwohl die deutsche Übersetzung der Rede dem klaren, durchsichtigen Stil des Papstes nicht ganz gerecht wurde – zu lange und komplizierte Sätze, bürokratische Floskeln, es wird Zeit, daß die Deutschen im Vatikan ihr Finanzamts-Deutsch verlernen – machte der Auftritt Johannes Pauls II. auf die Versammelten einen tiefen Eindruck. Es wurde langanhaltend geklatscht, als wollte man damit den ehrwürdigen Gast für die Unannehmlichkeiten um Verzeihung bitten, die ihn vor einer Woche von seiten der betont fortschrittlichen Matadore des gedruckten Wortes getroffen hatten. (Der »Vorwärts« hat den Papst geradezu persönlich beleidigt.) Auch die Proteste gegen die hohen Kosten der päpstlichen Visite waren nicht besonders taktvoll, und dies in einem immerhin wohlhabenden Land, wo man im Laden an der Ecke bis zu drei Sorten Hundeschokolade kaufen kann.

In den Wandelhallen des Palais unterhielt sich ein Gentleman mit angegrauten Schläfen mit uns und behauptete, er hätte im September 1939 durch mutige Befehlsverweigerung das Bild der Schwarzen Madonna in Tschenstochau vor der Vernichtung bewahrt. (Man sollte prüfen, ob das nicht zufällig eine deutsche Variante des sowjetischen Mythenerfinders Boris Polewoj ist!) Dem 105-jährigen Propst Eligius Kastenholz aus Bergheim-Büsdorf bei Köln, dem ältesten katholischen Priester der Welt, wollte die Dienerschaft anfangs den Eintritt verwehren. Man befürchtete, die lehmverschmierten Räder des Rollstuhls würden nicht recht zu den auf Hochglanz polierten Fliesenböden passen. Man ließ den Halbgelähmten ziemlich lange im Regen stehen. Dann aber sah ihn der weitblickende Papst und erkannte ihn auf der Stelle. Er ließ Minister, Gesandte und die ganzen übrigen hohen Herrschaften stehen und eilte hurtig zum Veteranen der Armee Christi. Segnete ihn, strich ihm über Wange und Haar, tröstete ihn mit liebevollen Worten. Der Greis brach in Tränen aus, klagte darüber, daß er den Papst nur wie durch einen Nebel sehen könne, weil er den Star habe. Auf dem Heimweg fiel er in Ohnmacht, und wenige Tage darauf verstarb er. Auf dem Sterbelager sagte er noch, in seinen kühnsten Träumen habe er nicht damit gerechnet, daß ihn in den letzten Tagen seines langen Lebens eine derartige Auszeichnung treffen würde.

»Man versucht mich damit zu trösten«, sagt Papst Wojtyla, »daß der Besuch des Papstes Pius VI. in Bayern auch bei anhaltend naßkaltem Wetter stattfand. Als er in der kurfürstlichen Kutsche, von Altötting kommend, München erreichte, goß es in Strömen.«

»Und trotzdem strömten damals, genau wie heute, riesige Menschenmengen herbei«, sagt der neue bayrische Kurfürst bei der Begrüßungszeremonie. »Und trotzdem weilte er sieben Tage in München.«

Die Direktion der Lufthansa hält für den hochwürdigen Fluggast eine Überraschung bereit: ein Bote des Warschauer Büros der Gesellschaft ist wegen Nebels Hals über Kopf im Taxi nach Krakau gerast, hat dort die neueste Ausgabe des »Tygodnik Powszechny« (dieses Wochenblatt unterstand jahrelang Karol Wojtyla) besorgt und sie per Flugzeug nach Frankfurt geschickt. Und am Donnerstag, den 9. November um sieben Uhr abends, eine volle Stunde vor dem Abflug, lag sie in München auf dem Tisch, im Salonabteil der päpstlichen Maschine. Mit den Krapfen von Blikle (Warschauer Cafehaus) hatte irgend etwas nicht geklappt. Die »gęs po polsku« – Gans auf polnische Art – hingegen erwies sich nicht als journalistische Ente, sondern als äußerst schmackhafter Gruß aus Wadowice.

Auch die Nachricht, die Direktion der Lufthansa hätte zwei

berühmte Altphilologen gebeten, das Menü des päpstlichen Abendbrots in der Maschine in lateinischer Sprache zu redigieren, hat den Papst sehr amüsiert. Ein Professor allerdings, Koryphäe unter den Lateinern, entzog sich der Mitarbeit und behauptete, »Küchenlatein« wäre ihm fremd. Wie auch immer: zur »Gans auf polnische Art« (»Lusculum more Polonico paratum«) wurden Leckerbissen wie folgt gereicht: »recens assum anserinum«, »brassica rubra cum malis« und »pomma terrestria nuciformice«. Die polnisch sprechende Stewardeß erschien mit einer Flasche »uvarum Rislingicarum sero vindemiatum austerum«, sprich: Riesling Spätlese 1979«, sicherlich in Unkenntnis der Tatsache, daß der Papst – entgegen anderslautenden Gerüchten – Mineralwasser lieber hat als »vinum« oder »coniacum«.
Während der päpstlichen Ansprache an die Künstler im Saal der Münchner Residenz (»ultrarote Literaten sind eingeladen worden«, beklagt sich ein rechts von Strauß stehender Lokalpoet, »und ich, treuer Sohn der Kirche, darf nicht einmal durchs Schlüsselloch einen Blick auf den Papst werfen!«) vergegenwärtige ich mir, daß eben dieser Königssitz einmal von Aleksander Gierymski gemalt wurde, daß sein Bruder Maximilian nicht weit von hier wandelte, daß Jan Matejko eine nahegelegene Gasse skizzierte und daß der Held des päpstlichen Bühnenstücks, der Untergrundkämpfer und Maler Bruder Albert (Adam Chmielowski) unter der benachbarten Platane auf seiner Prothese herumhumpelte... Im vorigen Jahrhundert spazierte jeder zweite polnische Maler am Isarufer entlang und war bereit zu behaupten, extra Bavariam non est vita.
Kultusminister Hans Maier spielt auf der unter der königlichen Saaldecke befindlichen Orgel. Die Chöre singen schöner als jemals zuvor. Das Orchester geizt nicht mit Schlagzeug. Der Theaterdirektor Everding hält eine witzige Rede. Der Gast nickt zufrieden. Eine Stimmung wie im siebenten

Himmel. Halleluja! »Welch ein Mensch!« weint ein Filmstar ins Tüchlein. »Ich bin so glücklich!«
Alles drängt durch die Kordons zum Hirten in Weiß. Am eifrigsten gebärden sich jene Hornissen, die ihn noch vor wenigen Tagen in der Boulevardpresse den »Ayatollah Wojtyla« genannt haben, »den ewigen Rückschrittler, der vergeblich versucht, den Uhrzeiger zurückzustellen.« Das sind diejenigen, die sich über die Frömmigkeit der bayerischen Bevölkerung, die zu Fuß nach Altötting wallfahrtet, mokierten und die – allzu vorschnell! – prophezeiten, die Gastwirte im »bayerischen Tschenstochau«, der Hochburg der Hinterwäldler, würden die dreißigtausend bereitgestellten Brathähnchen wohl selbst aufessen müssen, und den Devotionalienhändlern würde nur übrigbleiben, wie begossene Pudel mit ihren unverkauften Papstbildern heimzufahren. Und auch diejenigen, die sich beklagten, der Aufenthalt des Papstes würde die Staatskasse leerplündern. (Merkwürdig: als Breschnew und Tito zu Besuch kamen, da fand sich niemand, der die Regierung zur Sparsamkeit angehalten hätte.) Aber es ist ja das alte Lied: größere Freude ist über einen einzigen frisch Bekehrten, als über hundert Gerechte.
»Es gibt gute Nachricht«, freut sich der Prälat aus Fulda. »Die deutschen Katholiken haben anläßlich des Papstbesuches über 30 Millionen Mark für die notleidenden Menschen in der Sahelzone gespendet. Die Regierung spendiert einen Sanitätswagen.«
Und wie verlief das Sondertreffen des Pilgers mit seinen polnischen Landsleuten? Auf dem Platz vor dem alten Dom zu Mainz (er ist so alt wie der polnische Staat: die romanischen Fundamente stammen aus dem Jahre 970) versammelten sich mehr als achttausend Polen. Es kamen auch Busse aus Holland, Belgien, Frankreich und Westberlin. Schon anläßlich der Pressekonferenz in Köln klagten die Einheimischen: »Für das Treffen mit den Protestanten ist kaum eine halbe

Stunde vorgesehen. Hingegen für seine Landsleute hält der Papst ganze zwei Stunden bereit!« Es war ein schöner Abend, obwohl es ab und an nieselte, im silbernen Licht der Scheinwerfer, das auf die renovierten Fassaden der altertümlichen Steinhäuser und die prachtvollen Türme der Kathedrale fiel. Gastgeber war Kardinal Hermann Volk, ein langjähriger und guter Bekannter des ehemaligen Erzbischofs von Krakau und zugleich Ehrendoktors der Mainzer Universität.

Sein Episkopat – gegründet 780, eine Bagatelle! – leitet der Kirchenfürst trotz seines fortgeschrittenen Alters übrigens mit jünglingshaftem Elan. Der erzene Klang der gewaltigen Glocken mischte sich mit dem Jubelsang des Knabenchors und den Hymnen der gemischten Ensembles, dem Katarakt der Orchestermusik, und dem Geratter der Film- und Fernsehkameras. Weiß-rote Fahnen, Kinder in Krakauer Volkstracht und Goralenkleidung, Transparente mit Inschriften wie »Semper fidelis«, »Solidarität mit der Solidarität daheim!«, »Ungarn, Slowaken, Litauer, Ruthenen – die Brüder Polens!« Auch Gäste aus Polen sind da, jene Glücklichen, die mit dem sogenannten »Kardinal-Bus« reisen durften, lauter Duzfreunde von Karl Wojtyla, d.h. jene, die vom Papst geduzt werden und nicht umgekehrt.

Dann auf einmal wächst die Welle des Enthusiasmus! Er nähert sich! Er ist gleich da! Schon hört man den Lärm, der in den Nachbarstraßen anschwillt! Schon fängt der Ordnungsdienst an, den Kopf zu verlieren – ein Schutzengel stößt dem anderen den Ellenbogen in die Rippen. »Um Himmels Willen, wo ist bloß Janek mit den Blumen?« ertönt ein verzweifelter Sopran. »Laßt meinen Kleinen nach vorn! Hat nicht jemand seine Mütze gesehen?« Beifall, Hochrufe, die Hymne »Gaude Mater Polonia«, vor Rührung in kurze Bruchstücke zerfallen. Der »Papst zum Anfassen« entsteigt dem Wagen, küßt die Kinder, steigt über Treppen aufs Podium, begeht es mit erhobenen Händen, dankt für die Ovationen, Blumen, Zurufe und Tränen. Von Herzen durch Bischof Wesoly begrüßt, spricht er eindringlich und voller Herzlichkeit. Erinnert an das Schicksal der polnischen Arbeiter im Ruhrgebiet, die in der Stunde der Bewährung beim Polentum ausharrten. Nur fünf Prozent überlebten die braune Sonnenfinsternis. Er spricht vom Märtyrertum der Pfarrer in Dachau, dem Wiederaufbau der Kirche in der Nachkriegszeit, auf den Trümmern des Krieges, von seinen früheren Reisen in die Bundesrepublik.

Als der Papst in der Menge von einer angeblichen »Cousine« begrüßt wird, sagt er gutgelaunt: »Ich wußte gar nicht, daß es so viele Wojtylas auf diesem Planeten gibt. Sie sind nicht die erste und nicht die letzte nahe Verwandte von mir, der ich bis jetzt nicht begegnet war.«

Die Tatsache, daß der Papst Pole ist, verleiht seiner Deutschland-Reise eine zusätzliche Dimension. Sie eröffnet ein neues Kapitel in der Geschichte der Beziehungen beider Völker. Johannes Pauls II. Slawentum ist eine Trumpfkarte seines Papsttums, mehr noch: es erhöht seinen Rang. Karol Wojtyla betont gern gerade in Deutschland seine Abstammung. Ich konnte beobachten, daß, als einer der Warschauer Journalisten den Papst einmal in Rom auf Italienisch ansprach, dieser ihm demonstrativ in polnischer Sprache antwortete. Und als eine Gruppe jüdischer Funktionäre in Mainz die Verdienste der altehrwürdigen Frau Luckner im badischen Freiburg unterstrich, die in den Jahren des Hitlerterrors mehr als hundert jüdischen Bürgern das Leben rettete, verneigte sich der Papst vor der Greisin und sagte:

»Ich beuge die Stirn vor jedem Akt der Nächstenliebe. In meiner Heimat wurde man dafür mit dem Tode bestraft. Viele Polen haben ihr Leben gegeben, als sie gepeinigten und verfolgten Juden zur Hilfe kamen. Sie sind der Ehrengast unserer Begegnung, im Namen Gottes und des Menschen.«

(Nur wenigen ist es bekannt, daß der Student Wojtyla während der Holocaust-Zeit viele Juden vor der Vernichtung im Todeslager gerettet hat, indem er falsche Ausweise beschaffte und Schlupfwinkel organisierte.)

»Es wäre mir lieber«, verriet mir später ein Anhänger des »Klub Voltaire«, »dieser Papst wäre als Mensch weniger sympathisch und nicht so edelmütig. Sein Charisma erschwert uns die Diskussion. Es mißfällt mir, daß er die Juden vor Utopien warnt. Schließlich sind Utopien der Motor in der geistigen Entwicklung des Menschen. Ich weiß auch nicht, was ich mit dem Begriff des ›*falschen* Pluralismus‹ anfangen soll. Wer entscheidet in diesem Fall, was falsch und was richtig ist? Die starre Haltung der Kirche im moraltheologischen Bereich – diesen Graben werden wir, wie ich sehe, nicht zuschütten. Er müßte doch mehr auf Kardinal Suenens hören, der meint mit Recht, die Zeit für das traditionelle Christentum sei vorbei. Ahnt Wojtyla überhaupt, daß man in der Frage der Unfehlbarkeit des Papstes spätestens seit dem letzten Konzil dabei ist, eine Uminterpretation des Dogmas von 1870 im Blick auf eine echte und nicht nur simulierte Kollegialität zwischen Papst und Bischöfen zu bewerkstelligen?

»Sind Sie wirklich konservativ?« fragte ich einmal direkt den Krakauer Erzbischof Wojtyla. »Konservativ sein«, lautete seine Antwort, »ist nicht Hängen an dem, was einmal war, sondern ein Leben aus dem, was immer gilt.«

In Köln fährt der Papst an einer slowenischen Volkstruppe in ihrer farbenträchtigen Tracht vorbei. Als er erfährt, die slowenische Jugend sei besonders stolz auf ihre jahrhundertealten Bräuche und auf ihre Sprache, die sie auch in der Fremde pflegt (das bringt sie auf einem Transparent zum Ausdruck, auf dem in der Heimatsprache geschrieben steht: »Der ewige Gott hat allen Menschen die Ehre gegeben, ihn in der Muttersprache zu loben!«) sagt er: »Vielleicht darf

auch der Papst ein Wort zum Sonntag wagen? Nichts ist vergangen! Ein Mensch, der nur die Gegenwart anbetet, ist wie ein Baum ohne Wurzeln.«
Der letzte Pontifex Maximus, der Germanien besuchte, nämlich Pius VI., reiste in einer vergoldeten Kutsche mit acht Schimmeln davor. Wojtyla hingegen verzichtet auf jeden Prunk. Als der hochehrwürdige Gast in Bayern höflichkeitshalber »Leberkäs« kostet (es handelt sich weder um Leber noch um Käse – was die Polen nicht wissen können!), möchte ich ihn am liebsten scherzhaft warnen, er solle mangelnden Appetit vorschieben – der in den Grabgewölben des Bamberger Doms ruhende Clemens II., »rex sacerdos«, einer der vier deutschen Päpste, wurde vor vielen Jahrhunderten ein Opfer ähnlicher Leckerbissen. Aber wozu sich den Zorn bayerischer Schmankerl-Liebhaber zuziehen?
Es scheint, als habe der Blitzbesuch des Papstes zur neuen Blüte des religiösen Denkens beigetragen. Die Rubrik »Briefe an die Redaktion« hat sich in den führenden Tageszeitungen in ein wahres Forum für theologischen Disput verwandelt. »Viele erwarteten einen Frühling der Kirche. Doch er blieb aus, weil viele Reformen nur halbherzig durchgeführt wurden!« »Ökumene – nur ein schickes Wort?« »Geschiedene – Ausgestoßene?« – man sieht auch kritische Transparente vor der Kathedrale. Seine Fähigkeit, Brücken zu bauen, beweist der Papst auch bei der Begegnung mit jenen Brüdern in Christo, die sich mit »freundlicher Atmosphäre« allein kaum begnügen wollen. Sie möchten nämlich Konkretes erfahren: wann Rom die Eucharistiegemeinschaft zwischen Christen verschiedener Bekenntnisse erlaube, wann es möglich sein werde, auch am Sonntag und nicht nur am Werktag ökumenische Wortgottesdienste zu halten, und wann Ehen von Katholiken und Protestanten, die allein vor dem evangelischen Geistlichen geschlossen werden, kirchenrechtlich anerkannt würden. Eine gemeinsame Arbeitskom-

mission soll gebildet werden, der man schon heute ins Stammbuch eintragen könnte, daß der Teufel im Detail zu stecken pflegt. Der Vorsitzende des Deutschen Evangelischen Kirchenrates (der sich im übrigen größerer Verdienste um die Annäherung an Polen rühmen darf als die katholische Kirche in der Bundesrepublik), Bischof Eduard Lohse, ist ein Befürworter der engen Zusammenarbeit beider Kirchen. Und doch fehlt es im Umkreis nicht an Pastoren, die fragen: »Braucht die Sache Christi wirklich eine stramme Einigkeit unter den Christen? Viele Wege führen zu Gott!« Es sind nicht nur die Unterschiede in puncto Dogma, Liturgie und innerer Struktur, die die Brüder voneinander trennen, sondern auch die seit Generationen abweichende Mentalität. Ganz zu schweigen von den Anschauungen jener Pastoren, die nicht zögern, Geld zum Ankauf von Waffen für lateinamerikanische Revolutionäre zu sammeln. In dem Land, wo Toleranz und Demokratie keine leeren Worte sind, drängen die Unzufriedenen und die Enthusiasten unterschiedlichster Couleur zu den »Freiluftspektakeln der Frömmigkeit« wie die Nachtfalter zum Licht. Ein junger Holländer in Teufelstracht durchstreift die Festwiese mit einer Tafel, die folgende Inschrift trägt: »Körperliche Arbeit würde Dir guttun, Papst!« (als würde Johannes Paul II. noch zu wenig arbeiten!) Ein junges Mädchen, als Jungfrau von Orleans zurechtgemacht, hat sich eine Schlinge um den Hals gelegt und ein kleines Plakat ans härene Gewand gesteckt: »Ich bin Feministin. Die Kirche, Feind der Frauen, würde mich nur zu gern auf den Scheiterhaufen stellen!« Eine »neo-maoistische« Gruppe warnt, Weihrauch verursache Krebs, und das Küssen von Kindern sei unhygienisch. Jemand sammelt Unterschriften unter dem Transparent: »Rom sollte Erzbischof Lefèbre um Verzeihung bitten!«
»Schöne Worte, Medaillen und Rosenkränze, das ist nicht genug!« ruft, ganz wie im Londoner Hyde Park Corner, ein

Osnabrücker Kleriker durchs Handmegaphon. »Höchste Zeit, daß konkrete Beschlüsse gefaßt werden. Weniger kluge Sprüche, mehr vollendete Tatsachen!«
»Im Korintherbrief berichtet Paulus, daß die Apostel und auch Petrus verheiratet seien und die Frauen auf ihren Reisen mitnähmen!« schreit ein bibelfester Jüngling.
»Sagen Sie bitte dem Heiligen Vater, daß ich im Selbstverlag im Offsetdruck das Buch ›Jahrhundert-Ereignis‹ vorbereite«, sagt ein unbekannter Herr. »Und vergessen Sie nicht zu erwähnen, daß die bayrische Jugend den Korbinianschrein von Freising nach München im Autokonvoi geleitet hat, und daß die Mitra, die unsere Stadt dem Papst schenkt, von einer Stickerin aus vielen Süßwasserperlen und Japangold in 1000-stündiger Arbeit gefertigt wurde!«
Auf dem Rückflug von München nach Rom – Minister Colombo hatte schon, weiß behandschuht, auf dem Flugplatz voller Ungeduld seine Melone hin und her gewendet – plauderte der Papst wie üblich ungezwungen und ohne Eile mit seinen Reisegenossen. Auf die Frage, ob er seine Pilgerreise nach Deutschland für erfolgreich halte, antwortete er diplomatisch:
»Wie ich höre, waren bisher alle Papstreisen mehr oder weniger erfolgreich. Fragen Sie die Deutschen, was sie dazu meinen.«
»Diese Reise war nicht nur notwendig, sondern ist auch durchweg gelungen«, sagt mein deutscher Freund. Mit Sicherheit war sie – historisch. »Er ist nicht abgereist, er hat uns nicht verlassen«, fällt mir die Äußerung eines bayerischen Pfarrers ein. »Der Heilige Vater verweilt jetzt in unserem Gedächtnis!«
Schon färbt sich der Himmel über Castelgandolfo violett. Der sonnige Novembertag geht seinem Ende zu. Gleich werden in den Fenstern des alten Barberini-Palastes die Lichter aufflammen. Der Papst wird sich in seine Kapelle begeben,

um sein Abendgebet zu verrichten. Auch dort gibt es ein Stückchen Polen. Neben dem Bildnis der Schwarzen Madonna sind zwei Bilder von Jan Rosen zu sehen: »Die Verteidigung Tschenstochaus« und »Das Wunder an der Weichsel«.

Im deutschen Fernsehen bin ich gefragt worden, welche Station der Papstreise auf mich den stärksten Eindruck gemacht habe. Was empfindet ein Pole, der die Hitlerjahre als Zuchthäusler erlebt hat, wenn er Zeuge wird, wie der Papst vom Königsberg Wawel, der ehemaligen Residenz des Generalgouverneurs Frank, deutsches Land besucht? Die Antwort: nach dem Empfang im Palais Augustusburg geleiteten die Gastgeber den Papst über den von brennenden Fackeln beleuchteten Vorhof zum glasverkleideten Gefährt. Entlang des roten Läufers und der Reihe von Vasen mit weißgelben Chrysanthemen hatte in strammer Formation die Kapelle der Bundeswehr Aufstellung genommen. Helme, die bis über die Brauen fielen – ein seltsam vertrauter Anblick. Wir hörten ein flottes Potpourri soldatischer Melodien: französische, englische, italienische. Und plötzlich packte uns etwas bei der Gurgel: unerwartet erklangen Takte des Dąbrowskischen Mazurek. »Noch ist Polen...«
Der Papst verhielt. Blickte sich um, auf der Suche nach Landsleuten, die das, was er gehört hatte, bezeugen konnten. Und sagte mit fremder Stimme auf polnisch:
»Was für ein Augenblick! Nein – es ist nicht verloren!«

Der Weg nach Avellino (Ende November 1980)

Noch bebten die Trümmer, in Ziegelstaubwolken gehüllt, noch zögerte man, in Schneegestöber, Regenschauern und Lehm mit der Wiederherstellung zerstörter Straßen und eingestürzter Brücken, noch verzeichneten Seismographen weitere Erdstöße (als hätten die unbekannten Kräfte ihre Rachsucht noch immer nicht gestillt), da begab sich der Papst, die warnenden Ratschläge nicht achtend, per Hubschrauber in die von der Katastrophe betroffenen Gebiete. Es kann kein Erbarmen Gottes geben ohne menschliches Erbarmen auf Erden.

In Potenza verschmähte der Papst den ihm von Erzbischof Josef Vairo angebotenen Wagen und begab sich stattdessen zu Fuß, quer zwischen Ruinen hindurch, zum Hospital des heiligen Karl. Dort neigte er sich über Tragbahren und segnete die Verletzten.

»Sie brauchen einen Hirten in der Stunde der Furcht! Wir kommen ohnehin schon vierundzwanzig Stunden zu spät. Der Priester sollte der Erste sein!«

Die weiten, exotischen Reisen des Papstes ziehen wie ein buntes Picknick hunderte von Journalisten an. Zur Samariterpatrouille ins Land des Todes, der Verzweiflung und des großen Schmerzes hingegen haben sich nur wenige gemeldet. »In meiner Illustrierten«, hat einer der Zeitungsverleger zugegeben, »betrachtet der Leser gern Schnappschüsse von Indios, die zu Ehren des Papstes tanzen. Von den schwarzgekleideten Frauen, die neben den Leichen ihrer Kinder knien, wendet er sich ab.« »Die Apokalypse ist keine Erfindung der Visionäre! Der Tröster ist in die Höllengefilde hinabgestiegen!« – Schlagzeilen wie diese waren keine Übertreibung. Am Dienstag, den 25. November, während der Papst ins Feldlazarett eilte, um dort priesterlichen Beistand zu leisten, bebte die Erde zum vierten Mal. Nicht so heftig und neunzig endlose Sekunden lang, wie an jenem kritischen Sonntag, aber doch lang und heftig genug, um Chaos und Panik hervorzurufen. Schließlich weiß man nie, wie lang der Erdstoß dauern wird und ob er nicht das Ende der Welt bringt. Carabinieri und Rettungsmannschaften, die am Rande der geborstenen Fahrbahn Posten bezogen haben, stürzten davon. Der Papst jedoch saß ohne eine Spur von Furcht im Wagen und segnete die Trümmerfelder, unter denen die noch immer nicht geborgenen Erdbebenopfer begraben lagen. Die Überlebenden von Balvano begrüßten ihn mit noch lauterem Schluchzen als in Potenza.

»Rette uns! Hilf! Mach' uns dies Unrecht begreiflich!«

Eine Sintflut von Ziegelsteinen. So sahen bei Kriegsende die von Bombern und Artillerie zerstörten Städtchen aus. Aber diesmal hatte nicht ein Mensch dem anderen den Hieb versetzt. Durchdringende, gellende Klagerufe. Bittere Beschwerden über die Unbeholfenheit und Feigheit der Regierungsvertreter. Statt Verschüttete und Verletzte zu bergen, verließen die Notabeln als erste ihre Standorte. Allgemeine Empörung über menschliche Hyänen, die über fast völlig zerstörtes Hab und Gut herfallen und die Lebensmittel plündern. Lange Reihen von Leichen, eingewickelt in Decken, Zeltplanen, Zementsäcke aus Papier – der Sargtransport ist noch nicht eingetroffen. Obdachlose zittern vor Kälte. Wo soll man Schutz suchen in der Nacht? Es fehlt an Brot, Milch für die Kinder, Medikamenten.

»Robertino, hörst du mich?« Die Stimmbänder des alten Bauern sind zerschlissen vom unaufhörlichen Rufen. Er kniet auf einem Hügel von Dachpfannen, räumt verbissen

mit bloßen Händen die Trümmer seines Hauses beiseite. Seine Hände sind abgeschunden bis aufs Blut. Er sträubt sich gegen die Soldaten, die ihn zum Ambulanzwagen zerren wollen.
»Bestraft die Schuldigen! Warum sind die einen Häuser stehengeblieben, während die anderen in Trümmern liegen? Man hat uns betrogen, bestohlen!« ruft jemand in der Menge. »Gott, warum hast Du uns verlassen?« klagen die Frauen. »Unsere Kinder sind unter den Trümmern der Kirche umgekommen!«
Propst Salvatore Pagliuca schützt seinen bandagierten Kopf vor den Verwünschungen der Bäuerinnen, als wären es Stockhiebe.
»Sie sind tot, und du lebst!« schreien sie und beuteln ihn voller Verzweiflung. »Warum bist du nicht zusammen mit ihnen umgekommen?«
»Es ist doch nicht meine Schuld!« versucht er sich weinend zu rechtfertigen. »Ihr wollt mich kreuzigen. Bin ich es, der eure Kinder erschlagen hat?«
»Erzähl' uns bloß nicht, Gott habe es so gewollt!« heult jemand auf vor Schmerz.
Der Papst ließ den Kopf sinken. So, als fühlte er sich persönlich verantwortlich für jedes Unglück, das den Menschen trifft. Doch rasch hatte er das Gefühl der Ohnmacht überwunden. Streckte den Weinenden die Hände entgegen. Was soll man ihnen sagen? Wie wenig vermögen Worte, in einem solchen Augenblick. Er wiederholte, was er den Verletzten in Potenza gesagt hatte:
»Ich weine mit euch. Wenn der Mensch leidet, braucht er die Anwesenheit seines Mitmenschen. Ihr Brüder und Schwestern, die ihr so schmerzlich heimgesucht worden seid, ich möchte nahe bei euch sein, die ihr leidet und verzweifelt. Ich leide mit euch. Ich kann euch nichts bringen als das Gebet und die Worte Christi, der durch die Schmerzen

der Menschen hindurchgegangen ist. Jeder vom Tode Gezeichnete trägt die Hoffnung des Lebens in sich. Wo das Kreuz ist, gibt es auch die Hoffnung auf Wiederauferstehung. So ist die Tragödie unseres Seins beschaffen. Und doch ist der Mensch nicht allein, neben ihm steht ein zweiter, und mit euch allen gemeinsam ist Christus, der allgegenwärtige Vater und Retter.«

In der Stille, die nur vom leisen Stöhnen der Verletzten unterbrochen wurde, vernahm er seine eigene Stimme. Zuerst schwankte sie, dann wurde sie zunehmend stärker und sicherer:

»Wir bitten Dich, Herr, sieh herab auf Dein Volk! Pro qua Dominus noster Jesus Christus...«

Die Priester und Pflegeschwestern griffen das Gebet auf:

»...non dubitavit manibus tradi nocentium et crucis subire tormentum...«

»Und auf sich nehmen das Leiden des Kreuzes!« wiederholte er mit Macht.

Mit diesen Worten hatte einst Erzbischof Sapieha vor dem großen Altar der Wawel-Kathedrale die Alumnaten gesegnet, ehe sie sich auf ihren priesterlichen Weg im Dienste Gottes und der Menschen machten.

Jedesmal, wenn der Papst die Schwelle einer Klinik oder eines Krankenhauses überschreitet und die langen Reihen von Betten vor sich sieht, worauf die auf ihre Ellenbogen gestützten Patienten oder die verbundenen Erdbebenopfer ihre Augen nach ihm wenden und ihn tränenüberströmt herbeiflehen, gedenkt er seiner ersten Begegnung mit menschlichem Leid, lebt die Erinnerung an den älteren Bruder im Arztkittel in ihm auf. Ganze zehn Jahre war er alt, als er den frischgebackenen Doktor der Medizin und Assistenten an der Krakauer Kinderklinik besuchte. Gerade elf geworden, schritt er an der Seite des Sekundarius den Korridor des Städtischen Krankenhauses in Bielsk entlang. Edmund starb früh – mit 26 infizierte er sich bei der Krankenpflege. »Du kannst stolz sein auf deinen Bruder«, meinte der Vater, während sie im Schneegestöber von der Beerdigung heimkehrten, »er opferte sein Leben im Dienste des Nächsten.« »Wenn du erwachsen bist, solltest du auch Arzt werden und den Leidenden helfen«, sagte Propst Kasperlik am Eingang zum Friedhof und strich ihm über die Wange.«

»Die Welt, in der wir leben, hat viele Gesichter«, seufzt der Papst in Avellino.
»Und viele Teufelsfratzen«, fügt jemand leise hinzu.
Avellino ist überall. Das habe ich schon in Brasilien empfunden. »Die Welt ist stets anders, als sie uns vorkommt«, lautet die Zeile, die ich in einem Lyrik-Band des Papstes entdeckte. *»Nothing is real«,* singt sarkastisch die Liverpooler Jugend, »nur das Elend des Menschen.«
In letzter Zeit hört man den Papst nur selten lachen, denselben Papst, der früher so oft zum Lachen und Scherzen aufgelegt war. Ich erinnere mich, daß er zum Beispiel lauthals gelacht hat, als während einer großen religiösen Manifestation in Nairobi Eingeborene einen jungen Ziegenbock zum Altar mitbrachten, und das Tierchen die Gläubigen in den unpassendsten Augenblicken an seine Existenz erinnerte. Aber auch in einem von Natur aus heiteren Menschen läßt das Bedürfnis nach Fröhlichkeit nach, wenn vor seinem geistigen Auge die hungrigen Negerkinder Afrikas, die verzweifelnden Indios vom Amazonas und die verletzten Kinder von Potenza und Avellino Revue passieren, wenn nach dem päpstlichen Appell an den Entführer, er möge den Eltern ihre elfjährige Tochter zurückgeben, aus Karlsruhe die Nachricht kommt, man habe im nahegelegenen Wald die Leiche der kleinen Cornelia gefunden, wenn über Polen schon seit Monaten die Drohung eines »hilfsbereiten« Erpressers schwebt, wenn... Lang und traurig ist diese Litanei.

Es ist richtig, daß das Elend und der Schmerz dieser Welt den Fürsprecher sozialer Gerechtigkeit auf seinem Vatikanhügel zutiefst deprimieren. Doch gleichzeitig motivieren sie ihn, seine Samariteranstrengungen zu verdoppeln. Nach der Rückkehr aus Süditalien, aus den vom Erdbeben heimgesuchten Gebieten, betete der Papst in der im dichtbewohnten Viertel Monte Verde Nuovo gelegenen römischen Saletiner-Kirche und sagte zu den Gläubigen, die sich vor dem Bildnis der Weinenden Muttergottes versammelt hatten, der Himmel würde unsere mitleidigen Tränen sehen und zählen, die Früchte des Mitleids jedoch stufe er höher ein: Konkretes Wirken im Dienste des Nächsten, ein Leben für andere, nicht nur für sich selbst. »Wir sind eine große menschliche Familie. Schließlich lautet unser Gebet: »Vater *unser*«, und nicht »Vater *mein*«.

»Der weiße Blitz«
Drei Kontinente in zwei Wochen
(Februar 1981)

Nein, diesmal signalisiert der fliegende Omnibus keine Pilgerstimmung – weder optisch noch akustisch. Da wird ein Western gezeigt, worin buchstäblich alle hundert Flugkilometer eine Indianerleiche anfällt. Auch der Gratis-Champagner auf nüchternen Magen ist nicht dazu angetan, die Kontemplation zu fördern. Ein paar krankhafte Streber bearbeiten vom Start weg ihre Schreibmaschinen und produzieren mit Sicherheit nichts als Worthäcksel. Französische Reporter versuchen mit übernächtigten Stewardessen zu flirten. Drei Anti-Trappisten par excellence dreschen Skat. Mein Nachbar, Papist und Kommunarde in einer Person, stößt Lästerungen gegen Reagan, Strauss und Mrs. Thatcher aus: nach seiner Meinung streben alle drei im Sturmschritt dem nächsten Weltkrieg entgegen. Wie soll sich der büßende Geist zum Himmel erheben, wenn der Alltag so laut und mißtönend krächzt?

Kein übler Gedanke: Der Schöpfer von Bühnenstücken unterwegs nach Fernost, an Bord eines Flugzeugs, dessen Name »Luigi Pirandello« lautet. Auf dem Flug nach Karatschi – sogar eine Medaille wurde aus diesem Anlaß geprägt – flattern Depeschen an die Oberhäupter der Staaten, die an der Flugroute liegen: Italien, Griechenland, Zypern, Libanon, Jordanien, Saudi-Arabien, das Vereinigte Arabische Emirat und Pakistan. Als Auffrischung in Erkunde wahrlich nicht übel. Zwar gleicht keines der Häupter dem andern, aber so ein Protokoll, das ist eine heilige Sache. Während

des Fluges zu den Philippinen segeln Höflichkeitsfloskeln nach Indien, Burma, Siam, Laos und Vietnam. Infolge sanften Kurswechsels entfällt die Notwendigkeit einer Grußbotschaft an den Machthaber Kambodschas, dessen Völkermord-Heldentaten traurigen Ruhm erlangt haben. Während wir die endlose Wüste überfliegen, nimmt der Papst im Cockpit Platz und fragt, wie man einen Passagier-Jet fliegt.
»Ich erkläre es gern«, meint der italienische Pilot, »aber unter einer Bedingung: daß Ihre Heiligkeit nicht auf die Idee kommt, selbst zum Steuerknüppel zu greifen.«
»Im Prinzip müßte der Flug ohne dramatische Zwischenfälle verlaufen«, sagt Miß Ruby. »Außer, wir werden von Arafats Leuten entführt. Statistisch gesehen...«
»Wer glaubt schon an Statistiken«, kichert ein Bostoner Prälat, »eine typisch amerikanische Fata Morgana. Ein hochgelehrter Rechenmeister der Harvard-Universität hat festgestellt, daß der Vatikan zwar über die geringste Säuglingssterblichkeit verfügt, gleichzeitig aber der höchstmilitarisierte Staat der Erde ist: 240 Schweizergardisten auf 1120 Einwohner.«
Einem der Anwesenden fällt ein, daß er vor elf Jahren zusammen mit Paul VI., Marcinkus und Panciroli schon einmal zu den Philippinen geflogen ist. Erste Station war damals Teheran, wo die Reisegesellschaft zwei überaus gastfreundliche Andersgläubige rasch in ihre Herzen schloß: den Schah von Persien und seine photogene Ehefrau. Wer gedenkt ihrer heute im Vatikan? Sic transit gloria mundi. Damals, während des kurzen Zwischenstops in Pakistan, sammelten Journalisten, tiefbeeindruckt von den Verwüstungen, die ein katastrophaler Taifun ringsherum verursacht hatte, spontan mehr als eintausend Dollar untereinander und händigten den mit Banknoten randvoll gefüllten Hut dem damaligen Sozialminister aus.
»Und wißt ihr, was der uniformierte Drakula getan hat? Er

stopfte das Geld ohne ein einziges Wort des Dankes nachlässig in seine Gesäßtasche, schoß einen mißgünstigen Blick ab und riß schauerlich gähnend sein Maul auf.«

In Karatschi empfängt uns faulige Hitze. Mehr als 30 Grad Celsius im Schatten. Transparente mit der Aufschrift: »Freedom for Afghanistan!« Ein betäubendes Hupkonzert rund um den Flugplatz. Bengalisches Feuer. Mit bunten Glühlampen geschmückte Torbögen. Die Nacht wird zum Tage. Im Hafen heulen Sirenen. Kapellen spielen alles auf einmal. Ein buntes Potpourri: religiöse Hymnen, Walzer, Militärmärsche, so z.B. unverkennbar der »Herzogin Viktoria Louise-Marsch«, Melodien aus Lehárs »Lustige Witwe«. Offenbar eine Art Revanche: gebt den Europäern was europäisch ist! Aber es fehlt auch nicht an fernöstlichen Querpfeifen, die sich wie Korkenzieher in die Gehörgänge bohren. Pfadfinder mit großen, schwarzen, langbewimperten Augen. Polizei in schneeweißen Gamaschen, Handschuhen und Helmen, bewaffnet mit langen Stangen, drohend flammende Augen in finsteren Gesichtern. In Staubwolken gehüllt sausen schnelle, geblümte Miniautobusse vorüber, grauenhaft überfüllt, die Fahrgäste wie Ölsardinen aneinandergepreßt. Und dann schließlich die Inkarnation von Hollywood: ein Wirbel aus Farben und Düften, Fontänen, Blumenrausch, Seidenzelte, Schärpen, durch die Luft züngelnd, kostbare Teppiche, Tumult von hundert Basaren, das reinste Vorzimmer zum Paradies. Kein Wunder, daß nur einige wenige in der Nähe der Diplomatenloge inmitten des Gewühls und des unaufhörlich explodierenden Gebrülls die trockene Detonation registrieren, und wenige Minuten später die gedämpfte Sirene des Ambulanzwagens. Es sollte allen Pünktlichkeitsfanatikern zu denken geben, daß wer zu spät kommt, nicht immer schlecht dabei fährt. Eine Viertelstunde vor dem Eintreffen des Papstes im Stadion explodiert in der Hand eines verhinderten Attentäters eine Granate. Sie tötet ihn auf der Stelle und verletzt mehrere Personen. Zu einer Panik kommt es glücklicherweise nicht. Der rasch handelnde General Zia Ul-Haq informiert die Presse, erste Untersuchungen hätten seine Vermutung bestätigt: es sei das Werk der PPP (Pakistan Peoples Party), eine Intrige der Witwe des unseligen Bhutto, die man leider vergessen hat zu verbrennen. Das Papstattentat sollte gleichzeitig das internationale Prestige des Gastgebers zerstören.

Bei der Nachticht vom tragischen Vorfall sagte unser Papst zu seiner Umgebung:

»Ich werde für den Unglücklichen beten.«

Barmherzigkeit ist eine der Trümpfe des Christentums. Nicht alle Religionen der Welt vergeben den Schuldigen.

Ähnlich wie in anderen Ländern ermutigt der Besuch ausländischer Journalisten die örtlichen Oppositionellen. Einer von ihnen stellt die Frage:

»Warum unterstützt der demokratische Westen die Diktaturen? Wieso ist er lediglich an der guten Laune der Regierenden interessiert, und nicht an den Stimmungen und Wünschen der Regierten?«

»Dieser Staat ist aus Haß geboren und wird in Haß enden«, informiert uns ein Anhänger der Ahmadiga, der Erneuerungsbewegung der Moslems. »Wenn General Zia Ul-Haq sich wenigstens darauf beschränken würde, unzufriedene Bürger ins Gefängnis zu stecken... Schließlich rottet jeder seine politischen Gegner aus, so gut er kann, das ist Naturgesetz. Aber was viel schlimmer ist: er maßt sich an, Übersetzungen des Korans zu zensieren!«

Während das schneeweiße Geschoß mit dem Mann aus Wadowice an Bord in dieser Nacht mit eintausend Kilometern pro Stunde den asiatischen Luftraum durchpflügt und die Geschwindigkeits- und Entfernungsmesser neben den zurückgelegten Meilen gewissermaßen auch die verflossenen

Jahrhunderte registrieren, bedarf es keiner außergewöhnlichen historischen Phantasie, sich vorzustellen, daß die Geister der polnischen Missionare, die ihr Leben der Evangelisation dieses Erdteils gewidmet und oftmals sogar geopfert haben, heute mit uns fliegen – gleichsam wie El Cid, noch posthum im Sattel ragend.

»Dieser Flug nimmt wohl nie ein Ende«, ächzt ein Jüngling aus Paris. »Was haben wir verbrochen...?«

»Hör' auf zu jammern! Tausende von Franzosen würden gern mit dir tauschen!« werden Stimmen laut. »Undankbares gallisches Küken!«

Doch schon erglänzt unter den Tragflächen der Archipelag aus siebentausendeinhundert Inseln, zart angeschminkt vom Rouge der aufgehenden Sonne. Die mythologische Dame Eos, die rosenfingrige, sagt uns »Guten Morgen!« Rasch das Fernglas! Es ist schier unmöglich, sich in dieser riesigen, über grenzenloses Aquamarin gebreiteten Landkarte zurechtzufinden. Wo ist der weißschimmernde Gipfel des Apo? Rauchen die Vulkane? Wo liegt Corregidor, das in die Kriegsgeschichte beider Nationen eingegangen ist? Wo Patriotimus blüht, da gibt es auch Thermopylen. Ist dies dort Quezon, die Stadt mit dem Namen des Exil-Präsidenten? Und wo liegt die Bucht von Leyte, Schauplatz der gewaltigsten Seekriegsoperation unserer Epoche? Hier ein Korb voller Blumen, ins Meer geworfen, dort hunderte kleiner Boote, den rosafarbenen Spiegel furchend. Und jene sechs Schatten, die einander über die Reisfelder verfolgen – das ist unsere Ehreneskorte, Düsenjäger der philippinischen Luftwaffe.

»In einer Viertelstunde«, sagt der Philippino mit Rührung in der Stimme, »wenn das Fahrwerk unserer Maschine die Landebahn berührt, wird die ›Große Stumme‹, so heißt die alte Glocke in der St. Sebastiankirche von Bacolod City, ihre erzene Stimme wiedererlangen. Als in der Okkupationszeit die Japaner kamen und die Glocke beschlagnahmen wollten, brach dem protestierenden Propst das Herz. Damals schworen die Gemeindemitglieder vor dem Altar, ihre Glokke würde für alle Zeiten stumm bleiben. Sie erklang auch nicht beim Besuch Pauls VI. Heute jedoch, aus Anlaß der Ankunft *dieses* Papstes, werden zwölf Jünglinge die Leine ergreifen und die ›Große Stumme‹ in Bewegung versetzen, die zum erstenmal seit 39 Jahren ihre Stimme erheben wird.

Einige Zeit später – die Hymnen, Ansprachen, Paraden von Kindern, die als päpstliche Garde (Raffael geistert in Asien) gekleidet sind, das Geschrei und der Applaus sind verklungen – bahnt sich ein Riese mit muskulösen Armen rudernd seinen Weg durch die Menge. Ein Boxer kehrt an den Ort des Knock-out zurück – die Rede ist von Bischof Marcinkus. Vor elf Jahren, auf demselben Flugplatz, hatte er einen bolivianischen Maler überwältigt, der seinen Dolch gegen Paul VI. erhoben hatte. So hat dieser Amerikaner litauischer Abstammung seine zweite Karriere als päpstlicher »bodyguard« begonnen, der Mann, der bis zu diesem Zeitpunkt »nur« inoffizieller Finanzminister war.
Auch für den Papst ist dies nicht der erste Besuch. Im November 1973 hatte er auf seinem Weg nach Melbourne Station auf dem Flugplatz von Manila gemacht. Da er kein Visum hatte, durfte er den Transit-Warteraum nicht verlassen. Man telefonierte mit Kardinal Santos, der für den Reisenden bürgte. Der Gast aus Krakau hielt eine Abendandacht bei den Redemptoristen, in einer Kirche unweit des Flughafens. Mehr als sieben Jahre sind seitdem vergangen. Und als am Morgen des 17. Februar im selben weiträumigen Gotteshaus (2000 Sitz- und 9000 Stehplätze!) der Papst vor dem Altar steht und lächelnd verkündet: »Dies ist die einzige philippinische Kirche, in der ich zum zweitenmal in meinem Leben bete!«, brechen die Gläubigen in ein derart lautstarkes »Sto

lat!« aus, daß die brennenden Kerzen vor dem Bildnis der Mutter Gottes der Unaufhörlichen Hilfe im Luftzug zu flakkern beginnen. Und ein Greis ruft in polnischer Sprache: »Zweimal ist keinmal, Heiliger Vater!«

Vor vielen Jahren weilte im nämlichen Manila anläßlich eines Eucharistischen Kongresses der Metropolit Fürst Adam Sapiena, der Erzieher des jungen Wojtyla. Seine Philippinen-Reise nahm jedoch ein volles halbes Jahr in Anspruch.

Als er den am Meer entlangführenden Roxas-Boulevard entlangfuhr, entdeckte der Papst die mitten zwischen Palmen kniende Mutter Theresa aus Kalkutta und zeichnete ein Kreuz in die Luft: er hatte die unermüdliche Spendensammlerin bereits in Melbourne im Februar 1973 kennengelernt.

Die Gründerin der Bewegung »Bagong Lipunan« (»Neue Gesellschaft«), »Mme. Governer«, Mrs. Imelda Romualdez Marcos, Minister für den Bereich »menschenwürdige Siedlungen«, First Lady des Landes und Oberhaupt der Metropole Manila (siebeneinhalb Millionen Einwohner), Mutter dreier hochtalentierter Kinder – diese Frau arbeitet, wie uns ein Beamter des Informationsministeriums eröffnet, achtzehn Stunden täglich für das Wohl des Landes. »Superma'm is a creature of instinct, impulse and overwhelming resilience. Her tremendous energy and her seemingly boundless capacity to carry on with hardly any sleep are legendary to her countrymen. Dank ihrer Aufklärungsaktion«, fährt der Beamte mit gottesfürchtig umflortem Blick fort, »ist die Geburtenzahl auf den Philippinen in letzter Zeit von 3,4 auf 2,7% gesunken.«

Ob wohl gerade diese Errungenschaft der fleißigen Präsidentin auf die Anerkennung Roms und des philippinischen Episkopats stößt?

Der Erzbischof von Manila, Kardinal Jaime Sin, gilt als gemäßigter Kritiker der Regierungspolitik. Da seine Position im Lande nicht so stark ist wie die der Kardinäle in Polen,

weiß er, wo seine Möglichkeiten enden. Und so laviert er geschickt zwischen der Scylla »radikalen Christentums«, das die gesellschaftlichen Konflikte am liebsten mit der Waffe lösen würde, und der Charybdis jener katholischen Gruppierungen, die die Interessen privilegierter Schichten verteidigen und jede ernsthafte Reform für eine Intrige des Fürsten der Finsternis halten. Schreitet der hochbetagte Kardinal Julio Rosales durchs Spalier der Gläubigen mit der Miene des Dulders, der sich im Volk Gottes getäuscht hat, so funkelt es hinter den Brillengläsern des verhältnismäßig jungen Sin nur so vor Humor und Ironie. Er scheut auch vor frivolen Kalauern nicht zurück und pflegt den Ausländer, der die Schwelle seiner Residenz übertritt, mit einem donnernden »Welcome in the house of Sin!« zu begrüßen.
Die philippinischen Bischöfe sind ganz versessen auf Redensarten wie »Manila – das Rom des Fernen Ostens«, und sie übernehmen nur zu gern Aufgaben, vor die sich in früheren Zeiten Polen als »Bollwerk des Christentums« gestellt sah – obwohl sich vieles, sehr vieles in der Welt verändert hat, vor allem in Asien, seit den Zeiten Magellans und des heiligen Seelenfängers Franziskus Xaver.
Mit welcher Begeisterung zitiert der junge Prälat in Iloilo die Worte des heiligen Franziskus-Xaver: »Würde ich nach Europa zurückkehren, so stürmte ich durch sämtliche Universitäten und riefe, auch wenn man mich für verrückt hielte, der Jugend zu: ›Es ist eure Schuld, daß so viele Seelen auf die ewige Glückseligkeit verzichten müssen!‹« Heidenbekehrung? Klingt das in den Ohren des zeitgenössischen Christen nicht wie ein Anachronismus? Bin ich denn persönlich verantwortlich für die Seelenrettung eines Chinesen oder Japaners? Ich weiß ja nicht einmal selbst, was ich mit meinem Sein anfangen soll. »Toleranz, Lieblingsausrede der Lauen«, seufzen die »Habichte« im Priesterrock.
Bei seinem Treffen mit Studenten hält sich der Papst mit

den heutzutage üblichen Schmeicheleien sehr zurück. Er spricht vor der Barockfassade der St. Thomas-Universität, einer Dominikaner-Lehrstätte, älter als Harvard, einer Anstalt, die sich rühmen darf, sieben heiliggesprochene Märtyrer hervorgebracht zu haben (vier Spanier und je einen Franzosen, Japaner und Vietnamesen). Der Krakauer Neo-Thomist ruft die jungen Philippinos zur Selbstdisziplin, Wachsamkeit und Verantwortung auf. Jugend und Reife – wie geht das zusammen?
»Hütet euch, falschen Propheten zum Opfer zu fallen!« warnt er das vieltausendköpfige Auditorium.
Der Student Saturnino, Mitglied des Klubs »Soziales Gewissen«, macht kein Hehl daraus, daß er eine ganz andere Sprache erwartet hat.
Ein Theologiestudent meint: »Wir könnten einen philippinischen Wałęsa gebrauchen! Ohne Opposition keine Erneuerung!«
Die Stadtverwaltung hat sich eine besondere Touristen-Attraktion einfallen lassen: sie will auf dem Gelände der ehemaligen Mülldeponie, wo die Obdachlosen in den Betonröhren der Kanalisation zu schlafen pflegen, eine Nachbildung des Schiefen Turms von Pisa bauen lassen. Der Tourist lebt schließlich nicht vom Photographieren allein – und »Manila by night« ist nicht abendfüllend...
»Es ist nicht wahr, daß arme Mütter, die die Geburtskosten nicht bezahlen können, ihre Säuglinge der Direktion des Krankenhauses überlassen und diese sie an Adoptionswillige verkauft«, erklärt uns der Gesundheitsminister. »Derartige Lügen werden von Gegnern des Regimes verbreitet.«
»Wir kümmern uns unter anderem darum«, rühmt sich der Referent für Naturschutz, »daß die Krokodile nicht aussterben: wir züchten sie in besonderen Teichen.«
»Wie wär's, wenn man sich auch einmal um die Menschen kümmern würde?« murmelt jemand vor sich hin.

Am Fuße des Vulkans, aus dessen Krater unlängst todbringende Lava ins Tal geflossen ist, verrät mir ein langmähniger Jüngling (erst später stellt sich heraus, daß es ein General in Zivil ist – diese Herren sehen wie 18jährige aus, nur das Doppelkinn verrät ihren sozialen Status): »Leider kann ich nur zwei Worte in Polnisch: ›Totus tuus!‹«
Obwohl sich unsere journalistische Arche Noah auf ihren gummibereiften Rädern auf Wunsch der Polizei mit erhöhter Geschwindigkeit fortbewegt, landet ein Knirps in der Soutane mit der Gewandtheit eines Zirkusartisten auf dem Gefährt (sollte er etwa vom Baum gesprungen sein?), verteilt blitzschnell hektographierte Flugblätter und springt genauso akrobatisch vom fahrenden Wagen. Sekunden später taucht er in der applaudierenden Menge unter. Das dreisprachige Papier appelliert an die caritativen Organisationen im Ausland, nach dem Verbleib der übermittelten Spenden und Geschenke zu forschen. »Der Papst sollte in jedem Land einen ›Wohltätigkeits-Bevollmächtigten‹ haben, das würde der Willkür einiger Diözesen ein Ende bereiten.« Es folgen Beispiele von Unterschlagungen, Verschwendungssucht, Repräsentationsausgaben, Korruption, Vetternwirtschaft etc.
Unter meiner Hoteltür wird ein Flugblatt durchgesteckt. Es stellt die Frage:
»Weiß der Papst, daß man ihm anstelle des Elendsviertels die renovierten Häuser in Tondo gezeigt hat und daß der Magistratsbeamte, der in einer Limousine vorfuhr, um ihn zu begrüßen, alles andere repräsentiert als die Armut? Ahnte Kardinal Casaroli, als er das Militärgefängnis bei Manila besuchte, daß dort beileibe nicht nur ›gewöhnliche‹ Gesetzesbrecher festgehalten werden?«

Seledingrün und Himbeerrot, das sind die Lieblingsfarben des »eisernen Schmetterlings« (so nennt man die fotogene

Frau des philippinischen Präsidenten). In Creationen gehüllt, die den Titelseiten der Pariser Modejournale alle Ehre machen würden, begrüßt sie den Papst an allen Zwischenstationen seiner Reise. Noch hat das Fahrwerk der Maschine die Betonpiste nicht berührt, schon erwartet sie den hochwürdigen Gast, einen Magnolienstrauß im Arm, umgeben von hochgewachsenen, elegant gekleideten Adjutanten, die sie mittels eines rosafarbenen, volant-besetzten Schirmchens vor der Sonne schützen. Das Märchen vom Hasen und Igel kommt mir in den Sinn.

»Der Papst sollte eine kugelsichere Weste tragen«, seufzt sie, »wie schade, daß er sich dazu nicht bequemen will. Deutsche Schäferhunde sind auch sehr nützlich.«

Sie weiß, wovon sie spricht. Sie selbst wurde bei einem Attentat verletzt. Und auf ihren Mann ist schon mehrfach geschossen worden.

Der Chefkameramann des Fernsehens in Manila hat einen amtlichen Spickzettel erhalten: wer alles während der Pontifikalmesse in Cebu ins Bild zu rücken ist, und wie oft. An erster Stelle Santo Niño (das Jesuskind), an zweiter der Papst, an dritter die Frau Präsidentin, an vierter die Herren Kardinäle. In Bocold, der »Stadt des Lächelns«, (wo übrigens urplötzlich aus heiterem Himmel ein Wolkenbruch herniederrauscht, mit Wassertropfen von der Größe einer »half-crown«, obwohl nicht das kleinste Wölkchen am Himmel zu sehen ist – und wo wenig später zum Entzücken der Pilger ein siebenfacher Regenbogen erscheint, ganz wie auf einem der biblischen Bilder), hat man aus Sperrholz und Pappe einen mehrstöckigen Papst gezimmert; die Ähnlichkeit läßt zu wünschen übrig. Was mich stört, ist die allzu plumpe Vertraulichkeit mancher Inschriften und Parolen, etwa in der Art: »Lolek and Imelda«, »Servus Lolek!«, »Holy Lolek!«

In Quezon City nimmt der Papst an den Jubiläumsfeierlichkeiten des Radio Veritas teil, das katholische Programme für die Länder des Fernen Ostens ausstrahlt. Er überreicht den Preisträgern Auszeichnungen für Literatur, Journalismus und Kunst. Der Fremdenführer klärt uns darüber auf, daß dieser so nützliche Sender seine Entstehung Spenden verdankt, die in Europa, hauptsächlich in Westdeutschland, gesammelt würden, ebenso den Bemühungen des Erzbischofs von Köln, Konrad Adenauer.

»Adenauer war kein Erzbischof«, korrigiert ihn ein Genauigkeitsfanatiker.

»Sind Sie sicher?« knurrt der Philippino.

In jungen Jahren hatte Präsident Marcos unter dem Oberbefehl Mac Arthurs gedient und das Fort von Corregidor mitverteidigt. Darum bittet er den Papst, dieser möge während des Hubschrauberfluges über den Samat-Gipfel das dreißigstöckige Kreuz segnen, das dort zu Ehren von fünftausend Soldaten errichtet wurde, die es vorzogen zu sterben, statt sich zu ergeben. Vielleicht ist diese Regierung doch nicht ganz so schlimm wie der Ruf, den sie hat? Sie hat – etwa im Vergleich zu anderen asiatischen Staaten, speziell zu solchen, die sich nicht zu dem Grundsatz bekennen, daß eine scheinbare Demokratie immer noch besser ist als gar keine – eine Menge getan für die Flüchtlinge, die ihr Leben riskierten und wie durch ein Wunder der Obhut der führenden Ideologie der Erde entkommen konnten. Im Lager Morong überreicht ein Dreikäsehoch auf Krücken, der auf der Flucht seine Eltern verloren hat (eine Welle spülte sie bei einem Gewitter von Bord), dem Papst sein trauriges Spielzeug: ein Modell des Holzfloßes, auf dem er seine Angehörigen verlor.

Junge Buddhisten lauschen voller Interesse den Worten des Papstes, aus denen hervorgeht, auch Jesus sei in seiner Kindheit ein Flüchtling gewesen.

Ein malayischer Student, der irgendwo gelesen hat, »man

habe in Danzig die Geschützläufe der ›Aurora‹ mit Weihwasser durchspült«, versucht zu ergründen, ob es in Polen jemals eine Revolution gegeben habe. »It's a good question!« – wie die Angelsachsen zu sagen pflegen. Also besteht auch hier, unter Palmen, Interesse für die Heimat des Papstes.
Auf dem Flugplatz von Davao, auf der von Unruhen gebeutelten Insel Mindanao, kommt es zur Begegnung des Papstes mit den Vertretern des Islam. Das Programm sieht eine Fahrt zum Stadtinneren im offenen Wagen nicht vor: tags zuvor ist es zu einer Schießerei zwichen Terroristen und einer Militärpatrouille gekommen. Und auch hier gibt es einen Fanatiker, der dem Papst mit einem Attentat droht. Der Verkünder des Gotteswortes nimmt die Ankündigung auf die leichte Schulter und beugt sich nur äußerst widerwillig den Überredungskünsten der philippinischen Offiziere, die für seine Sicherheit verantwortlich sind. »Setzt mehr Vertrauen in die Menschen!« wiederholt er. »Wir können doch den Heiligen Schutzengel nicht völlig arbeitslos machen!«
Der Papst fordert die Einstellung des Bruderkriegs. Die Erwiderung des Greises im Turban, kritisch in bezug auf die Regierung, geht im Donner der Triebwerke unter. Es stellt sich heraus, daß unmittelbar jenseits der Warteraumwand Düsenjäger postiert sind.
»Hoffen wir, daß dies kein böses Omen ist, sondern Zufall«, sagt der Papst. »Was wäre denn das für ein Dialog, wo einer den anderen nicht hören kann?«

Der überaus malerische, unaufhörlich von europäischen Reportern fotografierte Einwohner von Iloilo: ich betrachte das Antlitz, in das die Zeit ihre Runen geschnitzt hat. Es wirkt wie vergilbtes Pergament. Eine wahre Landkarte der Niederlagen. Er hat seinen Kopf aus dem Löwenschädel befreit, der auf seinen knochigen Schulterblättern lastet, hat die bepelzte, mit ihren Fangzähnen drohende Maske abgeworfen. In dieser Verkleidung, zusammen mit anderen Eingeborenen, ist er zur Begrüßung des Gastes aus dem fernen Europa erschienen, eine gewaltige, mit schwarzem Fell bespannte Trommel mitschleppend. Nun kniet er regungslos vor dem Bildnis der »Candelaria«, der »Muttergottes der Kerzen«. Bei uns daheim beschützt die Schnee-Madonna die Gläubigen vor Blitz und Wolf. Hier sind es andere Gefahren: Erdbeben, Vulkanausbruch und jener höllische, plötzlich auftretende Wirbelsturm, der selbst einen armen, mit Stricken an den Palmenstamm gebundenen Schlucker ins Meer zu schleudern vermag. Wieviele verschiedene Gene haben im Lauf der Jahrhunderte zusammengewirkt, damit dieser inbrünstig betende Greis entstehen konnte?

Auf Panay, einer Insel, die den Beinamen »Sizilien der Philippinen« trägt, kann man neben Scherben chinesischer Vasen (Funden aus der Sung-Dynastie) und einigen Splittern der Holzspeere, die noch die Krieger Siams geschleudert haben (»die ja bekanntlich nicht reden können und sich wie Hunde bellend untereinander verständigen«), Spuren besichtigen, die Krieger aus dem Geschlecht der Datus bei ihrem Erdenwallen hinterlassen haben. Sie hatten hier Unterschlupf gesucht, im 13. Jahrhundert, als sie vor dem wahnsinnig gewordenen Sultan von Borneo flüchten mußten. Jahrhunderte später erschienen weitere ungebetene Gäste: die Spanier und die Portugiesen. Sie kamen auf Schiffen, deren Segel das Kreuz und das Schwert zierten, von der Nachbarinsel Cebu herüber, wo sich die dortige Königin hatte zwangstaufen lassen müssen. Auf dem Umweg über den Atlantik und weiter über den Mexico-Hafen Acapulco kamen die Untergebenen König Philipps auf diese Inseln. Darf man den Broschüren trauen, die vor der Kirche verteilt werden und die behaupten, Hauptaufgabe der europäischen Gäste wäre es gewesen, die Eingeborenen vor Unterdrückung und

Ausbeutung zu schützen? Immerhin fühlen sich diesem Altruismus heute, wenn auch mit vielhundertjähriger Verspätung, die Berufschristen verpflichtet – man sollte auch dafür dankbar sein. Für Gewissensbisse ist es nie zu spät. Oder stammt am Ende jener bucklige Philippino von den aufsässigen »babailanes« ab, den Kopfjägern, die hinter Jesuiten und Dominikanern her waren? Ihr Räuberhauptmann, ein gewisser Taparas, hatte beschlossen, den Gegner mit dessen eigenen Waffen zu schlagen: mit der Religion, oder besser deren Nachäffung. So ernannte er sich beispielsweise selbst zum Heiligen Geist, machte den älteren Bruder zu Gottvater, den jüngeren zu Christus, die Schwester zur Mutter Gottes. Den frommen Christen ist es jedoch »zum Glück« gelungen, die Lästerer sämtlich hinzurichten. Zum Wohle der guten Sache. Später wimmelte es hier von Engländern, Holländern und Franzosen. Muselmanische Piraten und die Horden des Moro fütterten die Haie mit Gefangenen und plünderten auf Teufel komm raus. Man tötete einander recht gern. Als dürstete diese sonnenverbrannte, von Rissen durchzogene Erde nach dem rosigen Tau. Aus Manila kamen nach und nach Warnungen vor dem »cholera morbus«, vor dem aus Frankreich eingeschleppten Freimaurergesindel und heimtückischen Klerikern mit dem Dolch im Gewande. Anschließend erschienen Amerikaner, die sich strikt innerhalb der Stadtgrenze hielten. In modernen Zeiten überzog die japanische Heuschreckenplage den Archipel. In abgelegenen Waldgegenden wächst Unkraut auf den Erdhütten philippinischer Partisanen. Das Land erlangte eine Unabhängigkeit, die von Geschützfeuer begleitet war. Es sind nicht länger die Menschenfresser mongolischer Abstammung vom Gebirgsvolk der Igorot, die der Elendsbevölkerung im Norden Luzons zusetzten und Menschenschädel mit einer Leidenschaft sammelten, die jeden Philatelisten beschämt hätte. Ihre krankhaften Neigungen werden von den nicht minder grausamen Steuereintreibern und ihrer Behörde weitergepflegt. Schon wieder ist es dem Schrecken Zulus, den von Libyen unterstützten Spähtrupps mit den halbmondgeschmückten Baskenmützen, gelungen, die Regierungstruppen in einen Hinterhalt zu locken. Ein Unterführer der südphilippinischen Partisanenarmee, Nur Musuari, der sich in Nah-Ost im Exil aufhält, macht aus seinem Herzen keine Mördergrube: »Es wäre nicht übel, sie beide mit *einem* Anschlag in die Luft zu jagen: ›Marcos und Wojtyla!‹«

Im Detention Center Lahug haben minderjährige Häftlinge den Hungerstreik ausgerufen. Den offenen Brief an den Papst haben sie mit eigenem Blut unterzeichnet. Der alte Philippino, eine wahrhaft überzeitliche Erscheinung, betrachtet tief versunken das vom Qualm der Kerzen verrußte Bildnis. Der kostbare Rahmen leuchtet weißlich von Stearin, Perlen, vielleicht auch von Tränen. Die Glocken dröhnen. Die Menge ist voller Freude: »Mabuhay, Papa Juan Pablo, mabuhay!«

»In der Auslandspresse gibt es neuerdings tendenziöse Artikel über das angebliche Elend der ›sacadas‹, der saisonalen Wanderarbeiter, die zu Tausenden auf die Zuckerrohrplantagen ziehen«, mokiert sich der Direktor der »Philippine Sugar Commission«. »Unter uns weilt der Arbeiter Timoteo. Er soll uns sagen, wie es wirklich ist.«

Der muskulöse junge Kerl, mit Scheitel, blauem Hemd mit Umlegekragen und silbernem Kreuz am Halskettchen verkündet in fließendem Englisch:

»Dank der Planters-Federation geht es uns gut, was insofern anmerkenswert ist, als wir uns mitten in einer Weltwirtschaftskrise befinden. Der Arbeitsinspektor kümmert sich gemäß dem Appell von Präsident Marcos vom Juni 1971 darum, daß unsere Arbeit leicht und der Verdienst angemessen ist. Das Ergebnis der Umfrage, die erst unlängst unter

den ›sacadas‹ veranstaltet wurde, straft die Verleumder Lügen. Auf die Frage: ›Möchtest du deinen Arbeitsplatz wechseln?‹ antworteten 90% mit ›nein!‹ Wir genießen ärztliche Betreuung. Wir verfügen über Kultur-Klubs. Begabtere Kinder erhalten Stipendien. Gibt es noch irgendwelche Fragen?«
Es gibt keine. Alles ist sonnenklar.
Es wird darüber geklagt, daß beim Pontifikalamt in Cebu die Plätze in den ersten Reihen 3000 Pesos gekostet haben. Privilegierte hatten darauf Platz genommen. Die crème de la crème. Die elegante Welt aus den Bildern von Otto Dix. Das Gleichheitsprinzip ist selbstredend eine fixe Idee. Dennoch liegt ein gewisser Trost in der Vorstellung, daß es im Jenseits keine numerierten Plätze mehr geben wird. Es ist dunkel geworden. Der alte Philippino mit dem Löwenkopf in der Hand kniet nach wie vor vor der Kerzenmadonna.

Ohne das chronische Gebrüll der Triebwerke über den Palmenwipfeln könnte man dem Touristik-Prospekt Glauben schenken, dies hier sei »das Paradies auf Erden«.
Auch auf der Insel Guam hat der Papst die Eingeborenen – es gibt sie tatsächlich ebenso wie die amerikanischen Einheiten – in ihrer eigenen Sprache begrüßt, dem »Chamorro«: »Hu guiva todo hamyo!« (Ich liebe euch alle!), worauf die erfreute Menge lauthals »Biba Santo Papa!« antwortete. Miß Eleanor Martinez, als Krakauerin verkleidet, hängte dem Pilger zur Begrüßung einen Kranz aus weißen und roten Blumen um den Hals.
»Ich habe in meinem Leben schon zwei Präsidenten der Vereinigten Staaten gesehen, die Königin von England, die ›Miß World‹, dazu Generäle, Senatoren und sogar Astronauten«, sagte die Schönheit. »Aber an den Papst reicht keiner heran!«
Als bekannt wird, daß die Maschine aus Manila mit mehr

als einstündiger Verspätung eingetroffen ist, meinte ein zwölfjähriger Mulatte im Meßhemd mit einer Baßstimme, die auf den bevorstehenden Stimmbruch schließen ließ:
»Sicher wurde der Papst beim Zoll festgehalten. Meinen Vater halten sie oft fest.«
Bevor Johannes Paul II. zum Treffen der Geistlichkeit und den Klosterfrauen in der vor dreihundert Jahren erbauten Kathedrale Pulce Nombre de Maria aufbrach, vernahm er einen Ausruf in der Heimatsprache:
»Hier ist Pfarrer Hubert Konieczny aus Pennsylvanien! Ich habe elftausend Meilen zurückgelegt, um den Heiligen Vater zu sehen!!«
Der Gast vom Vatikanhügel legte ihm freundschaftlich die Hand auf den Arm und meinte lachend:
»Und ich habe fünfzehntausend Meilen zurückgelegt, um Pfarrer Hubert Konieczny zu sehen!«
Während wir die Straße entlangfuhren, die eine Reihe leerer, gelb bemalter Benzinfässer von den ebenerdigen Häuschen abgrenzte – die Saylor Street trägt seither den Namen »Johannes Paulus II.-Allee« –, entdeckten wir mitten im Herzen Aganas ein Transparent mit der polnischen Inschrift »Solidarność«. Als der Papst haltmachte, entrollten die Demonstranten eine Stoffbahn mit folgender Beschwerde: »Wir sind 700 arbeitslose Lehrer, die von Gouverneur Paul Calve abgebaut worden sind. Wir wollen genauso mit der Regierung verhandeln wie die Arbeiter in Polen. 62 von uns wurden verhaftet. Bischof Felixberto Flores tut nichts, um unsere Rechte zu wahren!« Und die Lehrerinnen riefen im Chor: »Our Pope supports the workers, but our bishop supports the government!«
Die Eingeborenen sehen in den Mänteln der Kolumbusritter seltsam aus, gleichsam wie Karnevalisten in Rio de Janeiro. Die Silvester-Ritter paradieren mit ihren gezückten Säbeln. Gläubige von den Nachbarinseln Rota, Truk, Tinian, Sai-

pan, Ponape und Nauru singen zwar zunächst in polnischer Sprache »Wir wollen Gott«, die nachfolgende Grußbotschaft ihres Oberhirten jedoch, der mit seinen blutunterlaufenen Augäpfeln, seinen Tanzzuckungen und der grellbunten Tracht eher wie ein Schamane aussieht, enthält eine deutliche Anspielung:

»Obwohl du für uns in Mikronesien kaum ein paar Stunden Zeit übrig hast, Heiliger Vater, wird die Erinnerung an deinen Besuch im West-Pazifik mehrere Jahrhunderte überdauern!«

»Hört auf, ihm die Stunden vorzurechnen!« meint ein Chinese empört, »seid doch froh, daß er überhaupt gekommen ist!«

Verfolgt von Wachleuten mit langen Knüppeln rennt ein rothaariger Halbwüchsiger im Turnhemd hinter dem päpstlichen Wagen her, eine weiße Fahne in Händen, auf der in Rot die Worte prangen: »Seeing Pope is seeing God! Welcome in Guam where Americas democracy is crushed!« Schon haben sie ihn eingeholt. Schon sind sie drauf und dran, ihm die Fahne zu entreißen und die Arme auf den Rükken zu drehen. Doch der wachsame Erzbischof John Quinn von San Francisco (die von Kalifornien so astronomisch weit entfernte Insel gehört zu seiner Erzdiözese) verwendet sich bei den Zerberussen für den Demonstranten, und schon ist alles vorbei. Vögel, die ihr eigenes Nest beschmutzen, kommen anscheinend in jedem Land vor.

»Welcome hither, as is the spring to the earth!« Das Shakespeare-Zitat am Balkon des einstöckigen Häuschens (es erinnert an das Pfefferkuchenhaus, in welches die Knusperhexe Hänsel und Gretel lockte) begrüßt die Kavalkade in dem mit Lampions illuminierten Gäßchen. Die kleinen Papageien in ihren Käfigen kreischen wie verrückt.

»Soll das ein literarisches Institut sein?« frage ich eine örtliche Berühmtheit. »Oder ein Theaterklub?«

»Nicht ganz«, lächelt er breit zurück. »Unsere von den Söhnen des Mars bewohnte Insel ist nicht nur deshalb berühmt, weil der Dollar hier immer noch seine hundert Cent wert ist. Dies hier ist eine Zuflucht ›for happy hours‹. Der Platz erfreut sich nach wie vor großer Beliebtheit: während sich der eilige Klient oben amüsiert, füllt der Wirt dieses Pavillons, ein sachkundiger ›income tax specialist‹, inzwischen seine Steuererklärung aus. Das Angenehme wird mit dem Nützlichen verknüpft. Aber schreiben Sie nicht darüber.«

»Diskretion zugesichert!« sage ich und lege meine Rechte auf die Stelle, wo beim Journalisten eigentlich das Herz sitzen sollte.

»Könnt ihr das Paternoster in lateinischer Sprache singen?« neckt der Papst die versammelten Priester.

»Wir können!« antwortete der Chor.

»Das wollen wir gleich einmal feststellen!« dröhnt der wohlbekannte Bariton durchs ganze Gotteshaus.

Man sollte irgendwann noch einmal hierher kommen. Und zwar nicht nur im Hinblick auf die originelle Steuerberatung. Die von den Hurricans zur Erde gebeugten Palmen, die Strände, Buchten, Schildkröten, Muscheln und geheimnisvollen Fische, die bis zur halben Körperlänge aus dem silbrigen Schaum tauchen – man sollte sich das alles noch einmal genauer ansehen.

Beim Abflug von Guam, dem Paradies frischvermählter Japaner, die rudelweise die Insel belagern, um hier den Honigmond zu erleben (sie scheinen das Hotelzimmer während ihres ganzen Aufenthalts nicht zu verlassen, denn die Strände sind leer), vertraut mir mein Sitz-Nachbar Yokokawa an, er schreibe seit zwei Jahren an einem Buch über Johannes XXIII. Er hält ihn für die personifizierte Güte. Er behauptet, Papst Roncalli sei von einer geradezu engelhaften Subtilität der Gefühle gewesen. Äußerlich einem Elefanten

nicht unähnlich, sei er im Umgang filigranzart gewesen. Seine Angst, jemanden zu verletzen, jemandem Unannehmlichkeiten zu bereiten, sei so weit gegangen, daß er vor dem Beichtstuhl kniend eigens kleine Sünden erfand, um seinem Beichtvater das Gefühl der Beschämung zu ersparen.
Nach Ansicht des Herrn Yokokawa sei die Ansprache des Papstes in Manila vor der chinesischen Diaspora – nach den angeblich »privaten« Peking-Reisen der Kardinäle Etcheray aus Marseille, König aus Wien und von Bischof Moser aus Stuttgart – als ein weiterer »grüner« Raketenabschuß gegen den Bambusvorhang zu werten. In dieser Situation (Entspannung erfordert Opfer) verzichteten die Bischöfe aus Formosa auf Applaus und erstarrten im Gebet. Einer von ihnen erinnerte später die Journalisten daran, daß die Blüte der katholischen Kirche im Lande des Gelben Drachens in die Regierungszeit Tschang-Kai-Scheks fiel. Der Erzbischof von Tokio ist der Ansicht, das wahre, obwohl geheime Ziel der päpstlichen Pilgerfahrt in den Fernen Osten sei Rot-China. Kardinal Casaroli wird unmittelbar nach Verkündung des halb-politischen Appells vor dem Denkmal für die Opfer des amerikanischen Atomangriffs auf Nagasaki nach Hongkong fliegen, um den dort seit kurzem weilenden 73-jährigen Jesuitenpater Dominik Tang zu treffen, den apostolischen Administrator in Kanton, der zweiundzwanzig Jahre seines Lebens im Gefängnis verbracht hat. Während dieser Zeit trug sein Name im »Annuario Pontificio« den Zusatz »in carcere per la fede«. Der Papst entstammt einem Lande, in welchem Jahre, die hinter Gittern verbracht wurden, als Grund für besondere Ehrung gelten. Darum ernennt er Tang zum Erzbischof von Kanton. Tang, der seiner Gesundheit wegen aus dem Gefängnis entlassen wurde, besitzt den Paß der Volksrepublik China und beabsichtigt, nach Kanton zurückzukehren, falls sich die Beziehungen zwischen dem Vatikan und Peking bessern.

Doch dies ist nicht einfach. Aber auch nicht hoffnungslos. Der vom Vatikan nicht anerkannte »Bischof von Peking«, Michael Fu, hat soeben vor amerikanischen Journalisten verkündet, die Idee eines Besuches Johannes Pauls II. in Peking sei unrealistisch, solange Rom die gegenwärtige Kirchenstruktur in China für illegal erachte. Nach der Unschädlichmachung der Vierer-Bande, meint er, wäre das Leben für die Gläubigen leichter geworden. Der Alptraum der kulturellen Revolution sei vorbei, jene Zeit, da auf dem Platz vor der Kathedrale Heiligenbilder, Meßgewänder, Stolen und Gebetsbücher auf dem Scheiterhaufen verbrannt wurden. Der »Bischof-Nichtbischof« (Ottaviani hatte ihn einmal einen Verräter genannt) wiederholt bei dieser Gelegenheit seine Vorwürfe gegen die »um ihr Monopol bangende Zentrale« in Rom, die nach seiner Überzeugung nie etwas anderes gewesen ist als der verlängerte Arm der Kolonisatoren, eine Agentur des Westens, eine Bastion des ungeschickt verhehlten Antikommunismus. Noch heute weigere sich der Vatikan »unter dem Druck der Wall-Street mit der Renegaten-Clique in Taiwan zu brechen«. Die römische Kurie, empört sich Fu, habe während des Krieges ganz deutlich mit den Militaristen in Tokio sympathisiert. Als das chinesische Volk gegen den japanischen Aggressor kämpfte, empfand sich Pius XII. als Italiener, als Sympathisant der »Achse«-Staaten. Als Christ hätte er sich als überfallener Chinese fühlen müssen. Wer also soll den Gang nach Canossa antreten?

Wir haben uns regelrecht verplaudert – unter uns liegt bereits Tokio. In einem Spalt schmutziggrauer Wolken rotieren Scheinwerfer: der Flughafen Haneda. Wolkenbruchartiger Regen. Durchdringende Kälte. Unter ihren Regenschirmen stehen schlotternd der Außenminister Ito, Kardinal Satowaki, Erzbischof Shirajanagi. Der Papst küßt die vom roten Läufer bedeckte Erde sowie zwei kleine Waisen in Kimo-

nos. Ein Überlebender von Hiroshima hängt dem Pilger eine Blütengirlande um den Hals. Zur Begegnung mit dem Papst sind anderthalbtausend Gläubige erschienen, dazu dreitausend Aufpasser verschiedenster Couleur. Ein großer Aufwand für einen einzelnen Mann. Die rasche Fahrt vom Flughafen zur Kathedrale durch leere Straßen – man hat den Verkehr stillgelegt – führt durch eine total zubetonierte Landschaft, eine Landschaft von solcher Scheußlichkeit, daß man geradezu Sehnsucht nach dem Ruhrgebiet bekommt. Der liebe Gott hat die Welt erschaffen, der Mensch hat sie zerstört. In diesem Sprühregen, der wie Speichel an den Scheiben hinabträufelt, sehen selbst historisch wertvolle Gebäude aus wie das Parteihaus von Irkutsk.
Als das bebrillte Fräulein erfährt, wer ich bin, eröffnet sie mir, Johannes Paul II. sei nicht der erste Pole, der Japan besucht.
»Ich weiß. Pilsudski und Dmowski waren auch schon da.«
Die schwarzen Augen der kleinen Japanerin werden vor lauter Staunen kullerrund hinter den dicken Brillengläsern. Rasch prüft sie etwas in ihrer Kladde. Dann legt sie das Vogelköpfchen schief.
»Von denen habe ich noch nichts gehört«, sagt sie und breitet die kurzen Ärmchen aus. »Aber... Zenon Kliszko (ein hoher Parteifunktionär Volkspolens) war hier.«
Im Tokioter Monster-Hotel The New Otani (Kafkas »Schloß« kommt einem in den Sinn) ist das Restaurant die ganze Nacht geöffnet. Die Ober gleiten lautlos und mit verdoppelter Geschwindigkeit vorbei, sie wippen auf und nieder wie im Stummfilm.
»Der Papst kennt die Menschen«, sagt Raymond Perrot Minnot von der Agence France Press. »Es war ein geschickter Schachzug, nach Kardinal Martys Tod das Erzbistum von Paris, diese edelste Perle der Krone, dem Bischof von Orleans, Lustiger, anzuvertrauen.«

»Die Kirche hat was übrig für Konvertiten«, ergänzt Jacques Honzelstein (»La Vie«). »Wäre Jean Marie Lustigers Mutter, eine polnische Jüdin, nicht in den Gaskammern von Auschwitz umgekommen, also in der Nähe von Krakau... Ob Wojtylas mutiger Entschluß von diesem Umstand beeinflußt wurde?«

»Im Vatikan heißt es«, wirft Alceste Santini (»L'Unita«) ein, »der Papst, der bekanntlich durchtränkt ist von der Evangelistensucht nach Wiedergutmachung, sei von dem Vorfall in Orleans vor einem Jahr außerordentlich schmerzlich berührt worden – damals hatten Störtrupps Lustiger mit üblen Ausdrücken belegt, während er gerade die Firmung vornahm. Der Vorfall hat sich dem Papst wie ein Dorn ins Gedächtnis gebohrt.«

»Es ist nicht Lustigers Biographie allein, es sind nicht die dramatischen Erlebnisse aus seiner frühesten Jugend, die den päpstlichen Entschluß beeinflußt haben, sondern darüberhinaus die hohe intellektuelle und pastorale Qualifikation des derzeitigen Bischofs von Orleans, seine Dynamik, sein Optimismus, sein ›fortschrittlicher Konservatismus‹ und schlichtender Sinn«, sagt ein anderer Franzose. »Der Papst hat eine Schwäche für Kaplane, die der studentischen Jugend entstammen. Vor allem wenn sie – wie Lustiger, der Autor der ›Sermons d'un curé de Paris‹, imstande sind, die Jugend mit sich zu reißen, sogar die widerspenstigen Ultralinken.«

Es hat auch Päpste gegeben, die dem Ghetto entstammten, um nur an Anaklet zu denken, den Enkel des Baruch. Gertrud von le Fort hat sehr schön über diesen Würdenträger geschrieben, den die Geschichtsschreiber so ungerecht behandelt haben.

Ich darf hier einfügen, daß Anaklet II., ein Geist von ungewöhnlichen Gnaden, seine unverdiente Degradierung als Anti-Papst erleben mußte. Man kann sich nur schwer des

Eindrucks erwehren, daß der Mechanismus der Machterringung und -ausübung seit Adam und Eva immer derselbe geblieben ist: wer im Kampf um die Tiara siegte, hatte – post festum – sämtliche Attribute der Legalität auf seiner Seite; verlor er, wurde er gnadenlos in den Abgrund der Abweichung gestoßen. Es ist immer dasselbe: gelungene Umstürze werden zu Nationalfeiertagen, mit den mißlungenen beschäftigt sich der Generalstaatsanwalt und der korrupte Geschichtsschreiber.

Lustigers Nominierung erweckt spontan eine Anekdote »mit Bart« zum Leben, sie stammt aus der Zeit des selig dahingegangenen Österreich. Als man Kaiser Franz Joseph die Nominierung des Prälaten Kohn zum Bischof von Olmütz zur Unterschrift vorlegte, fragte er: »Ist er denn wenigstens getauft?«

Die japanische Fernsehreporterin lacht zur Gesellschaft mit und fragt hinterher: »Was denn? War er etwa nicht getauft?«

Beim Fischgericht »sashimi« (wir essen es roh) fällt mir ein, daß sich Piłsudski während seines Tokioaufenthalts beim Genuß dieses Leckerbissens fast eine Vergiftung zuzog. Hätte das Erdbeben, das im Jahre 1923 den Großteil der Stadt in Trümmer legte, das kleine Hotel Seikonen, wo sich im Juli 1904 der Verschwörer mit den Japanern aussöhnte, nicht von der Bildfläche gefegt, wäre es gewiß lohnend gewesen, nach dieser Nadel im zwölfmillionenköpfigen Heuhaufen zu stöbern. Sicher würde auch der ehemalige Krakauer Erzbischof, Hausherr in der Wawel-Kathedrale (wo die sterblichen Überreste des großen Polen ruhen), gern einen Blick auf das winzige Hotel geworfen haben.

Der Fernsehsprecher beginnt seine Tagesschau auf dem Bildschirm mit einem artigen Knicks vor den Zuschauern – wie ein Pony im Zirkus. Auch diesmal spricht er wieder von dem Wettlauf mit dem Tode, den Bruder Zenon gewonnen hat, Mitarbeiter des hochbetagten Franziskanerpaters Kolbe, ein Mann, der schon seit einigen Tagen in Agonie liegt und sein Sterben unterbrochen hat, um die Ankunft des Landsmanns in Weiß zu erleben. »Schafft er's, oder schafft er's nicht?« rätselten die Zeitungen! Man spendete für den an seinen Rollstuhl gefesselten Greis mit dem weißen Bart. Jemand schlug vor, ihn statt mit der Ambulanz, mit dem Hubschrauber zum Flugplatz zu bringen, damit er notfalls im letzten Augenblick seines Lebens das päpstliche Gewand berühren könnte. Bruder Zenon hat ein halbes Jahrhundert in diesem Lande zugebracht. Er ist eine populäre, allgemein verehrte Figur. Der Kaiser hat ihm die höchste staatliche Auszeichnung verliehen, für seine aufopferungsvolle Betreuung der Überlebenden und Waisen von Nagasaki. Er schuf die Grundlagen für ein japanisches »Niepokalanow« (Stadt der »Unbefleckten Empfängnis«). Dieser Mann – Maurer, Schneider, Schuster, Schlosser, Bäcker, Ofensetzer, Pfleger, Pädagoge und vor allem hervorragender Tischler in einer Person – fasziniert die japanischen Intellektuellen. »Wenn ich den Hobel in die Hand nehme«, pflegte er zu sagen, »komme ich mir vor wie in Nazareth, wo der göttliche Lehrling das Tischlerhandwerk erlernte.« »Bruder Zenon hatte sein ganzes Leben lang keine einzige Stunde Urlaub«, loben ihn die Japaner, bekanntlich geradezu süchtig in puncto Fleiß. »Er ist über 80 und verkauft immer noch Zeitungen vor der Kirche.«

Und jetzt wartet er in der Tokioter Kathedrale auf den langersehnten Augenblick. Er atmet mit Mühe, er sieht und hört nichts, doch als sich der Papst über ihn beugt, ihn auf die Stirn küßt und sagt: »Ich betete, ich möge es schaffen. Ich danke dir für die Saat Christi in diesem Lande, für die opfervolle und fruchtbare Arbeit!« – da hebt er die Lider und weint: »Papa... papa...« Kardinal Macharski küßt dem Greis die Hand. »Ich fotografiere diese Szene nicht«, meint ein französischer Reporter, »sie ist allzu intim.«

Welch gewaltiger Kontrast erwartet uns beim Treffen mit der Jugend, in der Sportarena. Jeder Musikwissenschaftler fiele vom Stuhl, könnte er hören, wie das beste Sinfonieorchester Asiens, die Tokioter Philharmonie, das polnische Lied »Goralu, czy ci nie zal?« (»Gorale, tut's dir nicht leid?«) in ein »opus magnum« von Beethoven oder Händel verwandelt. Das Szenario zum Musterunterricht: die Jungen fragen, der Papst antwortet (es »zahnt« nicht immer!) – fällt diesmal nicht so überzeugend aus wie ein Jahr zuvor im Pariser Parc des Princes. Vielleicht ist es die Folge der grellen, recht stillosen Bearbeitung der »Revue Gottes« (»Wojtyla-show« – meint entrüstet ein Irländer): »Miß Hongkong« als Conferencier, Schauvorführungen der Trommler, wahre Explosionen der Schlagzeuggruppen, lärmendes »Pop and Pope«, das sloganartige Triptychon »Life, love, hope«. Als die japanische Kirchenschar in polnischer Sprache das Volkslied »Ging ein Mädchen in das Wäldchen« singt, hält es den Papst nicht länger an seinem Platz: er schließt sich der wogenden, tanzwütigen Schlange auf offener Szene an und läßt seinen weittragenden Bariton über der Klangspirale triumphieren. Die Séance endet mit dem Krakauer Trompetensignal von der Marienkirche – nur reißt es nicht abrupt ab, weil die Kehle des Bläsers (der Sage zufolge) in diesem Moment vom Tatarenpfeil durchbohrt wurde, sondern erblüht zum schwungvollen Schnörkel, ganz wie in einem Musical. Zum Schluß sehnen wir uns nach einem stillen Gebet.

Tja, die Geschichtsschnörkel, ein verlockendes Thema für Ironiker und verhinderte Geschichtsphilosophen. Ein Beispiel: in Braunau am Inn, dem Geburtsort jenes Ungeheuers, das das polnische Volk zu restloser Vernichtung verurteilt hatte, erklingt in der Nachbarschaft seines Geburtshauses, dem Pilgerziel unverbesserlicher Epigonen, hinter Klostermauern die polnische Sprache: Franziskanermönche aus der Posener Gegend singen allmorgendlich »Kiedy ranne

wstają zorze« (»Wenn das Morgenrot erwacht«). Und was hat sich Göttin Nemesis hier in Japan ausgedacht?
Allein auf den Philippinen sind – mit dem Namen des Kaisers von Nippon auf den Lippen – nahezu 500 000 japanische Soldaten gefallen. Im Dienste der Unterwerfung und der Bedrückung. (Es ist ein Unterschied, ob man für eine gute Sache stirbt oder für eine schlechte; das »bellum justum«, der gerechte Krieg, ist keine Einbildung der Kirche.)
Und heute? Jener lächelnde Opa im Schwalbenschwanz, einem Pinguin mit herabgelassenen Flügeln nicht unähnlich, hat seine gefallenen Jünger wacker überlebt. Parfümierte Sätze von der Notwendigkeit der Erhaltung des Weltfriedens auf den Lippen, beschenkt mit einer Goldmedaille und einer Nachbildung der Trajanssäule (Pius VII. erhielt sie von Napoleon), dienert er artig vor dem Papst aus Polen.
»Der Stolz der asiatischen Botanik!« flüstert mir Dr. Oshima ins Ohr.
Man hat eine Bibliographie der wissenschaftlichen Arbeiten des Monarchen an uns verteilt. Auch wenn er nicht Kaiser wäre: die Welt der Wissenschaft würde ihn als profunden Kenner der Südseeflora schätzen. Karol Wojtyla war noch nicht geboren, da bereiste Hirohito bereits die Länder Westeuropas. Am liebsten besuchte er botanische Gärten. In seinen jungen Jahren, als Prinz, stattete er Benedikt XV. einen Besuch ab. Die vatikanischen Gärten erregten sein Entzükken. Im Jahre 1926 bestieg er den Thron als der 124. Tenno, Treuhänder des Himmels. Und heute? Nicht länger Quelle der Inspiration für den staatlichen Shintoismus, dichtet der Gott a.D. mit eisgrauem Schnurrbärtchen und blitzender Brille, der sich mit winzigen Schrittchen und steif am Körper herabhängenden Armen und Handflächen fortbewegt, in Zeiten, in denen er keinerlei Repräsentationspflichten zu erfüllen hat, Verse, verziert mit kleinen Pinsel Kartenspiele, begutachtet er fachmännisch die Kunst des Blumenstrauß-

bindens und des Blumensteckens in der »clousonne«-Vase. Der geschickten Politik MacArthurs hat es der Kaiser zu verdanken, daß aus seiner Biographie, die weiß Buddha keine Idylle darstellt, die Jahre des 2. Weltkrieges eliminiert sind. Er hat aufgehört, ein Gott zu sein, er ist sozusagen »the Enlightened on pension«, der nun im Prunksaal Takemona im viel zu großen Sessel wie ein Gnom kauert. So als würde er nicht ein Einhundertsiebzehn-Millionen-Volk repräsentieren, sondern etwa Luxemburg. Was mögen wohl die Geister der Vorfahren dazu sagen, die aus Anlaß des Festes »urabon« die Heutigen besuchen, und die nicht nur in den Buddha-Pagoden verehrt werden? Obwohl das Schwert der Samurai über dem Japan der vierziger Jahre blitzte, verzichtete der unheldische Heros nach der Kapitulation auf jene verzweifelte Geste, die eine jahrhundertealte Tradition dem besiegten Oberbefehlshaber anempfahl. Der Mikado aus dem Wachsfigurenkabinett, ein tragischer Greis, hat seine eigene Existenz längst überlebt. Dennoch protestiert während seiner Unterredung mit dem Papst, die zum Entsetzen des Hofmarschalls, des Protokollchefs und des französischen Dolmetschers achtzehn Minuten und dreißig Sekunden länger dauert als vorgesehen, vor den Fenstern des Palastes, hinter den Mauern, Burggräben und den Riesenfächern der Bäume eine Gruppe von Fanatikern durchs Megaphon gegen »die Verschmutzung der geistigen Umwelt Japans«. Diese sinnreiche Bezeichnung hat man dem Höflichkeitsbesuch des Papstes beim Kaiser verliehen. »Der Sohn des Himmels empfängt den ungebetenen Gast gänzlich unnötigerweise!« Das klingt nicht besonders zuvorkommend. Eine haßglühende Stimme scheucht die Vögel aus den Zweigen der um diese Zeit blütenlosen Kirschbäume: »Mister Pope, go home!« Der buddhistische Priester Takeda hingegen ärgert sich über etwas ganz anderes. Nach seiner Ansicht sollte der Papst keinen Mann besuchen, der zum Symbol des Militarismus und Imperialismus geworden ist.

»Eine völlig überflüssige Erkundungsfahrt Roms!« ruft eine weibliche Stimme vor der Budokan Hall.

»Die drittgrößte Industriemacht der Welt ist von den Idealen sozialer Gerechtigkeit Dutzende von Lichtjahren entfernt«, sagt uns beim ökumenischen Treffen (zehn geladene Gäste sind zur Konferenz nicht erschienen) ein junger Mensch mit einem Gesicht, das man sofort vergißt (wie ähnlich sie einander sind, man hält sie kaum auseinander – sollte ein einziger Optiker Millionen von Brillen hergestellt haben?).

»Jene aus Filmen bekannte Puppenhäuser, in denen lächelnde Lotosblüten in Kimonos kokett fächeln und Tee trinken, sollten Ihren Blick für das wirkliche Leben in diesen unhygienischen, übervölkerten Käfigen nicht trüben. Eine halbe Million Koreaner, während des Krieges zwangsweise zur Arbeit eingezogen, wartet vergeblich auf eine rechtliche Gleichstellung. Die Frauen sind überarbeitet. Der Lebensstandard der Fischer im Norden des Landes ist katastrophal gesunken. Die Reichen werden immer reicher, die Armen ärmer.«

»Ich bin kein Christ, doch ich appelliere an dich als ein Mensch an den anderen: Hilf!« ruft Noriko Jujiwara von der seismologischen Station.

Wo immer der Papst in seiner apostolischen Mission erscheint, selbst in einem Lande, in welchem die Christen kaum ein Prozent der Bevölkerung ausmachen, regnet es ganze Seiten aus dem Beschwerdebuch. Bei wem sollen sich die Unterdrückten über das ihnen angetane Unrecht beklagen, wenn nicht beim Verkünder der Hoffnung? Gut, daß es eine solche Autorität auf der Welt gibt. Der Mensch sehnt sich nach einer Berufungsinstanz. Nach dem Licht im dunklen Labyrinth des Seins. Nach Mitgefühl und Barmherzigkeit. Es hat sich nicht viel verändert seit jener Nacht im tiefen Mittelalter, da Anaklet tränenlos weinte: »Gerechtigkeit gibt es nur in der Hölle, Gnade im Himmel und auf Erden das Kreuz.«

Morgen fliegen wir nach Hiroshima und Nagasaki. Übermorgen nach Alaska.

Beim Anblick eines Bildes im unvergleichlichen »New Yorker«, worauf der Direktor eines Reisebüros zum Touristen sagte: »Wir haben den absoluten Saison-Hit: eine Reise rund um die Welt, ohne daß Sie das Flugzeug verlassen müssen«, muß ich an die päpstliche Reise in den Fernen Osten denken. Zwar verlassen wir zuweilen die Flughäfen und stürzen atemlos in Kirchen oder auf Grünflächen, die bis an den Horizont mit Gläubigen gefüllt sind, aber das Tempo dieser »peregrinatio« kann nicht nur Bewunderung, es *muß* Beunruhigung hervorrufen. Was soll man herausschälen aus dem Andrang der vielen Gesichter und Landschaften, die man gesehen, den Dutzenden von Gesprächen, die man geführt hat, den Splittern von Eindrücken und Reflexionen?
»Es lagern bereits mehr als 50 000 Atombomben überall auf der Welt, und die Menschheit schweigt«, ruft in fünf Sprachen ein in den Straßen Nagasakis angebrachtes Plakat. »Morgen kann es für Proteste zu spät sein!«
Dennoch gibt es hier weniger fanatische Diskussionen um Atomkraftwerke, weniger öffentliche, gegen ihren Bau gerichtete Proteste, als in Westdeutschland, Österreich oder Amerika. Es existieren schon zwanzig davon, und ihre Zahl wird sich verdoppeln.
Zwar protestiert an den Universitäten die Linke gegen das Einlaufen des amerikanischen Flugzeugträgers, dessen Raketen mit Atomsprengköpfen ausgerüstet sind, in japanische Hoheitsgewässer, doch wird dieser Protest kaum von der breiten Masse getragen.
In Hiroshima zeigte man uns eine Ausstellung mit dem Titel »Kinder klagen an«. Die Schüler zweier erster Grundschulklassen gaben in buntfarbenen Kreidezeichnungen die August-Katastrophe des Jahres 1945 wieder. Die gerührte

italienische Reporterin drückte ein ums andere Mal das Taschentuch an die Augen. Dennoch ist es nicht allein der Untertitel der Ausstellung, der gewisse Vorbehalte weckt: »Eine Dokumentation.« Man hatte den Kindern empfohlen, die Erinnerung an Ereignisse wiederzugeben, die sie aus Erzählungen kannten. Gewiß, jede neue Generation schleppt die Last fremder Erinnerungen mit sich, ja sogar die Verpflichtung, sie zu bewahren. Aber ist die Sättigung kindlichen Vorstellungsvermögens mit der Vision eines nuklearen Holocaust als pädagogische Maßnahme zu werten? Wir sollten unseren Kindern bessere Eltern sein. Und sie nicht nähren mit Apokalypse, Hiroshima, Auschwitz, Kolyma – jedenfalls nicht, ehe sie vierzehn sind. Sie werden noch genug Alpträume zu schlucken haben, wenn sie erst einmal zu Verstand gekommen sind.

Ein anderes Blitzlicht: ein Gespräch mit dem besonders eloquenten Lehrer auf dem Flugplatz Davao. Ein Mann, halb Philippino, halb Malaye. Er ist angriffslustig, denkt in Ausrufezeichen. Schlingt den Fisch samt Gräten, ohne mit der Wimper zu zucken – was mich an jenes Dromedar erinnert, das sich den Bauch mit stachligen Kakteen vollschlug.

»Unterstützt der Papst die unmenschliche Junta in Salvador«, fragt er und bohrt mir die Zinken seiner Gabel ins Hemd, »oder steht er auf Seiten der heldenhaften Aufständischen? Ich habe die Befürchtung, daß der Vatikan den Standpunkt Washingtons vertritt. Kein Wunder: Kuba ist arm, Amerika reich.«

Ich entdecke im selben Augenblick, daß ihn die Antwort auf seine Frage gar nicht interessiert – er kennt sie seit langem, aus ganz bestimmten Quellen.

»Die Aufforderung zum Gebet, der Appell zur Einigung, das alles ist Brom, nichts weiter«, fährt er mit vor Eifer beschlagener Brille fort. »Wer nicht mit der Waffe in der Hand gegen die Junta kämpft, wird zu ihrem Komplizen. Dasselbe

spielt sich bei uns ab in Mindanao. Würden wir den edlen Ratschlägen Erzbischof Antonio Mabufasas folgen, lebten wir noch immer auf Bäumen oder in Erdhöhlen. Und wenn die Regierung versucht, unsere Wunden zu pflegen, so tut sie dies einzig aus Furcht vor dem Volkszorn.«
Er hört nicht einmal hin, als ich ihm sage, die Ermordung des Erzbischofs von San Salvador, Oscar Arnulfo Romero, vor dem Altar hätte den Papst zwar aufs schwerste erschüttert (nicht nur, weil die Begleitumstände dieses Verbrechens den ehemaligen Erzbischof von Krakau unausweichlich an das tragische Schicksal seines fernen Vorgängers, des Bischofs und Märtyrers St. Stanislaus erinnerten), doch bestehe die apostolische Sendung der Päpste nun einmal nicht darin, Bürgerkriege zu organisieren.
»Wären Sie nicht Pole«, sagt der verbissene Pädagoge, während sein Gebiß krachend die Fischgräten zermalmt«, würden Sie den gegenwärtigen Papst und seinen falschen Pazifismus kritischer beurteilen.«
Vielleicht hat er recht? Ich hätte ihm doch sagen sollen, daß der Papst früher oder später auch Kuba besuchen wird, die Einladung von Fidel Castro liegt vor. Und was den »falschen« Pazifismus betrifft: der Papst hörte kürzlich mit großem Interesse, die Heilsarmee sei bereit, aus dem Weltrat der Kirchen auszuscheiden, weil es dort Moralisten gibt, die die Bergpredigt nach ihrem politischen Bedarf mißinterpretieren. Es sei ein großer Unterschied, ob man die eigene Wange hinhält oder die Wange eines anderen hinhalten will. Darf es selektives Gewissen geben? Darf es selektive Gewaltanwendung geben?
Auf dem Wege zum Treffen Johannes Pauls II. mit der Jugend von Tokio, lerne ich einen Dozenten kennen, den Soziologen Dr. Y. Er nimmt mich in seinem Pkw mit. Eine seltsame Gestalt. »Uchimura-Anhänger«, wie er stolz betont. Er ist Mitglied des »Non-Church-Movement«. Der vor

50 Jahren verstorbene Japaner Kanzo Uchimura war, wie ich erfahre, so unzufrieden mit Katholizismus, Orthodoxie und Protestantismus, daß er eine Bewegung konfessionsloser Christen ins Leben rief. Indessen nahm dieses außerkirchliche Christentum, das im übrigen überaus religiösen Charakter hatte, mit der Zeit Merkmale eines Bekenntnisses an, was wiederum an einen anderen, ähnlich gelagerten Widerspruch erinnert: an einen organisierten Anarchismus.

»Zu diesem Treffen mit dem Papst«, versichert Dr. Y., »fahren meine Frau und ich aus reiner Neugier. Er interessiert mich einzig als Pilger des Friedens.«

Der junge Dozent versteht sich als »konsequenter Pazifist«. Und er läßt mich folgende Ansichten vernehmen:

»Lieber sich der Übermacht ergeben und in Sklaverei leben, als sich in eine Handvoll radioaktiver Asche verwandeln. Dies ist nicht nur meine persönliche, isolierte Ansicht. So denken bei uns zum Glück die Menschen meiner Generation. Hand aufs Herz, und bitte antworten Sie aufrichtig: wozu braucht der Mensch eigentlich Freiheit und Unabhängigkeit?«

»Um atmen zu können!«

»In einer Epoche des atomaren Gleichgewichts«, fährt er fließend und glatt fort (man merkt sofort, daß er seine Mitmenschen ebenso oft wie gern an seinen Anschauungen teilhaben läßt), »sind nicht Scheidungen oder Geburtenkontrolle von Bedeutung, wie Rom glaubt; kommt es nämlich zur Vernichtung, dann wird es niemanden mehr geben, der Scheidung oder Vermehrung wünscht. Wichtig in einer solchen Zeit ist einzig die Bewahrung des Friedens. Wir haben unsere Lektion gelernt. Wir fallen auf keinerlei Machtträume mehr herein. Wir verbannen das Inferno, das beim Angriff auf Pearl Harbour begann und an Deck der ›Missouri‹ in der Bucht von Tokio endete, auf den tiefsten Grund des kollektiven Bewußtseins, in der Hoffnung, daß es nie wieder von dort auftaucht. Wir leben auf dünnem Eis, Optimisten nennen es Stabilisation. Der Kern der Sache steckt in einem winzigen Detail: Jeder von uns hat nur das eine Leben, und es ist sinnlos, sich am Gedanken einer ›Stafette der Generationen‹ zu berauschen. Wenn man mir also sagt, unsere Flagge sollte auf Sachalin und den Kurilen wehen, wir sollten uns bewaffnen, weil uns Moskau den verlorenen Krieg von 1904–5 und unseren Angriff auf Sibirien (1918–22) niemals verzeihen wird, dann antworte ich, daß mich das überhaupt nichts angeht, um so mehr, als wir selbst weder in China, der Mandschurei und Formosa noch in Korea, Indochina, Burma, Malaysia, Indonesien und anderen Ländern einen guten Eindruck hinterlassen haben. Schluß mit dem Sterben für, wer weiß wofür. Oder viel mehr für etwas, was man nur allzugut ›weiß‹.«

»Sein Vater«, erzählte mir später einer seiner Kollegen, »ist als Kamikaze gefallen. Mit den Söhnen von Nationalhelden gibt's zuweilen Kummer. Ich versichere Ihnen, das Gros der Gesellschaft denkt anders. Der Geist der Samurai ist nur scheintot und der Idealismus ist im Preis nicht gefallen. Eine Nation ändert sich nicht in wenigen Jahrzehnten.«

Wir sitzen über den Resten eines geheimnisvollen Reptils; sie schwimmen in einer Sauce, die so pikant ist, daß mir spontan die Worte eines mexikanischen Obers in Oaxaca einfallen, der beim Servieren der örtlichen Spezialität (»carne asado Quaxagena«) die scherzhafte Bemerkung fallen ließ: »Selbst hartgesottene Sünder weinen schon beim ersten Bissen bittere Tränen!« Wir plaudern mit einem japanischen Theologen. Gibt es Chancen für eine »Bekehrung« Japans, das doch in den Augen der römischen Kirche von Heiden bevölkert ist?

»Es müßte ein großes Wunder geschehen«, sagt der weißhaarige Seelenhirte, »sollte der Traum Pater Kolbes in nicht allzuferner Zukunft Wirklichkeit werden. Selbst kleinere, kontemplative Sekten wie Myoshi-ju oder Tendai haben erheblich mehr Mitglieder, als es in diesem Lande religiöser Toleranz Christen gibt. Es gibt so viele Inselbewohner, deren Glaube sozusagen eklektisch – assekurativen Charakter hat. Am liebsten würden sie sich aus jeder Religion das aussuchen, was ihnen am besten gefällt. Wie auch immer, alle christlichen Religionen träumen von der Ausweitung ihres Einflußbereiches. Die Geschichte unserer missionarischen Bemühungen ist äußerst dramatisch und mit Blut geschrieben. Seh'n Sie sich dieses Gotteshaus an. Gestützt auf das russische Konsulat, träumte der Mönch Nikolaus vor hundert Jahren von einer Blüte der russisch-orthodoxen Religion in Japan. Die Protestanten aus England und Amerika sind auch nicht müßig gewesen. Wenn Sie einen Besuch in Yokohama machen, so finden Sie dort die sichtbare Spur einer ausdauernden Anstrengung: Pfarrer Girard fand mit Unterstützung des französischen Konsulats den glimmenden Funken unter der Asche und entfachte das Flämmchen des Katholizismus aufs neue. Wir haben 16 Bischöfe, reinblütige Japaner. Die katholischen Kirchen in Ländern, die fernab von Rom liegen, sind gottlob nicht mehr auf den ›Import‹ von Seelenhirten aus Europa angewiesen. Von den rund zehntausend Geistlichen in unserem Land besteht nur etwa ein Fünftel aus Nicht-Japanern. Aber auch wir können so manches von der ›Konkurrenz‹ lernen. Meditation, Kontemplation, wohl auch die pantheistische Ehrfurcht vor der Natur, das sind bei uns Mangelartikel. Wir haben stattdessen nach wie vor Überfluß an moralischem Rigorismus und Puritanismus, beides -ismen, die meist der Furcht entspringen, jemand anderer könnte am Ende glücklicher sein als wir selbst.«

»Besser, man nimmt nicht zuviel von anderen an«, meint lachend der junge Pfarrer, »sonst müssen wir am Ende noch vom Lieblingskind der römischen Kirche Abschied nehmen:

vom Zölibat. Die Priesterwürde (›jushoku‹) geht hier nicht selten vom Vater auf den Sohn über.«
»Ach, ihr junges Volk!« tätschelt ihm ein Greis die Hand. »Ihr habt immer nur das eine im Sinn.« – Aber Scherz beiseite, das Regierungsinstitut für Religionswissenschaft hat unlängst festgestellt: »Christianity, although it appears well equipped to meet individual needs, rapidly lost impetus after an initial spurt of postwar expansion.« Man ist der Meinung, dies sei übertrieben. Aber es wäre gut, wenn die päpstliche Pilgerreise nach Japan ähnlich wie in anderen Ländern, die er mit seinem Besuch beglückte, dazu beitragen würde, die Saat Gottes rascher reifen zu lassen. In profaner Sprache: seit zwei Tagen schnellen die Aktien des Katholizismus in die Höhe.
Der Papst, sehr feinfühlig gegenüber jeglicher Diskriminierung, lauscht voller Trauer dem japanischen Dominikanerpater, der das Schicksal der drei Millionen Buramin schildert. In ethnischer und kultureller Hinsicht sind sie Japaner und unterscheiden sich in nichts vom Rest der Inselbewohner. Sie sehen genauso aus, sprechen dieselbe Sprache, bekennen sich zu derselben Religion. Dennoch sind sie Bürger dritter Kategorie und werden gesellschaftlich boykottiert, ja selbst beruflich – obwohl sie das Toleranz-Edikt von 1871 auf dem Papier gleichgestellt hat.
»Schreib nichts darüber«, seufzt mein italienischer Freund. »Andere Länder, andere Sitten. Wo gibt es schon Gerechtigkeit auf der Welt?«
Für einen kurzen Augenblick dringt die Sonne durchs graue Gewölk und wirft – gleich einer Petroleumlampe – ihr blakendes Licht über Hiroshima. Die Menge strömt die Straßen entlang. Tausende unleserlicher, nicht zu enträtselnder Gesichter. Ich fühle ihre Andersartigkeit. Ich habe den Eindruck, von allen Seiten rücke eine undurchdringliche Fassade auf mich zu. Aber vielleicht ist es besser, die Welt bleibt

nicht erkennbar und der Mensch nach wie vor das unbekannte Wesen. Müssen wir denn alles kennen und wissen?
»Ein anderer Planet, wie?« meint ein Jesuit aus Westfalen, als könnte er meine Gedanken lesen; er lebt seit dreißig Jahren im Lande. »Edwin Reischauer, ehemaliger Botschafter der USA in Tokio, tiefgründiger Ethnograph, hat einmal gesagt: entweder man schreibt über Japan einige tausend Seiten, oder man schweigt.«
»Schon begriffen!« sage ich und trinke auf das Wohl des aufgeklärten Jesuiten.
Wäre da nicht der chronische Zeitmangel, ewiges Handikap eines päpstlichen Reporters, könnte man sich in aller Seelenruhe an der Schönheit der Landschaft und der historischen Denkmäler erfreuen. Tatsächlich veranstaltet hier die Natur von Zeit zu Zeit eine Art »sound-and-light-show«. Der Himmel verdunkelt sich, Blitze zucken, Donner kündigt einen Wolkenbruch an – doch es bleibt bei der leeren Drohung. Es gibt eine Menge zum Anschauen: eine dreistöckige Pagode aus Holz, es scheint, als schwebe sie in der Luft, die kleinen Vordächer lassen sie wie sechsstöckig erscheinen. Trotz aller Erdbeben und anderer Katastrophen steht sie unberührt da, angeblich seit dem 7. Jahrhundert. Die Dachspitze, einem Maiskolben nicht unähnlich, ein Finger, der zum Himmel emporweist, glänzt golden vor marineblauem Hintergrund.
»Rhythmus und Harmonie dieser Architektur erinnern an gefrorene Musik«, rezitiert die Fremdenführerin (nicht nur die Stimme, auch die Kopfform wirken vogelähnlich), »wer das feingeschnitzte ›Tor des Sonnenstrahls‹ aufmerksam betrachtet, wird die Seele unseres Volkes leichter verstehen.«
Typische Touristen-Lyrik, möchte man meinen. Mir hingegen, dem Barbaren vom anderen Ende der Welt, fällt eine Rarität der Spätrenaissance ein: die Fassade des Hauses in Kazimierz Dolny an der Weichsel. Mir geht es wie jenem

Sarmaten, der Venedig besucht und sich mitten auf der Seufzerbrücke plötzlich vor die Stirn schlägt: »Jesus, Maria! Heute ist Jahrmarkt in Sieradz!« Daß mir in Mexiko, vor der indianisch ausgeschmückten Kathedrale, plötzlich eine Perle unserer mittelalterlichen Lyrik einfiel und das Fragment einer Inszenierung aus der Heimat des Papstes vor meinem geistigen Auge aufblitzte (Häscher zerren eine Statue an der Kette über die Bühne, von Hannas zu Kaiphas, um ihr anschließend die hölzernen Hände ans Kreuz zu nageln), entspricht durchaus der Logik der Erinnerung. Daß aber das Baudenkmal vom Weichselufer mir nichts dir nichts in Japan auftaucht...

Andererseits fragte mich Karol Wojtyla mitten im Kongo wahrhaftig aus heiterem Himmel, ob denn das hölzerne Kirchlein in Haczow, Wojwodschaft Krosno, eine Sehenswürdigkeit aus dem 14. Jahrhundert, endlich restauriert worden sei – die Sache ließe ihn nämlich nachts nicht schlafen...

Vielleicht sollte ich hinzufügen, daß, als der Papst in der Arena von Tokio erschien und lächelnd das Spalier der enthusiasmierten Menge entlangschritt, der Papst-Kritiker Dr. Y. die Absperrung durchbrach und seine Hand berührte.

Nicht anders verhielt es sich in Mindanáo, auf dem Davao-Flugplatz mit jenem fischgrätenfressenden Lehrer, der den Vatikan verdächtigt hatte, gemeinsame Sache mit Washington zu machen, um das freie Salvador zu unterjochen: als sich der Papst nach Erteilung des Segens zum Flugzeug hin entfernte, entriß der Lehrer einem der Kinder den Blumenstrauß und begann damit in der Luft herumzufuchteln.

Die Zeit reicht vorn und hinten nicht. In Brasilien ist es mir nicht gelungen, das Haus zu finden, in welchem Bernanos gelebt und gearbeitet hat. In Tokio fehlte mir die eine Stunde, die genügt hätte, um den Spuren Claudels nachzugehen. Das schwindelerregende Reisetempo bewirkt, daß des Reporters Auge und Ohr mehr schlingen, als sie verdauen können; ein Bild überlagert das nächste, man verwechselt Länder und Städte, und die hochrufenden Menschenmassen in Karatschi, Manila, Quezon, dem Boulevard Johannes Pauls II. auf Guam und der Arena in Tokio fließen zu einem einzigen brodelnden Menschenstrudel zusammen. Überall das gleiche: der Gast vom Vatikanhügel braucht sich nur der Menge zu zeigen und die Hände zu heben, schon schlägt eine Fontäne des Enthusiasmus zum Himmel oder zum Dekkengewölbe der Kirche empor.

Noch vorgestern – oder war es vor vier Tagen, denn selbst die Zeitrechnung läßt einen bei dem atemlosen Sprint im Stich – zeigte mir ein brillantineglänzendes Dickerchen in weißer Uniform mit goldenen Epauletten seinen langen Bambusstock und beklagte sich bitter über sein Los hinterm Tresen des kleinen Hotels in Iloilo:

»Fast hätte ich ihn in Stücke gedroschen, auf dem Buckel der Rotzbengel, die dem Papst eine nächtliche Serenade unterm Balkon brachten. Sie ließen ihn nicht schlafen, schrien, sangen, trommelten, als wäre der Leibhaftige in sie gefahren. ›Auf die Knie, und leise gebetet!‹ lautete mein Kommando, aber die Flegel zeigten mir den Vogel, ohne eine Spur Respekt vor der Uniform, also nahm ich den Stock und...«

Zwar saß an der Kasse jenes ruchlosen Hotels eine Lusitanerin mit Lockenwicklern und einer violetten Orchidee im Brustansatz, geradezu eine Filmschönheit (zweifellos hatte da ein Matrose aus Magellans Mannschaft vor Jahrhunderten eine bleibende Spur hinterlassen), trotzdem kam mir der hochtönende, neonfunkelnde Name des Hotels – »Paradies auf Erden« – nicht zum Bewußtsein... Der Flughafenbus setzte sich schon in Bewegung, da kam mit großem Geschrei, Lockenwickler und Orchidee unterwegs verlierend, die schwarzhaarige »Miß Iloilo« herausgestürzt und händigte mir einen Umschlag mit Banknoten aus:

»Ich bitte vielmals um Entschuldigung«, rief sie und wand sich vor lauter Zerknirschung gleichsam im Staube, »ich wußte nicht, daß Sie Pole sind!«
Man hat schließlich eine Erziehung genossen und hat von Papa und Mama gelernt: nimm niemals Geld von Frauen. Schon gar nicht vor Zeugen, die ironisch durchs Busfenster schauen...
Kräht auf dem Markt von Iloilo ein Hahn in seinem Korb, ertönt ein Sammelkonzert sämtlicher Hähne in der ganzen Stadt. So laut, daß die Kolibris von den Zweigen der Mandelbäume aufflattern. Es geschah in dieser verzauberten Stadt, daß wir – nach Verzehr des örtlichen Spezialgerichts »Suppe mit Hahnenkämmen« im Gasthaus »Zum besoffenen Piraten« – unversehens mit der Verzweiflung einer Philippino-Frau mit ergrauendem Haar und jugendlichem Gesicht konfrontiert wurden:
»Ich bin gekommen, um mich beim Papst über meinen Schwager zu beschweren, einen Menschen ohne eine Spur von Herz«, sagte sie und strich sich nervös das Haar aus der Stirn, »obwohl der Bischof meint, man dürfe ihm mit solchen Kleinigkeiten nicht auf die Nerven gehen. Aber das ist keine Bagatelle. Ein großes Unglück hat uns heimgesucht. Meine jüngere Schwester Viktoria, ein Prachtmädel und ein äußerst wertvoller Mensch, hat gestern einen Polizeisergeanten geheiratet. Heute früh wurde sie dem Elternhaus zurückerstattet, das Gesicht voller blauer Flecken: der Ehemann hatte entdeckt, daß sie keine Jungfrau mehr war. Viktoria will sich umbringen. Wir müssen ihr helfen. Wer anders könnte sie retten als der Heilige Vater?«
Was erwarten die Leute nicht alles vom Samariter im weißen Gewand! Ich hätte Lust, der jammernden Philippinin zu sagen, daß es Schlimmeres auf der Welt gibt, als die Exfrau eines Polizeisergeanten zu sein – aber ob ihr diese Bemerkung helfen wird?

Ein Orchideenzüchter vom Fuße des Mount Makiling (eines Vulkans, in dessen tiefem Krater es drohend grummelt) zeigt uns mit der Miene des Vaters, der von der Schönheit seines Babys entzückt ist, sein Geschenk für den Papst:

»Eine schneeweiße ›mariaposa‹ mit goldenen Lippen, eine phalaenopsis amabilis. Laut Überlieferung bringt diese Blume Glück. Krieger nahmen sie früher mit, wenn sie in den Kampf zogen. Die Blume garantierte ihnen die sichere Heimkehr. Sie schützte vor Gefangenschaft. Ihre getrockneten Blütenblätter heilten Wunden und linderten den Schmerz. Der Papst soll sie immer bei sich tragen...«

»Singe für uns, Heiliger Vater!« rufen im Chor junge Philippino-Mädchen in Cebu.

»Ich bin kein Berufssänger«, antwortet er und breitet die Arme aus. »Ich bin ›nur‹ Papst!«

Und doch war kein anderer öffentlicher Soloauftritt des Papstes so erfolgreich wie der vor jungen Tokioterinnen, wo übrigens in der beifalldröhnenden Arena die Katholiken in der Minderzahl waren. Obwohl er in Legaspi schwor, unmusikalisch zu sein und nicht besonders gut singen zu können, war er dennoch bei Stimme – und wie! War es der Anblick roter Perlen am Halse japanischer Krakauerinnen, wunderhübscher Puppen mit großen Augen, oder die Pfauenfedern an den Krakauer Hüten der Dreikäsehochs, die statt in Seiden-Kasacks der Samurai in den altpolnischen »Kierezyjas« erschienen waren, oder jene »Miß Hongkong«, Moderatorin im Brautkleid, die abwechselnd zwitscherte und weinte – jedenfalls sprang er auf einmal unversehens vom päpstlichen Thron, schirmte die Augen ab vor dem gleißenden Licht der Jupiterlampen und reihte sich singend, lauthals singend, auf offener Szene ein in den lebendigen, farbigen Reigen des freudestrahlenden Kindervolkes. Und erst nach mehreren Minuten kam er gleichsam wieder zu

sich, griff nach der verrutschten weißen Pius-Kappe und kehrte glücklich zum Ehrenplatz zurück.
Die Jugend Nippons verließ befriedigt das Stadion, ebenso die an Äffchen erinnernden Aufpasser, gebückt zwischen Stuhlreihen hockend oder bäuchlings drunterliegend, die – statt das Publikum zu beobachten, wie es die Instruktion vorschrieb – permanent hinter sich schauten, auf daß ihnen ja nichts entgehe von dem hinreißenden Schauspiel.
Und dieser Schnappschuß – wo hat die Netzhaut den wieder eingefangen? Unter den Palmen Mindanáos oder vor der Baracke der Indochina-Flüchtlinge in Moro...? (Den Stacheldraht hatte man kurz vor unserer Ankunft entfernt.) Ein zweijähriges Mädchen, das seine winzigen Füßchen nur mühsam auf dem Läufer bewegt, überreicht dem Papst Blumen. Als jedoch der ehrwürdige Gast die Hand ausstreckt, besinnt sich das Kind im letzten Augenblick anders und versteckt den Strauß hinterm Rücken. Die Nonnen fallen vor Entsetzen fast in Ohnmacht, der Papst lacht schallend drauflos.
Vermummte kommen zum päpstlichen Wagen gestürzt, zusammengeholt von nah und fern. Zu Ehren des römischen Centurio Longinus, der bei der Kreuzigung Christi half, sich anschließend taufen ließ und heiliggesprochen wurde, haben sich Burschen von der Insel Marinduque als römische Legionäre verkleidet. Die Monstren, abwechselnd Lanzen und Palmwedel aus Plastik schwingend, haben zwei Gesichter. Das drohende, mit den vorstehenden Fangzähnen, ist der Henker von Golgatha. Das lächelnde, mit dem himmelwärts gehobenen Blick, soll an die Verwandlung des heidnischen Wolfs zum christlichen Lamm erinnern.
»Journalisten sind komische Leute«, mokiert sich der breitschultrige Offizier in Manila. »Am liebsten würden sie die Slums und die baufälligen Bruchbuden der Elendsbevölkerung photographieren. Dabei haben wir so viele schöne,

moderne Regierungsgebäude! Manchmal kommt's mir vor, als würdet ihr bei uns nur die Schatten sehen wollen, nicht die Lichter.«

Mhm. Darüber ließe sich lange diskutieren. Doch wozu? – Und wo geschah dies: Mit ihren zartgrünen, halbmondgeschmückten Turbanen läuft eine Gruppe junger Leute in flatternden, zitronengelben und rosafarbenen Gewändern, »Papa! Papa!« rufend, hinter dem Papstwagen her, während bärtige Greise versuchen, sie von ihrem Weg abzubringen, zornig daß die junge Brut dem falschen Anführer folgt. Oder dies: das Meer schimmert durch hochstielige, fremdartige Blumen; auf den Pfiff eines Lulatschs im Kattunrock bricht eine Herde Ochsen mit Blütenkränzen um den Hals schlagartig in die Knie: ob das Dressur ist?

»Und ausgerechnet in einem solchen Moment war mein Film zu Ende!« ruft verzweifelt ein junger Franzose, von dem es heißt, daß er »vom Papst lebt«: dank den Photos, die er im Verlauf der päpstlichen Odysseen zu hunderten verknipste, soll er es laut Angaben seines Konkurrenten inzwischen zu einer Villa in Cannes gebracht haben.

Bei einem interessierten Blick durchs Flugzeugfenster erkundigt sich der Papst nach den ihm von Fotos und geographischen Beschreibungen bekannten Terrassen in Banane, im Lande Ifugao, im nördlichen Luzon. Die Philippinen zu besuchen, ohne einen Blick auf dieses Denkmal menschlichen Ringens mit der Natur zu werfen, ist etwa so, als würde man China sehen und die Große Mauer auslassen.

»Ein zweites Mal komme ich wohl nicht mehr her in meinem Leben«, meint er melancholisch. »Aber dies ist eine Pilgerfahrt, keine Touristenreise.«

»Geruhen Seine Heiligkeit, einmal unser philippinisches Bier von der Brauerei in Baguio zu kosten?« fragt knicksend die Stewardeß. »Es soll angeblich genausogut schmecken wie das polnische!«

Beim Anblick des biertrinkenden Papstes fällt mir Clemens VIII. ein, der in jungen Jahren Geschmack am polnischen Bier, am »Piwo« aus Warka gefunden hatte. Kraftlos darniederliegend und durstgeplagt, soll er sich nach Jahren an sein Lieblingsgetränk erinnert und wehmütig geseufzt haben: *»O santa ›piwa‹ di Polonia!«* Die um das Krankenbett des Papstes versammelten Höflinge hörten die Worte, brachen in die Knie und begannen zur heiligen... »piwa« zu beten!

Lauter Beobachtungssplitter unterm Augenlid. Unweit des Hotels in Manila verkündet an der Tür eines kleinen Andenkenladens für Touristen ein Schild in drei Sprachen: »Hier können Sie alles kaufen – mich inbegriffen! Daniela!« Nett anzuschauen ist sie, diese welt- und menschenfreundliche Daniela. Ein dunkelhäutiger Vampir, der auf fürchterlich hohen Absätzen einherstelzt. Sie ist so grauenvoll mager, daß sie nicht einmal einen Schatten auf den unebenen Gehsteig wirft.

Besorgt um den guten Ruf seines Landes klärte uns der Redakteur des Regierungsblattes darüber auf, daß das von Daniela praktizierte »hobby« – als Ergebnis der offensichtlichen Verbesserung auf allen Gebieten des philippinischen Lebens – zu den Ausnahmen gehört. »Wie überall auf der Welt«, dozierte er, während er ein Bonbon im Munde zergehen ließ, »sind es die moralisch verderbten Mädchen, die zu sowas neigen, und zwar nicht weil sie es müssen, sondern weil sie wollen.«

»Vielleicht sollte man sie öffentlich verbrennen?« fiel ihm ein Engländer ins Wort.

Regierungsfromme Journalisten sind, wie ich in Marcos eigenem Lande feststellen konnte, besser ernährt als jene, die zur Opposition neigen. Mit diesem fetten, faulen »Begleiter«, der über die Ränder seiner Matratze floß, mußte ich das Hotelzimmer teilen.

Ich habe des öfteren feststellen können, daß der Papst mit Hilfe des improvisierten Wortes leichter Kontakte zu seinen Zuhörern knüpft, vor allem zu jungen Leuten, als durch sorgsames Ablesen einer gut vorbereiteten Ansprache. Dies bestätigte sich einmal mehr, frühmorgens in der überfüllten Aula der katholischen Sophia-Universität in Tokio, wo er auf seinem Weg zur Maschine, die ihn nach Hiroshima bringen sollte, kurz haltmachte. Diesmal sprach er nicht japanisch, wie in der Kathedrale und beim Treffen mit den Laienbrüdern, sondern englisch. Die Lehranstalt, vor 68 Jahren durch deutsche Jesuiten ins Leben gerufen, darf sich imponierender Erfolge rühmen. Es ist bezeichnend, daß unter elftausend Studenten (ein Drittel davon sind Mädchen) nur 700 Katholiken und 100 Protestanten sind. Heute wird in der Sophia-Universität nicht nur Japans intellektuelle Elite ausgebildet. In dem wichtigen jesuitischen Brückenkopf in Asien träumt man davon (Pater Joseph Pittau macht kein Hehl daraus), einen Teil der Pädagogen nach Shanghai zu senden. Angeblich haben die Chinesen, als sie der Jesuitengeneral vor einem Jahr besuchte, die Tür für weitere Gespräche offengelassen. Ein junger japanischer Dichter sagt mir, daß trotz der riesigen Fortschritte, die die Säkularisation gemacht hat, das Jahr 2000 in seiner Heimat eine Renaissance der Religion eröffnen würde. Der Katholizismus, Fenster zur andersartigen ideologisch-kulturellen Wirklichkeit, fasziniert schon heute die literarischen Kreise.
In der Aula fällt uns auf, daß der sicherlich kompetenteste Japan-Spezialist in der Kirchenzentrale, Jesuitengeneral Pedro Arrupe, im Papstgefolge fehlt. Er hat immerhin 28 Jahre lang als Missionar, Novizenmeister und Provinzial in diesem Lande gewirkt und in Hiroshima den Abwurf der ersten Atombombe miterlebt. Päpstliche Fernostreise ohne Arrupe, fast eine Sensation. Ist der 73-jährige Baske krank? Oder in Ungnade gefallen? Schon wieder »Kommunikations-

schwierigkeiten« zwischen Vatikan und Ordensgeneralat? Ich bewundere die japanischen Bischöfe Soma, Tanaka, Schinamoto, Matsunoga. Als Hirten sind sie bescheiden, demütig, von geradezu außergewöhnlicher Hilfsbereitschaft. Sie sind begierig darauf, den Fernsehkameraleuten die schweren Kameras und die Aluminiumkoffer tragen zu helfen, uns reißen sie »förmlich« die Reisetaschen aus der Hand. Ein ums andere Mal kommen sie mit Thermosflaschen gelaufen und bieten Jasmin-Tee an. Auch Kardinal Satowaki ist bemüht, sich zwei- und dreizuteilen, um die Gastlichkeit zu absoluter Perfektion zu führen. Nichts von jener Erhabenheit, wie sie für die Kirchenfürsten Europas im Barock so charakteristisch war. (Oder sollte man etwa der Kirche wünschen, sie möge nicht wachsen und sich verbreiten – und über keine Kirchensteuereinnahmen in Höhe von vier Milliarden Mark jährlich verfügen, wie das in der Bundesrepublik der Fall ist –, sondern danach trachten, solange wie möglich in der Minderheit zu bleiben? Immerhin würde sie dies zu größerer geistiger Energie befähigen. Christentum ist zum Glück die Religion für Schwache. »Unvollkommenheit und menschliche Schwäche«, schrieb Bruder Roger von Taizé, »regen uns an zu schöpferischer Tätigkeit, zur verzweifelten Suche nach Gott.«)
»Auf langen Strecken lange Flugzeuge, auf kurzen Strecken kurze Flugzeuge«, äußert höflich knicksend ein höherer Angestellter der japanischen Luftfahrtgesellschaft. Seine Arme hängen steif zu beiden Seiten des Schwalbenschwanzes herab, das Kinn liegt fugenlos auf der korrekt gebundenen Krawatte. Nach den Lackschuhen und weißen Handschuhen zu urteilen, handelt es sich um eine Persönlichkeit, die sich ganz besondere Verdienste um die Luftfahrt erworben hat.
Also hocken wir enggedrängt, die »égalité« scheint Fleisch geworden. Die breiten Schultern des »body-guard« Marcinkus können weder Vorhang noch spanische Wand ersetzen.

Die Kardinäle, selbst der Papst, alle zum Greifen nahe. In dieser »himmlischen Arche« zählt nur noch die innerliche Distanz. Die pausenlos photographierenden Stewardessen streifen mit ihren üppigen Hüften die Walzen der Schreibmaschinen und die Wangen der Schnellschreiber. Es herrscht euphorisches, vielsprachiges Stimmengewirr. Das kleine Flugzeug torkelt mehr als einmal durchs Gewölk, als hätte man ihm Cognac in den Treibstoff gemischt. Zuweilen fordert der Papst höflich nickend jemanden auf, sich zu einem Plausch zu ihm zu setzen. Zum Beispiel Kardinal Macharski, der von Krakau über Moskau nach Tokio geflogen kam, oder Logenbruder (»P 2«) Gustavo Selva (es heißt, er sei der künftige Stadtvater von Rom, wobei es ungewiß ist, ob man ihm diesen Mühlstein am Halse wirklich wünschen soll), oder Fernando Elenberg aus Buenos Aires (nichts plagt den Papst so sehr wie Unerledigtes – so war er schon, als er noch in der Krakauer Franziskanerstraße residierte! –, dazu gehört der langwierige Streit um die Insel zwischen Chile und Argentinien: der »Friedensstreifen«, den die apostolische Hauptstadt in diesem Gebiet vorgeschlagen hatte, findet bei keiner der Parteien Anklang). Ehrlich bekümmert ist der Papst über die Nachricht von der Bombenexplosion im Münchner Radio Free Europe, von den Verwüstungen und den Schwerverletzten. »Ich werde für die Terroropfer beten«, meint er seufzend. Als ich ihn frage, ob er noch zuweilen Gedichte schreibe, breitet er die Arme aus: »Leider bleibt mir keine Zeit mehr für Literatur. Papst sein ist eine arbeitsreiche Beschäftigung: Lauter Überstunden, und keine Gewerkschaft nimmt sich der Päpste an.«
Da setzt unsere fliegende Kiste auch schon zur Landung an. Unten im Regen liegt Hiroshima. Der Papst wird ernst und legt die Hände vors Gesicht. Er kennt die Bedeutung des Namens. Der Lärm an Bord verstummt. Nur noch das leise Klagen der Triebwerke ist zu hören. Hiroshima hat – ne-

ben Nagasaki, Warschau, Dresden, Rotterdam, Coventry, Leningrad, Berlin (soviele eingeäscherte Städte!) und neben Auschwitz, Majdanek, Katyn, Kolyma (soviele unterschiedliche Höllen auf dieser unmenschlichen Erde!) – Eingang in das Schwarze Register unserer Epoche gefunden. Sartre schrieb, den sterbenden Kindern hätte kein Gott zur Seite gestanden. Doch es waren Menschen, die ihren Mitmenschen dies Schicksal bereiteten.

Krieg ist nicht das Werk blinder Naturgewalten, er entsteht in den Hirnen und Herzen der Menschen; technische Entwicklung müßte Hand in Hand gehen mit der moralischen Entwicklung der Menschen; die Menschheit ist mitnichten zur Selbstzerstörung verurteilt, wie Fatalisten behaupten – sie ist im Gegenteil imstande, eine bessere Zukunft zu bauen. Über all dies sprach der Friedens-Pilger vor unübersehbaren Menschenmassen, sowohl unter freiem Himmel an der Stelle, wo vor 36 Jahren die Katastrophe stattfand und wo heute Denkmal, Park, Gedächtnisglocke und die Ewige Flamme der Warnung an das Ereignis erinnern, als auch im Rahmen der Vorlesung über »Technologie, Gesellschaft und Weltfrieden«, die er in der public-hall der ONZ-Universität hielt. In tiefer Versunkenheit, die Hände vor der Brust gefaltet, besichtigte der Papst das Museum mit den Dokumenten und den ergreifenden Relikten vom »Schwarzen Tag der Menschheit« (6. VIII. 1945). Er betete vor dem Denkmal für die getöteten Kinder (gestiftet von 3200 japanischen Schulen und weiteren 2000 aus acht Ländern der Erde), vor dem Sanktuarium »Souls of the Victims«, wo in einem schwarzen Sarg die Liste der Verluste aufbewahrt wird: 97964 Namen!, und vor dem Bildnis der Friedens-Madonna in der modernen katholischen Kathedrale – sie wurde mit Geldern einer internationalen Spendenaktion erbaut, zu der Pater Lasalle, ein Augenzeuge der Katastrophe, den Anstoß gegeben hat. In einem Appell an das Gewissen der Welt,

vorgetragen in zehn verschiedenen Sprachen, verurteilte der Papst das Wettrüsten, die Inschriften vor Augen, die er inmitten der so tragisch heimgesuchten Stadt gefunden hat: »Diese Ewige Flamme wird brennen, bis die letzte Atomwaffe von der Erdoberfläche verschwunden ist.«
Hiroshima, voller Grün, neuerrichteter ästhetischer Häuser und gutgebauter junger Menschen, zählt heute doppelt soviele Einwohner wie am Tage des Atomangriffs. Das Pressematerial, ausgegeben vom Büro des Bürgermeisters Araki, ist geradezu übertrieben taktvoll redigiert: es enthält keinerlei Hinweis darauf, *wer* die Bombe geworfen hat.
»Schreiben Sie, daß damals einige zehntausend koreanische Zwangsarbeiter umgekommen sind«, bedrängt mich ein Journalist aus Seoul.
»Und in Nagasaki nahezu 9000 Katholiken!« fügt ein japanischer Geistlicher hinzu.
Auf dem auf einer Insel gelegenen Flugplatz von Nagasaki landet es sich wie an Deck eines gewaltigen Flugzeugträgers. Es gibt große Aufregung: schafft es unser schlitzäugiger Pilot, oder schafft er's nicht? Wenn er schielt, fallen wir ins Wasser. Es geht nicht um uns, aufdringliche Insekten, die ums Laternenlicht schwirren, also um die Journalisten, die den Papst begleiten – es geht um den ehrwürdigen Fluggast. Lauter Beifall belohnt eine Landung, die so weich ausfällt, daß von der Stirn meines Nachbarn, eines Italieners, der bei jedem Start und jeder Landung nach seinem Rosenkranz greift, nicht ein einziger Schweißtropfen fällt.
Es begrüßt uns Schneegestöber, das ein eisiger Wind vom Meer herbeiweht. Ohne Sonne läßt die Stadt der sieben Flüsse und sieben Berge jene Schönheit vermissen, die alljährlich mehr als 10 Millionen Touristen hierherlockt. Das japanische Kindervolk mit seinen gelben und weiß-roten Fähnchen schnattert mit den Zähnen vor Kälte. Jemand meint brummig, der Papst solle seinen meteorologischen Be-

rater wechseln. (Schon in Westdeutschland war sein Besuch in eine Schlechtwetterperiode gefallen.) Tatsächlich mußten während des Feldgottesdienstes im Stadion von Matsujawa die Laufbahnen und die aufs Podium führenden Treppen vom unaufhörlich fallenden Schnee befreit werden. Tausende von alten Leuten und Kindern, die seit Stunden im Gestöber ausharren, ertragen mit äußerster Anstrengung und ohne ein einziges Wort der Klage das Marathon der Frömmigkeit. Selbst eine Stunde vor Beginn der Messe untersagen die Ordnungshüter das Aufspannen der Regenschirme. Gespräche mit ihnen führen zu nichts. Nicht einmal ein Erdbeben würde sie aus ihrer steinernen Ruhe bringen. Wie gut, daß unser Ritual nicht vorsieht, die Frischgetauften ins Wasser zu tauchen – die 70 Konvertiten, die sich soeben dem Altar nähern, würden sich sofort in Eiszapfen verwandeln. Ihre Gesichter faszinieren mich. So müssen die ersten Christen ausgesehen haben. Unweit des Stahlwerks Urakawi, dem Hauptziel des Atomangriffs (es kamen 75000 Menschen um), entdecke ich Transparente: »Hope, hope, hope – Pope, Pope, Pope!« Eine Schar winziger Knirpse, Kaninchen nicht unähnlich, singt mit piepsigen Stimmchen »Stella praeclarissima«. Ziemlich unrealistisch klingt dies Latein, doch es wärmt einem das Herz.
»Als alter Atheist darf ich wohl bemerken«, lächelt uns ein japanischer Professor zu, »daß es schon ein wichtiges Argument für die Beibehaltung der Religion gibt: ihre verdammt lange und zähe Dauer. Trotz so mancher ernsthaften Versuche von Gläubigen und ihren Oberhirten, ist die Religion nicht kaputtzukriegen.«
Vor dem Märtyrer-Sanktuarium steht ein Pfadfindertrupp stramm. Kein einziger von ihnen ist Christ. Die Hafenarbeiter, die Mannschaften der Fischkutter, die Arbeiter der Automobilfabrik – die Welt der Werktätigen wirft gern einen Blick auf den Papst. Es hat sich herumgesprochen, auf

wessen Seite er steht. Auf dem »Märtyrer-Hügel« – es ist nicht der einzige Kalvarienberg des japanischen Katholizismus – gedenken wir des Krakauer Jesuiten Wojciech Maczynski, der hier zusammen mit anderen Missionaren gekreuzigt wurde. Die Zahl der Getöteten reicht in die Zehntausende. Der Weinberg des Herrn ist in Japan mit Schweiß, Blut und Tränen gedüngt. Selbst noch in der zweiten Hälfte des vergangenen Jahrhunderts blendete man Versprengte, die in den Katakomben aufgespürt wurden.

Ist eine Religion ohne Märtyrertum und Opfer überhaupt denkbar? Wäre sie wünschenswert? Gekreuzigt wurden sie im Jahre 1597. Das Datum spielt keine Rolle. Der Mensch tötet den Menschen seit Urbeginn der Zeiten. Heute, Jahrhunderte später, stehen sie in Stein gehauen in ihren Mönchskutten, aufgereiht unter der Wand, einer neben dem anderen – unter den 26 Märtyrern befinden sich drei Jünglinge –, und blicken unter der Inschrift »Laudate dominum omnes gentes« auf den knieenden Papst aus der Auschwitzer Gegend, wie er sein Gebet spricht auf dem schneebedeckten, verrußten Boden.

Vor dem in Weiß gehüllten Denkmal in Nagasaki spricht der Pilger seltsame Worte:

»Ich habe den Eindruck, als sei ich schon einmal hier gewesen.«

In Krakau, vor der Reliquie des Märtyrers St. Stanislaus, im römischen Kolosseum während der Karfreitagsprozession, im afrikanischen Brazzaville am Grabe des »unter ungeklärten Begleitumständen« ermordeten Kardinal Biayenda, in Manila vor dem Denkmal des zu Tode gefolterten Lorenzo – es kommt sehr oft vor, daß der Papst über die Zeugnisse des Glaubens und über die Gnade des Märtyrertums ins Grübeln gerät. Es geschieht nichts ohne den Willen dessen, der die Sterne am Himmel und die Herzen der Menschen auf Erden bewegt. Jeden Augenblick kann es geschehen, daß er dich aufruft, die Brust dem vergifteten Pfeil darzubieten. Und ihm zu helfen, den Baum des Lebens und des Todes zu schleppen. Fürchte dich nicht vor dem Kreuz. War es Zufall, daß Simon von Cyrene gerade in dem Augenblick vom Feld heimkam, als man Gott nach Golgatha führte? Und es ist nichts umsonst: »Es dauert der Mensch, der davonging, in jenen fort, die nach ihm kamen« – so lesen wir in einem Gedicht Karol Wojtylas.

Einer von den Japanern hat aus Polen Asche aus Auschwitz mitgebracht. Er bittet den Papst, sie zu segnen, bevor er sie im Shinto-Tempel niederlegt. Die Welt ist ein Ganzes, die menschliche Qual – universell.

Inzwischen spricht Kardinal Casaroli vor dem Denkmal für die Opfer des tragischen Luftüberfalls. Mit schwacher Stimme appelliert er an die Supermächte, nicht länger auf dem Gleichgewicht der Abschreckung zu bestehen, sondern unter Verzicht auf die Überheblichkeit der Macht Abrüstungsgespräche aufzunehmen. Die Idee vom »humanitären Krieg« ist ein sündhaftes Hirngespinst. Auch »konventionelle Waffen« bringen den Tod. »Die Wahl lautet nicht ›Krieg oder Frieden‹«, ruft er inmitten des Schneegestöbers, »sondern einzig und allein ›Überleben oder totale Vernichtung‹«.

Mit Herzklopfen betreten wir den dritten Stock des »Hauses zur Betreuung der Überlebenden«. Wie um zu betonen, daß es von der Gedankenschmiede des Forschers zur biologischen Vernichtung nur ein winziger Schritt ist, liegt das Haus Wand an Wand mit der Universität. Schwester Nagatani überreicht dem Papst im Namen der Pflegerinnen eine goldene Chrysantheme. Professor Ikimaru klärt uns über die langfristigen Folgen radioaktiver Bestrahlung auf. In drei soeben renovierten kleinen Sälen erheben sich sieben alte Menschen, die die Augustkatastrophe als junge Leute erlebt haben, in ihren Krankenbetten und stützen sich auf die Ellenbogen. Der Papst streicht ihnen über die Köpfe.

Taxifahrer in weißen Handschuhen kommen mit ihren Wagen vorgefahren: Pilgerfahrt zur Wiege des Seibo No Kishi, dem heute schon Legende gewordenen Werk des aus Zdunska Wola stammenden Dickschädels namens Kolbe. Er hatte es sich in den Kopf gesetzt, die Seele Nippons zu erobern. Vor einem halben Jahrhundert war er hier erschienen, zusammen mit vier Landsleuten. Sie waren nahe am Hungertod. Schliefen in irgendeiner winzigen Kammer. Mücken machten ihnen das Leben zur Qual. Sie hatten keine Yen, um Moskitonetze zu kaufen. Sie kauften sich lieber eine nahezu schrottreife Druckerpresse und dazugehörige Schwärze. Es gibt hier Menschen, die sich seiner noch gut erinnern und die voller Enthusiasmus mit ihm zusammenarbeiteten: die Brüder Pesiek, Radziewicz, Janic. »Ich hielt ihn schon damals für einen Heiligen«, sagt der Japaner Jasugoro, der als »Renegat« im Kriege viel im Gefängnis gelitten hat, und der heute, trotz seines fortgeschrittenen Alters, Fahrer des Schulbusses ist. Auch die polnischen Klosterbrüder sind durch die Gehenna des japanischen KZs gegangen. Bruder Zenon organisierte nach der Atomkatastrophe die Betreuung der Überlebenden und Waisen. Vor drei Tagen erlebte er, aus dem Koma erwachend, die Ankunft des Papstes.
Das Orchester spielt, die Jugend singt, eine Unmenge Photographen wimmelt herum. Blumen vor der Häftlingsstatue im gestreiften Kittel. Heute ehren ihn alle. Aber es gab eine Zeit, da weigerte sich die Kirchenbehörde, ihn nach Asien gehen zu lassen. Man nannte ihn den »bekloppten Max«. Die Bischöfe von Shanghai, in Indien und in Tokio empfingen ihn mit saurer Miene. Man warf ihm »Ungeduld« vor und einen geradezu krankhaften Maximalismus. Heute beten hunderte von Gläubigen lauthals zum »Irren der Jungfrau«.
Dem Mutigen lacht der Himmel. Der polnische Papst, oft genug Pilger im Auschwitzer Hungerbunker, wo er vor dem

Opfer des gesegneten Märtyrers die Stirn neigte, spricht heute im »Kolbe-Haus« von der Verbindung zwischen den missionarischen Mühen des polnischen Mariendieners in Nagasaki und dem Auschwitzer Epilog seiner Erdenwanderung. In der Welt des Glaubens hat alles seinen tiefen Sinn und seine innere Logik.
»Gott, der du Polen...« – erklingt unter japanischem Himmel.
Hinter mir höre ich eine Unterredung. Ein alter Pfarrer spricht zum frisch aus Warschau eingetroffenen Missionar:
»Warum weinst du, Janek? Es ist ein Tag der Freude!«
Vor der Abfahrt zum Flugplatz überreicht der Hoteldirektor jedem ein Obstkörbchen und eine emaillierte Krawattenklammer. Auf Papier steht in wunderschöner Kalligraphie:
»Mögest du dein ganzes Leben lang an Nagasaki denken!«
Auf dem Wege von Nagasaki nach Alaska – der Flug dauert entsetzlich lange – überspringen wir den »Zeit-Pol«. Somit haben wir zwei Tage lang dasselbe Datum. Wir »verdienen« uns einen zusätzlichen Tag.
»Wichtig ist«, meint der Papst lächelnd, »was man jetzt mit dem geschenkten Tag anfängt.«

Jetzt sind wir soviel umhergeflogen, daß es für alle Zeiten reicht. Von Nagasaki nach Anchorage: acht Stunden. Aufenthalt in Alaska: dreieinhalb Stunden. Von Anchorage nach Rom: elf Stunden. Johannes Paul II. ist der erste Papst der Geschichte, der den Nordpol überflogen hat.
Ein sympathischer Japaner, blond und mit einem Wikingergesicht (wie mag es wohl dazu gekommen sein?) lobt den Piloten der Papstmaschine über den grünen Klee:
»Er hat 15000 Flugstunden auf dem Konto. Ist 59 Jahre alt geworden und fliegerisch wie ein guter Wein: je älter desto besser. Glücklich verheiratet. Drei Kinder. Absolvent der

Sophia-University von Tokio, summa cum laude. Sammelt Schmetterlinge. Und was das wichtigste ist: ein Katholik.«

»Von mir aus kann er Heide sein«, murrt eine unzufriedene Seele. »Hauptsache, er schafft uns heim, heil und in einem Stück.«

Den Weltenbummler John Ficara vom »Newsweek« (er zog sich den Zorn des philippinischen Informationsministers zu, weil er über das Potemkinsche Dorf bei Manila geschrieben hat) verläßt sein Humor zu keiner Zeit:

»Wir berühren den Rand von Kamtschatka, werden wohl aber kaum darüberfliegen, weil wir dann höflichkeitshalber ein Grußtelegramm nach Moskau schicken müßten. Dort berät soeben der Parteitag, Breschnew wäre imstande, es öffentlich vorzulesen.«

Der fliegende Presseklub hoch in den Wolken, voll des schwarzen Kaffees, findet nicht in den Schlaf:

»Gut, daß der Militärputsch in Madrid ein Schlag ins Wasser war«, freut sich Jack Payton von UPI. »Wäre er gelungen, hätte der Papst sicherlich die vorgesehene Spanienreise abgesagt.«

»Warum denn?« fragt achselzuckend Jose Juan Arias aus Madrid. »Er hat schon ganz andere Länder besucht, die auch nicht unbedingt demokratisch sind: Brasilien, Polen, die Türkei, die Philippinen. Er kommt nicht zu den Regierenden, er kommt zu den Gläubigen.«

Wir erreichen »die Stadt der Zukunft« (dieses Beinamens erfreut sich Anchorage, seit es innerhalb von fünf Jahren auf das Doppelte wuchs und heute fast die Hälfte sämtlicher Bewohner Alaskas beherbergt) bei recht frischem Wind. Welche Erlösung, nach dem arktischen Schneegestöber in Nagasaki! Hier laufen wir wenigstens nicht Gefahr zu erfrieren. Vor unseren vor Schlaflosigkeit fast zugequollenen Augen erscheint der moderne Flughafen. Am Horizont, am Fuß der blauen Berge, wird schon ein zweiter gebaut, denn der jetzi-

ge wird von 48 Fluggesellschaften frequentiert und platzt aus allen Nähten. Das Sternenbanner flattert langsam und würdevoll im Takt der Papsthymne (die man, ohne zu lästern, nicht unbedingt für ein musikalisches Meisterwerk halten muß). Die Möwen, an das Heulen der Triebwerke gewöhnt, lassen sich nicht nervös machen und kreisen phlegmatisch über dem Haupt des Papstes und des ihn begrüßenden Abgesandten des Präsidenten Reagan.
Irgendein bepelztes Wichtelmännchen scharwenzelt gewichtig um unsere Equipe. Es sticht ein ums andere Mal mit dem Finger in die Luft und weist dabei auf einen hochgewachsenen, würdevollen Gentleman im Frack:
»Das ist Major George M. Sullivan! Die Stadt verdankt ihm viel! Er baut Straßen, Viadukte, Tunnels, Haltestationen. Er befestigt die Lagunendämme und hat Extrawege für Radfahrer eingeführt. Man muß ihn photographieren. Über ihn schreiben. Das ist ein hochverdienter Bürger der Stadt und er verdient, wiedergewählt zu werden!«
»Und wer sind Sie?«
»Ich bin der Pressereferent des Herrn Bürgermeisters.«
Als sich die Kavalkade auf den Weg in die ca. 5 Kilometer entfernte Stadt macht, betrachtet der Pilger in Weiß mit großer Aufmerksamkeit das Turnagain-by-the-Sea-Viertel. Als beim Beben im Jahre 1964 8,8 auf der nach oben offenen Richter-Skala gemessen wurde, zerfiel es in Trümmer. Man hat es inzwischen wiederaufgebaut. Die zartgefiederten Wolken (der Wind hat die leichten Schneeschauer ins Meer gepustet) versperren nicht länger die Sicht auf den Mount Susitna (The sleeping Lady), einen wahren Leckerbissen für die Photographen. Vor der Kathedrale erwartet den Papst ein Minilastwagen, ein weiß-blaues Pope-mobile mit gelbem Dach, plexiverglast, mit Elektroheizkörpern. Vorläufig aber befördert ihn eine diskret gepanzerte Limousine, die man extra per Flugzeug von der Insel Guam hergeschafft

hat. Der sogenannte »Präsidentenwagen«. Unter den Kardinälen entdecke ich Jan Krol, den Erzbischof von Philadelphia, den »vierten polnischen Kardinal«, wie es scherzhaft im Vatikan heißt.
»Ich darf nicht verraten, wem ich beim letzten Konklave meine Stimme gegeben habe«, hatte er vor drei Jahren geäußert. »Aber Sie können es sich ja denken.«
Seine Redensarten treffen ins Schwarze. Als von Wałęsa und der »Solidarnosc« gesprochen wird, meint er:
»Do-it-yourself-democracy!«
»His Excellency Most Reverend« Francis T. Hurtley, »archbishop of Anchorage«, geizt nicht mit Anlässen, die Aufmerksamkeit der Zeitgenossen auf seine Person zu lenken. Sein Farbporträt in dem Pressematerial, das bereits nach dem Start in Nagasaki an uns ausgegeben wurde, ist größer als das ebenfalls beigefügte Papstbild. Die Ansprache, mit welcher der Hausherr der Erzdiözese den Papst begrüßt (ihr Text ist im übrigen mit dem Stempel »streng vertraulich« versehen, als könnte seine verfrühte Veröffentlichung unabsehbare Folgen für das künftige Schicksal der Kirche haben), beweist, daß der Seelenhirte der Eskimos, Pioniere und Ölleute über einen wachen Geist verfügt und Sinn für Humor hat.
»Der heilige Lucas nahm an, Rom läge am Rande der Welt, und doch reichte der Blick des Erlösers bis weit übers Mittelmeer, so weit, daß heute Du, Heiliger Vater, Dich tatsächlich am anderen Ende der Welt wiederfindest. Kein Papst wird sich je weiter von Rom entfernen können. Außer, er fliegt mit der Rakete zum Mond. Es ist mit Sicherheit anzunehmen, daß diese Möglichkeit eine starke Verlokkung für Eure Heiligkeit darstellt.«
Anschließend bemerkt er nicht ohne gewissen poetischen Ehrgeiz, sein Erzbistum – am Berührungspunkt zweier Supermächte, nämlich den USA und der Sowjetunion gelegen

– verdanke beiden Völkern gleichermaßen sein geistiges Erbe. Schließlich habe einmal die Flagge des heiligen Rußland über Alaska geweht. Nicht das auf Furcht basierende, atomare Gleichgewicht müsse Grundlage einer friedlichen Koexistenz sein, sondern das Evangelium. Und er beschließt seine Rede mit dem effektvollen Satz:
»Christus hat die Reise von Jerusalem nach Rom nicht unternommen. Aber sein Nachfolger, der heilige Petrus, hatte keine Furcht vor der Unternehmung. Petrus hat die Mühsal einer Expedition von Rom nach Anchorage nicht auf sich nehmen können. Johannes Paul II. indessen, sein Nachfolger, ist in Alaska erschienen.«
Wen der heilige Petrus vor 20 Jahrhunderten in Alaska hätte besuchen sollen, wird das Geheimnis des Redners bleiben. Wie auch immer – des Beifalls ist kein Ende. Um aber keinen Zweifel darüber aufkommen zu lassen, daß die kulturellen Bande zwischen Alaska und Rußland nicht eine Erfindung des Erzbischofs sind, erdröhnen unter dem Transparent »Russian Orthodox Aleut Choir« nachtschwarze altrussische Bässe. Der bärtige Pope, den die Fernsehreporter wie eine kostbare Ikone ins Bild rücken, drückt uns herzlich die Hände:
»Der Papst aus Polen freut sich bestimmt, wenn ich ihn auf Russisch begrüße.«
Es ist in der Tat sehr weit von Anchorage nach Rom. Zum Glück (oder auch zu ihrem Unglück?) wächst die Welt rasch zusammen. Il cavaliere del cielo, der weiße Blitz ist da! Überschallflugzeuge, Funk und Telex verbinden die Kontinente nahtlos. Wieviel Mühe muß es hingegen im 16. Jahrhundert gekostet haben, eine geistliche Trophäe zu befördern: nämlich eine Delegation frisch getaufter Eingeborener, von Cebu auf den Philippinen und aus dem japanischen Nagasaki ins ferne Italien!
Großer allgemeiner Jubel siedet in den Straßen der 200000

Einwohner zählenden Stadt. Die Ortschronik hat bislang kein Ereignis von so weittragender Bedeutung zu verzeichnen. Alle sind sich über die Erhabenheit und Unwiederholbarkeit des historischen Augenblicks im klaren. »Nur die Landung von Marsbewohnern wäre für unseren Staat eine noch größere Sensation!« – schreibt »The Pioneer – All-Alaska Weekly«, und bringt zugleich das Bedauern darüber zum Audruck, daß es dem Gast aus dem fernen Rom nicht vergönnt ist, seine Augen an der Anmut der Umgebung von Fairbanks zu erfreuen. Katholiken gibt es hier nur wenige. Doch der Papstbesuch wird ihr Prestige mit Sicherheit aufwerten, vielleicht auch ihre Zahl vergrößern. Das überwiegend menschenleere Land der Pioniere birst vor Gastfreundschaft, so lärmend wie das Frühlingseis auf dem Nenan-Fluß. Die Eskimos von King Island, eigens hierhergeschafft, wippen mit ihren Harpunen auf und nieder. Indianer von der kanadischen Grenze sondern Geräusche ab, halb Gesang, halb wölfisches Heulen, daß es die Kinder graust. Jagdbogen, Speere, Federbüsche. Mit welcher Geschicklichkeit sie das Metall handhaben, die »bell-ringers«, lederbekleidete Glöckner, im Alltag Schüler des College. Machtvoller Chorgesang der Baptisten, schwelgend im österlichen Psalmenrausch. Ein bayerisches Blasorchester hält dazwischen, daß die Schwarte kracht. Krachlederne, feuerrote Schenkel. Square-dance-Mädels mit Häubchen, in historischen Kostümen, trippeln kunstvoll auf zierlichen Füßchen. Mongolengesichter unter Sombreros: ein feuriger Flamenco. Woher stammt bei diesen Tänzern ihre Begeisterung für die Iberische Halbinsel? Vielleicht ist es die ganz normale Sehnsucht nach Sonne, von der es hier zu wenig gibt? Schottische Dudelsäcke winseln. Aber auch die Unsrigen, Laub, das der Wind von weither getragen hat, lassen sich nicht unterkriegen: zwölf Paare legen einen Krakowiak hin, daß die Dielen dröhnen und der Schnee an den ebenerdigen roten

Häuschen emporstiebt. Gebt Feuer, ihr Hufeisen! Eine Schar von Eskimo-Knirpsen, als Pinguine, Robben, Eisbären und Grizzlies verkleidet, wirbelt im Kreise. Fahnen von Trappern, Fischern und Walfängern, angeblich italienischer Herkunft (mit allerdings indianischen Vogelgesichtern), kunstvoll emporgeschleudert, wirbeln durch die Luft. Zauberkünstler jonglieren mit Keulen. »Hungry hikers« zeichnen mit ihren Lassos Achten in die Luft; sooft einem von ihnen der Cowboyhut runterfällt, kommt ein schwarzglänzender, gleichsam mit Fischtran getränkter Schopf zum Vorschein. Vom Himmel senkt sich langsam ein lebendes Kreuz: »skydrivers«, Fallschirm-Kunstspringer. Hunderte von Glocken bimmeln an den Hälsen von Hunden, die in ihren Gespannen toben. Kugelige Ballons schweben gemächlich zu den verschneiten Hügeln empor. Feuerwerk, Stolz der Chinesensiedlung, erblüht am hellichten Tage – abends ist der Papst längst aus der Stadt. »Papal festival! Papal festival!« – brüllt der Vorsänger aus dem Riesenlautsprecher. Und der Kantor der »Air Force Band« verkündet: »Zur Feier des Tages spendiert die Firma ›Aurora borealis‹ allen Bewohnern der Stadt über 19 Jahren – legal drinking age, you know! – eine Büchse Bier!«
»Ethnic groups nach rechts!« kommandiert ein Riese mit weißem Helm. »Native groups nach links!«
»I am American!« begehrt ein Fräulein mit Pelzmütze auf. Der Stern Alaskas strahlt auf der Nationalfahne der USA offiziell erst seit 1959.
Landsleute sind von fern gekommen, aus Kanada, aus Kalifornien. Mit weiß-roten Fahnen, dem erprobten Erkennungszeichen inmitten menschlicher Überschwemmung. Der Papst entdeckt sie sofort in der Menge und hebt grüßend die Hand. Wer eine Reise tut, hat schon viel zu erzählen. So wie ich ihn kenne, würde der Plauderer seinen Bericht ohne jedes Pathos vortragen und mit mancher Bauern-

weisheit schmücken wie etwa: »Reisen bildet, aber verbeult die Hosen.« Wäre seine Zeit nicht apothekermäßig nach Minuten eingeteilt, würde er gern mit jedem einzelnen ein wenig plaudern, doch schon klopft der »Reisemarschall« Marcinkus mit dem Fingernagel gegen das Uhrglas. Wir haben ohnehin eine Stunde Verspätung.

Den Gottesdienst unter freiem Himmel am beheizten Altar hält der Papst am »Delaney Park Strip« ab – »A mighty fortress is our God« erdröhnt es bis zum Horizont.

»Hätten wir nur soviele Gemeindemitglieder, wie Menschen heute hier auf dem Platz zusammengekommen sind!« seufzt der Probst der Gemeinde Our Lady of Guadalupe. »Neugier ist noch nicht Frömmigkeit.«

Aber vielleicht ihre Vorstufe? Wer weiß: hier im Lande der unbegrenzten Möglichkeiten sind alle so leistungsfähig, selbstbewußt, dynamisch, durchorganisiert, so wenig anfällig für Mystik. Mehr Scheu und Unsicherheit gib ihnen, oh Herr!

Auf diesen zertrampelten Feldern, vormals Landebahn des Feldflughafens, hatte man im Kriege Betonsperren errichtet: man machte sich – eine vom Überfall auf Hawaii stammende Psychose – auf eine Landung japanischer Flugzeuge gefaßt. Und heute? Ein japanischer Passagier-Jet steht unweit von hier, er trägt das Papstwappen an der Bordwand, und nur wenige Leute in beiden Ländern können sich noch erinnern, worum es in diesem blutigen Krieg eigentlich ging. Und warum die Süd-Nord-Autobahn auf den Gerippen japanischer Kriegsgefangener errichtet wurde. Der »Alaska-Highway« (er führt von Dawson Greek in Britisch-Kolumbien nach Fairbanks und hat eine Länge von 2500 km) wurde im Jahre 1942 innerhalb von 8 Monaten erbaut.

Das Presse-Hauptquartier befindet sich im Gebäude der Baptistengemeinde. Auch die russisch-orthodoxe Kirche hatte sich um die Ehre bemüht. Die Freimaurerloge, den

Gästen ebenfalls wohlgesonnen, erwies sich als zu klein. Schon in Pakistan, auf der Insel Guam und in Japan war ich Zeuge derselben Erscheinung: für viele Menschen spielt das Bewußtsein, daß Johannes Paul II. das Oberhaupt der römisch-katholischen Kirche ist, keinesfalls die wichtigste Rolle. Sie haben der Institution, die er repräsentiert, allerhand vorzuwerfen. Ihr Willkommensgruß gilt dem außergewöhnlichen Menschen, einer Erscheinung, die über den Religionen steht. Die Welt lechzt nach moralischer Autorität. Soeben lese ich, was ein Buddhist dem anderen Buddhisten im japanischen Fernsehen erwiderte, als dieser ihm vorwarf, er hätte sich völlig unnötigerweise zum Treffen mit dem Papst herbemüht: »Das ist kein gewöhnlicher Papst!«
»Ich habe bei der britischen Luftwaffe gedient«, sagt ein weißhaariger Kanadier und klopft mir dabei auf die Schultern. »Ich bin zusammen mit Polen geflogen. Tapfere Jungs. Ich lade Sie zum Lunch ein.«
»Tut mir leid, wir brechen gleich auf.«
»Long live Holland!« lächelt der gelbhäutige Ministrant, möglicherweise ein Chinese oder ein Koreaner.
»Poland!« korrigiert ihn ein Deutscher.
»Sie sollten für immer hier bleiben«, meint die Frau eines Kanadiers. »Was wollen Sie in Europa! Eng und finster ist es bei euch, ihr habt keine Perspektive. Hier hingegen wird an einer besseren Zukunft gebaut.«
»Einer kapitalistischen«, murmelt mißmutig ein Sendbote der »L'Unità«. »Einer Zukunft im Dienst der großen Konzerne.«
Wiederholung einer alten Entdeckung: Die Polen sind überall. Bei dem hochlehnigen Schlitten, vor den vierzehn Hunde gespannt sind (eine Bestie schöner als die andere), steht ein junger Mann, mit einem Bart á la Wałęsa, mit der weißroten Kokarde am Pelzrevers. Er weist auf ein kleines Blechschild: »Ititarod trail.«

»Sehen Sie? Ich bin auf den Hund gekommen, he-he, aber ich lebe nicht schlecht davon. Nur arbeiten muß man hier, das steht fest. Ich hab' schon gedacht, ich käme niemals zum Flugplatz durch. Dabei hatte ich mir drei Passierscheine besorgt. Ich hatte Angst, die Wachen würden mich zum Tor rausjagen. Aber meine Hundchen haben gleich gerochen worauf es ankam und kläfften fürchterlich drauflos. Alle bekamen einen Schreck, die Nonnen fingen an zu flennen. Der Papst hat meine polnische Kokarde sofort bemerkt. Ich durfte zu ihm hin. Er legte mir die Hand auf den Arm und fragte wie ich heiße, was ich so mache...«
Mein Gesprächspartner muß heftig schlucken. Die hellblonden Wimpern zucken aufgeregt. »Und wissen Sie, was mir der Heilige Vater gesagt hat? ›Solche Mordskerle wie du, Janek, stehen in den Lesebüchern für die Jugend!‹«
Anderthalb Stunden später, nachdem wir die mit Opernarien randvoll gefüllte Kathedrale verlassen haben, demonstrieren zwei berühmte »Hundler«, Oberst Norman Vaugh und Bob Crockett, dem Papst ihre Wundertiere.
»Wie lenkt man sowas?« fragt er und begutachtet das Gespann.
Im Beifall der Menge und zur großen Freude der Photographen setzt er sich in den Schlitten und fährt probehalber hundert bis hundertfünfzig Meter. Wäre da nicht sein hohes Amt, er würde gewiß drauflosfahren durch die verschneite Tundra, dem Polarkreis entgegen, um festzustellen, was sich hinter dem Horizont verbirgt. Die Vierbeiner indessen, sicherlich lauter ungläubige Hunde, ahnungslos hinsichtlich der großen Ehre, die ihnen zuteil wurde, verbellen den hochwürdigen Passagier ohne den geringsten Respekt.
Die Stimmung ist allgemein ungezwungen, familiär, die Organisation mustergültig. Man möchte sagen: sie bauen die pipe-line des Glaubens. Pastor Charles McBride bietet selbst den Nichtrauchern unter den Pfadfindern Zigarren an, und

er besteht darauf, mein Ferngespräch Anchorage-Sydney aus eigener Tasche zu bezahlen. Man hat an alles gedacht. Am Eingang zur Neunten Straße parkt für alle Fälle eine zahnärztliche Ambulanz auf Rädern, schließlich lehrt die Erfahrung, daß Zuschauer im Verlauf allzulanger Ansprachen zu Zahnschmerzen neigen und die subtileren unter ihnen Knochenhautentzündung bekommen. (In meiner Heimat gab es einen Bischof, der pflegte zu sagen: »Ein Probst, dessen Kanzelpredigt kürzer als eine Stunde dauert, hält seine Pfarrei nicht in Ehren.«) Beim Pfarr-Imbiß (Kakao in Pappbechern, weiter nichts) läßt uns die Politik, die Leidenschaft ergrauender Jugend, keine Ruhe. Der derb-gutmütige Pelzaufkäufer (»Fur Buing Co«), ein Franko-Kanadier aus Montreal, beschenkt mich mit einem Füller (mit einer Aufschrift zu Ehren des freien Quebec) und sagt:
»Nimm das, Freund! Das sind keine Bokassa-Diamanten.«
Doch nicht alle sind so nett. Der örtliche Schullehrer – nach seinem Akzent zu urteilen stammt er aus Brooklyn – stellt sich als Fortschrittler vor, lobt ununterbrochen die Nachsichtigkeit Rußlands gegenüber Polen, von dem es pausenlos »provoziert« wird:
»Wir bringen soviel Geduld gegenüber San Salvador nicht auf.«
Der Mann nimmt Vergils Hinweis »Rerum cognoscere causas« offensichtlich auf die leichte Schulter und ahnt nicht, wie sehr er damit seit einigen Minuten mein Verdauungssystem durcheinanderbringt:
»Diese Polen«, sagt er und wedelt dabei mit dem Papp-Becher vor meiner Nase herum, »sind ewig mit ihrem Schicksal unzufrieden. Sie bringen es schon wieder fertig, einen Weltkrieg zu entfesseln.«
Meine Berichtigung, Sarajewo liege nicht in Polen, überhört er geflissentlich. Daß Leute wie Hitler, Stalin, Breschnew usw.... will er nicht hören. Als Historiker, als Lehrer der Jugend, weiß er natürlich alles besser.

»Wird Rußland in Polen einmarschieren?« fragt ein Pastor. »Es ist schon zweimal einmarschiert: im September 39 und im Sommer 44.«
»Alles wird glimpflich verlaufen!« dröhnt der Verfechter des »freien Quebec«. – »Die Regierung wird es nicht wagen, die Hand gegen die Arbeiter zu erheben.«
Ich weiß nicht recht. Der Wolfshund reißt sich gern von der Leine los. Sogar in demokratischen Ländern, und erst recht in Polizeistaaten.
»Stimmt es, daß, falls die Russen Polen besetzen, der Papst sofort nach Warschau fliegen wird?« fragt ein Pastor aus Kalifornien.
Der Vatikan hat das als Zeitungsente bezeichnet. Aber ist es so schlimm, wenn derartige Enten in der Welt herumflattern?
Das rechte Thema für eine Pilgerreise nach Alaska! Pinguine – und die Sache Polens.
Inzwischen haben sich unweit der Kathedrale der Heiligen Familie Sieger aller Arten versammelt, und zwar solche, die es in sich haben: lauter Asse! So z.B. ein Trapper, der die »World Championship« im »Sled dog races« gewonnen hat (Rennen mit Hundeschlitten, das pendant zum Thurn- und Taxis'schen Postdienst im Europa der Renaissance), auf der Strecke Anchorage – Nome (1050 Meilen!). Dann ein Anglerkönig, Gewinner des »Silver Salmon Derby« aus Valdez, und sein Bruder, der die Goldmedaille bei den »canoe races« auf dem Yukon-River errungen hat. Ein Windbeutel, der den Mount Marathon (3600 m) erstiegen hat und in nur zwei Stunden wieder hinuntergelaufen ist. Ein Eskimo aus der Gegend von Kotzebue, der das diesjährige Eierwerfer-Turnier gewann. Zwei muskulöse Holzfäller in roten Anoraks, die einen Ahornstamm in Rekordzeit durchgesägt haben. Schließlich ein Pilger, der den längsten Weg hierher zurückgelegt hat, nämlich von der Insel Attu, die an der West-

grenze der Aleuten liegt. Auch eine recht ungewöhnliche Gestalt ist zum Empfang des Papstes herbeigewandert: ein weißbärtiger Riese mit gelocktem, auf die Schultern herabhängendem Haar, darauf so etwas wie ein Hut, halb Ledermütze, halb Admirals-Dreispitz, mit Stiefeln bis an die Hüften. Er weiß nicht, wovon er lebt, will es auch gar nicht wissen. Was er tut, ist seine Sache. Reden will er nicht, denn Reden macht ihn müde. Schließlich erklärt er, Goldsucher zu sein. Er gräbt und wäscht Gold auf eigenes Risiko, nördlich von Fairbanks. Die Reporter von den »Anchorage Daily News« sind höchst verwundert. »Du hast dich verspätet, Bruder, um gute achtzig Jahre. Die Zeiten Felix Pedros sind vorbei: heute findest du dort nichts mehr.«

»Finden ist unwichtig«, meint wütend der Alte. »Wichtig ist Suchen.«

Ein Philosoph, und ein sehr wertvoller dazu, weil hausgemacht.

»Bei uns in Sitka«, erzählt Pan Kowalski, Ingenieur und Chemiker (er wird in wenigen Tagen pensioniert), »wird alljährlich am 18. Oktober ein großes Fest gefeiert: der Alaska Day. Je schwerer die Leute arbeiten, desto lieber feiern sie. Es ist der Jahrestag des Loskaufs Alaskas von Rußland. Knapp sieben Millionen Dollar haben sie 1867 bekommen. Die dämlichste Transaktion in der Geschichte des Zarentums. Der Liebe Gott hat sie gestraft. Also wie ich so vor drei Jahren von diesem Fest heimkomme und das Radio anmache, muß mein Sohn gleich den Arzt holen. Sie können sich denken warum. Vor lauter Freude machte das Herz Sperenzchen.«

Schade, daß unser Aufenthalt in der »Stadt der Zukunft« nur von so kurzer Dauer ist. Vielleicht birgt dieser Boden noch so manche Goldader in sich. Ganz gewiß mangelt es ihm nicht an Erdöl und Erdgas. Aber sein wertvollster Rohstoff ist der Mensch.

Schwester Pia aus dem hohen Norden (ihre Eltern hockten noch im finsteren Iglu) hat Angst, das Klima Alaskas könnte die empfindlichen Organismen der italienischen Journalisten angreifen. Sie hat eine geheimnisvolle bernsteinfarbene Flüssigkeit für sie besorgt, deren chemische Zusammensetzung uns ein Geheimnis bleibt. Milch von Rentierkühen ist es ganz bestimmt nicht. Ein winziges, verhärmtes Wesen, gleichsam in der Wäsche eingelaufen. So leicht, daß es jeder Windstoß von der Briefwaage fortpusten könnte.

»Warum muß der Heilige Vater dauernd in Rom leben?« fragt das rechtschaffene Schwesterlein mit gerunzelter Stirn. »Er könnte doch jeden Monat in einer anderen Stadt amtieren. Zum Beispiel in Paris, Wien, Krakau, Dublin, Rio de Janeiro, Toledo, Boston...«

»Oder in Anchorage!« lacht der Prälat.

»Warum nicht?« schaut sie fragend zu ihm empor. »Der Herrgott ist überall, also kann auch der Papst überall sein.«

»Ich werde diese Frage beim nächsten gemeinsamen Abendessen mit dem Papst zur Sprache bringen«, scherzt ein italienischer Reporter. »Die Idee ist nicht übel. Wieso sollte man die apostolische Hauptstadt nicht nach Anchorage verlegen können?«

Ein Männlein, das Gesicht voller Runzeln wie ein verschrumpelter Apfel, fragt demütig den Weihbischof aus Seattle, ob er dem Papst sein Lotterielos unterschieben dürfe.

»Wenn der Papst dieses Los segnet, erwartet mich der Hauptgewinn.«

»Eskimo Parkas!« ruft ein untersetzter Jüngling mit weißem Kamm im rabenschwarzen Schopf, während er hinter unserem Bus herrennt. »Für die europäischen Gäste zum halben Preis! Papst-Rabatt!«

Schon bläst die Trompete zum Rückzug. Eigentlich sind es mehr die Trompeten von Jericho. Der »Reisemarschall« signalisiert der Motorrad-Eskorte: »Let's go!«

Und schon brandet Motorenlärm gegen die girlandengeschmückten Häuschen. Wir rasen zum Flugplatz.
Der Papst hat sich bereits von dem Häuflein verabschiedet, das sich vor der Maschine versammelt hat. Schon versinken die japanischen Stewardessen in tiefer Verbeugung. Langsam steigt er die Stufen der Gangway empor. Dreht sich noch einmal um. Segnet die Knieenden, dann die in der Ferne, die auf die Dächer ihrer Autos gestiegen sind, um von dort mit Taschentüchern zu winken.
»God bless you!« schreit Schwester Pia.
Das klitzekleine, abgezehrte Schwesterlein hat es doch tatsächlich geschafft: ihr Stimmlein übertönt die Kapelle und das Dröhnen der bereits angelassenen Triebwerke.

»Nicht die Bewältigung von Entfernungen sollte die Parole des gegenwärtigen Pontifikats sein«, lese ich in einer englischen Zeitung, »sondern die Bewältigung des Bösen in der Welt. Der Platz des Papstes ist auf dem St. Petersplatz, und nicht in einem brasilianischen oder japanischen Stadion!«
»Wie bitte? Nach Südkorea will er auch noch?« fragt mein Bekannter, ein Österreicher, mit hochgezogenen Brauen. »Zur Zweihundertjahrfeier des dortigen Christentums? Schon in Japan hätte er realisieren müssen, daß Kippling recht gehabt hat: Osten bleibt Osten, Westen bleibt Westen, und niemals kommen die beiden zusammen.«
Einer der französischen Prälaten hat über die Zweckmäßigkeit der päpstlichen Weltreise nachgedacht und sich wie folgt geäußert:
»Wonach sucht Papst Wojtyla auf seinen häufigen, aufopferungsvollen, apostolischen Pilgerreisen? Nach Gott? Gott hat er schon in früher Jugend gefunden! Also sucht er den *Menschen*, das nach wie vor unentdeckte Wesen! Er ist ein Marco Polo der menschlichen Seele!«

Der Frühlingsspaziergang am Ufer des hochwasserführenden Tiber, in der Stadt, die nach Ansicht meiner amerikanischen Bekannten »terribly over-churched« ist, begünstigt ein Nachdenken über das, was permanent aktuell, weil ewig ist. Selbst dann, wenn man dem modischen Philosophen folgt, der behauptet, Worte wie »vorher« oder »nachher« wären bedeutungslos, zumal wir nicht einmal wissen, was »heute« ist. Zum jungen Maritaine soll ein Schulpräfekt einmal gesagt haben: »Stelle keine Überlegungen an über die chemische Zusammensetzung der Luft – atme einfach! Grüble nicht über die Qualität des Glaubens – glaube! Erörtere nicht die verschiedenen Auffassungen der Liebe – liebe!«

Vorahnung in Bergamo
(April 1981)

Johannes Paul II. besucht gern die Städte und Städtchen seiner Wahlheimat. Beifall, Geschrei, volksfestliche Freude – dennoch überwiegt jene Art familiärer Vertraulichkeit, die sich die Gläubigen Polens, Irlands oder Frankreichs niemals leisten würden. Es lohnt, hier einige Sätze aus dem Anfang des Ferdinando Camon-Romans »La vita aeterna« zu zitieren. In dieser so herzlichnaiven Glasmalerei spiegelt sich der Glaube des italienischen Volkes an die übernatürlichen Beziehungen der Päpste: »Der Papst steht mit dem Herrgott in unmittelbarem Kontakt, und jeden Abend, wenn er zu Bett geht, faßt er leise seinen Tagesplan zusammen... und stellt Fragen für den nächsten Tag, und wenn er am Morgen aufwacht, findet er Gottes Brief unter dem Kissen mit sämtlichen Antworten und Empfehlungen. Aber es geschieht auch, daß sich der Teufel in diese Korrespondenz einmischt, und weil der Papst nicht immer imstande ist, den richtigen von dem teuflischen Brief zu unterscheiden, und sich manchmal irrt, gibt es Unglück, Krieg und Invasion.«

»Erwarte nicht zuviel von den Mächtigen dieser Erde, und du ersparst dir Kummer!« so warnte einst der von seinem Orden gemaßregelte Jesuit Baltasar Gracián. Tatsächlich müssen geistige Anführer nicht unbedingt gewandte Verwalter, ausgezeichnete Politiker oder intellektuelle Stars sein. Ihre Stärke ist die moralische Autorität. Darum dürfen sie es sich unter keinen Umständen erlauben (wie dies in der Geschichte des Papsttums mehrfach geschah), ihre Prinzipien taktischen Erwägungen unterzuordnen, und Dinge wie ethischer Dualismus, selektives Gewissen und die Nichtübereinstimmung von Wort und Tat sind für sie undenkbar. So manches ist hinterm Bronzetor anders geworden. Der Vatikan der achtziger Jahre ist nicht mehr das tibetanische Lhasa, wo es dem Untergebenen ohne Handzeichen nicht gestattet ist, in Anwesenheit des Kirchenoberhauptes den Mund aufzumachen. Und so war es verfrühter Spott, wenn manche Zeitungen schrieben, der Papst solle sich die altrömische Maxime zu Herzen nehmen: »Medice, cura te ipsum!« Man schrieb, es genüge nicht, die Werktätigen »extra muros« zu unterstützen, in São Paulo, Manila oder Danzig. Zuvor sollte man daran gehen, das Los der unterbezahlten weltlichen Mitarbeiter zu bessern, die beim vatikanischen Staat beschäftigt seien, einem im übrigen ziemlich geizigen Brotherrn. Kurz vor Ostern bat der Papst die Unzufriedenen zu sich.

»Ich kann mich in eure Sorgen hineinversetzen«, sagte er, »ich war selbst einmal Arbeiter. Dieses Treffen ist keine feierliche Audienz, bei der ich lange und geschwollen rede und alle anderen schweigen. Ich bin gekommen, um euch anzuhören. Ich bitte um offene Kritik. Reden wir über das, was euch bedrückt. Wir kommen schon zu einer Einigung.«

So geschah es denn auch. Nach einem längeren, ehrlichen Gespräch verkündete Mariano Cerullo, der »vatikanische Wałęsa«, vor Journalisten:

»Der Papst hat Verständnis dafür, daß wir bei allem Idealismus und aller Hingabe nicht nur für ein ›Vergelt's Gott‹ arbeiten können. Er hat uns fest versprochen, alles zu tun, was in seiner Macht steht, damit jeder von uns unter menschenwürdigen Bedingungen leben kann. Dies betrifft auch unsere Familien.«

So mancher Reporter kehrte enttäuscht in seine Redaktion zurück. Er hätte seinen Lesern viel lieber eine Sensation von »der Verschärfung der Lage im Tarif-Konflikt hinter dem

Bronzetor geboten. Sein einseitig trainiertes Vorstellungsvermögen gaukelte ihm bereits Schlagzeilen vor wie z.B.: »Generalstreik lähmt Vatikanstaat!«, »Die Monsignori als Streikbrecher!«, »Das doppelte Antlitz des Beschützers der Werktätigen!« »Vatikan – keine klassenlose Gesellschaft.« Und nun diese Überraschung.

»Wann reist man nach Venedig? In der Nachsaison. Wenn es auf dem Markusplatz mehr Tauben als Touristen gibt. Unsere Stadt hingegen kann man rund um das Jahr besuchen!« ruft der weißhaarige Kustos des spätgotischen Palazzo Vecchio in Bergamo, jener malerischen Burgstadt, von Mauern umgeben, am südlichen Fuß der Kalkberge gelegen, der Stadt, die trotz ihrer fast zweihunderttausend quicklebendigen Bewohner den Zauber eines vom Spinnweb der Zeit umgarnten Städtchens bewahrt hat. Eines Städtchens, wo die Bürger heute noch, wie vor hundert Jahren, den Bürgersteig vor ihren Häusern persönlich mit dem Birkenbesen zu fegen pflegen. Altweibersommer in Permanenz. Selbst dann noch, wenn der Nordwind zur ungeeignetsten Jahreszeit eine Handvoll Schnee darüberstäubt.
Wir fahren durch Bergamo, die »Perle der Lombardei«, geschmückt aus Anlaß des hochwürdigen Besuches. Transparente mit der Inschrift »Totus tuus«. In den engen Gäßchen der Città alta unweit des Doms üben die Arbeiter des Zementwerks bereits das »Sto lat«.
Aber das eigentliche Ziel dieser Frühlingsreise des Papstes ist Sotto il Monte, der Ort, wo Angelo Giuseppe Roncalli, Johannes XXIII., vor hundert Jahren das Licht der Welt erblickte.
Italien ohne Sonne ist ein Widerspruch in sich. Seit elf Tagen regnet es ohne Unterbrechung. Tausende von Pilgern, besser gesagt: Touristen – die Grenze zwischen beiden Begriffen ist schon seit langem verwischt – belagern wie eine ge-

waltige Armee die auf dem Hügel gelegene, mittelgroße Festung und umschließen in mehreren Ringen das vernebelte Sotto il Monte. Sehr zum Ärger der Einwohner haben sie mit ihren Autos und Bussen die Koppelzugänge und Gartenpforten verbarrikadiert, ebenso die Tore der Scheunen und Schuppen. Sie zerpflügen die Wiesen mit ihren Motorrädern, klettern über Zäune, schütten Kübel von Unrat über diesen zauberhaften Winkel der Lombardei, der in sanften Hügeln zu den Alpen emporsteigt. Das Dorf – es könnte in den Beskiden liegen – ist schon seit einigen Jahren Kleinstadt (die zweifelhafte Ehre bezahlt es mit höheren Steuern), und dennoch hat es, obwohl sich seit dem Tode ihres großen Sohnes »papa Giovanni« mehr als sieben Millionen Touristen darüber hinweggewälzt haben, nichts von seinem ursprünglichen Zauber eingebüßt. Wem die Bestellung der gebirgigen, steinigen Äcker nicht genug einbringt, um davon zu leben, verdient das bißchen Geld für Brot und Wein mit der Herstellung von Devotionalien-Schund. Seltsam, daß ein Volk, das soviele große Maler und Bildhauer hervorbrachte, nicht vor dem Kitsch zurückschreckt.
Wir befinden uns im Stammsitz der weitverzweigten Familie der Roncallis. Diese Gegend litt nie unter der Kinderlosigkeit. Zur festlichen Krönung Johannes XXIII. (1958) reisten allein aus diesem Dorf dreißig nahe Verwandte und ebenso viele entfernteren Grades an. Der letzte noch lebende Bruder des Papstes, der siebenundachtzigjährige Giuseppe, flitzt über die Treppe wie ein junger Pfadfinder. Zornig schiebt er die Hände der Nachbarn beiseite, die ihm beim Besteigen der Treppe helfen wollen. Von Giuseppe erfahre ich, daß sein hochwürdiger »fratello« leidenschaftlich gern in den italienischen Übersetzungen der Sienkiewicz-Romane schmökerte: »Quo vadis«, »Col fuoco e col ferro« (»Mit Feuer und Schwert«), »Diluvio« (»Die Sintflut«). Ich bewundere das Gedächtnis des alten Bergbauern:

– »Pan Wolodyjowski« fu anche per noi l'esempio del cavaliere senza macchia...
Im Dorf geht das Gerücht um, beim Konklave, das den Patriarchen von Venedig, Roncalli, zum Papst wählte, habe dieser seine Stimme Kardinal Wyszynski gegeben.
Der Papst fragt ständig nach Neuigkeiten aus Polen. Es kommen Hinweise auf neue Drohungen aus Moskau. Wieder türmt sich schwarzes Gewölk über der Heimat. Doch Papst Wojtyla glaubt nach wie vor beharrlich an den unaufhaltsamen Marsch in die Unabhängigkeit. Benedict XV. beklagte Anfang 1916 aufrichtig das Schicksal des heldenmütigen Polen. Er opferte 20000 Franken für hungernde Warschauer Kinder, den Gedanken an ein unabhängiges Polen jedoch nannte er »ein edles, unrealisierbares Hirngespinst«.

Nach der Besichtigung der herrlichen Capella Colleoni (einst war es gestattet, Statuen von »condottieri« hoch zu Roß in der Kirche aufzustellen; möge es niemals erlaubt sein, die Sarkophage mit Autos und Flugzeugen aus Bronze zu schmücken!) gehen wir mit dem alten Pater aus Lissabon auf ein heilsames Gläschen Campari. – »Nunc est orandum!« – sagt er und wischt sich den Schweiß von der Stirn. »Es liegt Unruhe in der Luft. Warum wurde Papst Roncalli, nachdem er den versiegelten Umschlag geöffnet und sich mit dem Inhalt ›des dritten Geheimnisses‹ von Fatima vertraut gemacht hatte, blaß vor Entsetzen? Der Geist der Hölle greift nach der Weltherrschaft. Warum zögert der gegenwärtige ›Vicario di Christo‹, seine Pilgerreise nach Portugal anzutreten? Haben wir sie uns etwa nicht verdient? In meiner Heimat blickt die Kirche auf eine mehr als fünfzehn Jahrhunderte lange Geschichte zurück. Bei uns wird sich alles entscheiden. ›Mehrere Nationen werden vernichtet werden‹, hieß es in dem zweiten Teil des Geheimnisses, das Lucia dem Bischof von Leiria übergab, ›Hungersnot, Naturka-

tastrophen, Kriege und Verfolgungen stehen uns bevor, der Heilige Vater wird viel zu leiden haben, bis Maria zum zweiten Male über die Hölle siegt‹. Es ist später als wir denken. Aber es ist nicht zu spät, noch kann sich die zum Untergang verurteilte Welt dem Schutz der Weißen Frau von Fatima unterstellen. Die Rettung kommt von Cova da Iria.
Zwar glaube ich nicht an die Prophezeiung des Nostradamus, jedoch... – bin ich nicht der einzige, der nachts nicht schlafen kann. Mir gefällt zwar der Optimismus des Papstes, ich freue mich, wenn er sagt: ›Die Toreros haben recht: Furcht fügt mehr Wunden zu als der Stier‹, aber...«
»Nunc est bibendum, es wird schon werden«, versuche ich den Greis zu trösten.

In der vieltausendköpfigen Menge in Bergamo und im etwa fünfundzwanzig Kilometer (zehn Hubschrauber-Minuten) entfernten Sotto il Monte gibt es nur drei Polen: den Papst, seinen Sekretär und mich. Da fällt ein herzliches Gespräch leichter. Der Held meiner Erzählung bemerkt voller Befriedigung, der Reporter »semper Wojtylae fidelis« begleite ihn nicht nur auf den attraktiven Reisen in exotischen Gegenden, sondern auch zu den verregneten italienischen Dörfern, auf die nicht einmal die Italiener vom päpstlichen »Osservatore Romano« besonders begierig sind.
Hatten in Bergamo, wo es nicht selten zu Zusammenstößen zwischen carabinieri und Terroristen kommt, die Ordnungskräfte ihre Wachsamkeit unter Beweis gestellt (kaum stieg vom Dach des Rathauses eine Wolke von Staren in die Luft, holte ein Dutzend Herren in Zivil wie auf Kommando ihre Maschinenpistolen unter den Mänteln hervor), so ist es hier, auf den steilen Pfaden, jedem Passanten möglich, unbehindert auf den Papst zuzutreten, einige Worte mit ihm zu wechseln, seine Hand zu berühren. Bei jeder erdenklichen

Gelegenheit steht der Papst treu zu den Worten, mit denen er sein Pontifikat eröffnete: »Non abbiate paura!«
»Welcher Papst hatte schon das Glück, seinen Geburtsort wiederzusehen, nachdem er das apostolische Amt übernommen hatte?« fragt nachdenklich Karol Wojtyla. »Johannes XXIII. war nach seiner Wahl nicht mehr in Sotto il Monte, Paul VI. kam nie wieder nach Concesio, Johannes Paul I. hatte keine Gelegenheit mehr, einen Blick nach Canale d'Agordo zu werfen. Mir hingegen war es vergönnt, Wadowice zu besuchen.«
Blitzsaubere Häuschen schmiegen sich an den sparsam begrünten Hügel. Krähen verbreiten Trauer über der terra bergamasca. An den festlich frischgekalkten Zäunen prangen in grellem Rot Plakate mit dem Bild des »Freundes der Werktätigen«: Karol Wojtyla, mit dem Schutzhelm auf dem Kopf, unterhält sich mit der Belegschaft des Stahlwerkes von Terni. Der Text lautet: »Arbeitgeber, hört auf die Stimme des Papstes! Johannes Paul II. hält den Kampf gegen soziale Ungerechtigkeit für einen religiösen Akt!«
Im Glanz von hunderten von Kerzen leuchtet im Dorfkirchlein das Bildnis der Mutter Gottes von Tschenstochau. Wie kommt es hierher?
»Mein Bruder bekam es einmal in Bulgarien geschenkt, von Polen«, erläutert der greise Roncalli. »Vor diesem Bild beten wir für die Gesundheit von Primas Wyszynski, den sein bedrohtes Vaterland gerade heute so nötig braucht. Mein Bruder sagt mir öfter: wäre ich nicht Italiener, möchte ich Pole sein. Das gilt auch für mich.«
Die Dorfbewohner haben, ohne die Beatifizierung abzuwarten, Johannes XXIII. schon vor langer Zeit voll edler Ungeduld auf die Altäre gehoben. Sein Monument ertrinkt in Blumen. Der aus der Sandale herausragende große Zeh ist abgewetzt vom Streicheln und den vielen Küssen. Papst Wojtyla betritt gesenkten Hauptes die bescheidene Bauern-

stube, in welcher der spätere »Propst der Welt« geboren wurde. Er betet lange. Als man ihm vor dem Feldgottesdienst den schneeweißen Ornat umlegt, kommt ihm die Inschrift am Schultor von Wadowice in den Sinn: »Was rein ist, gefällt dem Himmel.«

Schon seit dem frühen Morgen ist er traurig und voll dunkler Vorahnungen. Wie kann er auch seine angeborene heitere Ausgeglichenheit bewahren, wenn aus Nordirland hunderte von Telegrammen des Inhalts kommen: »Vater, hilf den Sterbenden!« Die Familien der Häftlinge, die seit vielen Tagen Nahrung und Getränke verweigern, flehen um Hilfe. Einer von ihnen liegt im Sterben. Der Papst hat seinen Sekretär, den Iren Pater John Magee, nach Belfast geschickt, ohne recht an das Gelingen der Mission zu glauben. Die kämpfenden Protestanten in Ulster haben diese Initiative in scharfen Worten verurteilt. Der »Legat der Barmherzigkeit« kehrt mit leeren Händen zurück. Solche Niederlagen sind keine Schande, doch die Feststellung, daß es auf der Welt so viele unlösbare Probleme gibt, brennt wie eine Wunde.

Das Kalenderblatt zeigt »Sonntag, den 26. April«. Es ist die Woche nach dem Auferstehungsfest, dennoch herrscht ringsum eine ganz andere Stimmung. Als schwebte der Karfreitag über den nebligen Wiesen und den tausenden von Regenschirmen. Als der örtliche Pfarrer dem Papst seinen geheimen Wunsch enthüllt (ein ehrgeiziges Projekt: der Bau eines Kalvarienberges auf den Hügeln im Rücken des Kirchleins, wo Angelo Giuseppe Roncalli im Jahre 1881 getauft wurde), kommen Karol Wojtyla mit Sicherheit die Pfade seiner eigenen Kindheit in den Sinn: das »Kalvarien-theatrum«, gestiftet vom Krakauer Wojwoden Mikolaj Zebrzydowski, jenem Mann, der zu Beginn des 17. Jahrhunderts das Heilige Land von Palästina nach Polen transponierte. Was das Auge des achtjährigen Knaben erblickte, bleibt ein Leben lang im Gedächtnis: 30 Kapellen, das Rathaus des Pilatus, der Palast des Herodes, der Ölberg, das Tal Josephat, das von Sündertränen getränkte Golgotha. Die Skawinka, ein unschuldiges Flüßchen, wurde in Kidron umbenannt. Die winzige Quelle wurde zum Jakobsbrunnen, dem Quell lebendigen Wassers. Mutter, die gern von Wadowice aus hierherkam, pflegte während des Passionsweges lauthals zu beten. Sie kniete nieder vor der Statue der heiligen Veronika, vor der Kapelle der klagenden Frauen, vor dem Westtor, wo ein Verwandter der Wojtylas, Franciszek aus Czaniec, in ein blaues Gewand gehüllt und mit der Dornenkrone auf dem Kopf, schon zum zweiten Mal unter der Last des Kreuzes zusammengebrochen war. – »Wo ist denn Simon von Kyrene? Dieser Dybala kommt schon wieder zu spät!« ertönt das scharfe Flüstern des Bernhardinerpaters, der das Passionsmysterienspiel leitet. Der Knabe löst sich von der Hand der Mutter und rennt zum Kreuz. »Du schaffst es nicht! Es gibt andere, stärkere als dich!« – meint milde der bärtige Mönch und zieht ihn beiseite. Klagend ertönen Posaunen, dumpf erdröhnt die Trommel. Der Mann aus Kyrene hat sich gefunden. Über den steilen, mit Steinen bedeckten Abhang schleppt sich Christus weiter.

»Ja, Sotto il Monte sollte seinen Kalvarienberg haben«, flüstert der Papst. »Simon von Kyrene wurde gezwungen, Jesu Kreuz nach Golgotha zu tragen. Wir müssen es freiwillig tun.«

Am selben Nachmittag, wieder in Bergamo, lauscht er, das Gesicht in den Händen verborgen, den Seminaristen, die der Rektor Latein abfragt. Mit vor Rührung zitternder Stimme wiederholt ein hochgewachsener, blaßgesichtiger Jüngling die Worte des Thomas à Kempis von der Verfolgung Christi: »Semper paratus esto. Et taliter vive, ut nunquam te imparatum mors inveniat...« Sei stets bereit und lebe so, daß dich der Tod nicht unvorbereitet findet.

Als der Papst gebeugt, langsamen Schrittes die verregnete

Stadt verläßt, wird mir bewußt, daß dieser Papst, wiewohl er sich »Stellvertreter Christi« nennt, nur ein Mensch, oder besser: sogar ein Mensch ist und genau so wie wir alle jeglichen Alpträumen der menschlichen Existenz ausgeliefert ist. Seine Ohnmacht bringt diesen Johannes Paul II. den Menschen nur noch näher.

Auf dem Garibaldi-Platz versichert der Papst den Gläubigen, daß das Werk Johannes XXIII., das Zweite Vatikanische Konzil, in seiner Person einen Nachfolger und Verfechter finden werde.

Wie überall will auch hier in Bergamo die Jugend ihren Liebling nicht gehen lassen. Vor der Kirche von St. Augustin nimmt der Applaus kein Ende, sehr zum Entsetzen der Tauben. Obwohl der Abflugtermin des Hubschraubers nach Orio al Serio bei Mailand, wo der Papst ins Flugzeug umsteigen wird, längst verstrichen ist, zeigt die Menge keine Anstalten, auseinanderzugehen. Die Jungen und Mädels – einige von ihnen sind mit dem Bild des Bergamo-Einwohners Kapitän Nullo erschienen, des Freiheitshelden sowohl Italiens als auch Polens – bitten lauthals, der »Papst der Jugend« möge gemeinsam mit ihnen singen.

»Singen?« sagt der Papst mit brüchiger Stimme. »Mir ist heute nicht danach.«

»Nicht in italienisch, in polnisch!« werden Rufe laut.

»Du hast in Polen gesungen, in Amerika, in Afrika, in Japan, singe auch hier in Bergamo!« ruft eine Studentin in Jeans.

»Singen?« wiederholt der Papst. Er zwingt sich vor der Menge zu einem Lächeln, das ihm traurig mißlingt. »Gut, ich werde singen.«

Und da beginnt der Papst aus Wadowice – tief nachdenklich, als spüre er, daß eine Zäsur in seinem Lebenslauf unaufhaltsam näherrückt – sein über alles geliebtes »Barke«-Lied, eine Art Bekenntnis, zu summen. Doch heute klingt seine sonst so starke und freudige Stimme ganz anders. Er hält den Kopf gesenkt, eine dunkle Vorahnung lastet auf ihm.

»Oh Herr, Du hast mich angesehen,
Deine Lippen sprachen heut' meinen Namen...
Oh Herr, ich gehe jeden Weg, wenn er so fern ist wie Du.
Ich gehe, wohin Du befiehlst...«

Drei Tage später steigt gegen Mitternacht in der Nähe von Roma Termini ein junger, dunkelhaariger Mann im hellen Sportanzug ins Taxi ein.
»Basilica di San Pietro!«
»Die Kirchen sind um diese Zeit geschlossen«, antwortet der Taxifahrer, »aber ich fahre Sie schon gerne hin.«
»I know. No sightseeing«, sagt der junge Mann in gebrochenem Englisch. »No turismo. Just have a look at the place. To make pictures. Ich möchte mir nur den Platz genau anschauen. Ich bin Nachtfotograf.«
»Are you from India?«
Aber der Fahrgast schweigt. Als er kurz vor dem Petrusplatz aussteigt, beginnt es zu regnen.